Roland Hanewald

Deutschlands Nordseeinseln

Wer sich nicht wenigstens einmal im Leben
rings von Meer umgeben sah,
weiß nichts von sich und der Welt

Goethe

600dnFoto: rh

Impressum

Roland Hanewald
Deutschlands Nordseeinseln
erschienen im
Reise Know-How Verlag Peter Rump GmbH
Osnabrücker Str. 79, 33649 Bielefeld

Gestaltung
Umschlag: M. Schömann, P. Rump (Layout);
Günter Pawlak (Realisierung)
Inhalt: Günter Pawlak (Layout),
Anja Fröhlich (Realisierung)
Karten: Catherine Raisin, Bernhard Spachmüller
Fotos: Roland Hanewald (rh), Print Media (pm), Kurverwaltung Helgoland (kvh),
Hans-Jürgen Fründt (fr)
Titelfoto: Roland Hanewald
Bildbearbeitung: Thomas Buri

Lektorat (Aktualisierung): Anja Fröhlich

Druck: Wilhelm & Adam, Heusenstamm

Bindung: Buchbinderei Keller, Fulda

ISBN 3-8317-1229-8
Printed in Germany

Dieses Buch ist erhältlich in jeder Buchhandlung der BRD, der Schweiz, Österreichs, Belgiens und der Niederlande. Bitte informieren Sie Ihren Buchhändler über folgende Bezugsadressen:
BRD
Prolit GmbH, Postfach 9, 35461 Fernwald (Annerod) sowie alle Barsortimente
Schweiz
AVA-buch 2000, Postfach, CH-8910 Affoltern
Österreich
Mohr Morawa Buchvertrieb GmbH, Sulzengasse 2, A-1230 Wien
Niederlande, Belgien
Willems Adventure, Postbus 403, NL- 3140 AK Maassluis

Wer im Buchhandel trotzdem kein Glück hat, bekommt unsere Bücher auch direkt bei:
Rump Direktversand Heidekampstraße 18, D-49809 Lingen (Ems)
oder über unseren **Büchershop im Internet: www.reise-know-how.de**

Wir freuen uns über Kritik, Kommentare und Verbesserungsvorschläge.
Alle Informationen in diesem Buch sind vom Autor mit größter Sorgfalt gesammelt und vom Lektorat des Verlages gewissenhaft bearbeitet und überprüft worden. Da inhaltliche und sachliche Fehler nicht ausgeschlossen werden können, erklärt der Verlag, dass alle Angaben im Sinne der Produkthaftung ohne Garantie erfolgen und dass Verlag wie Autor keinerlei Verantwortung und Haftung für inhaltliche und sachliche Fehler übernehmen. Die Nennung von Firmen und ihren Produkten und ihre Reihenfolge sind als Beispiel ohne Wertung gegenüber anderen anzusehen. Qualitäts- und Quantitätsangaben sind rein subjektive Einschätzungen des Autors und dienen keinesfalls der Bewerbung von Firmen oder Produkten.

Roland Hanewald

Deutschlands Nordseeinseln

Reise Know-How im Internet

Aktuelle Reisetipps und Neuigkeiten
Ergänzungen nach Redaktionsschluss
Büchershop und Sonderangebote
Weiterführende Links zu über 100 Ländern

www.reise-know-how.de
info@reise-know-how.de

Wir freuen uns über Anregung und Kritik.

Vorwort

Nach langen Jahren, in denen ich als Seemann die Weltmeere befahren habe, nach langer Zeit, in der ich einen der schönsten Inselstaaten der Erde, die Philippinen, zum Domizil erkoren hatte, hat es mich wieder zurück an die deutsche Nordseeküste gezogen. Was hat mich dazu veranlasst, tropische Trauminseln mit dem rauen Norden zu vertauschen? Und was hat mich an den Ost- und Nordfriesischen Inseln so fasziniert, dass ich sie zum Inhalt eines Reisehandbuchs gewählt habe?

Gewiss lassen sich die kargen Eilande und Küsten der Nordsee nicht mit den Maßstäben tropischer Gestade, dem Liebreiz (unverbauter) mediterraner Küsten messen. Aber eine einmalige Andersartigkeit kann man ihnen nicht absprechen. Nicht, dass da etwas wäre, auf das man mit dem Finger zeigen könnte – so einfach ist die Faszination, die von den Inseln ausgeht, nicht erklärbar. Es sind eher die vielen kleinen Einzelheiten, die zusammen ein Ganzes ergeben, das man womöglich erst dann als solches erkennt, wenn man die Inseln wieder verlassen hat.

Da ist der hohe Himmel, der unendlich weite Horizont, der selten ruhende Wind mit seinen jagenden Wolken. Da sind die „an den Strand trekkenden Wellen" – so die „Nordseehymne" – und das Grummeln und Tosen der Brandung, die durchdringenden Möwenschreie und, wenn es einmal „pottendick" ist und der Horizont auf Steinwurfweite schrumpft, die klagenden Sirenen ferner Seeschiffe. Da ist der Geruch von Salzwasser und Schlick, ein „Nullgeruch" eigentlich, der dem von Millionen von Motoren umgasten Kontinentalbewohner als prickelndes Sauerstoffbad in Nase und Lunge fährt. Da sind das Wasser und der Sand, elementare Teile der Erde und stets in solcher Nähe, dass es leicht fällt, sich zu beglückender Einheit mit ihnen zu verbinden.

Alles dies stellt die alltägliche insulare Kulisse dar, die die Sinne des Wachen belebt und den Müden wie ein Kind in den Schlaf wiegt.

Zwar liegen die Inselstrände selten gänzlich verlassen, auch im Winter nicht, und manchmal tummelt sich auf ihnen mehr Menschheit, als dem nach insularer Isolation Dürstenden lieb sein mag. Doch sind dies überwiegend Menschen in fröhlicher Stimmung, deren Gesellschaft eher anregt als „nervt". Dies, das „Nerven", ist auf den Inseln ohnehin ein Fremdwort. Außer vielleicht, wenn die Rechnung präsentiert wird. Davon reden wir gleich, damit wir's hinter uns haben.

Einen schönen Inselaufenthalt! Mögen auch Sie hinfort zu den Nisophilen, den Liebhabern von Eilanden gehören!

Roland Hanewald

Inhalt

Praktische Reisetipps

Die Nordsee

Die Ostfriesischen Inseln

Helgoland, Neuwerk und Scharhörn

Die Nordfriesischen Inseln und Halligen

Abfahrtshäfen und Fähren

Anhang

Exkurse

Praktische
Reisetipps

Reise und Preise

Anno 1992 gab es eine einschneidende Veränderung im touristischen Gefüge Germaniens: Der Bundesgerichtshof entschied („leider", so eine Inselvertretung), dass alle **Nebenkosten** (z.B. Strom, Wasser und Heizung) im Mietpreis für Ferienwohnungen angegeben werden müssen.

Für den Gast hat dieses Urteil fühlbare Erleichterung geschaffen, und es war auch bitter vonnöten gewesen. Denn bis dato enthielten die Preislisten häufig Posten, die irgendwo unter „ferner liefen" oder im Kleingedruckten untergebracht waren und dem Mieter beim Abschied eine böse Überraschung bescherten. Vor allem bei den so genannten **End- oder Nachreinigungkosten** wurde dreist zugelangt: Mit 30 Euro oder mehr war dieser Posten mitunter teurer als die Übernachtung selbst. Strom, Wasser, Heizung, Reinigung usw. fallen heute in eine gemeinsame Sparte; sie müssen, bei Hotels funktioniert das ja auch, mit in den Tagespreis einkalkuliert sein. Wenn man in der Endabrechnung zusätzliche Kosten dieser Art aufgelistet findet, kann man diese mit einem Achselzucken abtun – vorausgesetzt allerdings, dass eine Inanspruchnahme solcher Leistungen, so der Gerichtsentscheid, nicht freiwillig war.

In jüngster Zeit tritt die unselige Endreinigung hier und da wieder in Erscheinung, weil der Passus der Freiwilligkeit von manchen Vermietern zum eigenen Vorteil ausgelegt wird. Am besten treffe man eine schriftliche Regelung, damit es keinen Ärger gibt.

Gut zu wissen

Preiskategorien für Unterkünfte

Symbol	Euro
€	bis 30
€€	30–50
€€€	50–70
€€€€	70–100
€€€€€	> 100

Die Preise beziehen sich mehrheitlich, sofern nicht anders vermerkt, auf den jeweils niedrigsten Preis für eine Übernachtung mit Frühstück (ÜF) pro Person in der HS.

DJH

Die Preise für die in diesem Buch aufgeführten **Jugendherbergen** liegen allesamt unter € 20, und zwar generell für VP. Allgemeine Informationen und Auskünfte über den Belegungsstatus lassen sich für die Nordfriesischen Inseln beziehen von: Deutsches Jugendherbergswerk, Landesverband Nordmark e.V., Rennbahnstr. 100, 22111 Hamburg,

Tel. 040-655995-0, Fax -52/-44, www.djh.de, E-Mail: service@djh-nordmark.de. Über die Ostfriesischen Inseln informiert: Landesverband Unterweser-Ems, PF 106229, 28062 Bremen, Tel. 0421-598300, Fax -3055, E-Mail: service@djh-unterweser-ems.de

Camping-Kategorien

Der schleswig-holsteinische Verband der Campingplatzhalter setzt für seine Stellplätze folgende Preisgruppen an (bezogen auf eine Übernachtung von zwei Erwachsenen mit einem Kind in der HS):

A	bis € 10,00
B	bis € 12,50
C	bis € 15,00
D	> € 15,00

Diese Kategorien sind für alle aufgeführten Campingplätze übernommen worden.

Sonstige Preise

Einige sich wiederholende Preiskategorien sollen in diesem Buch pauschal behandelt und nicht ständig separat aufgeführt werden. **Museumsbesuche** z. B. liegen bei € 2–5, einen **Leuchtturm** ersteigt man für € 1–2. **Wattwanderungen** kosten € 4,50-6, mit Fähranteil um € 12, **Schwimmbäder** ab € 5 (zumeist für 2 bis 3 Stunden). Kinder von 4 bis 12 Jahren zahlen generell die Hälfte. Die Preise für viele **Tourprogramme** werden oft erst im Aushang bekannt gegeben und können deshalb nicht immer aktuell angeführt werden; man kann sich aber leicht an den Angaben zu anderen Inseln orientieren. Ein Ähnliches gilt für den Sportsektor: Die Preise für **Ausritte** (ca. € 15–20/Std.), **Tennis** (ca. € 12– 18/Std.), **Segeln** oder **Windsurfen** (Grundkurse ab € 150) variieren mitunter selbst innerhalb eines Jahres. Nur eines ist für alle Preise gültig: Runter gehen sie nie.

Weitere Infos

Für spezifische Fragen, besondere Katalogwünsche und weiterführende Auskünfte wende man sich an die Nordsee-Tourismus-Service GmbH in Husum, wo man freundlich und kompetent bedient wird: Zingel 5, 25813 Husum, Tel. 04841-897575, Fax 4843, www.nordseetourismus.de, nordsee@t-online.de.

Richtig buchen

Der Leser möge Verständnis dafür haben, dass angesichts einer **sechsstelligen Gästebettenzahl** auf den deutschen Nordseeinseln unmöglich alle Herbergen in diesem Buch aufgezählt werden können. Es würde im Format sonst dem PLZ-Verzeichnis ähneln und wäre nur noch ein Handbuch für jene, die Hände wie Kohlenschaufeln besitzen.

002nf Foto: rh

Alte Schlenge im Watt

Zimmervermittlung

Die Praxis ist viel einfacher. Wer sich für eine Insel interessiert, setzt sich mit der dortigen **Zimmervermittlung** oder **Kurverwaltung** in Verbindung (Adressen und Telefonnummern im jeweiligen Info-Teil) und lässt sich das **Gastgeberverzeichnis** zuschicken, in dem alle Herbergen aufgelistet und detailliert beschrieben sind. (Die Reihenfolge der Beherbergungs- und Gaststättenbetriebe ist in diesen Verzeichnissen - auch in diesem Buch - keineswegs wertend zu verstehen, sondern folgt dem Alphabet, Größenordnungen, der Lage oder anderen praktischen Erwägungen).

Auswahl der Unterkunft

Erster wichtiger Punkt: Wann ist das Haus geöffnet? Viele Herbergen machen über Winter dicht oder legen zu anderen Zeiten eine Pause ein.

Außer dem Typus der Unterkunft und ihrem Preis sind jetzt viele Details zu beachten, die alle im Verzeichnis stehen. Die **Lage** zum Beispiel. (Manche Leute empfinden Brandungsrauschen als einklagbare Lärmbelästigung). Die

Ausstattung. (Ein Telefon mag für manchen unverzichtbar sein, aber ginge es nicht mal zwei Wochen ohne Glotze?) Sind Kinder willkommen? Hunde und andere Haustiere? Nicht überall! Ziehen Sie womöglich ein Nichtraucherhaus vor? Davon gibt's jetzt immer mehr. Und letztlich wird auch interessieren, ob die Herberge zumindest entfernten Inselcharakter hat und nicht aussieht wie eine Garage mit Wohnteil. In vielen Prospekten sind die Häuser einschließlich ihrer sorgfältig getrimmten Rasen und Hecken abgebildet. Inselwildnis-Charakter hat leider keines – nirgendwo.

Vertragsabschluss

Gegenseitige Kontaktaufnahme und Vertragsabschluss sind Sache von Gast und Vermieter; die Kurverwaltungen haben damit nichts mehr zu tun. Ein **Gastaufnahmevertrag** gilt als abgeschlossen, sobald die Unterkunft bestellt und schriftlich bestätigt worden ist. Eine **schriftliche Bestätigung** ist auch seitens der meisten Insel-Jugendherbergen erforderlich, andernfalls erfolgt keine Aufnahme!

Die Sache mit der Kurtaxe

Dass ein freier Bürger seinen Fuß nicht auf freien Boden setzen darf, ohne dafür zur Kasse gebeten zu werden, ist vielen Menschen schlicht unverständlich. Deshalb hat es auf den deutschen Nordseeinseln seit der frühen Einführung der leidigen Abgabe immer wieder Ärger zwischen Gästen und der Verwaltung gegeben. Und ein Ende ist nicht in Sicht. Die Kurtaxe stellt nämlich eine nicht geringe zusätzliche Last für das Urlaubsbudget dar. Das lässt manchen Inselreisenden aufmucken, der ihren Sinn nicht zu erkennen vermag, vor allem, wenn er weiß, dass Bund und Länder die Inseln kräftig unterstützen.

Der Wortreichtum, mit dem die Verwaltungen in ihren Schriften das Thema angehen, die langatmigen Auslassungen zur Sache, das Anführen von Paragrafen und Grundsatzurteilen in ansonsten devot gehaltenen Texten – das alles lässt im „Kurgast" den Argwohn aufkommen, dass hier etwas nicht rechtens ist. Von ihm, der vielleicht nur seine Lungen mit der guten Seeluft durchspülen, ein Bad im Meer genießen will, wird erwartet, einen teuren Verwaltungsapparat mitzufinanzieren, sich aus eigener Tasche an Programmen zu beteiligen, die ihm sehr überflüssig und albern vorkommen mögen – und für die in der Mehrzahl eh noch gepfeffert gelöhnt werden muss. Vielleicht verlangt es ihn auch gar nicht nach den pompösen Kurpalästen aus Glas und Klinker und anderem mehr, das die Inseln wenig schmückt, vielleicht sähe er lieber etwas natürlich Gewachsenes anstelle von Architektur, die auch in Garmisch-Partenkirchen ihren Platz hätte.

Doch danach fragt man ihn nicht. Sein Luftholen, sein Morgenbad, der Fuß auf dem Sand werden pauschal zur geldwerten „Kur" erklärt, für die er gefälligst zu blechen hat. Und rechtens ist auch alles. Wiederholt ist versucht worden, die Kurtaxe zu Fall zu bringen, doch sie ist gesetzlich fest einbetoniert.

Manchmal sind es die Insulaner selbst, die an den Fundamenten der Taxe rütteln, indem sie sie ihren Gästen gar nicht in Rechnung stellen. In Wittdün auf Amrum gingen die Rebellen einst einen anderen Weg: Sie rechneten vor, wie sich Gebührenerhöhungen vermittels Kürzung von Repräsentationsaufwendungen der Kurverwaltung vermeiden ließen. Diese schlug umgehend zurück: Die Kurtaxe wurde heraufgesetzt – um 40 Prozent. Vorbildlich hat sich Helgoland gezeigt. Dort wurde die Kurtaxe im Winter (1.11.–31.3.) abgeschafft. (Dafür ist sie im Sommer allerdings umso teurer).

Eine gewisse Kontrolle, ob der Gast seine Taxe zahlt oder nicht, erlangen die Verwaltungen mittels der **Kurkarte.** Es gibt sie auf den meisten Inseln. Sie tritt entweder als automatisierte Chipkarte in Erscheinung oder wird an der **Kurkasse** gelöst bzw. direkt vom Vermieter ausgestellt (der gibt auch die nötige Auskunft). Ohne dieses Kärtchen läuft vielerorts gar nichts. Man erreicht nicht einmal den Strand – es sei denn, man zahlt horrend drauf, und jede Veranstaltung und Fahrt kostet doppelt so viel. Aber erst mal anreisen – dann sehen wir weiter!

Gesundheit

Meer für die Gesundheit

Thalassotherapeutisches Potenzial. Aktinischer Komplex. Thermisch-hygrisches Prinzip. Maritime Aerosol-Atmosphäre.

Dies sind einige der Schlagworte aus den Prospekten, mit denen ein Klima beschrieben wird, wie es eigentlich überall sein sollte: Gesund und anregend, mit sauberer Luft und inmitten einer weitgehend unverschandelten Umwelt und Natur. Die See ist ein Extrabonus.

Die deutschen Nordseeinseln besitzen kein Monopol auf das so genannte und viel gepriesene **Heil- und Reizklima.** Auch anderswo gibt es ähnlich günstige klimatische Verhältnisse.

Indikation: Allergien

Wenn Ärzte ihren Patienten einen Inselaufenthalt verordnen, so haben sie dabei vor allem Allergiker im Visier, die auf bestimmte Stoffe in ihrer Umgebung – besonders in der Luft – „gereizt" reagieren. Allein in der Bundesrepublik leiden schätzungsweise 15 Millionen Menschen an Gesundheitsproblemen dieser Kategorie. Eine Vielzahl spricht sehr ungünstig auf **Pollen** an, Blütenstaubpartikel, die sich je nach Pflanzenart von Februar bis September in den Lüften tummeln. Anderen bereitet der Aufenthalt in beheizten, klimatisierten oder elektronikbestandenen Räumen intensive Beschwerden.

Die sehr hohe Zahl der dieserart Leidenden lässt vermuten, dass das Immunsystem vieler Zivilisationsmenschen durch ständige Überreizung geschwächt ist und beim kleinsten Anlass „sauer" reagiert. Man könnte diese Auslöser „negative Reize" nennen. Es gibt aber auch positive, und die herrschen im Seeklima vor und machen es so „heilkräftig". Außerdem fehlen in der sauberen Meeresluft viele der allergieauslösenden Stoffe.

Licht und Luft

Ganz von selbst sorgt auch die Abkopplung vom Alltag, die Ferien- und Feiertagsstimmung, für ganzheitliches Wohlbefinden. Hierzu gesellen sich die Wirkungen der „aktinischen und thermisch-hygrischen Komplexe", auf gut Deutsch die Einflüsse von Licht, Luft, Wärme und Wasser. Licht nämlich stimuliert die Produktion von Hormonen, die direkt auf unser Wohlbefinden Einfluss haben.

Vorsicht, Krebs!

Defizite auf diesem Sektor sind während einiger Ferientage nicht mit Brachialgewalt auszugleichen. Wer sich mit dieser Absicht auf den „Teutonengrill" packt, kann sich unter Umständen statt guter Laune und knackiger **Bräune** Schlimmes einhandeln. Dass übermäßiges **Sonnenbaden,** besonders dann, wenn es zum **Sonnenbrand** führt, eine der Hauptursachen für Hautkrebs ist, dürfte sich inzwischen ja herumgesprochen haben. Besonders in den ersten Urlaubstagen und in der Mittagszeit sollte man sich schützen – durch **Sonnenschutzmittel** oder einfach dadurch, dass man den Schatten aufsucht.

Bekanntlich ist die UV-Einstrahlung an der See um einiges höher als im Binnenland. Selbst im Schatten kommt man hier – langsam, aber sicher – zur begehrten Bräune.

Wohltäter

Im schattigen Exil erreichen den Nordseeurlauber sowieso auch weiterhin Scharen von meeresspezifischen Wohltätern. Dies sind zunächst einmal die **Aerosole,** fein aufgelöstes Salz und Jod in der Atemluft, und des Weiteren die so genannten **negativen Ionen.** Die werden erzeugt, wo immer Wasser in heftiger Bewegung ist, so am Brandungssaum, und sie vermitteln dem Menschen das prickelnde Wohlgefühl, das ihm in umbauten Räumen – bis hin zu einem Minimum in betonierter Umgebung – in totalem, womöglich krankmachendem Ausmaß abhanden kommt. Dort herrschen nämlich die positiven Ionen vor, deren Effekte außerordentlich negativ sind.

Kurpackung

Die Kurpackung ist für alle Nordseebäder ein Eckpfeiler ihrer Existenzgrundlage. Viele Millionen hat man nahezu überall in Einrichtungen gesteckt, die sich von Insel zu Insel im Prinzip wenig unterscheiden.

Allen gemeinsam sind gesalzene Preise; natürlich, die teuren Anlagen wollen betrieben werden und müssen sich amortisieren. Wer seine Kur nicht von der Kasse bezahlt bekommt, muss tief in die Tasche greifen. Alternativ kann man das Bad im Nordseeschlick statt als teure „Anwendung" auch umsonst haben – im Watt nebenan.

Dieses Buch gibt keine Empfehlungen für den Kurbetrieb – dafür gibt es die Kurärzte. Es ist nämlich möglich, ein Eiland nach einem Ferienaufenthalt erfrischt und belebt zu verlassen, ohne ein einziges Mal der Segnungen einer mit dem Wort Kur- beginnenden Einrichtung teilhaftig geworden zu sein. Das ist ja auch überhaupt das kleine Geheimnis der Inseln, das sie so anziehend macht.

Seekrankheit

Bei allen nützlichen Aspekten des Klimas – einem ganz inselspezifischen Leiden wird sich mancher Küstenbesucher nicht immer entziehen können: Der Seekrankheit. Auf einigen Seebäderschiffen gibt es einen eigens installierten „Brechraum", in dem sich die Reise in netter Gesellschaft erleben lässt... Weniger auf den Zubringern der küstennahen Inseln, Fahrzeugen stattlicher Tonnage, die durch das Wattenmeer schippern. Doch auf einer Helgolandfahrt kann es trotz Schlingerkielen und Umwälzsystemen mitunter ganz lustig hergehen!

Manche Medikamente aus der Apotheke schützen vor dem Schlimmsten. Der Autor hat mit dem Mittel Emesan gute Erfahrungen gemacht. Am besten hilft wohl „Augen zu und durch" und zudem eine humorige Einstellung wie diejenige *Wilhelm Buschs*, der eine Inselreise (nach Borkum) mit diesen Worten beschrieb:

„...Der Weg durch Oldenburg und Ostfriesland bei Hitze und unglaublichem Sand und Staub war auch unerfreulich genug. Aber schon die Seefahrt von Emden aus machte mir das größte Vergnügen. Drei Hüte gingen fort auf ewig. Ein stattliches Kalb, welches ein Schlachter überführte, richtete vermittels seiner Wind- und Wetterseite ergötzliches Unheil an. Ein paar junge Damen wurden seekrank, die eine in meiner Nähe so geschickt, dass ich mit dem Winde so eine Art Pastetenfüllung ins linke Ohr bekam."

Möge es dem heutigen Inselfahrer besser ergehen. Wenn nicht, dann möge er bedenken: Die Windseite meiden!!!

Säuglinge und Taubstumme werden nie seekrank, ebenso eine verschwindend kleine Anzahl von permanent Gefeiten. Ein ebenso geringer Prozentsatz ist von dem Übel erst befreit, wenn er wieder festen Boden unter den Füßen verspürt. Für das Gros dazwischen stellt die Seekrankheit eine Frage der Gewöhnung dar. Unwahr ist auch, dass ein „richtiger Kerl" nie seekrank wird...

Einer, den es mächtig packte, war der dicke *Hermann Göring* auf einer stürmischen Kreuzerfahrt von Helgoland nach Kiel. Nachdem er – was den Seeoffizieren nicht verborgen blieb – Neptun reichlich geopfert hatte, belegte man ihn in der Offiziersmesse mit dem ehrenvollen Titel „Reichsfischfuttermeister" (mit der Berechtigung, ein goldenes Netzhemd zu tragen).

Göring kam die Sache zu Ohren, und er verlangte bitterböse die Bestrafung des Offiziers, der sich bei diesen Frotzeleien am meisten hervorgetan hatte. Der Mann wurde befehlsgemäß verdonnert, doch seine Karriere nahm keinen Knick. Die deutsche Marine war auch im Zweiten Weltkrieg noch monarchistischen Prinzipien treu. Der *olle Willem* hatte schon mal einen Spaß vertragen können – zumal er seefest war.

Sicheres Baden

Natürlich reist man vor allem auf die Inseln, um dort zu baden, und nicht in der Hotelwanne, sondern in der See. Selbiges wird einem vielerorts jedoch stark erschwert. Es gibt **Bademeister, Baderegeln, Badezeiten.** Hier und da ist das Baden außerhalb abgezirkelter Areale sogar schlichtweg verboten.

Brandung

Die heraufbeschworenen Gefahren sind real. Hohe Brandungswellen sind allein schon wegen ihrer kinetischen Energie gefährlich. Sie können einen Schwimmer auf den betonharten Boden schmettern, dass ihn die Sinne vielleicht für immer verlassen. Das Risiko ist aber primär durch die Vermischung von Wasser und Luft in der Brandungszone gegeben, denn diese Mixtur hat eine weitaus geringere Tragkraft als unvermengtes Wasser.

Strömung

Schwache Schwimmer können in dieser Zone schnell in Bedrängnis geraten, vor allem, wenn noch Strömungen an ihnen ziehen. Der Rückfluss der Wellen ist umso stärker, je höher diese sind, und dazu gesellen sich die **Gezeitenströmungen.** Diese sind besonders stark, wo sich in einiger Entfernung parallel zum Strand Sandbänke hinziehen, wie es auf vielen Inseln der Fall ist. Vor allem bei ablaufendem Wasser entstehen in dieser Rinne böse Strömungen, die durch über die Bänke brechende Seen noch zusätzliche Kraft erhalten. Für den, der hier auf die offene See getragen wird – denn gegen den Strom ist kein Anschwimmen –, sieht's zappenduster aus. Das kalte Nordseewasser lässt ein Überleben für höchstens ein paar Stunden zu. Auch die

609dn Foto: rh

Mär vom „Warmschwimmen" ist natürlich eine solche: Jegliche Körperbewegung im kalten Wasser führt letztendlich zu Wärmeentzug und Schwächung. Unbewegliches Treibenlassen mit Hoffnung auf Rettung ist in dieser Lage die beste Strategie.

Wadenkrampf und Unterkühlung

Ein Minimum an Bewegung beugt auch dem gefürchteten Wadenkrampf vor, der übrigens kein (direktes) Produkt des vollen Magens, sondern eines von Unterkühlung und Überanstrengung ist. Hilfreich – bis zum völligen Verschwinden des Problems – ist das Heraufziehen der großen Zehe bei gestrecktem und durchgedrücktem Bein.

Analoges gilt auch bei glücklicher Rückkehr an den winddurchzogenen Strand. Da hilft kein „Warmturnen"; ein Unterkühlter gehört unter die heiße Dusche. (Siehe auch „Alkohol" im nächsten Abschnitt).

Zwei rote Flaggen bedeuten: Baden verboten!

003nf Foto: rh

Also sollte man – von moderaten Ausbrüchen abgesehen – doch wohl lieber „den Anordnungen des Badepersonals Folge leisten"? Gewiss – zumindest so lange, bis man selber mit allen Gefahren und Risiken auf das Innigste vertraut ist.

Watt-wandern

Dies gilt auch ganz besonders für Wattwanderungen. „Verboten!" heißt es da fast überall, oder „nur mit staatlich geprüftem **Wattführer"**, der natürlich Geld kostet.

Da dem Entdeckungstrieb der Menschheit aber keine Zügel anzulegen sind, gehen immer wieder Neugierige, Trotzige und Unwissende auf Erkundungstour in die Watten und geraten mitunter ganz schön in die Bredouille.

Ausdrücklich sei hier empfohlen, es diesen „Individualisten" nicht nachzutun. Nicht nur der Gefahr wegen, sondern auch, weil der größte Teil der Watten Naturschutzgebiete sind, in denen man nicht herumtrampeln sollte. Der Wattführer hat das GPS-Gerät, den Kompass, das Walkie-Talkie und die Erfahrung, und die hat der Kurgast meistens nicht. Das ist besonders bitter, wenn **Nebel** aufkommt. Und es gleichzeitig kälter wird. Und die Flut aufläuft...

- **Buchtipp:** Weitere nützliche Informationen finden sich in den im Reise Know-How Verlag erschienen Praxis-Ratgebern **Sicherheit im und auf dem Meer** von *Matthias Faermann* und **Wandern im Watt** vom Autor dieses Urlaubshandbuchs.

Ebbe und Flut

Ganz früher einmal glaubte man, dass das Atmen eines Seeungeheuers oder Meeresgottes die Gezeiten bewirkte. Doch schon vor der Zeitenwende hatten kluge Köpfe erkannt, dass irgendwie ein Zusammenhang mit der **Bewegung des Mondes** bestand. Der Grieche *Strabo* stellte fest: „Der Okeanos ahmt die Bewegungen der Gestirne nach!" Vor allem *Plinius d. Ä.* machte sich wenige Jahre später um den Wissensstand zu diesem Thema verdient. Dann geriet mit dem Verfall der Antike alles wieder in Vergessenheit.

Erst *Kopernikus* sah (im 16. Jh.) die Zusammenhänge in groben Zügen wieder, und *Kepler* bahnte *Newton* den Weg zu weiteren Erkenntnissen, vornehmlich dem Gravitationsgesetz. Denn es ist die **Schwerkraft,** die für das Phänomen der Gezeiten (Küstendeutsch: **Tiden**) verantwortlich zeichnet. Die Massen des Mondes und, in weit geringerem Ausmaß, der Sonne zerren nämlich mit ihren Anziehungskräften gewaltig an der Erde. Und da ein flüssiger Stoff wie Wasser sich leicht in Bewegung versetzen lässt, entsteht dort, wo diese Kräfte sich am stärksten auswirken, jeweils ein regelrechter Wasserberg, unter dem die Erde sich quasi hinwegdreht.

Der durch diesen „Berg" verursachte **Gezeitenhub** (**Tidenhub**) kann beträchtlich sein. Im Nordosten der USA erreicht er über 16 m, im englischen Bristol 14 m und im französischen St. Malo 13 m. An der deutschen Nordseeküste sind diese Werte bescheidener: 2,80 m in Wangerooge, 2,40 m in Borkum und Helgoland, 1,80 m in List auf Sylt. Nur in den Flüssen kann der Hub noch höher liegen, so bei 4 m in Bremen.

Das Gefälle des Wassers bewirkt das Entstehen erheblicher **Strömungen,** die in der Nordsee auf Grund des relativ geringen Tidenhubes jedoch einigermaßen moderat sind. An engen Stellen wie in den Passagen zwischen den Inseln rauscht es aber ganz schön durch. Bei 4 Knoten (7,4 km/h) wird es auch für Schwimmer, sogar für manche Boote eng. Dann erschallt, wie so oft in jedem Jahr, der Ruf nach den Rettern.

Anhand des so genannten **Tidekalenders** bzw. einer **Gezeitenübersicht,** die auf den Inseln an jedem Anleger und Badestrand einsehbar ist, kann man sich mit Ebbe und Flut, Hoch- und Niedrigwasser vertraut machen. Es ist nämlich keineswegs so, dass diese Vorgänge sich jeden Tag zur gleichen Zeit wiederholen. Die Tiden sind pro Mondaufgang um 50 Minuten versetzt, und da es

zweimal innerhalb von 24 Stunden auf- und abläuft, verschiebt sich der Zeitpunkt von Hoch- bzw. Niedrigwasser um täglich jeweils 25 Minuten. Mit anderen Worten: Die **Dauer einer Tide** (oder Gezeit) beträgt 6 Stunden und 13 Minuten. Je nach der Mondphase, d.h. der Stellung unseres Trabanten zur Sonne, stellen sich auch besonders hohe (Springtiden) oder niedrige (Nipptiden) Gezeiten ein, die sich ebenfalls aus den Tabellen entnehmen lassen.

Schwimmer, Surfen, Bootsfahrer, Wattwanderer – eigentlich jedermann auf den Inseln sollte mit den Gezeiten eng vertraut sein, sollte auch wissen, dass Wind und Seegang für große Abweichungen des berechneten Ergebnisses sorgen können. Die Gezeiten der Nordsee stellen nicht nur ein faszinierendes Phänomen dar. Sie bergen auch ein Gefahrenpotenzial, vor dem es sich in Acht zu nehmen gilt.

3 Grad minus, Nebel – und die Flut läuft auf

Wie schnell Leichtsinn und Unwissenheit in die Katastrophe führen können, zeigt der nachstehende Bericht aus den Annalen der DGzRS:

Der letzte Dienstag im Dezember ist ein grauer, kalter, unfreundlicher Tag. Starker Nebel liegt über dem Watt von Borkum, der ostfriesischen Insel im Westen, die auch um diese Jahreszeit als Urlaubsziel ihre Vorteile bietet: klare, saubere Luft und Hochseeklima, gerade drei Stunden vom Festland entfernt.

Heinrich und *Helga K.* aus dem schwäbischen Kornwestheim haben sich vormittags auf den Weg gemacht, um eine Prise Meeresluft zu schnuppern. Über die lange Strandpromenade führt sie ihr Weg in Höhe des Kurhauses hinunter an den um diese Jahreszeit verwehten, graugelben Strand und weiter an die Wattkante. Die bunten Strandkörbe sind längst im Winterquartier und nur wenige Spaziergänger unterwegs. Das Ehepaar hat den Weg Richtung Seehundsplate angetreten – eine großflächige Untiefe, die weitläufig trockenfällt. Bei auflaufendem Wasser, also wenn die Flut ihren Höchststand erreicht, überspült die Nordsee die Plate. Heute Vormittag ist das Wasser bei Ebbe weit abgelaufen. Ein Priel wird von den „Spaziergängern auf dem Meeresgrund“ umlaufen, und sie erreichen das Hohe Riff, das normalerweise nicht betreten werden darf: Seehundschutzgebiet. Für 14.12 Uhr ist Hochwasser angesagt. Wer dann noch trockenen Fußes zurückgehen will, muss einen ganz bestimmten Weg kennen. Und den wissen eigentlich nur die Einheimischen ...

Szenenwechsel. Kurz vor 13.00 Uhr. Liegeplatz des Seenotkreuzers „Alfried Krupp“ im Schutzhafen von Borkum. Der Mittagstisch ist gerade abgebackt worden. In der Kombüse klimpern Bestecke und Teller – Abwasch. Auf UKW läuft ein Funkspruch auf. „Wattwanderer am Hohen Riff vom Wasser eingeschlossen. Von Land aus keine Hilfe möglich.“

Glücklicherweise waren die beiden Wattwanderer beobachtet worden, wie sie sich immer weiter von der Promenade entfernten, vom Nebel verschluckt wurden und auf die weite Entfernung nur schemenhaft mit dem Fernglas ausgemacht werden konnten. Alarm für die Inselfeuerwehr. Vergeblicher Einsatz: Das Wasser ist schon zu hoch aufgelaufen. „Da kommen wir nicht mehr ran. Ruf die Retter!“

018oi Foto: rh

„Retter" – das ist an der Küste und auf den Inseln die kurze und einprägsame Bezeichnung für die Seenotkreuzer und Seenotrettungsboote – und auch für die Männer, die an Bord rund um die Uhr ihren Dienst tun. Die „Retter" sind auf dem Anmarsch. Durch das Hubertgat prescht der Seenotkreuzer, erreicht nach knapp 20 Minuten das Revier am Hohen Riff.

„Tochterboot raus!" Die 7,50 Meter lange „Glückauf" mit gerade 75 Zentimetern Tiefgang ist in ihrem Element. Umsichtig manövrieren die beiden Rettungsmänner das Tochterboot an die Wattkante, wo ihnen das Paar entgegenkommt. Völlig durchnässt, zitternd vor Kälte. Kein Wunder: Lufttemperatur minus drei Grad. Wassertemperatur drei Grad. Ein frischer Wind aus Südost.

Minuten später wird das Tochterboot vom Kreuzer aufgeslipt. Heinrich und Helga K. werden an Bord der Alfried Krupp versorgt. Mit trockener Kleidung und einem guten ostfriesischen Tee mit Kluntjes. Viel Worte gibt es in dieser Situation nicht. Der Seenotkreuzer läuft zurück zum Liegeplatz, wo die Wasserschutzpolizei für alles Weitere sorgt, unter anderem den Transport in das Inselkrankenhaus, wo die beiden Urlaubsgäste auf Unterkühlungserscheinungen untersucht werden.

Als Heinrich und Helga K. von Bord der Alfried Krupp gehen, spüren die Seenotretter, was in den Köpfen der beiden vor sich geht: „ ... wenn die uns nicht da rausgeholt hätten ..."

Essen und Trinken an der Küste

Brot

Es beginnt mit dem Brot. Was sich **Schwarzbrot** nennt, ist auch schwarz und enthält komplette Getreidekörner, die zu einem krustigen, nährstoffreichen Laib zusammengebacken sind. So ein richtiges norddeutsches Schwarzbrot erweckt den Eindruck, es würde die erste Halbzeit eines Fußballspiels ganz gut als Ball überstehen. Ein Klacks Butter drauf – und voilà: eine komplette Mahlzeit!

Krabben

Dabei lässt es der Nordseemensch nun aber nicht bewenden. Er häuft sich entweder rohes **Hackfleisch** auf den Kanten oder belegt ihn dick mit **Garnelen**, die in den flachen Gründen vor der Küste gefangen und noch an Bord der Kutter in Seewasser gekocht werden. Die Krabbeltiere haben an der See die kuriosesten Namen und heißen überall anders: **Granat** in Ostfriesland und an der Weser, **Kraut**

040nf Foto: rh

Granatteller

Matjes

Laut Lexikon ist Matjes „ein junger Hering im besten Ernährungszustand, der zur Fangzeit (Frühsommer) vor der Laichreife steht, doch noch keinen Ansatz von Milch (= Samen) oder Rogen (= Eier) erkennen lässt." Nach dem Fang wird Matjes etwa acht Wochen bei Temperaturen zwischen 6 und 15 Grad in einer milden Salzlake, der Zucker und biologische Wirkstoffe beigegeben werden, „herangereift". Mehrere hundert Tonnen Matjes bereitet man so alljährlich an der Küste zu, vornehmlich im ostfriesischen Emden. Der beste Monat für den Verzehr von knackfrischem Matjes ist der Juni, doch perfekt kontrollierte Steuerungen des Reifevorgangs machen den Fisch heute zu jeder Jahreszeit zur exquisiten Delikatesse, dem „Kaviar der Nordsee".

Man serviert Matjes mit saurer Sahne, Zwiebelringen und Apfelscheiben zu Pellkartoffeln oder Schwarzbrot. Oder aber man packt ihn am Schwanz und lässt ihn nach und nach im Schlund verschwinden – das ist die traditionelle und keineswegs anstößige Art des Verzehrs. Alle Methoden resultieren (des nie ganz auslöschbaren Salzgehalts des Herings wegen) in herrlichem Durst.

an der Unterelbe und im Nordfriesischen, **Porren** und vereinzelt auch **Sanduhl** auf den Halligen und Inseln im Norden. Sie sind von vorzüglichem Eigengeschmack und – außerhalb der Restaurants – gar nicht teuer, vorausgesetzt allerdings, man „puhlt" (schält) sie selbst.

Fisch

Wer Fisch verabscheut, ist an der Nordsee eigentlich fehl am Platze. Eine leckere Palette erwartet hingegen den Kenner oder Experimentierfreudigen. Jedes **Maischollengericht,** auch in einfachster Zubereitungsart, ist fünf Sterne wert. So hässlich der **Knurrhahn** aussieht, so lieblich schmeckt er. Und dann haben wir noch den noblen **Matjes,** den man schon deshalb zu schätzen wissen sollte, weil ihm in der – vor allem von den Holländern – hemmungslos überfischten Nordsee möglicherweise ein baldiges Aussterben bevorsteht...

„Ostfriesenpalme"

Grünkohl (alias „Friesenpalme") ist die einzige wahrhaft deutsche Kohlart, doch kaum über den Norden hinaus bekannt, geschweige denn geschätzt, was unter anderem an mangelnden Zubereitungskenntnissen liegen mag. Von

oben gesehen ähnelt ein Grünkohlfeld beeindruckend einem Urwalddach en miniature. Das Kraut wird vorzugsweise nach den ersten Frösten geerntet, noch steif vor Eis, und mit Schmalz, fettem Bauchfleisch und dicken Grützwürsten (**Pinkel**) gegart, „bis es glänzt" – so die gängige Rezeptur. Dazu gibt es Röstkartoffeln und scharfen Senf und, zur vermeintlichen Entschärfung dieser Cholesterinbombe, jede Menge Alkoholisches.

S-teifer Grog

Zum Thema Alkohol soll hier nichts Spielverderberisches gesagt werden. Allerdings sollte auch kein Insel- und Küstenbesucher dem fatalen Irrglauben anhängen, dass die Einnahme von Hochprozentigem eine Art Kälteschutz darstelle. „Dann haben wir erst mal einen anständigen ‚s-teifen Grog' zur Brust genommen, bis uns wieder warm wurde... oder 'n ordentlichen Köm..." So etwas hört man immer wieder. Jedermann scheint auch zu glauben, dass Seeleute und Fischer mehr oder weniger permanent diesem schönen Brauch huldigen, um gegen widrige Winde gefeit zu sein.

Dr. Meinhard Kohfahl, Seenotarzt der Deutschen Gesellschaft zur Rettung Schiffbrüchiger, ist einer, der es ganz bestimmt besser weiß. „Das zunächst als wohlig empfundene Wärmegefühl ist trügerisch“, warnt er. „Der ‚Klare‘, der ‚Steife Grog‘ – jede Art der Alkoholeinnahme führt zu einer Erweiterung der Blutgefäße. Das hat zur Folge, dass der Körper mehr Wärme abgibt, als er produzieren kann.“ Der Alkohol trägt letzten Endes also nur zu weiterem Wärmeverlust bei, im Falle extremer Unterkühlung kann er tödlich wirken. Wenn Seeleute „einen heben“, so geschieht dies meist, um ihre Einsamkeit und Perspektivlosigkeit zu betäuben.

Niemandem soll mit diesen Zeilen die Freude vergällt werden, einmal einen kräftigen Zug zu tun, und Inselfahrer mögen sich auch weiterhin das „zünftige“ Grogrezept „Rum muss, Zucker darf, Wasser kann“ geduldig anhören. Aber dass der Stoff nicht gegen die Kälte hilft, sollte gerade im kühlen Norden nie vergessen werden.

Ein Tässchen Tee

Von „Köm“ kann man auch mit Gewinn auf ein zahmeres Getränk umsteigen, das wirklich wärmt. Es ist Tee, mit dem ein Großteil der Küstenbewohner ein noch aufwendigeres **Zeremoniell** veranstaltet als die Japaner. Auf den Nordseeinseln wird man sich überall, wo es noch halbwegs traditionell zugeht (oder wo man einen Touristenkult daraus macht), diesem Zeremoniell kaum entziehen können.

Der Tee muss „der richtige“ sein, nur die besten Sorten. Dasselbe gilt für das Wasser. Chloriertes Leitungswasser ist unter Kennern out. Mit dem **Stövje,** einer Art Mini-Samowar, werden die richtigen Brauverhältnisse gewährleistet. Dunkel-goldgelb muss der Tee in die Tasse rinnen.

Knisternder **Kandiszucker** wird zunächst eingefüllt und dann die dicke **Teesahne,** die eine blumige Wolke im Goldbraunen aufblühen lässt. Die Sahne nicht umrühren! Das tun nur unverbesserliche Barbaren aus dem Binnenland!

An Tee ist allerdings auch ein (kleiner) Haken. Er enthält viel Gerbstoff (Tannin), weitaus mehr als Kaffee, der die so genannte Eisen-Bioverfügbarkeit negativ beeinflusst. Gerade das Küstenprodukt Fisch ist sehr reich an biologisch hochwertigem Eisen, das bei Einnahme von viel Tee nicht voll genutzt wird. Andererseits wirken die Tannine besänftigend auf Magen und Darm, sind im Verbund mit Fluor gegen Karies wirksam und bauen über B-Vitamine Stresslasten ab. Das Mittelmaß ist hier, wie so oft, die beste Empfehlung.

Sturm vor der Küste (alte Darstellung)

602dn Foto: rh

Die Nordsee

Die Natur

Wie alles begann

Frühzeit

Wo fangen wir an – bei Würm, Riss, Mindel und Günz, den letzten Eiszeiten, die im erdgeschichtlichen Maßstab nur ein paar Sekündchen zurückliegen? Oder holen wir etwas weiter aus, 250 Millionen Jahre vielleicht, als der Großkontinent Pangäa gerade auseinander zu driften begann, um die heutigen Erdteile zu bilden?

An welcher Stelle wir auch das Buch der **Erdgeschichte** aufschlagen: Wir finden ein ständiges, regelloses Auf und Ab. Riesige Landstriche verschwinden von der Erde, andere tauchen auf. Meere entstehen und vergehen. Im frühen **Perm** etwa bedeckte das von wunderlichen Kreaturen bewohnte **Zechsteinmeer** die heutige Nordsee und Norddeutschland. Doch dieser Vorläufer unseres Hausmeeres hatte keinen Bestand. Durch wüstenähnliche Klimabedingungen trocknete das Zechsteinmeer wiederholt aus. Dieserart entstanden die unter der norddeutschen Tiefebene liegenden gewaltigen Salzlager, die den Menschen der Gegenwart so begehrenswert für die „Entsorgung" ihres lebensfeindlichen Mülls erscheinen. Im Verlauf der **Trias-Phase** war das Nordseebecken von Gebirgen und Hochländern umgeben, deren Verwitterungsschutt in die Tiefe geschwemmt und dort abgelagert wurde. So entstanden mächtige Schichten aus Buntsandstein – dem „Baumaterial" der roten Felsen Helgolands. Das war vor etwa 225 Millionen Jahren.

Dann, während die britische Insel wie ein Zahn aus dem Kiefer Europas herausbrach und nach Westen zu driften begann, stieß die See erneut in die nördlichen Niederungen vor und bewirkte über die Ablagerung von **Muschelkalk** die Sedimentation von **Kreideschichten.** Diese, aus winzigen Lebewesen gebildet, wuchsen im Lauf der Jahrmillionen auf Hunderte von Metern heran, und das ursprünglich lose Material wurde zu hartem Stein zusammengepresst. So entstanden die berühmten „Kreidefelsen": Dover, Helgolands „Witte Kliff", Rügen.

Und das Meer, dann auch wieder die Erde, hoben und senkten sich weiter. Mitunter drückte das Salz aus der Tiefe nach oben – so wurde Helgoland „aus der Taufe gehoben" –, oder Eis band das Wasser und ließ den Meeresspiegel fallen. Das geschah während der bewussten **Eiszeiten,** die jedem Oberschüler ein Begriff sind.

Eiszeiten

Nicht nur viermal, wie anfangs erwähnt, sondern mindestens achtmal gab es die Eiszeiten. Die letzte Kälteperiode, die Weichsel-Eiszeit, endete vor lediglich zehntausend Jahren, als unsere Vorfahren bereits diese Gefilde bewohnten.

Auf dem Höhepunkt dieser letzten Vergletscherung lag der Meeresspiegel um rund 100 m tiefer als heute. Weite Teile der gegenwärtigen Nordsee waren solides, allerdings eisbedecktes Festland. Die Elbe floss im Verbund mit der Weser westlich von Helgoland vorbei; der Rhein, mit Themse und Humber als Nebenflüssen, ergoss sich nördlich der Doggerbank ins Meer.

Erwärmung

Einer neuerlichen Erwärmung des Erdklimas folgte auch ein **Abtauen der polaren Eismassen** und **Ansteigen des Meeresspiegels.** Die von Skandinavien kommenden, bis weit nach Deutschland hineinstoßenden, mächtigen Gletscher hatten das Land flachgehobelt, bei ihrem Rückzug aber auch enorme **Endmoränen** und gewaltige Steinbrocken, die **Findlinge,** hinterlassen. Aus den Sandmassen der Moränen entwickelten sich die höhergelegenen trockenen **Geestrücken,** das tiefergelegene Land bildete die feuchten, aber fruchtbaren **Marschen.**

Doch die Nordsee überflutete in mehreren Anläufen ihr heutiges Becken. Ab 13000 v. Chr. wütete der Blanke Hans bereits wieder über der **Doggerbank,** und vor etwa 8000 Jahren erreichte die Nordsee schon ungefähr ihre heutige **Küstenlinie.** Rund 3000 Jahre später, bei Durchbruch des Englischen Kanals durch eine alte Gletscherrinne, erhielt diese dann ihre vorerst gültige, von den wiederholten Eisschüben abgeplattete Form.

Immerhin fünf oder sechs Meter tiefer lag der Meeresspiegel damals noch. Auch weiterhin ragten markante Inseln und Höhenzüge aus der Wasserwüste, deren Reste den Geologen heute als **Pisa-** oder **Amrumbank-Moräne** vertraut sind. Hier entwickelte sich die frühe menschliche Kultur unserer Breiten unter harten Lebensbedingungen, doch in einer herrlichen Umwelt mit reicher Fauna und Flora.

Vor etwa 5000 Jahren lag **Helgoland** wahrscheinlich am westlichen Ende einer Geest-Halbinsel. Schon ein halbes Jahrtausend später zerbrach diese Brücke, und Helgoland gewann endgültig seinen insularen Status. Vorher bereits war die **Geestküste Schleswig-Holsteins** auf winzige Überbleibsel reduziert worden. Gewiss werden sich in einem späteren Erdzeitalter Gebirge recken, wo heute die Nordsee rauscht. In der Gegenwart und nahen Zukunft hält das Abbröckeln indes an – ein ernstes Problem unserer Zeit, von dem in diesem Buch noch wiederholt die Rede sein wird.

Die **Ostfriesischen Inseln** allerdings sind keine Überreste dieses ehemaligen Festlandes. Sie entstanden aus **Sandbänken,** auf denen der Wind Dünen aufhäufte, die durch Pflanzenbewuchs stabilisiert wurden. Im Laufe der Jahrhunderte wanderten diese bewohnbaren Sandhaufen allmählich immer weiter nach Osten.

Wind und Wetter

Ewiger Westwind

Die Nordsee liegt ziemlich mittig im Bereich der Zugbahnen **nordatlantischer Tiefdruckgebiete,** die sich am quasistationären Azorenhoch vorbeidrücken müssen. Deshalb weist sie fast ständig wechselndes und häufig windiges bis stürmisches Wetter auf. Dies ist die so genannte **Westwindtrift.**

Ein von den Britischen Inseln herannahendes Tief kündigt sich in der Regel durch südwestliche Winde an. Nach Durchzug einer Warmfront mit Regen und einer Kaltfront mit Schauern springt der Wind dann gewöhnlich auf nördliche Richtungen um, meistens Nordwest, und es wird klarer und kälter. Dies ist das „typische" Nordseewetter, dessen Wechselhaftigkeit nie die Langeweile eines permanent blauen Himmels aufkommen lässt, andererseits aber auch auf allen Küsten- und Inselreisen die Mitnahme des wasserdichten gelben „Friesennerzes" voraussetzt.

Nordsee – Mordsee

Die mitunter zum Extremen neigenden Wetterverhältnisse und ihre Folgen haben der Nordsee das schlimme Beiwort „Mordsee" eingetragen. Zwar ist sie nur fünfmal so klein wie das Mittelmeer, und ihr Volumen beträgt weniger als 0,01% der globalen Seewassermenge. Aber ein Ententeich ist das „atlantische Randmeer" dennoch nicht. Das hat seine Geschichte bewiesen, seit man diese entlang seiner Gestade aufzuzeichnen begann.

Tausende kamen in der **Julianen-Flut** von 1164, der **Lucia-Flut** von 1287, der **Antoni-Flut** des Jahres 1511 und vor allem in der **Groten Mandrenke** vom 16. Januar 1362 ums Leben, wenn auch sechsstellige Opferzahlen genauer Betrachtung nicht standgehalten haben. Nordfriesland allein beklagte mehr als 8000 Tote, als die **Buchardi-Flut** 1634 über die Inseln und Halligen hinwegbrach. Die schreckliche **Weihnachtsflut von 1717** bleibt bis heute an der Küste unvergessen. Überall entlang der Nordsee kennt man auch noch die Namen blühender Ortschaften, die spurlos verschwanden: Itzendorf bei Norddeich; Otzum bei Neuharlingersiel; Jadeleh, Dauens und Bant am Jadebusen; Rungholt im Nordfriesischen und noch viele mehr.

„Landunter", so der gängige Ausdruck an der Küste, gab es auch am **17. Februar 1962,** als die Nordseedeiche an 61 Stellen brachen und selbst das 80 km elbaufwärts gelegene Hamburg zu einem Fünftel zur Wasserwüste wurde. 315 Menschen starben in dieser **Jahrhundertflut,** wie sie in den Medien genannt wurde. In der **Holland-Flut,** just elf Jahre zuvor, waren sogar 1851 Menschen ums Leben gekommen; 300.000 mussten vor den Wassermassen flüchten.

004nf Foto: rh

Auch weiterhin Landunter

Die oben geschilderte meteorologische Konstellation mit jäh umspringenden Winden von Sturmstärke trägt für den Inselfahrer zu manchem Reiz bei. Doch ein Zuviel davon, gar noch gekoppelt mit überhohen **Springtiden,** kann für die deutsche Nordseeküste nicht weniger katastrophale Folgen haben als 1962 – immer noch.

Riesige Mengen Wassers werden vom Sturm zunächst durch den Englischen Kanal gepresst, um in der Deutschen Bucht, wo es nicht mehr weitergeht, einen regelrechten Berg zu bilden. Hinter diesen fasst der Nordwest dann und schiebt ihn in die Trichter der Flussmündungen – potenzielles Landunter! In den Niederlanden befasst man sich bereits mit dem ketzerischen Gedanken, der See wieder einiges mühsam gewonnene Land zurückzugeben, um den Druck auf die Küste zu verringern.

Solche Überlegungen werden aus gutem Grund angestellt, denn sie sind auf lange Sicht von nackter Not diktiert. Noch ist nicht genau abzusehen, ob und wie schnell das Erdklima sich, unter anderem durch menschengemachte Auslöser, erwärmen wird. Doch der **Meeresspiegel** kriecht langsam, aber stetig höher. Schlimmer noch: Die Energie des Seegangs und der Brandung wächst fortwährend an; das Hämmern auf die Küsten verstärkt sich. Zwar hat die Kraft der Sturmtiefs nur unwesentlich zugenommen, falls überhaupt. Superstürme hat es schon immer gegeben.

Doch neuerdings ist sogar von „Mammuttiefs" die Rede, der Definition nach Druckgebilde, die ein normales Barometer gar nicht mehr anzeigen kann. Sicher ist: Wenn Winde von Hurrikanstärke über die Nordsee hinwegtoben, werden an der Küste nicht nur ein paar Dachpfannen wegfliegen.

Landunter heißt es dann vor allem auf den Inseln und Halligen. Wie viel dort bereits zu Bruch gegangen ist, zeigt die Geschichte. Doch der **Blanke Hans** nagt ewig weiter. Die ostfriesischen Inseln, driftende Sandbänke allesamt, bewegen sich nach und nach gen Osten, mit dem kleinen Trost allerdings, dass der westliche Abbau am anderen Ende oft wieder anwächst. Aber dieser Trost ist schwach. Auf 40 m näherten sich die Fluten im Winter 1992/93 den ersten Gebäuden Langeoogs, einer an und für sich recht stabilen Insel. Tausende von Kubikmetern Sand mussten nachgespült werden, um das Ufer zu festigen. Das sind Kosten, die keine Kurtaxe mehr trägt und für die Land und Bund einspringen müssen.

Trübe Aussichten

Ähnlich sieht es auf den Nordseeinseln fast überall aus. Ein Kampf gegen Windmühlenflügel wird vor allem auf Sylt ausgetragen. Trotz heftigster Gegenwehr gehen der 99 km^2 großen Insel alljährlich 170.000 m^2 Substanz verloren – für immer. Um anderthalb Meter weicht an der Westküste die Strandlinie jedes Jahr, Tendenz zunehmend. Modernste Großtechnik kommt zum Einsatz, um den Abbau, wenn schon nicht aufzuhalten, so doch zumindest zu verlangsamen. Doch das dafür ausgelegte große Geld ist nur für den Moment gut und bleibt letztlich in den Sand gesetzt. Die Geologen sind sich einig, dass die Nordseeinseln in spätestens 600–700 Jahren von der Karte verschwunden sein werden und noch viel eher, falls der Treibhauseffekt richtig zum Greifen kommen sollte. Auch die Holländer täten nach Ansicht der Fachleute gut daran, sich trotz aller Wasserbaukunst schon jetzt nach höhergelegenen Asylen für ihre Nachkommen umzusehen.

– und Sonnenschein

Noch allerdings sind die schönen Nordseeinseln da. Und auch wenn die Winde rau wehen – zumindest die Temperaturen sind recht ausgeglichen. Auf den Inseln wird es nie zu heiß und selten einmal wirklich kalt. Dafür sorgt auch weiterhin der nicht allzu weit entfernte Golfstrom.

Der Monat mit den **höchsten Temperaturen** ist auf allen Inseln der August mit einem maximalen täglichen Mittel von 20° C. Das Thermometer kann auch höher klettern, doch fast immer mildert Wind die Hitze. Den meisten **Sonnenschein** gibt es überall im Juni (Borkum: 226 Stunden). Die höchsten **Wassertemperaturen** werden mit (immer noch recht frischen) 17° C im Juli und August erreicht, um in den Folgemonaten wieder rasch auf erheblich kühlere

Werte abzufallen. Im Oktober ist der Badespaß vorbei. Auch die Sonne wird dann rapide dünner. Als dunkelster Monat gilt nordseeweit der Dezember. 40 Sonnenstunden sind hier bereits das Maximum. Um die Jahreswende kann man die Sonnencreme also getrost daheim lassen.

Doch dies sind statistische Erhebungen, die allenfalls einen Überblick vermitteln, aber natürlich nichts über das Wetter von einem Tag auf den anderen aussagen. Für die Nordsee gilt: Voller Optimismus anreisen, aber immer auf das Schlimmste gefasst sein!

Übrigens: Ein ausführlicher regionaler Wetterbericht hängt täglich bei Kurverwaltungen, Rathäusern und Segelclubs aus.

- **Buchtipp:** Wissenswertes rund um das Thema Urlaubswetter findet sich auch in dem Praxis-Titel **Sonne, Wind und Reisewetter** von *F. Vogel,* erschienen im Reise Know-How Verlag.

Die Umwelt

Sand und Wasser

Inselbaustoffe

Die Hauptelemente der meisten deutschen Nordseeinseln sind eben diese: Sand und Wasser. Um was für Stoffe handelt es sich dabei eigentlich genau?

Der **Nordseesand** ist vorwiegend das zerriebene Überbleibsel einstiger Felsmassen, die in die Mühle der Eiszeiten gerieten. Er ist auf allen Inseln, die einen Strand besitzen, von makellosem Hell- bis Dunkelgelblichweiß, feinkörnig und absolut sauber. Im weltweiten Vergleich verdienen die deutschen Inselstrände höchste Benotungen – vor allem, wenn man bedenkt, dass sie einem industriellen Koloss vorgelagert sind und sich pro Jahr Zehntausende von Schiffen an ihnen vorbeiwälzen.

Es hat allerdings einige Arbeit gekostet, diesen Idealstatus zu erreichen, im großen Maßstab wie auch im kleinen vor Ort. Heute sind die Strände so sauber, dass eine angetriebene solitäre Flasche schon interessierte Aufmerksamkeit erregt. (Ja, es gibt zeitweilige Ausnahmen, wenn über Bord gegangene Ladungen antreiben, doch diese sind nicht von Dauer). Das allgemein erhöhte **Umweltbewusstsein** hat unter anderem stark dazu beigetragen, dass im ökologischen Bereich auf allen Inseln geradezu richtungweisend vorgegangen wird. Der Tag ist nicht fern, da Kunststoffe weitgehend von den Inseln verbannt sein werden. Einwegflaschen, Getränkedosen und belastende Reinigungsmittel sind schon jetzt fast verschwunden. Sehr lobenswert auch kostenlose Toiletten im Gelände; geklärt wird weitgehend biologisch.

Und das Wasser?

Dass angesichts dieser Saubermann-Bedingungen auch das **Meerwasser** gute Noten erhalten hat, darf niemanden verwundern. Die vom ADAC periodisch durchgeführten Untersuchungen ergaben durch die Bank das Fazit „einwandfrei sauber", welches allseits mit großer Genugtuung aufgenommen wurde. Manche Leute hatten das doch schon immer gesagt und alles andere einer Panikmache der linken Kampfpresse zugeordnet.

Allerdings bezogen sich die ADAC-Tests lediglich auf das Vorhandensein schädlicher Bakterien. Was die Nordsee an sonstiger Schmutzfracht mit sich führt, steht auf einem anderen Blatt. Das graue Nordmeer ist keine blaue Karibik.

Zwar ist das, was da im Kielwasser der Fähre braungrünlich emporbrodelt, dem hoffnungsvollen Schnorchler am Inselstrand die Hand vor Augen verwehrt, keine Verschmutzung im eigentlichen und abschreckenden Sinn. Es handelt sich um Schwebstoffe aus Schlick, Plankton und Algen – das gab es schon vor tausend Jahren und ist vielleicht sogar „gesund". Was jedoch von anderer Seite in die Nordsee „eingetragen" – so das Fachwort – wird, ist von minderer Heilkraft.

Spröde Elastizität

Früher, noch gar nicht so lange her, sah man die Belastbarkeit mariner **Ökosysteme** wie der Nordsee als unerschöpflich an. Bis auf Bundesebene schwadronierte man von den „unendlichen Selbstheilungskräften", der „Elastizität" und der „Absorptionsfähigkeit" des Meeres. Spätestens in den 60er-Jahren wurden diese Erkenntnisse hoch bezahlter Fachleute als Irrglaube und Nonsens entlarvt; vieles war im Zeichen industrieller Interessenvertretung auch nur so dahergeredet worden. Wie sich zunehmend zeigte, war das Meer ein höchst fragiles Biotop und der Mensch im besten Begriff, es zu zerstören. Als ganz besonders gefährdet erwies sich die Nordsee, ein von lauter Industriestaaten umgebenes flaches Schelfrandgebiet des Atlantischen Ozeans. Auch die Mär, dass alles aus ihm „hinausgeschwemmt" würde, erwies sich als solche. Die Nordsee, klein und seicht wie sie ist, hat nicht einmal eigene Gezeiten, sondern liegt im Bereich so genannter Mitschwingtiden des Nordatlantiks, die als Welle bei den Orkneys und Shetlands in das Bassin hineinlaufen und sich gegen den Uhrzeigersinn an den Küsten entlang ausbreiten.

Grusel-Szenario Öl-GAU

Wehe, wenn es in diesem empfindlichen Flachmeer einmal zu einer Supertankerkatastrophe kommen sollte! Dieses aus den Medien leider wohl bekannte Szenario wird an der Wattenmeerküste immer wieder mit allen gruseligen Konsequenzen ausgemalt. Was, wenn...!

Doch es bedarf gar keines solchen Desasters, um die Nordsee auch so alljährlich mit einer **Großtankerladung Öl** zu überziehen. Nicht spektakulär „im Stück" und wabernden Schmierteppichen, sondern so ganz „sutje", um ein Küstenwort zu benutzen. Die entsprechenden Schätzungen jährlicher Gesamteintragungen aus verschiedenen Quellen liegen bei mehreren zehntausend Tonnen! Allein rund 20.000 davon kommen aus der Atmosphäre: unvollständig verbrannte Treibstoffreste von Maschinen aller Art mit Einschluss von Kraftfahrzeugen. Die Schifffahrt ist zu 10–20% mit „Kleineinträgen" beteiligt, auffällig schon durch eine deutlich lebhafter sprudelnde Quelle im Winter, wenn Dunkelheit und schlechte Sicht ein Beobachten der illegalen Schweinereien erschweren.

Ein Löwenanteil entstammt Landabflüssen, ein kleinerer Prozentsatz dem Offshore-Bohrgewerbe, bei dem schon mal ein Tönnchen danebenkleckert.

Wie schnell es zum GAU kommen kann, zeigt die Havarie des **Holztransporters Pallas** 1998. Der Frachter war bei stürmischem Wetter in Brand geraten und vor Amrum auf die Sände getrieben. Durch austretendes Öl wurden Tausende von Seevögeln und zahlreiche Robben getötet und die Strände der Insel in schwere Mitleidenschaft gezogen. Politisch behandelte man die Ökokatastrophe nach Einschätzung der Bonner SPD-Fraktion wie einen „Schwelbrand in einer Frittenbude".

Chemie

Für Öl, das man sieht und riecht, hat der Badegast Sinnesorgane, und er wird im Regelfall und zu seiner großen Befriedigung beim Mittagsbad nichts davon bemerken. Doch für einige andere „Einträge" haben wir leider keine Fühler – sonst gäb's auch dauernd Alarm.

Dies geht vor allen Dingen die komplexeren Produkte der **Chlorchemie** an, von denen riesige Mengen den Weg in den „industriellen Nachttopf" finden, als den Zyniker die Nordsee bereits bezeichnet haben.

Nun mag abwiegelnd argumentiert werden, dass die See, der Badegast selber gar, als elementaren Baustein eine Chlorverbindung enthält: Natriumchlorid, das schlichte Kochsalz, ein überlebenswichtiger Stoff. Stimmt. Wir Menschen und das Meer können offenbar auf uralte gemeinsame Ursprünge zurückblicken. Deshalb enthalten wir auch beide keine chlorierten Kohlenwasserstoffe (CKWs) und erst recht keine polychlorierten Biphenyle (PCBs) – oder sollten es zumindest nicht. Denn diese brodeln erst seit etwa hundert Jahren in den Retorten. Und nicht nur dort. Der teuflische Gebräukomplex ist auch in solchem Maße „freigesetzt" worden, dass er mittlerweile alle biologischen Kreisläufe durchdrungen hat. Und da in unserem über Jahrmillionen hinweg mühsam erworbenen enzymatischen Abwehrprogramm kein Mittel gegen diese neuen lebensfeindlichen Substanzen existiert, haben sie uns zahlreiche und außerordentlich komplexe Krankheiten beschert. Nicht über eine unmittelbare „giftige" Wirkung, sondern auf dem Umweg über eine allgemeine Schädigung und Schwächung des Immunsystems mit allen weiteren Konsequenzen. Das beginnt, haben Wissenschaftler herausgefunden, bei Mikroorganismen auf dem Meeresboden und endet bei uns, der „Krone der Schöpfung".

Mehr Chemie

Zu diesen üblen Stoffen (auf die keineswegs das Meer, geschweige denn die Nordsee, ein „Monopol" hat), gesellen sich an die 40.000 t **Schwermetalle,** ein großer Teil davon – erfreulicherweise weniger werdend – Blei aus Auspuffrohren. **Radioaktivität** (aus den Wiederaufbereitungsanlagen La Hague und Sellafield) macht sich bereits ebenfalls in der Nordsee bemerkbar, wenn auch keineswegs Besorgnis erregend im deutschen Bereich. Aber muss denn dieser sprichwörtliche, ein Überlaufen einleitende Tropfen unbedingt noch hinein in den industriellen Nachttopf?

In den letzten Jahren hat sich gottlob einiges getan im ökologischen Umdenkprozess. Mehr noch ist vonnöten. Immerhin ist man aber bereits so weit, dass im Zweifel über die Auswirkungen menschlicher Aktivitäten stets auch von Schadeffekten ausgegangen wird. Nach dem Vorsorgeprinzip sucht man in der Vermeidung von Ursachen generell die beste Lösung. Einige besonders schlimme Exzesse, so die berüchtigte **Dünnsäureverklappung** in die Nordsee, konnten über konzertierte Aktionen gestoppt werden. Es besteht Anlass zu vorsichtigem Optimismus.

„Was geht mich das alles an?" mögen Sie fragen, während Sie Ihre Zehen in das erfrischend kühle und naturbelassene Nordmeer tauchen. „Das Wasser ist doch sauber!" Nun, vielleicht möchten Sie Ihr Lieblingsmeer im nächsten Jahr genauso taufrisch und scheinbar pflegeleicht vorfinden. Das beinhaltet auf lange Sicht allerdings ein paar persönliche Einschränkungen: Weniger Auto, Plaste und Elaste. Umweltbewusstes Denken erfordert heute vernetzte Überlegungen.

019oi Foto: rh

Die Nordsee

Während des großen **Seehundsterbens** in Nordfriesland von 1988/89 konnte auch auf keinen einzelnen Schadstoff mit dem Finger gezeigt und gesagt werden: „Der war's." Zu denken geben sollte allerdings auch den Uneinsichtigsten, dass die etwa 11.000 Kadaver wegen extrem hoher Giftanreicherungen als „Sondermüll" beseitigt werden mussten.

Umdenken?

Ungefähr 17.000 Seehunde gingen in der genannten Periode ein, wahrscheinlich durch eine Virusepidemie, gegen die ihr von endlosen „Eintragungen" geschwächtes Immunsystem keinen Widerstand bot.

Mindestens die gleiche Anzahl kam ums Leben, als die Seuche im Sommer 2002 erneut zuschlug, und wieder rätselte man an den Ursachen herum und wollte keine beim Namen nennen. Ein Gutes scheinen die wiederkehrenden Epidemien indes zu haben: Ein Teil der Seehundbestände, ungefähr die Hälfte, geht aus der Heimsuchung immun, womöglich sogar gestärkt, hervor. Auf die nächste Jungtiergeneration trifft dies aber leider nicht mehr zu. Der schwere Schlag von 2002 war nicht der erste, und er wird auch nicht der letzte sein.

Nationalpark Wattenmeer

Der Erste, der sich nachweislich über diese eigentümliche Weltregion wunderte und seine Eindrücke zu einem Bericht zusammenfasste, war *Plinius d. Ä.* Er sah hier das Land zweimal am Tage aus der See auftauchen und wieder darin verschwinden, für ihn, der dem fast gezeitenlosen Mittelmeerraum entstammte, ein wahrhaft erschreckendes Phänomen.

Annähernd zweitausend Jahre später, anno 1985, standen erneut Menschen kopfschüttelnd am Rande des Schlick- und Sandmeeres und verstanden die Welt auch nicht mehr. Doch diesmal handelte es sich nicht um von fernher angereiste Fremde, sondern um Einheimische, die längst mit den Gegebenheiten vertraut waren. Was ihnen nicht in den Kopf gehen wollte, war ein Plan „von denen da oben", das Wattenmeer in einen **Nationalpark** zu verwandeln. Zu Beginn der achtziger Jahre hatte sich – endlich – die Erkenntnis verdichtet, dass sich dieses überaus fruchtbare und wichtige Ökosystem in akuter Gefahr durch menschliches Wirken befand.

„Nein, danke!" war die Reaktion an der Küste – und das war lediglich die mildeste. Schleswig-Holsteins damaligen Ministerpräsident *Uwe Barschel* flatterten Morddrohungen ins Haus, das Wort „Zonengrenze" machte die Runde. Nicht anders in Ost-Friesland. Man sah persönliche Pfründe in Gefahr, lang Etabliertes schwinden. Die dringlichen ökologischen Zusammenhänge sah man nicht oder wollte sie nicht sehen. Zwar lancierten die Anrainer ihre Proteste insofern schon zutreffend, als sie, mit relativ „sanften" Eingriffen vertreten, immer noch den geringsten Schaden anrichteten. Die Befürworter des Parkkonzepts ließen jedoch keinen Zweifel daran, dass auch Tourismus und Fischerei im Wattenmeer zunächst in umweltverträglichere Bahnen gelenkt werden mussten, bevor man die dickeren Brocken wie Ölförderung, militärischen Missbrauch und letztlich die industrielle Großverschmutzung anging.

„Die da oben" setzten sich durch. Seit 1986 ist das Wattenmeer von Den Helder in den Niederlanden bis zum dänischen Esbjerg Europas größter Nationalpark mit einer Ausdehnung von 525.000 Hektar allein im deutschen Bereich. Einbezogen sind Teile aller ostfriesischen Inseln, jedoch keine Landgebiete (außer ein paar Sänden) im nordfriesischen Raum.

Was ist Watt?

Was *Theodor Storm* als ein „Gären des Schlammes" bezeichnet, ist in Wahrheit das Wuseln unzähliger Kleintiere. Kaum ein anderes Biosystem hat eine derart große **Biomasse** aufzuweisen wie das Wattenmeer. In einem Fingerhut Watt findet sich eine Million Algenzellen, an die 40.000 Kleinkrebse bevölkern einen Quadratmeter Schlick. Dieser außergewöhnliche Lebensreichtum gedeiht auf einem trockenfallenden Meeresboden, der bei jeder Tide aufs Neue mit Sedimenten und Nährstoffen versorgt und der durch vorgelagerte Inseln geschützt und erhalten wird. Paradoxerweise tragen nämlich die Eilande der Nordsee durch eigenen Substanzverlust zur Existenz der Watten bei – des einen Tod, des anderen Brot. Es ist diese einzigartige Konstellation, die zum Werden und Bleiben des Watts führte: Ein wildes Meer, Inseln mit (noch) viel Abbausubstanz, relativ langsame Gezeitenströmungen, die das Aufgespülte nicht wieder fortwaschen.

Zwar gibt es auch anderswo in Europa Wattgebiete, in Irland und an der Algarve zum Beispiel, und in Übersee noch viel mehr. Doch die an der Nordsee herrschenden Verhältnisse findet man nirgendwo anders. Das Nordseewatt nimmt insofern weltweit eine einsame Spitze ein.

In der ständig regenerierenden Urbrühe der Watten, die dem Betrachter bei flüchtigem Hinblick eher als tote Schlickwüste erscheinen mögen, wimmelt es von Leben. Hier beginnt die **marine Nahrungskette** mit mikroskopisch kleinen Kieselalgen; am Ende der vielfältigen tierischen Erscheinungsformen steht Großfauna wie der Seehund. Hier auch ist die Kinderstube zahlreicher Fisch- und Schalentierarten, die unverzichtbar für die menschliche Ernährung sind. Gleichzeitig ist das geschützte Wattenmeer **Europas größtes Vogelreservoir** und seine Übergangsgebiete zum Land (Salzwiesen, „Heller", Strände, Dünen und Deichvorländer mit Prielen und Flussmündungen) ein Hort seltener Pflanzenarten, in dem wiederum bis zu 2000 Spezies von Kleingetier leben.

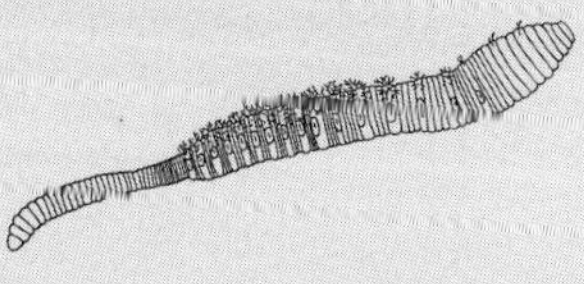

Pierwurm (ca. 20 cm)

Was kreucht und fleucht im Watt?

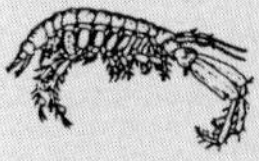

Schlickkrebs

Der erste Blick ins trockengefallene Watt enthüllt wenig Spektakuläres. Man muss schon etwas genauer hinsehen. Zum Beispiel müssen die Haufen von dünnen Sandwürsten, die sich überall erheben, offensichtlich organischen Ursprungs sein. Mit ein wenig Geduld erkennt man auch ab und zu eine Bewegung in ihnen. Da lebt also etwas.

Die Haufen sind die Auswürfe des **Watt- oder Pierwurms,** der das Watt stellenweise mit bis zu fünfzig Exemplaren pro Quadratmeter durchsetzt und für Fisch und Vogel gleichermaßen als leckere Beute gilt. Kleinere „Bauten", Löcher und Trichter sind das Werk von **Borsten- und Seeringelwürmern,** von winzigen **Schlickkrebsen** (bis zu 40.000 pro m^2), von **Herz-, Platt-, Pfeffer- und Sandklaffmuscheln.** Eine ruckartige Bewegung im Sand, begleitet von einem Wasserspritzer, verrät eine aufgeschreckte, jäh ihren Saugrüssel zurückziehende Muschel – und dem **Austernfischer** und **Großen Brachvogel,** dass es hier, nur dünn verborgen, etwas Nahrhaftes gibt. Bei der Sandklaffmuschel müssen allerdings auch sie passen. Bis zu 250 Gramm schwer sitzt sie nämlich fußtief im Boden. Nur der Mensch stellt ihr dort noch nach.

An der Oberfläche, vornehmlich dort, wo Steine und Pfahlwerk ein Festhalten erlauben, haben sich in arroganter Offenheit, bis zu 12.000 von ihnen auf dem Quadratmeter, **Miesmuscheln** angesiedelt – mir kann keener. Doch, der Mensch schon. Die Muschelfischerei hat seit Gründung des Nationalparks Wattenmeer zu einigen Kontroversen geführt; man bemüht sich auch weiterhin, Kompromisse zu finden, die allen Beteiligten gerecht werden. Allerdings trägt die Muschel selber auch einige Mitschuld – schlicht in Essigsud gekocht schmeckt sie nämlich verteufelt gut!

Apropos Essig: Dies ist das geeignete Gegenmittel bei Kollision mit einer sehr unangenehmen und „wehrhaften" Bewohnerin der Nordsee. Die so genannten **Feuerquallen** können mit ihren bis zu 5 m langen haarfeinen Tentakelfäden Schwimmern arge Verletzungen durch Nesselgifte zufügen. Zwar gibt es an der Nordsee nur zwei gefährliche Quallenarten, und die sind überdies recht selten. Doch ein guter Pfadfinder ist immer vorbereitet. Abreiben der betroffenen Körperteile mit Essig ist hilfreich. Im schlimmsten Falle mag sogar die künstliche Beatmung eines Opfers notwendig werden, bei schweren „Verbrennungen" durch Quallen ist ärztliche Hilfe also schnellstmöglich zu suchen.

Ein kurioses Lebewesen im Watt ist die **Seepocke,** deren kleine weiße Kegel sich überall dort ansiedeln, wo es einen einigermaßen harten Untergrund gibt, Treibgut jeglicher Art nicht ausgeschlossen. Logischerweise wird man die festklebende „Pocke" im Reich der Muscheln ansiedeln. Weit gefehlt. Es handelt sich um ein Krebstier, das, geschützt von einem glasharten Chitinpanzer und angepappt mit einem ausgesprochenen Megaklebstoff, recht zufrieden und weitgehend feindlos vor sich hinlebt. Nur der Mensch mag die Seepocke nicht, denn sie klebt sich besonders gerne an Schiffsböden und nimmt so die Fahrt aus dem Dampfer ...

Da sind ihm die nächsten Verwandten des Klebtieres, die **Hummer** (s. „Helgoland") und **Garnelen** (s. „Essen und Trinken") schon lieber. Zwischen 20.000 und 30.000 Tonnen Garnelen werden alljährlich in deutschen Nordseegewässern von Krabbenkuttern gefangen – eine Zahl, die zunächst erschreckend anmuten mag. Doch der Fischwelt schmecken Garnelen mindestens genauso gut. Man schätzt, dass mindestens das Fünffache der genannten Menge von Fischen gefressen wird.

Ein besonders lustiger zu dieser Familie gehöriger Geselle, ein Krabbeltier, das einem häufig auch weit oben auf dem Trockenen begegnet, ist der **Einsiedlerkrebs.** Er schützt seinen weichhäutigen, verletzlichen Hinterleib, indem er ihn in ein leeres Schneckengehäuse rollt, das er dann immer mit sich herumschleppt. Wächst der Eremit, muss er sich auch ein größeres Haus suchen. Das Tierchen lässt sich schon mal von Menschenhand füttern, wenn ihm die Atzung zusagt. Eltern sollten ihren Kindern aber streng den Versuch untersagen, den „Willi" aus seinem Bau zu ziehen. Er reißt dabei nämlich in der Mitte durch und stirbt.

Auch bei **Seesternen** ist ein autoritäres Wort vonnöten, und nicht nur an die Adresse von Kindern. Zwar ist das symbolträchtigste aller Nordseetiere im Flachwasser relativ selten. Zudem ist der Seestern ein böser Räuber, der

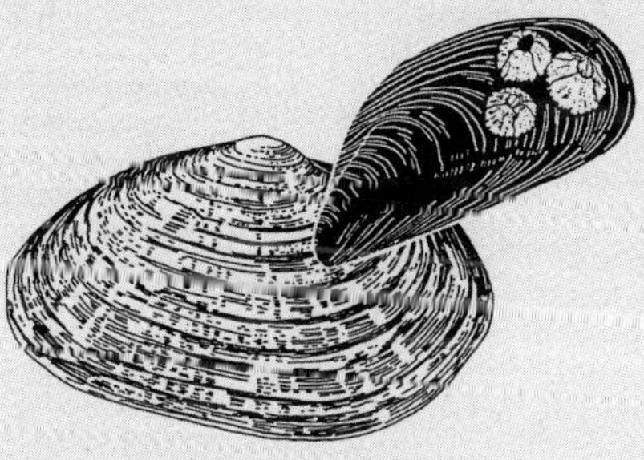

Sandklaffmuschel und Miesmuschel mit Seepocken

mit Vorliebe Miesmuscheln auslutscht. Doch auch er hat seine Lebensberechtigung. Man sollte einen lebenden Seestern nicht „zum Trocknen“ mitnehmen, um damit seine Strandburg zu verzieren. Ist er aber bereits einmal mumifiziert, so steht seiner Rolle als Souvenir natürlich nichts im Wege.

Von den **Fischen** des Watts wird auch der aufmerksamste Beobachter wenig zu sehen bekommen, es sei denn, sie treiben tot an den Strand oder sie landen als Fangergebnis auf seinem Teller. Nur gelegentlich kann es einem mal passieren, dass beim Waten im flachen Wasser etwas unter dem Fuß zappelt. Keine Angst – das ist dann eine kleine **Scholle,** die sich eilends davonmachen wird und kein tropischer Stachelrochen, der einen in die Wade sticht.

Viel auffälliger für den Menschen als Landlebewesen ist die **Vogelwelt** des Watts. Für 25 Arten stellt der Wattenraum das **Hauptbrutgebiet** im europäischen Küstenbereich dar, viele weitere sind vertreten, zum Teil als Durchreisende. An erster Stelle stehen **Silbermöwen,** von denen es wohl an die 70.000 streng monogame Paare gibt, sowie auch **Lach-** und zu einem weit geringeren Anteil **Sturmmöwen.** Diese Vogelarten, vielfach als charakteristisch für den Nordseeraum angesehen, haben in der jüngsten Vergangenheit stark an Zahl gewonnen. Einmal dadurch, dass die Silbermöwe binnenländische Müllkippen als bequeme Winterversorgungslager „entdeckte“, was eine Bestandsvergrößerung zur Folge hatte, andererseits weil, genau umgekehrt, die Lachmöwe, einst ein Inlandsvogel, seit den dreißiger Jahren immer stärker die Inseln besiedelte. Das ging auf Kosten anderer, teilweise stark gefährdeter Arten. Möwen sind von Küstenbewohnern und Vogelkennern deshalb gar nicht so gerne gesehen wie von den Badegästen. Schilder an Bord der Inselfähren – „Möwen füttern verboten!“ – mögen wunderlich anmuten, und es wird nach Kräften „zuwidergehandelt“. Doch die Aufforderung hat den Zweck, den Möwen den Status als „fliegende Ratten“ zu versagen, wie ihn die Tauben des Binnenlandes schon innehaben.

Säbelschnäbler

Seeschwalben, Regenpfeifer, Rotschenkel, Austernfischer, Säbelschnäbler, Enten, Gänse – alles was in der Vogelwelt der Nordsee Rang und Namen hat, ist auch im Wattenmeer vertreten. Und das rund um die Uhr. Das Kreischen der Möwen verstummt am Abend, denn die Vögel ernähren sich zu einem Großteil direkt aus dem Meer und können nachts zu Bett gehen. Andere - viele - Arten sind auf das trockenfallende Watt angewiesen und müssen einen gezeitenbedingten Tagesrhythmus einhalten. Im Watt „ist immer etwas los“, keineswegs kann man von einer trostlosen und schweigenden Wasser- und Schlickwüste sprechen.

041nf Foto: rh

Blasentang

Und grün ist's auch. **Algen** und **Tange,** archaische Gewächse aus der Urzeit irdischer Lebensentfaltung, bilden mitunter ganze Teppiche, üppig an der Wasseroberfläche wallend oder braungetrocknet und angenehm unter dem Fuß den Strand säumend. **Blasentang,** von kleinen „Luftballons" getragen, treibt besonders häufig in Fragmenten an, und Kinder vergnügen sich damit, die Blasen mit einem „popp!" zerplatzen zu lassen. Manchmal kauen sie auch daran herum – Bubblegum. Macht nichts. Die Praxis ist ungefährlich. Algen und Tange sind in großem Umfang essbar, haben zum Teil sogar Heilwirkung – sofern nicht gerade ein besonders saftiger Schub von CKWs und PCBs in die Nordsee eingetragen wurde.

„...und fliegen weiter und haben zu sechst doch richtig den ganzen Dückdalben beklexst." (Joachim Ringelnatz)

Verhalten im Nationalpark

Aus praktischen Erwägungen hat man den Nationalparkbereich in drei Zonen eingeteilt:

1. Die **Ruhezone.** In dieser „Zone I" gelten die strengsten Schutzbestimmungen, weil sich hier die empfindlichsten Landschaften und Biotope befinden. Betreten und Befahren dieser Zone ist generell nicht erlaubt, es sei denn auf ausgewiesenen Pfaden oder unter Führung von Parkpersonal. Versteht sich, dass man auch der Tierwelt fernbleibt. Niemand ist legitimiert, in eine Vogel- oder Seehundfamilie einzubrechen, um „nur" ein Foto zu machen.

2. Die **Zwischen- oder Pufferzone.** Hier sind alle Handlungen untersagt, die den Charakter des Wattenmeeres und der Inseln verändern oder die natürlichen Verhältnisse beeinträchtigen. Sonderbestimmungen gelten für die Brut- und Aufzuchtzeit der Vögel vom 1.4.–31.7. jeden Jahres. Naturgerechtes Verhalten sollte in jeder „Zone" eine Selbstverständlichkeit sein.

3. In der **Erholungszone** (III, zumeist Stadt-, Strand- und Kulturgebiete) gelten lediglich lokale Beschränkungen.

● Mehr Auskünfte zum Thema erhält man im **Nationalparkzentrum und Wattenmeerhaus,** Südstrand 110 b, 26382 Wilhelmshaven, www.wattenmeerhaus.de, E-Mail: info@wattenmeerhaus.de, Tel. 04421-910733, Fax 04421-919712. Für Besucher geöffnet: Apr.–Okt. tägl. 10–18 Uhr, Nov.–März Di–So 10–17 Uhr.

Die Menschen

Geschichte

Römerzeit

Schon der Grieche *Strabo* (66 v.–24 n. Chr.) beschrieb die Nordseeküste und ihre Bewohner. Der Römer *Plinius d. Ä.* wunderte sich als Erster über das Wattenmeer mit seinen Gezeiten. *Tacitus* spendet den Küstenbewohnern Lob und beschreibt ihre Boote als „leichte Kähne, die sich aber zu Plünderungsfahrten eignen". Er berichtet auch von den Häuptlingen *Verritus* und *Malorix* und deren Reise zum *Kaiser Nero* in Rom, wo sie keck wie Asterix und Obelix Ehrenplätze im Theater beanspruchen, „denn niemand übertrifft an Tapferkeit und Treue die Germanen".

Das waren damals an der Küste die **Chauken** und die **Friesen,** vor allem die Letzteren. Ihr Ursprung ist wahrscheinlich in den heutigen Niederlanden zu suchen, von wo sie sich entlang der Marschküsten in Richtung Osten und Norden ausbreiteten. Dort fanden sie weitgehend unbewohntes Land vor, Land, das den Launen der Nordsee ausgesetzt war und auf dem niemand leben wollte. Um 700 n. Chr. entstand das **friesische Großreich** unter *König Radbod.*

Christianisierung

Ein halbes Jahrhundert später begann auch hier das Christentum Einzug zu halten – was den Friesen zunächst überhaupt nicht in den Kram passte. Der große Missionar *Bonifatius* starb 755 in Dockum (Ostfriesland) den Märtyrertod. (Böse Zungen behaupten, die Friesen hätten ihn auch verspeist, was jedoch keineswegs den Tatsachen entspricht. Wahr ist allerdings, dass seine Gebeine nie gefunden wurden).

Bonifatius jedenfalls gebührt der Ruhm, das widerspenstige Volk unter das Kreuz der Christenheit geführt zu haben. Im Jahre 785 wurden die friesischen Gebiete **Teil des Frankenreiches** unter *Karl dem Großen*. Gleichzeitig setzte auch eine stärkere **Besiedlung des heutigen Nordfriesland** von Westen her ein. Die Dickköpfe unter den Friesen, und sie hatten offenbar nicht wenige davon, verließen ihre alte Heimat, um sich der Herrschaft des deutschen Kaisers und dem Einfluss des Christentums zu entziehen. Sie siedelten sich auf den Geestinseln Sylt, Föhr und Amrum sowie auch auf Helgoland an, wo sich noch geringe Reste eines verwandten Volkes, der **Angeln,** befanden, deren Hauptzahl zuvor nach England abgewandert war.

Warften

„Frisia non cantat", lästerten bereits die Römer in Hinblick auf die karge **Subsistenzkultur** der Küstenbewohner, „in Friesland singt man nicht." Man hatte dort auch gar keine Zeit zum Trällern, denn es gab Vordringlicheres zu tun.

Im 9. Jahrhundert erhoben sich die friesischen Behausungen noch auf so genannten Warf(t)en oder Wurten, menschengemachten Erdanhäufungen, um die See „außen vor" zu halten. Doch das „Mare Oceanum Germaniae" kroch weiter empor, weil sich die Küste unmerklich senkte. Zwar waren die Häuser auf den Warften zunächst noch einigermaßen sicher. Aber der Getreideanbau und damit die Grundernährung wurde durch immer währende Überflutungen zunehmend in Frage gestellt. Es galt etwas zu unternehmen.

Deichbau

Der Deichbau an der deutschen Nordseeküste begann um das Jahr 1000. Er wurde vom ganzen Volk, nicht vom Einzelnen, unternommen und stellt ein stolzes Kapitel in der Geschichte der Küstenbewohner dar. „Wer nicht will deichen, muss weichen!", hieß es: Wer sich nicht am Deichbau beteiligte, flog aus der Volksgemeinschaft. In seinem „Schimmelreiter" schildert *Theodor Storm*, wie unerbittlich es auch noch Jahrhunderte später am Deich zuging. „Gott schuf das Meer, der Friese die Deiche", klingt es heute an der Küste. Im Hinblick auf das Jahrtausendwerk, an dem immer noch gearbeitet wird, werden muss, kann man sich ein bisschen Selbstbewusstsein auch ruhig leisten.

Friesischer Freiheitsdrang

Das hat man eigentlich immer gehabt, dort, „wo Ebbe herrscht und Flut". Die Friesen auf ihrem buchstäblich selbsterrungenen Land haben sich nie etwas dreinreden lassen. Das hatte schon *Karl der Große* anerkannt, der ihnen Sonderrechte einräumte, und das mussten auch andere hinnehmen, die sich bei den vermeintlich tumben Schlickschauflern blutige Nasen holten. Im 13. Jahrhundert gründeten die Friesen den **Upstalsboomverband,** eine der Schweizer Eidgenossenschaft nicht unähnliche Vereinigung. „Thiu forme urkere aller Fresena is thet hiu ense a jera to gadera kome to Upstalsboma – die erste Kür aller Friesen ist, dass sie einmal im Jahr beim Upstalsboom zusammenkommen", war der Grundsatz dieses urgermanischen **Things.**

Das bodenständige Motto trug zu jahrhundertelangem Zusammenhalt bei. In vieler Hinsicht herrschten im Friesenland bereits **mustergültige demokratische Verhältnisse,** als es überall sonst in Europa noch drunter und drüber ging. Alles Auswärtige war den Friesen daher auch zutiefst suspekt. Man blieb, schon aus Gewohnheit, unter sich.

Neuzeit

So hielt auch das **Industriezeitalter** nie Einzug; an den Deichen herrschte permanente Ebbe. Während es im übrigen Deutschland boomte, blieb man in Friesland **arbeitslos.** Und während es in anderen deutschen Landen allmählich immer demokratischer und sozialer wurde, vollzog sich im Friesischen genau das Gegenteil: Fast bis in die jüngste Neuzeit hat sich dort ein geradezu penetrantes **Junkertum** erhalten, das an der Rückständigkeit breiter Volksschichten einen nicht unbeträchtlichen Anteil hatte.

Aber die Zeiten ändern sich. Angesichts eines neuen, durch den Massentourismus an die Küste geschwemmten **Wohlstandes** wird es vielleicht eines Tages heißen: *„Frisia cantat."*

Oldtimer unter Segel

042nf Foto: rh

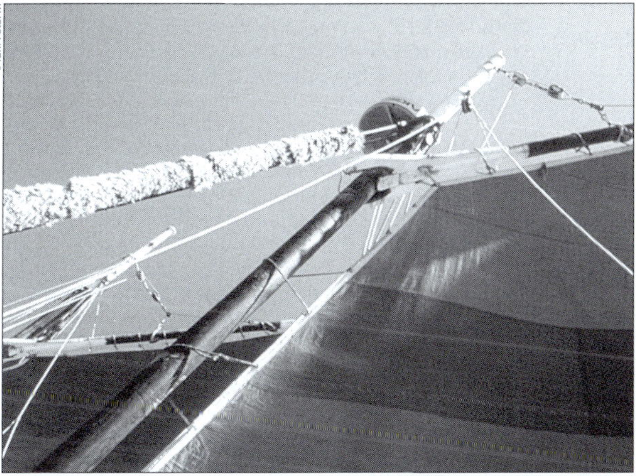

Die Nordsee

Navigare necesse

Haupt-sache Seefahrt

Navigare necesse – vivere non. So lautet der grimme Spruch an der Küste: „Seefahrt ist not, leben nicht." Der nördliche Teil dessen, was sich heute Deutschland nennt, war seit seiner frühesten Besiedlung auf Fischfang und Seehandel angewiesen. Und schon immer war die Seefahrt im Nordseebereich ein beharrtes Gewerbe gewesen. Nicht nur hatte der Seemann mit den Widrigkeiten der Elemente zu kämpfen. Auch seinesgleichen machte ihm das Leben schwer, **Seeräuber,** heute eher romantisch verklärte Gestalten, forderten einen hohen Tribut innerhalb seiner Zunft. Schlimme Seegeier lauerten insbesondere an den friesischen Küsten und gierten nach Beute. Einer der ersten Berichte dieser Art stammt aus dem Jahre 1290, als eine päpstliche Gesandtschaft aus Norwegen den kapitalen Fehler machte, sich samt Geldschatulle auf einem friesischen Segler einzuschiffen. Der Papst reagierte mit Acht und Bannfluch – aber welchen echten Friesen beeindruckt das schon...

Die **„Vitalienbrüder"** verunsicherten im nächsten Jahrhundert Nord- und Ostsee, und obwohl ihnen schließlich das Handwerk gelegt wurde, regierte das Faustrecht an den Stränden weiter. Wer hilflos antrieb, wurde zur Beute der Küsten- und Inselbewohner, und wer dagegen Einwände vorbrachte, wurde kurzerhand erschlagen. Mitunter wurden sogar irreführende Leitteuer angezündet, um Schiffe auf falschen Kurs und ins Verderben zu locken.

Neues Denken

So ging es lustig fort bis weit in die erste Hälfte des 19. Jahrhunderts. Das „Strandrecht" ließ diesen „ganz normalen" Erwerb zu, und niemand fand etwas dabei, waren es doch nur Seeleute, die dabei ihres Lebens verlustig gingen.

Erst als das Auswandererschiff *Johanne* im Jahre 1854 unter dramatischen Umständen auf Spiekeroog strandete, wurde man an der Küste ein wenig nachdenklich. Ändern tat sich indes nichts. Es war der Untergang der hannoverschen Brigg *Alliance* samt ihrer neunköpfigen Besatzung am 10. September 1860, der den Stein ins Rollen brachte. Ein alter, morscher Kahn und ein paar Todesopfer – nichts unterschied dieses Unglück von den mindestens fünfzig, die sich alljährlich an der deutschen Nordseeküste ereigneten. Zufällig hatte ein „Kurgast" jedoch das Ereignis beobachtet und sich über die Wurstigkeit und ausbleibende Hilfsbereitschaft der eifrig „strandjenden" Insulaner empört. Er verfasste einen Augenzeugenbericht und gab diesen an die Presse weiter.

Gründung der DGzRS

Doch das Echo blieb zunächst gedämpft. Es war *Adolph Bermpohl*, Seefahrtschullehrer in Vegesack, der den Faden aufnahm und voller Engagement weiterspann. Am Ende – große Hindernisse und ein Berg an Gleichgültigkeit mussten noch überwunden werden – stand die Gründung der **Deutschen Gesellschaft zur Rettung Schiffbrüchiger** (DGzRS) am 29. Mai 1865. Zehntausende seefahrender Menschen (und etliche andere) verdanken dieser Organisation seither ihr Leben. Die Gesellschaft wird – einmalig auf der Welt – ausnahmslos von Spenden und freiwilligen Aufwendungen erhalten. Die Hauptverwaltung sitzt in Bremen (Werderstr. 2, Tel. 0421-537070); dort befindet sich auch die **Seenotleitstelle,** das MRCC (Maritime Rescue Coordination Center).

Viel zu tun

Die Modernisierung der Seeschifffahrt, alle diese mit hervorragender Technik ausgerüsteten schwimmenden Maschinen, haben den Rettern beileibe nicht etwa weniger Arbeit eingebracht als im vorigen Jahrhundert. Allein in den letzten 150 Jahren sind der Nordsee zwischen 3000 und 4000 Schiffe zum Opfer gefallen. Alljährlich erhöht sich diese Zahl weiterhin durch Untergänge, Strandungen, Kollisionen. Mehr Freizeitskipper denn je sind auch in der Nordsee unterwegs, und sie geben den **Seenotkreuzern** besonders gut zu tun.

Aus einem Bericht der DGzRS: „Auch in diesem Jahr gab es das wieder überreichlich: Einsätze und nächtelange Suchfahrten, z. T. unterstützt durch Flugzeuge und Hubschrauber, nach Luftmatratzenkapitänen, nach Leichtsinnigen, Unbelehrbaren. Gefahren werden verkannt oder gering geachtet, Verantwortungslosigkeit mit Mut verwechselt. Helfer und Retter müssen sich in Gefahr begeben –

Kosten entstehen, die niemand deckt. Menschen sind in Gefahr – selbstverständlich wird geholfen! Aber für manchen kommt die Hilfe zu spät. Muss das sein?"

Auch die kommerzielle, „christlich" genannte Seefahrt wartet weiterhin mit eindrucksvollen Verluststatistiken auf, verursacht durch vergammelte Pötte, überstrapazierte, todmüde Besatzungen, zu viel Vertrauen in die Technik, durch Sparen um jeden Preis, an allen Ecken und Enden. Wenn Sie am Inselstrand stehen und dem stolzen Containerriesen mit wehmütigen Augen nachblicken, schlagen Sie sich jegliche Romantik lieber aus dem Kopf. Dort oben, auf der Brücke des hypermodernen Kahns, sitzt der Wachoffizier vielleicht gerade auf dem „gläsernen Lokus" mit Rundumblick, weil man ihm den Ausgucksmann gestrichen hat ...

Friesisch und „Platt"

Friesisch

Einstmals wurde an der Küste und auf den Inseln fast nur Friesisch gesprochen. Doch von der friesischen Sprache ist wenig übrig geblieben. In den Niederlanden hat sie keine große Bedeutung mehr, und auch in Deutschland ist sie in den siebziger Jahren **fast ausgestorben.** Nur im hohen Norden, vor allem auf Föhr und Amrum, wird sie von einer Minderheit noch mit viel Engagement gesprochen, und es steht zu hoffen, dass diese schütteren **Sprachinseln** auch weiter erhalten bleiben.

„Platt"

Wesentlich besser hat das **Plattdeutsche** abgeschnitten, das in verschiedenen Färbungen von fast 20 Millionen Menschen im Land gesprochen oder verstanden wird.

„Platt", im Gegensatz zum drögen (auch ein „plattes" Wort) Hochdeutsch ein eher pausbackiger **Großdialekt,**

Ostfriesenwitze

Ausgehend vom feindlichen benachbarten Oldenburg, wo Studenten den Römerspruch mit *„Frisia non ridet sed nos* – Friesland lacht nicht, aber wir!" parodierten, überzog in den siebziger Jahren eine Welle von Ostfriesenwitzen die gesamte Nation und stellte die bedächtigen Hinterdeichler bundesweit als Dorfdeppen dar. (Frage: „Warum tragen die Ostfriesen immer Rollkragenpullover?" Antwort: „Damit man die Gewinde ihrer Holzköpfe nicht sieht.") Frisia schlug zurück – immerhin hatte man die Pointen verstanden – und giftete: „Warum gibt es in Ostfriesland keine Hämorrhoiden? – Weil die ganzen Arschlöcher in Oldenburg sitzen!" Als der „Bürgerkrieg" vorbei war, vertrug man sich nach Marschmännerart wieder.

„Küstendeutsch“

Könnte ein Süddeutscher etwas anfangen mit: *Töv is wat, he mokt gau un komt fors... ?* Ganz gewiss nicht. Es übersetzt sich als: „Warten Sie bitte etwas, er beeilt sich und kommt sofort.“

Etwas verständlicher ist dieser markante plattdeutsche Vierzeiler, der für Yachties und angehende Seefahrer recht nützlich ist:

An Backbord brennt dat rode Licht
An Stüerbord dat greun;
Wer dat nich weet, den schall man glieks
Dat Achterdeel verbleun!

Ein wenig Küstendeutsch als Verständigungshilfe:

achtern	hinten
Back	1. Vorschiff 2. Esstisch
Balje	„Wanne“; flacher Meereseinschnitt
Blanker Hans	Nordsee (poet.)
Buhne	Steindamm im rechten Winkel zur Küste; zur Uferbefestigung
Dalben, Duckdalben	Pfahlgruppe zum Festmachen von Schiffen
Deern	Mädchen; kommt zwar von „Dirne“, hat aber keine Assoziation im heutigen Sinn
dick	1. neblig, 2. bezecht
dwars	quer(ab)
Dwarslöper	Querläufer (Schiff), scherzh. für Krabbe
Feuer	leuchtendes Seezeichen
Fleet	Siel (s. u.)
Gat(t)	Einbuchtung im Watt
Geest	das sandige gehobene Land, das sich an die Marsch anschließt
Groden	Land vor dem Deich
Heck	1. Achterschiff (s. o.) 2. Weidegatter
Heller	Salzwiese
Huk	Inselende (oft hakenförmig, daher der Name)
Kieker	Fernglas
Kimm	Horizont
klönen	sich gemütlich unterhalten
Klönschnack	das Hauptwort dazu
Kog, Koog	Land zwischen zwei Deichen
Köm	Schnaps

Leine	Tau, Seil; an Bord sagt man nur „Leine“
Messe	Essraum an Bord
Pesel	Wohnzimmer
Plate	Sandbank, flache Insel
pottendick	sehr neblig
Pricke	besenartiges Seezeichen im Watt
Priel	Wasserlauf im Watt
Pütz	kleiner Eimer
Reet	Ried: trockenes Schilf zum Dachdecken
Ruder	„Steuer“ eines Schiffes
Rudergänger	dieser Mann steuert das Schiff, im Gegensatz zum „Steuermann“, dem navigatorische Aufgaben obliegen
Sand	Sandbank, flache Sandinsel
Schapp	Schrank; Lade
Schart	massiver Durchlass im Deich
Schlenge	Uferbefestigung aus Pfahl- und Zweigwerk
Schnack	Gerede, Unterhaltung
schnacken	reden
Siel	Entwässerungskanal
Stube, „Stuv“	Wohnzimmer
sutje	langsam
Tide	„Gezeit“; an der Nordsee sagt kaum jemand Ebbe und Flut, sondern „ab- und auflaufend Wasser“ bzw. „Hoch- und Niedrigwasser“; „Stauwasser“ ist, bevor „die Tide kippt“
Tonne	Boje – kein Seemann sagt „Boje“
Wuling	großer Andrang, Durcheinander

Altfriesisch (11.–13. Jh.):

Hwasa thene thruchtingath let, sa resze hi tha liudem tua merc, and tha sithum ene halwe; thi, ther tha kethene nauwet ne halt, alsa stor...

Altfriesisch besitzt kaum erkennbare Ähnlichkeit mit heutigen modernen Sprachen.

Niederdeutsch (15. Jh.):

Van enen droegen sommer. Anno Christi 1497. In dussem jaer is een droege sommer gewest, selden hefft geregent, dan allene...

Niederdeutsch ist mit einiger Sachkenntnis für den Deutschsprachigen schon ziemlich leicht lesbar. Es ähnelt dem heutigen Niederländischen und ist auch nicht weit vom Plattdeutschen entfernt.

Namensgebung

Zwar ist, wie eben vermerkt, von der alten Sprache gerade in Ostfriesland nicht viel übrig geblieben. Doch in der Namensgebung hat sie sich im gesamten Bereich noch erhalten. An der Küste gibt es Vornamen, die sich vollkommen von denen des Binnenlandes unterscheiden. Ein kleiner Querschnitt:

Adde
Aiso
Alke
Ammo

Bette

Cekea
Coob

Edine
Ehme
Eike
Etta

Fokko
Folke
Fooke
Frauke

Galt
Gebkaus
Göke

Habbo
Heie
Hillrich
Honke

Ibo
Iggo
Imke
Immo
Ino

Jabbo
Jantken
Japen
Jelde

Kea
Koert

Lammert
Lüke
Lünkea

Meldert
Middent
Moetje

Okje
Okko
Ollig
Ommo
Onka
Onko

Popeo
Pupke

Redelf
Renskea
Renste
Reuke
Rinelde
Rippe

Schwidde
Siebo
Silko
Swantje

Taalke
Tini
Tjarko
Tobe
Tönjes

Ulfert
Upte

Weert
Wi(e)bke
Wübbo

Was ist Männlein, was Weiblein? Die Friesen wissen es, vor allem bei den Endungen auf -e, oft selber nicht. Manche Namen sind sogar echte Zwitter, männlich und weiblich zu verwenden. (Deutsches Standesrecht schreibt in diesen Fällen einen weiteren, geschlechtsidentischen Namen vor). Schon *Napoleon* war bemüht, ein wenig Klarheit in dieses Dickicht zu bringen. Er schaffte es zumindest bei den wirren Familiennamen. Aber bei den Vornamen musste auch er passen ...

020oi Foto: rh

hat in den letzten zwanzig Jahren sogar eine Renaissance erlebt und ist salonfähig geworden. Es liegt gegenwärtig „voll im Trend" und hat seinen festen Platz in Funk und Fernsehen, Literatur und Musik. Selbst Zugereiste bemühen sich an der Küste jetzt schon mal, Platt mit den Eingeborenen zu „schnacken", rührend mitunter.

Plattdeutsch ist, wie sein Name sagt, eine deutsche Mundart. Das heißt, es ist keine archaisch-fremde Sprache wie das Friesische, obwohl es aus diesem zahlreiche Elemente bezieht.

• Buchtipp: Plattdüütsch – das echte Norddeutsch von *Hermann und Hans-Jürgen Fründt,* erschienen im Reise Know-How Verlag, in der Reihe Kauderwelsch, Bd. 120 (begleitendes Tonmaterial erhältlich).

Moin, moin

Typisch und für Binnenländer erklärtermaßen völlig unverständlich ist auch der Gruß **Moin, moin,** der im Oldenburg-Ostfriesischen am häufigsten ist, aber sich an der gesamten Küste verbreitet hat. Man grüßt dieserart zu jeder Tageszeit, und eben das finden die Besucher so befremdlich. Aber nicht der Morgen liegt dem Wort zugrunde, sondern das westfriesische *mooi* = gut. Der Gruß bedeutet so etwas wie „Alles Gute", liebenswert genug.

Krater im Watt

603dn Foto: rh

Die Ostfriesischen Inseln

Überblick

Welcher	Wangerooge
Seemann	Spiekeroog
Liegt	Langeoog
Bei	Baltrum
Nanni	Norderney
Im	Juist
Bett?	Borkum

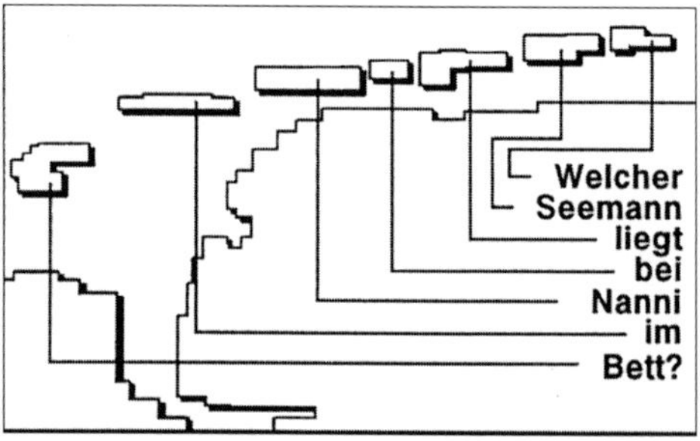

An der Küste populärer Merkspruch, um die Reihenfolge der Ostfriesischen Inseln – von Ost nach West – im Gedächtnis zu behalten. In diesem Buch sind die Inseln, einer allgemeinen geografischen Richtung folgend, in umgekehrter Sequenz aufgelistet.

Die sieben Schwestern

Auf Bildern aus dem Weltraum sehen sie sich alle sehr ähnlich, die sieben ostfriesischen Schwestern: Im Westen von wilden Wassern angebohrt, im Osten allmählich ausfiedernd – Köpfchen unter Wasser, Schwänzchen in die Höh! Schaut man sich ganz im Osten die kleine Insel Minsener Oog an, so erkennt man an deren Westseite die gleichen Ansätze. Doch den Kaulquappenschwanz haben die Jade und die Bagger abgeschnitten, und die nach Wilhelmshaven bestimmten Großtanker lavieren behutsam an den Resten vorbei.

Fast hat es den Anschein, als wollten die nach Osten wandernden sieben Schwestern nach und nach in diesem Loch verschwinden. Denn die ostfriesischen Inseln sind keine Überbleibsel eines einstmals mächtigen Festlandes, kein Bollwerk wie Helgoland, das der See die Stirn bieten könnte. Sie sind schüttere Sandbänke, die das Meer eher spielerisch aufwarf und die sich in den letzten paar Jahrhunderten durch Dünenanhäufung, Vegetationsansiedlung und menschliches Wirken etwas verfestigt haben. Dennoch wird ihr Bestand kaum von Dauer sein. Und man wird weiter um sie ringen müssen, um den Exitus hinauszuzögern.

Trotz aller Nöte klammerten sich die Menschen bereits an die unwirtlichen Eilande, als die Besiedlung der Nordseeküste gerade begonnen hatte. Das hatte zweifellos seinen Grund darin, dass das Nordmeer damals ein Fisch- und Vogelparadies war, von dem wir heute, in der Endphase einer langsamen Zerstörung, nur träumen können. Außerdem war man auf sturmumtosten Inseln sicherer vor kriegerischen Auseinandersetzungen als auf dem Festland. Auch heute noch sind die kargen Sandhaufen ihren Bewohnern lieb und teuer. Woran der inzwischen voll entwickelte Fremdenverkehr mit seinem großen Geld natürlich eher beteiligt sein mag als süße Heimatgefühle ...

Anreise

Ein Inselurlaub verläuft meistens nach Schema F: Buchen, anreisen, sich vergnügen, abreisen.

Und doch lässt das System Innovationen zu. Um die „sieben Ostfriesinnen“ wieder einmal zu besuchen und um die Küste besser kennen zu lernen, hatten meine Frau und ich uns ein Bereisungskonzept ausgeheckt, das erheblich vom Schema abwich: Wir gingen – auf dem Deich – die ganze ostfriesische Küste zu Fuß ab, verbrachten die Nächte in der so genannten „dritten Reihe“ und unternahmen von solchen Stützpunkten aus je-

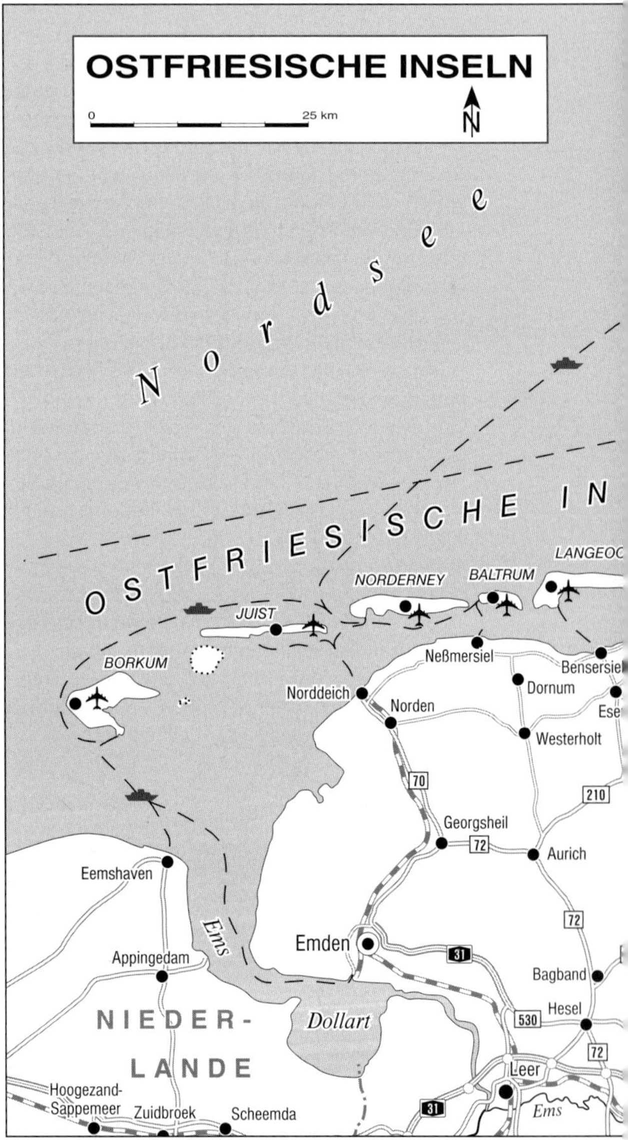
OSTFRIESISCHE INSELN
0
25 km
N
Nordsee
OSTFRIESISCHE IN
LANGEOO
NORDERNEY
BALTRUM
JUIST
BORKUM
Neßmersiel
Bensersiel
Dornum
Norddeich
Norden
Ese
Westerholt
70
210
Georgsheil
72
Aurich
Eemshaven
72
Ems
Emden
31
Appingedam
Bagband
Hesel
530
NIEDER-
LANDE
Dollart
72
Leer
Hoogezand-
Sappemeer
Zuidbroek
Scheemda
31
Ems

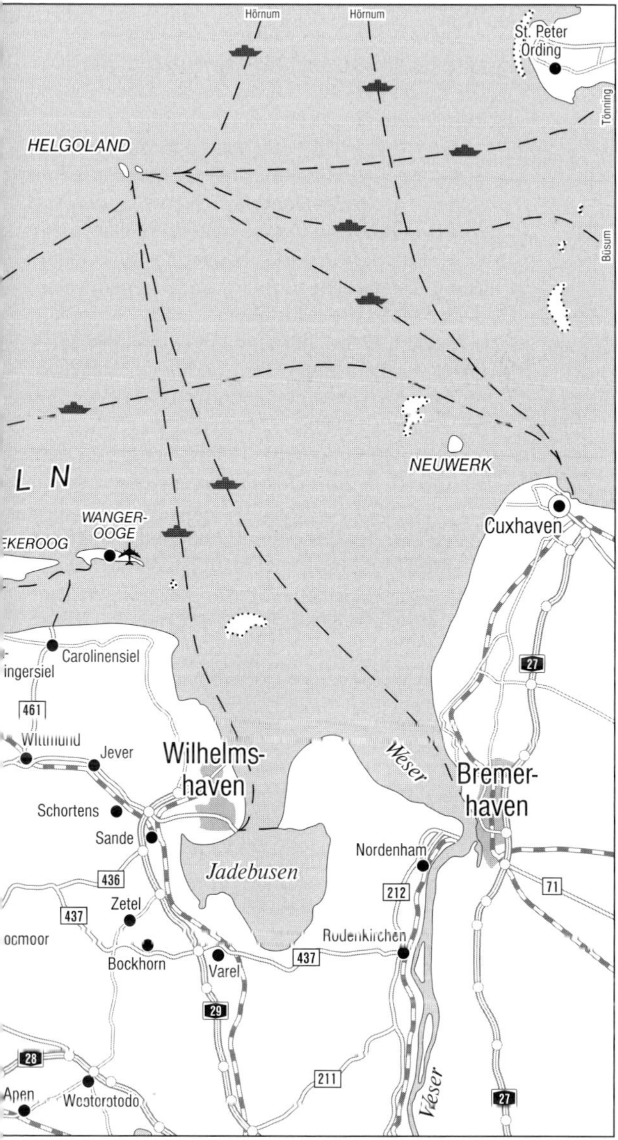
Hörnum
Hörnum
St. Peter Ording
Tönning
HELGOLAND
Büsum
NEUWERK
Cuxhaven
WANGER-OOGE
L N
Carolinensiel
461
Jever
Wilhelms-haven
Weser
Bremer-haven
Schortens
Sande
Nordenham
Jadebusen
436
437
Zetel
212
71
27
Bockhorn
Varel
437
29
28
211
Apen
Weser
27

weils Inseltouren von einigen Tagen. (Die „dritte Reihe" setzt sich aus weiter inland gelegenen Gästehäusern zusammen. Die zweite liegt direkt an der Küste, die erste auf den Inseln. Entsprechend staffeln sich die Preise).

Nun ist dies wirklich keine ungewöhnliche Art des Reisens, und die maximal 20 km, die wir im „Etmal" (in der Seemannssprache die Distanz von einem Mittag zum nächsten) zurücklegten, keine Glanzleistung. Und doch bereitete es uns Genugtuung festzustellen, dass wir die Einzigen waren, die sich auf diese milde abenteuerliche Weise fortbewegten. Vielleicht mag dem einen oder anderen Leser die Idee gefallen und ihn zur Nachahmung einer solchen „Erlebnistour" anregen, bei der er sich allein unter Schafen findet.

Die meisten Inselgäste rollen im eigenen Auto an; das ist, in doppelter Bedeutung, der Zug der Zeit. *Wilhelm Buschs* „unglaublicher Sand und Staub" auf der Reise durch Oldenburg und Ostfriesland gehört der Vergangenheit an. Heute führen gut ausgebaute Straßen bis ins letzte Kaff. Wer mit seinem Wagen die **Störtebeker-Route** entlangfährt, die sich mehr oder minder parallel zum Deich die ganze Ostfrieslandküste (und weiter bis Bremerhaven, Cuxhaven und Stade) entlangzieht, der wird immer wieder auf Hinweisschilder stoßen, die zu Übernachtung und Verbleib in privaten Häusern und auf Bauernhöfen laden. Insofern lässt sich die beschriebene Tour auch auf Rädern nachvollziehen. Jedenfalls bis ans Wasser. Dort muss man das Vehikel in den meisten Fällen, nutzlos am Ferienbudget zehrend, ohnehin stehen lassen.

Doch es kann auch ruckzuck gehen, per Auto, Bahn, Flugzeug, denn alles ist perfekt durchorganisiert, befinden wir uns doch in Deutschland. Dann ist halt nicht der Weg das Ziel, sondern die Insel. Und davon handelt dieses Buch ja auch. Genug deshalb der Vorrede. Wir gehen jetzt auf Inselreise.

Borkum
– die Bohneninsel (?)

Geschichte

Römerzeit

Am Anfang war das Wort. Keine steinernen Zeitzeugen, keine ausgegrabenen Ruinen künden von einem Borkum, das bereits eine gewisse Kultur aufwies, als das Römische Reich sich auf dem Höhepunkt seiner Macht und Ausdehnung befand.

Und doch war die Insel Borkum schon im **Altertum** ein geografischer Begriff. Der vorerwähnte griechische Chronist *Strabo* berichtete etwa zur Zeitenwende von den **Eroberungsfahrten** des älteren *Drusus* in den Jahren **12 bis 9 v. Chr.:** „Zwischen Saale und Rhein fand *Drusus Germanicus* nach glücklichen Kriegszügen sein Ende. Er überwältigte aber nicht nur die meisten Völkerschaften, sondern auch die Inseln, an denen man vorbeifahren musste. Unter diesen war auch *Byrchanis*, das er nach einer Belagerung eroberte…"

Man lese und staune: Ein Eiland (denn „Byrchanis" ist kein anderes als Borkum) an der grimmen Nordseeküste, das vor Christi Geburt schon in solchem Maße besiedelt war, dass es erst nach einer Belagerung durch kriegserprobte römische Truppen fiel! Fühlt man sich nicht an *Asterixens* „kleines, unbeugsames Dorf" erinnert?

Die Einnahme Borkums war indes nur ein Pyrrhussieg für die Römer. Wenige Jahre später **(9 n. Chr.)** lockten die germanischen Wilden die Heerscharen des *Augustus* in die

Strandläufer

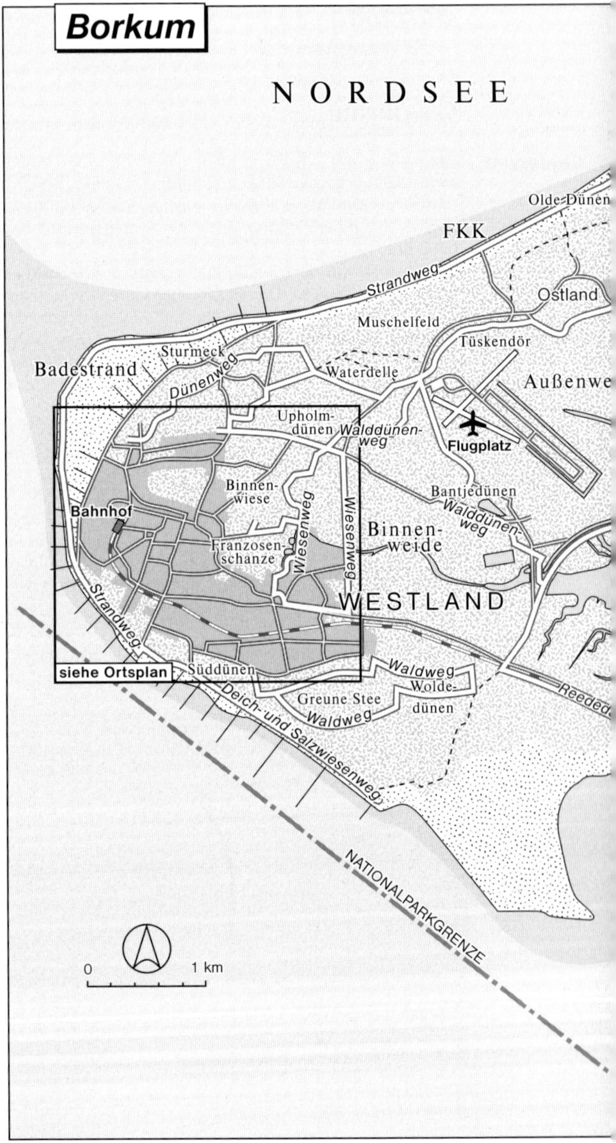
Borkum
NORDSEE
Olde Dünen
FKK
Strandweg
Ostland
Muschelfeld
Tüskendör
Sturmeck
Badestrand
Dünenweg
Waterdelle
Außenwe
Upholm-
dünen
Walddünen-
weg
Flugplatz
Binnen-
wiese
Bantjedünen
Walddünen-
weg
Bahnhof
Wiesenweg
Wiesenweg
Binnen-
weide
Franzosen-
schanze
WESTLAND
Strandweg
siehe Ortsplan
Süddünen
Waldweg
Wolde-
dünen
Greune Stee
Waldweg
Reeded
Deich- und Salzwiesenweg
NATIONALPARKGRENZE
0
1 km

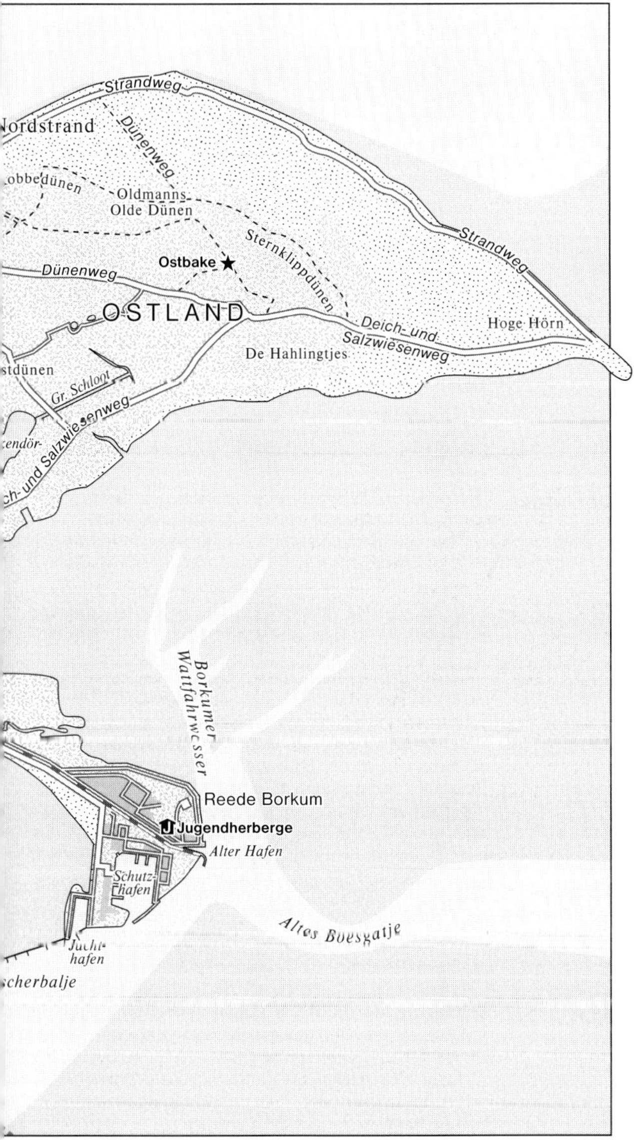
Strandweg
Nordstrand
Dünenweg
obbedünen
Oldmanns
Olde Dünen
Sternklippdünen
Ostbake
Dünenweg
OSTLAND
Deich- und
Salzwiesenweg
Hoge Hörn
De Hahlingtjes
stdünen
Gr. Schloot
ch- und Salzwiesenweg
endör-
Borkumer
Wattfahrwasser
Reede Borkum
Jugendherberge
Alter Hafen
Schutz-
hafen
Altes Boesgatje
hafen
scherbalje

Sumpfmoore nahe des heutigen Osnabrück und machten drei komplette Legionen nieder. Von der **Varusschlacht,** dieser gewaltigen römischen Schlappe, zehrt deutsches Selbstbewusstsein bis auf den heutigen Tag.

Anno 15 wurde von Rom ein **Vergeltungsfeldzug** in Gang gesetzt, und zwar über See und abermals an Borkum vorbei, um die Ems als Einfallstor nach Germanien zu nutzen. Und – „anfangs rauschte das Meer vom Ruderschlag der tausend Schiffe, und man fuhr unter Segel..."

So beginnt die Chronik des *Tacitus*. Doch dann, es war Herbst, kam der unvermeidliche Sturm. „Dieser packte die Schiffe, warf sie auseinander in die offene Nordsee oder nach den Inseln hin..." Nichts blieb heil. Der verhinderte Eroberer *Germanicus II.* wurde zwar von römerfreundlichen Chauken gerettet, doch seine Karriere konnte er vergessen. Dieserart wurde Nordgermanien nie römisch, woran aber weniger die Borkumer selbst als die Wetterlage vor Borkum verantwortlich war. Ob dies der kargen Küste in letzter Konsequenz zum Vorteil gereichte, sei dahingestellt. „Das Schicksal schont viele, um sie zu strafen", seufzte *Plinius d. Ä.* in weiser Voraussicht.

Der Name

Ist Borkum wirklich die „Bohneninsel", als die sie in der heutigen Lokalliteratur wiederholt dargestellt wird?

Diese Interpretation beruft sich nämlich auf die *Burchana Fabria* des *Plinius*, wobei die Schriftgelehrten die zweite Namenshälfte der Bohne (lat. *faba*) zuordnen. Aber was sollte zu der Annahme verleiten, dass Borkum vor zweitausend Jahren trotz eines Mehrfachen seiner heutigen Ausdehnung ausgerechnet ein blühender Bohnengarten war?

Da der Zusatz *Fabria* ohnehin bald wieder verloren ging, stellt sich weiterhin die Frage, was „Borkum" bedeutet. Schon *Strabo* ließ das Wort „Burchanis" fallen, weshalb man mutmaßen darf, dass es vielleicht auf seinem Mist gewachsen war. In der Tat bedeutet borkos auf Griechisch „Schlamm, Morast", und da mag etwas dran sein. Den damaligen Touristen aus dem Mittelmeerraum dürfte sich die Insel, obwohl viel größer, topografisch kaum anders dargeboten haben als heute: Ein Haufen Sand auf hoher See und gegen das Land hin jede Menge borkos. Das friesische *-um* gesellte sich hinzu, das an der ganzen Nordseeküste für *-heim* steht und noch heute massenhaft zu finden ist.

Also: „Heim des Schlammes"? So ganz weit hergeholt erscheint das nicht.

Bant

Damals, zur Römerzeit, war Burchana noch ein Eiland von stattlichen Ausmaßen und einiger historischer Wichtigkeit. Doch plötzlich war es aus damit. Fast ein Jahrtausend lang senkt sich Schweigen über die vermeintliche Bohneninsel.

Erst zur Zeit *Karls des Großen* taucht Borkum unter dem Namen **Bant** wieder aus der Versenkung auf. Aber es hat sich nicht nur in Bezug auf den Namen völlig verändert... Schon *Plinius* berichtete von einer schweren Sturmflut um die Jahreswende auf anno 58. Jetzt, im **9. und 10. Jahrhundert,** brach Bant endgültig in **zwei Teile,** das westliche und das östliche. **1470** wird das östliche Bant als solches aktenkundig vermerkt, **1743** geht es als Sandbank endgültig unter. Das westliche Bant ist in den Chroniken nicht einmal erwähnt.

Gab es das alte Burchana überhaupt noch? Sicher ist, dass die Großinsel Bant im Laufe ihres Bestehens nach und nach zerstückelt wurde. Ein Brocken nach dem anderen brach ab in der **Johannisflut (1164), Allerheiligenflut (1170), Marcellusflut (1219), Lucasflut (1287), Clemensflut (1334), zweiten Marcellusflut (1362,** sehr schwere Schäden), **Cosmas- und Damionsflut (1509).** Was nach diesen Orgien der Zerstörung im Wesentlichen übrig blieb, ist das heutige Borkum: Immerhin noch die größte der sieben Ostfriesinnen.

Likedeeler und Geusen

Zu Beginn des 2. Jahrtausends rührte sich auch wieder etwas auf „Borkana". Die Insel war nunmehr christianisiert, und die weite Bucht in ihrem Südosten, der Hopp, galt als gute **Schutzreede** mit – damals noch – genügend tiefem Wasser, um selbst großen Schiffen das Ankern zu erlauben. Schon *Germanicus* soll hier pläneschmiedend gelegen haben und danach die **Wikinger. 1227** versammelte sich im Hopp eine friesische Flotte zum **Kreuzzug** in das Heilige Land, und anno **1270** wetterte dort ein ähnliches Geschwader einen Monat lang widrige Winde ab.

Etwas über ein Jahrhundert später, Borkum war jetzt **(1398)** erstmalig urkundlich erwähnt, gaben sich die berüchtigten **Vitalienbrüder** vor der Insel immer häufiger ein Stelldichein. Diese raubauzigen Gesellen waren ursprünglich Fahrensleute in der Ostsee gewesen, die während des schwedisch-dänischen Krieges 1389–95 das belagerte Stockholm mit Lebensmitteln (= Viktualien) versorgt hatten. Bei Kriegsende war das schöne Geschäft vorbei, und man verlegte sich nun auf das nicht minder lukrative Seeräubern – vornehmlich in der Nordsee, wo die reich beladenen Schiffe der „Pfeffersäcke" in Hamburg und Bremen fette Beute versprachen. In Ostfriesland, wo man dem **Freibeutertum** immer schon große Sympathien entgegengebracht hatte, wurden die **Likedeeler** (= Gleichteiler), wie sie sich auf frühsozialistische Art nannten, warm willkommen geheißen. Der berühmte Räuberhauptmann *Claus Störtebeker* stellte sogar enge Bande mit der *Familie tom Brok* her, die in Ostfriesland zum damaligen Zeitpunkt weitgehend das Sagen hatte.

Störtebeker

Doch diese sollten sich keines langen Bestandes erfreuen. Im **Frühjahr 1400** fielen die **Hanseaten** auf der Osterems über Störtebekers Flotte her und vernichteten sie. Die gefangen genommenen Piraten, darunter der Chef selbst, den man später vor Helgoland erhaschte, wurden in Emden und Hamburg einen Kopf kürzer gemacht. Ein Teil von Störtebekers Schätzen, so die Legende, soll in den Woldedünen Borkums vergraben liegen. Also: Spaten nicht vergessen, Borkumfahrer! (Die Woldedünen liegen am südwestlichen Ortsrand).

Einige Zeit später sorgten die **Geusen** für Abwechslung, vom Papsttum und der spanischen Krone abtrünnig gewordene Niederländer, die sich die Insel ebenfalls zum Stützpunkt erkoren hatten. Inzwischen hatte auch der Schiffsverkehr auf der Ems erheblich zugenommen; Emden war ein bedeutender Hafen. **1576** wurde der Turm der um 1540 erbauten Inselkirche auf 47 m aufgestockt, um als markantes **Seezeichen** zu dienen. Der „Alte Leuchtturm" steht heute noch in Borkums Stadtkern und gilt als Wahrzeichen der Insel.

Zusammenwuchs

Gegen **Mitte des 18. Jahrhunderts** war Borkum noch so gut wie zweigeteilt. Wo man sich heute im edlen Lichtkleide am FKK-Strand vergnügt, befand sich damals ein Durchlass, fast zwei Kilometer breit und auf der anderen Seite im „Tüskendör" (= Zwischendurch) ins Watt mündend. Doch diese Wunde, später der „Glop" genannt, begann allmählich zu verheilen. Teils durch natürliche Geschehnisse, teils durch menschliches Zutun, wuchs die Insel zusammen; endlich gab es – Borkum.

Dieses „menschliche Zutun" war nicht unerheblich – oder sollte es zumindest sein. Bereits **1574** waren **Landschaftsschutzgesetze** erlassen und, weil sie scheinbar nicht griffen, **1628** mit zusätzlichen Zähnen versehen worden. Bei sehr empfindlichen Strafen wurden den Borkumern auferlegt, ihre Insel gefälligst beisammenzuhalten, weil, so ein Bericht aus dem Jahre **1650,** „dahero fast sehr zu besorgen, dass woferne dem wütenden Meere der rigell nitt baldt verleggt wirdt, dieß Eylandt (welches sonsten neben anderen dießer Graffschafft eine brustwehr ist) von den continue hefftig darauff antringenden wellen weitterß abgeschlagen, weggespühlett."

Doch an dem „gefährlichen und betrübten Zustand mitt dem Eylande Borckumb" änderte sich im Grunde wenig. Erst die **Preußen** brachten ab **1744** System in den Inselschutz, sonst wäre Borkum letzten Endes vielleicht doch noch „weggespühlett" worden.

Walfang-Ära

Das lag unter anderem daran, dass die fähigsten Insulaner seit **Beginn des 17. Jahrhunderts** selten zu Hause waren. Von 1611 auf -12 hatte der Holländer *Willem Barents* nämlich das Nordmeer bis hinauf nach Spitzbergen erkundet und war mit der Nachricht zurückgekommen, dass es dort oben von Seegetier wimmele. Vor allem **Wale** waren

100 dnFoto: rh

schon wenige Jahre später das begehrteste Fangobjekt. **1643** wurden die ersten Walfangschiffe in Emden ausgerüstet; Borkumer Fischer bemannten sie oder heuerten auf holländischen und Hamburger Fahrzeugen an. Eine Zeit lang beteiligten sich dreiundzwanzig Borkumer „Kommandeure", wie man die Walfangkapitäne damals nannte, an der Ausrottungskampagne gegen den großen Meeressäuger. Mancher verdiente sich eine goldene Nase dabei. Noch heute künden auf Borkum **Zäune aus Walknochen,** museale Exponate und sogar eine nach dem erfolgreichsten Schlächter *Roelof Gerritsz Meyer* benannte Straße von jener glorreichen Zeit.

Doch dann war plötzlich Schluss. Schon in der **zweiten Hälfte des 18. Jahrhunderts** wurde der Wal seltener, die Fänge gingen zurück. Im Zuge des Krieges zwischen den Niederlanden und England nahmen die Briten **1700** zudem fast die gesamte Walfangflotte hopp. Aus der Traum! Zurück blieb ein bescheidener Wohlstand – und zahlreiche Witwen und Halbwaisen. Denn der Wal und die See hatten den Frevel nicht völlig unwidersprochen hingenommen. Viele Männer waren „geblieben".

1811 vertieften die **französischen Besatzer** das Elend nur noch. **1828** wurde Borkum eigentlich erst richtig **deutsch,** als es endgültig zur Abschaffung der niederländischen Sprache kam, die bis dahin fast ausschließlich auf der Insel gesprochen worden war. Jetzt begann das Badezeitalter.

Seebad

Borkum erhielt vergleichsweise spät **offiziellen Seebadstatus.** Ein Inselarzt namens *Ripking* hatte **1846** damit begonnen, kränkliche Knaben in sein Haus aufzunehmen und Badeeinrichtungen zu schaffen. Eines zog das andere nach, und alsbald wurde auf Borkum munter gebadet. Noch im gleichen Jahr zählte man bereits 300 Kurgäste, und das, obwohl nur alle vierzehn Tage ein Fährschiff (von Emden) die Insel anlief.

Denn Borkum war (damals) billig, und zudem konnte man sich herrlich leger geben. Die Ostfriesische Zeitung meldet **1850:** „In Borkum lebt man für wenig Geld gut und ungeniert. Hier fühlt man den Druck der so genannten Etikette nicht. Hier kleidet sich ein jeder, wie es ihm beliebt. Hier haben Nachtmütze, Schlafrock und Pantoffeln mit Hut, Frack und Stiefeln gleichen Wert. Hier gilt, gottlob, ein nicht geschorener Bart dem glattrasierten Kinn völlig gleich..." Insbesondere Emder Beamte liebten es, auf Borkum den zeitweiligen „Aussteiger" zu spielen.

Diese **Idylle** hielt lange Zeit an. Noch um die Jahrhundertwende heißt es: „Übertriebenen Luxus und weltstädtisches Treiben gibt es hier nicht. Ungezwungenheit im geselligen Verkehr, Unterhaltung und Vergnügen in Einfachheit und ohne Aufdringlichkeit, vor allem aber Ruhe und Erholung. Das sind die Vorzüge des Borkumer Badelebens."

Borkum heute

Nach dem 2. Weltkrieg wuchs Borkum schnell zu einem wahren **Zentrum des Fremdenverkehrs** heran, mit über 165.000 Gästen pro Saison. Ihren Charme hat die Insel dennoch nicht verloren.

Die eine oder andere Baulichkeit entlang Borkums **Strandpromenade** wird den Betrachter mit wenig Begeisterung erfüllen. Trotzdem ist das Gesamtbild vom Strand her ein ansprechendes. Das vorherrschende Weiß, in dem die älteren Gebäude gehalten sind, die strengen hohen Fenster und verglasten Veranden – das passt zu dem kargen Nordseeumfeld, besser als lautes Bunt und klobiger Backstein.

Vieles im Innern des Ortes vermittelt noch einen Hauch vergangener Zeiten. Im **Altdorf,** vornehmlich rund um den alten Turm, finden sich viele **Zäune aus Walrippen und -kiefern,** alle unter Denkmalschutz. Auch auf dem **Friedhof** ragen, etwas makaber, Walknochen aus der Erde. Von den alten Grabsteinen aus jener Ära sind indes nur noch zwei erhalten.

Ein Stadtbummel offenbart manches Haus aus dem 19. Jahrhundert oder aus der Zeit des großen

101BorFoto:rh

Aufschwungs unmittelbar danach. Was in jüngeren Jahren gebaut worden ist, fällt dagegen spürbar ab; manches, was sich „modern“ nennt, ist im Vergleich ausgesprochen hässlich.

Borkums „Action“ brodelt in der **Fußgängerzone** seeseits des neuen Leuchtturms, insbesondere in der Strandstraße und in der Bismarckstraße. Hier finden sich die meisten Lokale, die eleganten Shops, die Einkaufsbuden mit ihrem teuren Tand. Und hier wickelt sich auch Borkums Nightlife ab, ganz schön schrill für eine Ostfrieseninsel.

Außerhalb der „City“ mit ihrem geschäftigen Treiben ist auf Borkum jedoch jede Menge Platz geblieben. Vor allem in der Nebensaison lässt sich vielerorts insulare Einsamkeit finden. Borkum ist immerhin die größte der ostfriesischen Inseln und diesem Rang einigen Auslauf schuldig. Der Tag mag – wird – auch kommen, an dem Privatautos endgültig von der Insel verbannt sein werden. Manchem wird das als Rückschritt erscheinen, aber Borkum kann dadurch nur gewinnen.

Blick vom Leuchtturm

Sehenswertes

Dykhus

Borkums **Heimatmuseum,** das „Dykhus“ am Fuß des Alten Leuchtturms, sollte man anlässlich eines Inselaufenthalts unbedingt besuchen.

Schon vor der Tür gibt es Interessantes zu sehen: nämlich ein komplettes Wal-Skelett gewaltigen Ausmaßes, dann zwei **Walrippen,** die den Eingang formen, dahinter ein **Brandungsboot,** eine **alte Badekarre** und ein **Kleinbahncoupé** von anno dunnemals. Drinnen liegen in neun großzügig ausgestatteten Räumen Schätze aus der Inselgeschichte der letzten 300 Jahre.

Im ersten Raum befindet sich die **Karnstee** (Kirnstelle), wo Butter und Käse hergestellt wurden, im nächsten die Küche, reich geziert mit holländischen Fliesen aus der Zeit zwischen 1680 und 1840. Das **Wohnzimmer,** Raum 3, zeigt Einrichtungsgegenstände von ca. 1880. In Raum 4 ist ein **Kapitänszimmer** mit „Nautiquitäten“ untergebracht, Raum 5 gibt einen Einblick in die **Ära des Borkumer Walfangs,** in Raum 6 sieht man **„Butzen“** (Alkoven), in denen man damals schlief. Die große Borkumhalle in Raum 7 ist ein Schaufenster für die frühe Entwicklung der Insel zum **Seebad.** In Raum 8 sind Exponate aus dem **Schifffahrts- und Rettungswesen** zusammengetragen, darunter das Boot „Otto Hass“, das sich um zahlreiche Rettungen verdient gemacht hatte. In Raum 9 befindet sich letztlich die **naturkundliche Abteilung,** die einen Querschnitt durch die Flora und Fauna der Nordsee gibt.

- Tägl. 10–12 und 16–18 Uhr geöffnet (im Winter nur nachmittags), So. nur morgens, Mo. geschl., Tel. 4860 oder 2824, Eintritt € 3, Kinder € 1,50.

Neuer Leuchtturm

Der Neue Leuchtturm im Zentrum bietet aus 60,3 m Höhe einen fantastischen Rundblick.

- Geöffnet: 10–11.30 und 15–16.30 Uhr, Eintritt € 1.

Feuerschiff Borkumriff

Im **Schutzhafen** nahe des Fähranlegers liegt das Feuerschiff „Borkumriff", das letzte bemannte Fahrzeug dieser Art, das 1956 in Dienst gestellt und am 15. Juli 1988 hier auf seinen endgültigen Ankerplatz verlegt wurde. 32 Jahre lang hatte sein tröstliches Licht über Borkumriff, einen der gefürchtetsten Schiffsfriedhöfe der Welt gewacht. Heute haben unbemannte Feuerschiffe, Großtonnen gleich, diese Funktion übernommen, Radarstrahlen ersetzen manches fehlende Licht. An Bord der „Borkumriff" erhält man einen faszinierenden Einblick in das Wesen der alten „Leuchtschiffe". Gleichzeitig hat sich die **regionale Nationalparkverwaltung** hier höchst passend einquartiert und bietet Exkursionen, praktische Übungen und Vorträge an.

- Führungen: Di, Do und Sa um 13.15 und 14.45 Uhr; für umfangreichere Programme Terminabsprache, Tel. 2030.

Naturschutzgebiete

Die Form und topografischen Besonderheiten der Insel Borkum haben dazu geführt, dass das NSG in vier Teile zerfällt. Das aus der Sicht des Naturschutzes wohl wichtigste Gebiet empfängt den Inselbesucher unmittelbar bei seiner Ankunft. Der Borkumer Hafen bildet nämlich den Endpunkt einer langen, schmalen Landzunge, auf der die Inselbahn in den Ort tuckert. Rechts und links liegt geschütztes Gelände – betreten verboten!

Greune Stee

Weiter im Westen erstreckt sich die Greune Stee („Grüne Stelle") mit **Feuchtwiesen, Sümpfen** und **moorigem Gelände**, teils von Seewasser überspült, teils außerhalb des Salzeinflusses gelegen, wie Schilfröhrichte und Birkenhaine verraten. Hier und in dem vorgelagerten **Wattgebiet Ronde Plate** sind zahlreiche **Sumpf- und Watvögel** zu Hause. (Insgesamt hat man in den letzten vierzig Jahren auf Borkum 261 Vogelarten gezählt! Diese Zahl schließt allerdings auch alle „Zugereisten" und „Irrläufer" ein). Am Wasserrand herrscht das Schwarzweiß von Austernfischern vor, Lachmöwen sind in der Luft bildbestimmend. Im Innern gehen Löffelenten, Bless- und Teichhühner, Kampfläufer, Rohrweihen und anderes Federvieh ihren wie immer gearteten Geschäften nach. Vor allem in den warmen Monaten geht es sehr lebendig zu.

Nahe des Bahndamms am Nordrand des NSG ist von März bis Oktober ein **Info-Stand** in Betrieb. Von hier führt auch ein **Wanderweg** durch das Gebiet und ein weiterer an der **Kugelbake** vorbei. Am Wasser kann man dann wieder zum Ort zurückkehren.

Waterdelle-Muschelfeld

Ein weiteres NSG ist das Waterdelle-Muschelfeld nordöstlich des Ortes, ein relativ kleines Areal mit einem beinahe verlandeten **Flachwassersee.** Es ist fraglich, ob dieses Gebiet auch zukünftig dem Naturschutz erhalten bleiben wird, denn die unmittelbare Nähe des belebten Strandes macht sich störend bemerkbar. Außerdem verlaufen mehrere Reit- und Wanderpfade durch das Gelände. Hinzu kommt, dass das Areal infolge verstärkter Grundwasserentnahme zunehmend trockenfällt.

Tüskendör-Gebiet

Mehr versprechen sich die Naturschützer vom Tüskendör-Gebiet, das in der Inselmitte liegt und ans Watt grenzt. In der Tat ist der ausgedehnte gleichnamige **Baggersee** mit künstlich angelegten Inselchen und umliegenden Feuchtwiesen ein wichtiges **Brutgelände,** unter anderem für den Großen Brachvogel und die rare Bekassine. Andererseits bohren sich Anflugschneise und Rollfeld des recht betriebigen Borkumer Flugplatzes mitten durch dieses NSG, was der lokalen Ökologie nicht gerade zuträglich sein dürfte. Immerhin bleibt die Fauna aber von weiteren Störenfrieden verschont, denn nur ein einziger **Wanderweg** führt **am Südrand** (Deich) an ihm entlang.

Pavillon vor der Strandpromenade

157BorFoto: rh

Osten der Insel

Annähernd völlig unter sich ist die Vogel welt dagegen im Osten der Insel. Hier, nordöstlich der Sternklippdünen, dehnen sich weite vegetationsfreie **Sandflächen** – teilweise ist das Land in diesem Bereich noch im Aufbau. In den Dünentälern zeigt sich indes schon kräftiger Bewuchs, der nach der Wattseite hin zunimmt. Dort geht das Areal in **Strandwiesen** über, und in dieser Mischzone ist auch das meiste Gefieder zu Hause. Da der **Rundweg zum Hogen Hörn,** der Ostspitze Borkums, wegen Überflutungen ohnehin schlecht begehbar ist, sollte man trotz vorhandener Trasse die dortigen Piepmätze am besten ganz allein lassen.

Ein nur der Vogelwelt vorbehaltenes Eiland, das **Lütje Hörn,** liegt 2,5 km östlich von Borkum im Randzelwatt. Betreten verboten!

Insel-Info

Auskunft

- **PLZ:** 26757
- **Vorwahl:** 04922
- **Informationen:** Kurverwaltung, Goethestr. 1, Tel. 9330, Fax 4800, E-Mail: kurverwaltung@borkum.de, www.borkum.de
- **Zimmervermittlung:** Verkehrsbüro: Georg-Schütte-Platz 5, Tel. 933108, Fax 933104.
- **Reise- und Schiffsauskunft:** Borkumer Kleinbahn, Tel. 3090.

- **Reisebür o:** Tautz, Bahnhofspfad 5, Tel. 559.
- **Flugauskunft:** Flugplatz (OFD, Tel. 686/1038).

Ärzte

- Mehrere Praxen, vier Kliniken, drei Zahnärzte, ein Tierarzt.

Hauptsaison

- 15.5.–30.9. (Zeit der höchsten Kurtaxe).

Kurtaxe

- Siehe „Anhang".
- **Kurkasse:** im Gebäude der Kurverwaltung (s. o.), offen Mo–Fr 9–12, 14–16 Uhr, außerhalb der HS Fr nur morgens.

Strand

- **Strandzelte** und **Liegestühle** erhält man beim Verein Borkumer Strandzeltvermieter (Postfach 2264). Mindestens 6-wöchige Vorbestellung ist ratsam (Tel. 2741).
- Die Preise für ein **Strandzelt incl. Liegestuhl** betragen für eine Woche € 25, für zwei Wochen € 44, für drei Wochen € 64, für vier Wochen € 82. Jeder weitere Liegestuhl kostet pro Woche € 7.

FKK

- Ca. 5 km vom Ort entfernt in der Nähe des NSG Waterdelle (s. Inselkarte). Sanitäre Anlagen, Umkleidekabinen, Strandsauna, Kinderspielplatz und Kiosk. Per PKW oder Bus zu erreichen. (Parkplatz/Haltestelle „Oase".)
- Die **Preise** für eine **FKK-Kabine** zum Umkleiden betragen für eine Woche € 32, für zwei Wochen € 58, für drei Wochen € 83, für vier Wochen € 108.

Kirchen

- Folgende Kirchen sind auf Borkum vertreten: Ev.-ref. (Rektor-Meyer-Pfad), ev.-luth. (Goethestr.), kath. (Kirchstr.) und neuapostolische Kirche (Reedestr.). Die katholische Kirche hält täglich Gottesdienste ab, die anderen an Wochenenden.

Hunde

- Gleich an drei Stränden (Süd-, Nord- und FKK-Strand) darf der Hund sich tollen. Ansonsten ist er an der Leine zu führen. Etwa die Hälfte der Herbergen Borkums heißt (auf Anfrage) Hunde willkommen. Hundepension: Tel. 990084.

Presse und Fernsehen

- Die **Borkumer Zeitung** erscheint täglich.
- **Borkum(er)leben** enthält das Veranstaltungsprogramm und kommt von April bis Oktober jeden zweiten Monat heraus. Das Heftchen ist gratis.
- **Borkum TV** (8–10 und 18–20 Uhr) ist in den meisten Herbergen der Insel zu empfangen.

Kinder

Borkum ist ein ausgesprochen kinderfreundliches Eiland mit zahlreichen Einrichtungen für die Kleinen.

- **Kinderspielplätze** gibt es am Süd-, Nord- und FKK-Strand (dort Mai bis September).
- In der **Kinderkiste** werden 3–8-Jährige, deren Eltern im Besitz einer Kurkarte sind, von sachkundigem Personal be-

078BorFoto: rh

treut, und zwar in der HS Mo–Fr 8–12.30 und 14–17 Uhr und in der übrigen Zeit nach Bedarf und Voranmeldung. Dieser Service ist kostenlos und soll vor allem Eltern zugute kommen, die Kuranwendungen beanspruchen und sich währenddessen nicht um ihre Wichtel kümmern können.

- Das **Kinderspielhaus** ist für Über-6-jährige da, und hier ist die beaufsichtigende Anwesenheit der Eltern erwünscht. Auch dieses Haus kostet nichts. Nur bei Bastelarbeiten fallen manchmal nominelle Materialkosten (1,50–2,50 €) an. Das Kinderspielhaus ist in der HS von Mo bis Fr 9.30–12 Uhr und 14–18 Uhr, in der übrigen Zeit nur nachmittags geöffnet. Beide Einrichtungen befinden sich im **Kurmittelhaus** und sind unter Tel. 933294 oder -312 zu erreichen.
- Speziell für die Kleinen gibt es auf Borkum auch drei **Kinderpensionen** bzw. **-kurheime,** in denen die Zwerge sich unter ärztlicher Aufsicht und fachkundiger Leitung erholen können. Die Pension Rumpelstilzchen (Am Neuen Leuchtturm 1, Tel. 2206) nimmt Kinder von 4 bis 12 Jahren auf. Nur bis 9 geht's im Kurheim Concordia (Hindenburgstr. 94, Tel. 519) und von 4 bis 13 im Dünenhaus (Jakob-van-Dyken-Weg 15, Tel. 2233). Im Winter sind die Heime geschlossen, genaue Termine anfragen.

Fortbewegung

Inselbahn

Am Anleger wird der Borkumbesucher von einer gemütlichen Bimmelbahn abgeholt und ins Stadtzentrum befördert. Gleichermaßen geht die Fahrt den Fähren angepasst retour. Die Strecke ist im Fährpreis enthalten.

Auto

Nach Borkum kann man das Auto mitnehmen. Doch viel Freude wird man an ihm nicht haben. „Benutzen Sie wegen der umfassenden **Verkehrsbeschränkungen** auf der Insel die Autogaragen und Abstellplätze in Emden und Eemshaven, direkt an der Schiffsanlegestelle. **Parkplätze** stehen auf der Insel Borkum nur begrenzt zur Verfügung." So heißt es, nicht gerade einladend für den inselreisenden Automobilisten, in den offiziellen Prospekten.

In der Tat ist ein großer Teil von „Borkum-Town" für Kraftfahrzeuge zeitweilig bis ständig gesperrt. Auf der Strandpromenade (einschließlich ihrer Verlängerungen B.-Kieviet und K.-Wolters-Pad), wo es einiges zu sehen gibt, darf man ganzjährig nicht einmal Rad fahren. Die Sperrzone Innenstadt ist vom 22.12.–9.1. und 26.3.–25.10. (geringe Variationen von Jahr zu Jahr) für Kfz ganztägig gesperrt. Amtlicherseits ist dies die **rote Zone.** Die sog. **blaue Zone** erfasst den weiteren Umkreis des Ortes; hier herrscht ganzjährig von 21–7 Uhr Kfz-Verbot. Wenn in den beiden Zonen schon mal gefahren werden darf, dann nur mit 30 km/h. „Weitere Verkehrsbeschränkungen sind möglich." Das Rathaus erteilt Auskunft: Tel. 303222.

- Autofahrer, die eine Unterkunft in der roten Zone gebucht haben, erhalten im Info-Stand am Hafen eine **Durchfahrgenehmigung** zum Zielhaus. Wenn man nicht gerade schwerbehindert ist und einen entsprechenden Ausweis besitzt, kann man innerhalb der Sperrzeit sein Fahrzeug dort getrost einmotten.
- **Parkplätze:** Siehe Ortskarte.

Bus

Der befahrbare Teil der Insel Borkum wird von einer Buslinie bedient, die kaum Lücken lässt und den eigenen Wagen weiterhin entbehrlich macht. Mehrmals täglich fahren Busse von der Stadt zum Hafen, Flugplatz, FKK-Strand und Ostland (hier nur von April bis Oktober) und zurück.

- **Fahrpläne:** im Verkehrsbüro und in den Bussen.

Taxi

Taxenstände am Bahnhof, am Flugplatz und am Anleger.

Fahrrad

Das Rad ist das gängigste Verkehrsmittel auf Borkum.

- Fahrräder verschiedener Art gibt's bei *Jan van Gerpen* (Am langen Wasser und Strandstr. 43). Für die Standardtypen bezahlt man € 1 pro Stunde, 4 pro Tag und 15 pro Woche. Go-Carts, eine Art Tretauto für 2–4 Personen, kosten ab € 6 die Stunde. Fahrräder zu zivilen Preisen hat auch der passend benannte Verleih „von Raden" am Parkplatz an der Hindenburgstraße.

Pferd

Siehe Sport.

092BorFoto: rh

Borkum

Unterkunft

Hotels

Es gibt zwei Dutzend Hotels auf Borkum, deren **Preise** über das Jahr hinweg wenig variieren. Das allgemeine Preisniveau hält sich einigermaßen in Grenzen. Den Reigen führen mehrere Viersterner an, die auch vier Euro-Symbole tragen und für deren durchweg anspruchsvolles Ambiente schon mehr als € 100 anzulegen sind. Die meisten anderen Häuser zeichnen sich jedoch durch zwei Euro-Symbole aus und liegen somit preislich gut im Mittelfeld.

- Hübsch und elegant sind das **Hotel Haus Borkum**€€ (Tel. 91040), das **Strandhotel Ostfriesenhof**€€ (Tel. 7070) und die **Villa Ems**€€ (Tel. 9119),
- Der soliden Mittelklasse zuzurechnen, gemütlich und nicht teuer ist das Familienhotel **Der Insulaner**€ (Tel. 518), Die eine oder andere Klause sieht hingegen wie eine Hochgarage aus – müssen solche schlimmen Stilbrüche sein?

Pensionen

- Borkum ist groß, und Pensionen und Privatunterkünfte gibt es massenhaft. Mit Frühstück bezahlt man ab etwa € 20, die Obergrenze liegt bei rund € 35. Wer sich selbst in der Küche betätigt, kommt am besten weg; Mit € 13,50 sind zum Beispiel die **Pension Peltzer** (Reedestr. 5, Tel. 2606) und das **Haus Spinnrad** (W.-Bakker-Str. 21, Tel. 2193) günstige Unterkünfte. Andere Häuser dieser Kategorie liegen bei einem durchschnittlichen Maximum von € 18.

Nobelherberge

Appartements, Ferienwohnungen

●Die Praxis von Borkumer Appartement- und Ferienwohnungseignern, zwischen erstem und weiteren Belegungstagen eine himmelhohe Preisdifferenz anzusetzen, hat glücklicherweise ein Ende gefunden. Nur bei sehr wenigen Einheiten ist im Kleingedruckten auch noch darauf zu achten, dass Bettwäsche entweder selbst gestellt oder extra bezahlt werden muss – mit dem Vermieter klarstellen! Pro-Kopf-Preise beginnen bei etwa € 15; mitunter, wenn man zu viert oder zu fünft anreist, lässt sich aber noch etwas Billigeres finden. Voraussetzung ist in allen Fällen eine mindestens 7-tägige Belegung, bei dieser Art von Herberge eine durchaus verständliche und akzeptable Auflage.

●Wer eine Aversion gegen Bettenburgen hat, sollte darauf achten, nicht in einem der mehrstöckigen Appartementblocks zu landen, die als Ferienwohnungen durch die Kataloge geistern.

Jugendherberge

●Die neue JH Borkum€ (Reedestr. 231, Tel. 579, Fax 7124) ist in die einstigen Kasernen der Bundesmarine nahe des Fährhafens (10 Min. zu Fuß) eingezogen und bietet 530 Betten und ganzjährig offene Türen (abgesehen von einer Pause Ende Dez.). Zudem: Familienzimmer, Sporthalle, Fußballplatz, Tennis, Fahrradverleih, Discodrom und vieles mehr. Nur VP.

Camping

●**Insel-Camping Borkum** (Hindenburgstr. 114, Tel. 1088/4224) ist einer der modernsten und am aufwendigsten ausstaffierten Campingplätze der Bundesrepublik, ein Riesengelände mit über 300 Parzellen, computergesteuerter Organisation, kartenkontrollierendem Torwächter, eigenem Restaurant, Einkaufszentrum, Fahrradverleih, Grill- und Spielplatz, Kindergarten, gästeunterhaltender Animation – ein Dorf für sich. Man kann entweder im eigenen Caravan anreisen, auf der Zeltwiese zelten oder aber im Camp einen Wohnwagen mieten.

Preise: Personengebühr: € 5,20 bis 14 Jahre, € 7,40 darüber. Platzgebühren: € 11,50 für ein Zelt- oder einen Caravan-Stellplatz, € 8,70 für eine Sanitärkabine daneben. € 3,50 kosten der Hund und das mitgebrachte Auto, € 1,10 der Stromanschluss. Mietwohnmobile: € 45,50 zzgl. Personengebühr, plus Strom (€ 0,50 pro kWh), plus Gas. Diese Preise (jeweils für eine Übernachtung) gelten für die Hauptsaison. Während dieses Zeitraums sind auch nur Buchungen in Blöcken von 1–4 Wochen möglich. (Ausgenommen sind Zelter; Einzelübernachtungen kosten dann allerdings € 12,50 pro Person). Die Preise (außer für Strom und Gas) reduzieren sich in der übrigen Zeit um ca. 30 %. Dann kann man bei ICB recht günstig unterkommen, wenn man von einem der zahlreichen pauschalen Sonderangebote Gebrauch macht.

●Etwas bescheidener sieht's aus bei **Camping-Aggen** (Ostland 1, Tel. 2215). Dort findet man 35 Stellplätze für Wohnwagen und eine Wiese für ca. 15 kleine Zelte. Viel billiger ist's dort aber auch nicht. Ein Stellplatz kostet € 10, ein Zeltplatz € 6, dazu jeweils € 5 pro Person und ggf. Strom zu € 0,50/kWh.

Gastronomie

Die kulinarische Szene Borkums ist schon fast großstädtischen Charakters – was die reine Zahl der Bewirtungsbetriebe angeht. Hauptsächlich steht jedoch Rustikales und Regionales auf den Speisekarten. Und, versteht sich, überall das „Koppke Tee mit Kluntjes".

●Vorzüglich speisen kann man in den Restaurants aller Borkumer **Hotels.** Dort bezahlt man aber auch etwas mehr als bei einem Streifzug durch die allgemeine Inselrestauration.

●Die **Delfter Stuben** und **Fischerdorf** (gegenuber der Post) bieten Seefische, Muscheln und Krabben täglich frisch vom Fang, außerdem internationale und gutbürgerliche Küche, bis 22 Uhr.

●Genau das gleiche Programm hat das **Kurhausrestaurant,** täglich geöffnet 11–22 Uhr.

●Fisch und Gutbürgerliches gibt es auch in den **Germania-Stuben** (Deichstraße), überdies Grillgerichte.

●**Bei Werner** (Von-Frese-Straße) ist ein gemütliches Familienrestaurant im Herzen des Ortes. Walfleisch gibt's gottlob nicht. Offen täglich bis 22.30 Uhr.

●„Meeresschätze am Spieß" reicht das **Rolinck-Eck** (Neue Straße) in „heimeliger Atmosphäre". Täglich bis 22 Uhr.

●Borkums „einziger Grieche" residiert im **Rhodos** (F.-Habich-Straße) und führt dort (täglich bis 24 Uhr) vor, was man am Mittelmeer alles aus Fisch machen kann.

●Borkums „einziger Italiener" ist das **Pinocchio** (W.-Bakker-Straße), das sowohl mittags als auch abends (bis 24 Uhr) geöffnet ist. Es bietet Pizzen und Feines aus der Cucina Italiana.

●In maritimer Atmosphäre speist man im Restaurant **Zum Yachthafen,** mit gut bestückter Mittags- und Abendkarte und täglich frischer Seafood. Bis 22 Uhr.

●Gleiches gilt fürs **Gorch Fock** in der Viktoriastraße. Offen mittags, abends bis 21.30 Uhr.

●Der **Upholm-Hof** (Alter Deich) fährt Gastronomie gleich in geballter Ladung auf: „Scheunenrestaurant", Biergarten, Grillhütte und Caféterrasse, dazu Animation, Live-Musik, Tanz, plus Ponyreiten und Spiele für die Kinder. Sag' da noch mal einer „Frisia non cantat"!

●Frisia singt auch in der **Heimlichen Liebe** an der Promenade, denn hier ist der Borkumer Szenetreff. Ab 18 Uhr

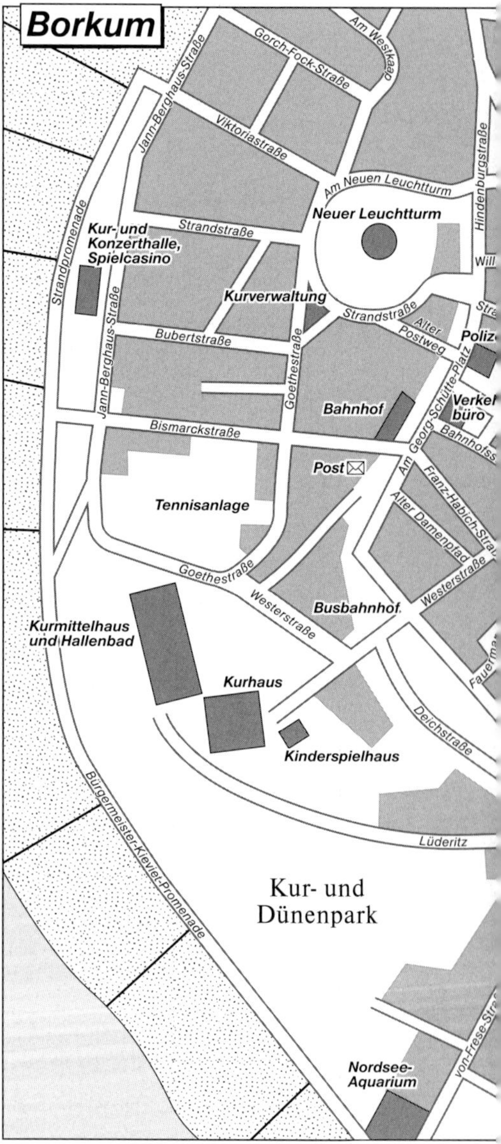
Borkum
Gorch-Fock-Straße
Am Westkaap
Jann-Berghaus-Straße
Viktoriastraße
Am Neuen Leuchtturm
Hindenburgstraße
Neuer Leuchtturm
Strandpromenade
Kur- und Konzerthalle, Spielcasino
Strandstraße
Kurverwaltung
Strandstraße
Alter Postweg
Bubertstraße
Goethestraße
Am Georg-Schütte-Platz
Bahnhof
Bismarckstraße
Post
Tennisanlage
Franz-Habich-Straße
Alter Damenpfad
Goethestraße
Westerstraße
Westerstraße
Busbahnhof
Kurmittelhaus und Hallenbad
Kurhaus
Deichstraße
Kinderspielhaus
Lüderitz
Bürgermeister-Kieviet-Promenade
Kur- und Dünenpark
Nordsee-Aquarium

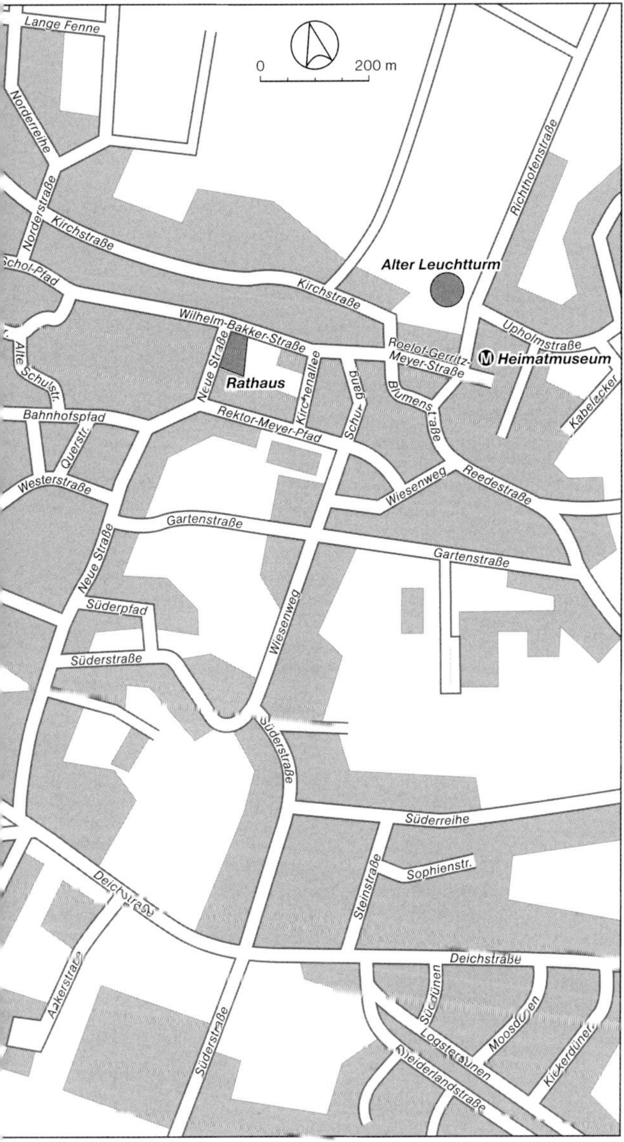
Lange Fenne
0
200 m
Norderreihe
Norderstraße
Kirchstraße
Richthofenstraße
Alter Leuchtturm
Wilhelm-Bakker-Straße
Upholmstraße
Roelof-Gerritz-Meyer-Straße
Heimatmuseum
Neue Straße
Rathaus
Kirchenallee
Blumenstraße
Bahnhofspfad
Rektor-Meyer-Pfad
Querstr.
Westerstraße
Wiesenweg
Reedestraße
Gartenstraße
Gartenstraße
Neue Straße
Süderpfad
Wiesenweg
Süderstraße
Süderstraße
Süderreihe
Sophienstr.
Steinstraße
Deichstraße
Süderstraße

gutbürgerlicher Abendtisch mit zunächst noch moderater Musik, später bricht dann die Fete los.

● In **Opa sein klein Häuschen** in der Strandstraße trifft „man" sich ebenfalls. Am Wochenende schon zum bejazzten Frühschoppen, sonst täglich ab 18 Uhr. Oder aber man richtet sich in der **Felsenquelle** (W.-Bakker-Straße) eine gemütliche Zusammenkunft ein, um sich täglich ab 11 an edlem Gerstensaft zu laben. Oder man lässt sich (ab 17 Uhr) in der **Seekiste** (am Bahnhof) nieder. Oder... Das Angebot ist noch lang, wollte man alle Pinten, Cafés, Snackbars, Imbisse und Läden einbeziehen ...

Sport

Hallenbad

Das Meerwasser-Wellen-Hallenbad im **Kurmittelhaus** (Tel. 933338) hat ein 50 x 25 m großes Becken mit 27° Wassertemperatur, Wellenhöhe bis 1 m. Außerdem gibt es eine Sauna.

● **Öffnungszeiten:** vom 11.3. bis 3.11. Mo–Do und Sa 8.30–12 und 14–19 Uhr, Fr 8.30–12.30 und 14–20 Uhr, So 9–12 Uhr. In der übrigen Zeit jeweils entsprechend 14–19, 14–20 und 9–12 Uhr. Das Bad macht gewöhnlich um die zweite Januarhälfte eine Betriebspause.

● **Eintritt** (mit Kurkarte): Erwachsene € 5, Kinder 9–15 J. € 2,50. Außerdem gibt es 10er-Karten (€ 36/23).

Gymnastik

Von Juni bis September kann man sich „unter Leitung von geschultem Fachpersonal" an Nord- und Südbad sowie am FKK-Strand zu organisierter Gymnastik anleiten lassen; auch Kinder sind willkommen. Der Service ist gratis.

Volkslauf

Im Frühjahr und Sommer findet auch etwa einmal im Monat der große Borkumer Volkslauf statt, bei dem sich sogar eine Medaille gewinnen lässt.

● Info: *Heinz Helmus* (Tel. 1663) oder TuS-Heim (Tel. 540).

Angeln

Angler werden auf Borkum ihr Paradies finden. Aal, Butt (Scholle), Dorsch, Knurrhahn (Seeteufel), Makrele und Grundhai gehen an den Haken. Das Angeln in den **Küstengewässern** der Insel ist auflagenfrei. Gefischt werden kann annähernd überall, außer natürlich an den Badestränden und in den NSGs. Eine spezielle Gastkarte benötigt man (zusätzlich zum Sportfischerpass), wenn man im „Hoppschlot" angeln möchte, denn es handelt sich um ein **Vereinsgewässer.** Info: Tel. 1887.

Fliegen

Ganzjährige Ausbildung zum Privatpiloten: **Flugschule Borkum,** Tel. 3838.

Reiten

● Pferdeliebhaber kommen auf Borkum voll auf ihre Kosten. Der **Reitstall Borkum** (Tel. 910144) bietet Anfängern und Fortgeschrittenen Unterricht in der Halle und im Freien, außerdem Geländetraining und Ausritte entlang des Strandes, durch die Dünen und Ostlandweiden.

● Außerdem: **Upholm,** Tel. 7150, **Jungermann,** Tel. 2259, Tasto, Tel. 3385.

Segeln

Im **Wassersportzentrum am Nordstrand** (Tel. 2299) kann man's lernen. Ein Grundkurs kostet ab € 180. Windsurfen ist dort ebenfalls im Programm. Im Winter auch Strandsegeln. Info: Tel. 3820.

Surfen

Siehe „Segeln".

Tennis

Tennis ist *der* Sport auf Borkum. Die Tennisanlage (Tel. 529) befindet sich in der Bismarckstraße dicht am Meer und ist ganzjährig geöffnet. Sie verfügt über 2 Hallen- und 6 Außenplätze, auch für eine Cafeteria ist gesorgt. Im Sommer werden häufig Turniere abgehalten.

Unterhaltung

Veranstaltungen

Die Action findet im **Kurhaus** und in der **Kurhalle** am Meer statt: Mit Preisskat fängt's an und steigert sich zu Highlights wie Möricke-Lesungen und Mozart-Darbietungen. Borkum ist bemüht, kulturell aus dem langen Schatten herauszukommen, den die unfern gelegene Königin Norderney hinüberwirft.

Diavorträge über das Wattenmeer sind oft im Programm, Shantyabende mit Klamaukmache durch die Borkumer Oldtimer, Tanz und Spaß, und dann wieder solch konträre Themen wie „Naturkatastrophen an der Nordsee" und „Modeschmuckgestaltung aus Fertigteilen und Fimo". Für die Kleinen tritt „Watz das Krokodil" auf oder „Der Stinkmorchelfieselfratz" – so jedenfalls laut Auszug aus dem Veranstaltungskalender. Lustiges und Besinnliches ist immer dabei.

Einen Überblick über die Veranstaltungen gibt das zweimonatlich erscheinende Infoblatt **Borkum(er)leben.**

Musik und Tanz

Kurmusik erklingt täglich außer Mo in der Kurhalle; bis 22.30 kann an Musikabenden dazu auch getanzt werden. Mitunter geht es dabei ganz schön heiß zu

Und wem das alles noch nicht reicht, geht sich halt in der **Disco** amüsieren. Borkum hat zwei davon.

Spielcasino

In der Kurhalle befindet sich ebenfalls das Borkumer Spielcasino, offen 11–23 (April bis Oktober) und 14–22 Uhr (in der restlichen Zeit). Der Zockbetrieb beschränkt sich auf etwa 70 einarmige Banditen; das „Große Spiel" (Roulette und Karten) wurde mangels Nachfrage abgeschafft.

Touren

Schiffsausflüge

Da Borkum am äußersten westlichen Ende des Ostfriesischen Archipels liegt, lassen sich naturgemäß keine Schiffsausflüge bis weit nach den östlichen Inseln durchführen. Die einzigen Inseln, die im Zuge von Exkursionen per Schiff angelaufen werden, sind **Juist** und **Norderney.** Die Touren dorthin dauern 1,5 bzw. 2,5 Std. und kosten € 15 bzw. € 17. Von Norderney aus kann man sich u. U. in eine Helgolandfahrt einklinken.

Bustouren

Die „große, informationsreiche **Insel-Busrundfahrt"** wird täglich um 14 Uhr (ab Bahnhof) angesetzt. Kostenpunkt: € 5,50–7. Eine Bustour zur Besichtigung des **Seenotkreuzers** „Alfried Krupp" und des **Museum-Feuerschiffes** „Borkumriff" im Schutzhafen kostet das Gleiche. Beide Touren dauern etwa 1,5 Std.

Wattwandern

Wattwanderungen, selbstverständlich unter „geprüfter Führung", finden in Abhängigkeit vom Tidenstand statt (ca. 2,5 Std., € 4,50–6).

Auskunft

Organisator der obigen Programme ist die **Borkumer Kleinbahn** (Bahnhof, Tel. 3090). Dort erhält man auch Auskunft über etwaige andere Touren, die mitunter anberaumt werden.

Radtour

Jeden Sonntag um 10 kann man mit *Bucki Begemann* (Tel. 4798) an einer Fahrradtour über die Insel teilnehmen. Man trifft sich beim Verleih *van Gerpen.* Dauer ca. 2,5 Std., Preis € 6 mit Einschluss des Radls.

Ortsführungen

Di und Fr unternimmt *Bucki Begemann* Ortsführungen. Treffpunkt: Um 10 am Telefonhäuschen bei der Kurverwaltung. Preis € 4.

Kinder

Kinder von 4 bis 11 J. zahlen für alle genannten Touren (außer Radtour) die Hälfte.

Flüge

Flüge zu anderen Inseln: Siehe „Flugverbindungen".

Fährverbindungen

- Fährverbindungen gibt es ab **Emden** und dem niederländischen **Eemshaven** (siehe „Abfahrtshäfen und Fähren/ Emden").

Flugverbindungen

mit Emden

Der „Standardflug" nach Borkum findet ab Emden statt. Der Flugplan der OLT sieht täglich je sechs Flüge in beide Richtungen vor.

- Die **Flugzeit** beträgt 15 Minuten.
- **Flugpreis:** € 53 für eine Strecke. Eine so genannte **Verbundkarte,** mit der eine Route per Schiff gefahren wird, kostet € 66.
- **Flugplatz in Emden:** Siehe unter „Abfahrtshäfen und Fähren/Emden/Anreise".
- Der **Flugplatz auf Borkum** ist etwa 2 km vom Ort entfernt und hat eine Busverbindung in die Stadt.

Weitere Flüge

Im Sommer bieten OLT und ROA mehrmals wöchentlich auch Direktflüge nach **Bremen** und **Düsseldorf** an. Verbindungen gibt es auch dreimal wöchentlich nach **Helgoland** und **Norderney** (Tagesflug im Sommer tägl.), nur im Sommer dreimal wöchentlich auch nach **Juist.**

Auskunft

- **Ostfriesische Lufttransport** (OLT), Tel. 04921-89920.
- **Roland Air Bremen** (ROA), Tel. 0700-55559000.

Mit dem eigenen Boot

Erst seit Ende der 80er-Jahre hat Borkum einen separaten **Jacht- und Sportboothafen.** Bis dahin mussten Segler sich den großen und recht ungemütlichen Schutzhafen mit der Bundesmarine teilen.

- Der neue Hafen, am **Ostende der Ronden Plate** gelegen, ist auch von stattlichen Dimensionen: 4000 m² groß und 2,30 m tief, mit Platz für etwa 250 Fahrzeuge an Schwimmstegen. Trotzdem kann es im Sommer schon mal voll werden, denn Borkum ist auch ein bevorzugtes Anlaufziel holländischer Boote.
- An Land befinden sich ein Restaurant, ein Kiosk mit Schiffsausrüster sowie Duschen, WCs und Waschmaschinen.
- **Auskünfte:** Yachthafenverwaltung (Tel. 7772) oder Segelklub Burkana (Tel. 7877).

Juist
– „die Unfruchtbare"

Geschichte

Der Name

Über die Bedeutung des Namens *Juist* (gesprochen „Jühst") hat man einiges an Spekulationen angestellt. Sogar das lateinische *ius* (Recht) wurde dafür herangezogen. Mit großer Sicherheit dürfte ab er das Küstenwort „güst" zugrunde liegen. Es bedeutet „trocken, unfruchtbar" und wird heute noch im Plattdeutschen verwendet, um eine Kuh zu

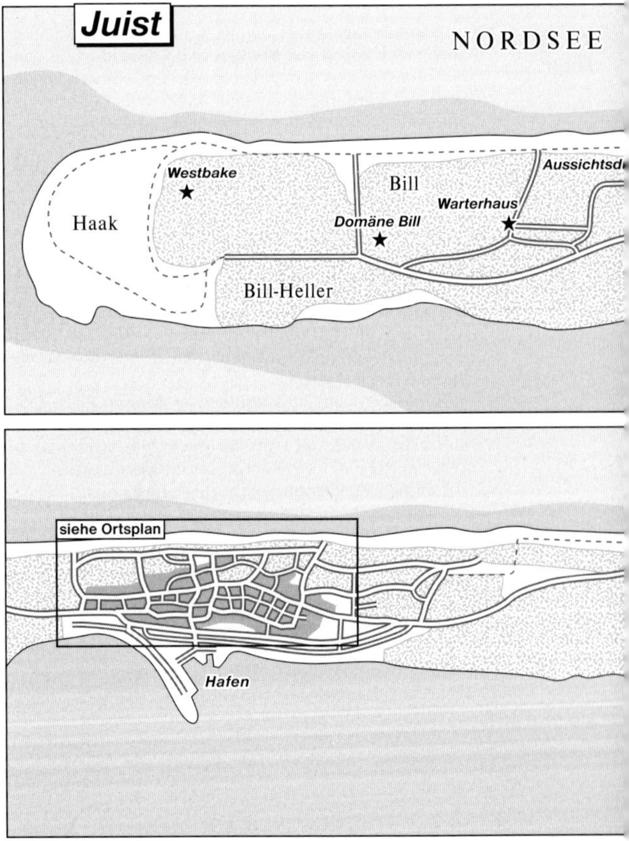

beschreiben, die keine Milch gibt. Man könnte sogar noch etwas weiter spekulieren, um auf „wüst" und „Wüste" zu kommen – so einfach ist das.

Besiedlung

Erstmalig urkundlich erwähnt ist Juist in einer Aufzählung der Besitztümer des ostfriesischen Landesherrn *Witzel tom Brok* im September **1398.** Es gibt mehrere Anzeichen dafür, dass die Insel zumindest in den folgenden zwei Jahrhunderten noch nicht die extrem lang gezogene Form besaß, die sie heute hat. Sie dürfte vielmehr in etwa dem gegenwärtigen Langeoog geähnelt haben, und offenbar gab es auch wesentlich mehr Platz als heute. Denn zu **Beginn**

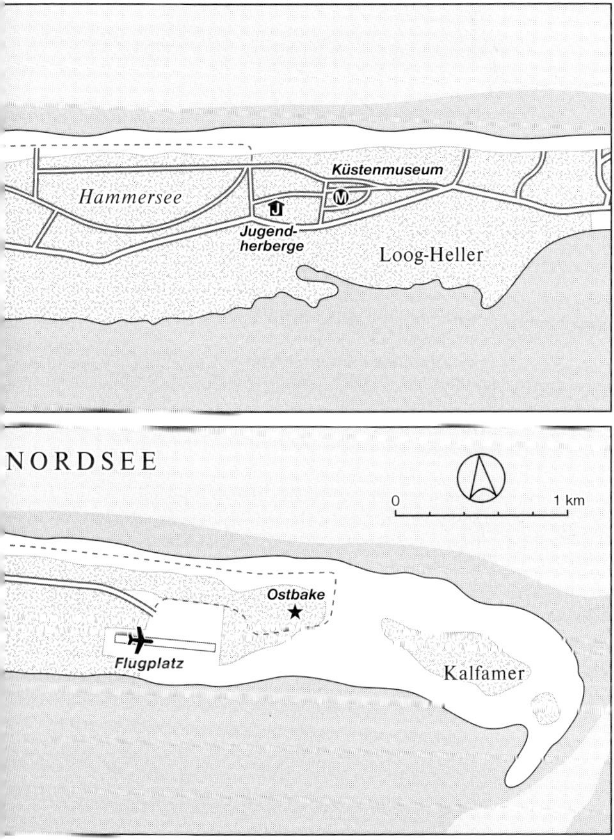

610dn Foto: rh

des 17. Jahrhunderts befand sich dort das **größte Gestüt Ostfrieslands,** das auf dem gar nicht so güsten Heller bis zu hundert Pferde weiden ließ. Es waren die Nachkommen einer eigentümlichen, vielleicht als „Schiffbrüchige" von Kreuzfahrerkoggen angelandeten halbwilden Rasse, die erstmalig in einem Bericht über Juist **1530** erwähnt werden. Damals gab es hier richtiggehende Cowboys, die die Pferde einfingen und zähmten, wofür *Graf Enno III.* gelegentlich „eine Tonne Bier" springen ließ. Noch um **1655** wurde auf Juist außer den Pferden eine erstaunlich große Anzahl von Vieh gehalten, womöglich, weil man Gras und Heu von der nahen **Insel Bant** holen konnte, die um 1743 in der See versank. Dürftig dokumentiert ist, wann Juist erstmals ständig besiedelt wurde. Schon um **1430** mag ein **Holzkirchlein** auf der Insel gestanden haben, doch ein Nachweis darüber tut sich schwer. Von einem ersten **Inselvogt** ist **1516** die Rede. **1590** wird auch bereits die Verbrennung von drei **Juister Hexen** erwähnt, was auf etablierte Verhältnisse schließen lässt. Es galt ja, Schuldige zu finden für die Katastrophen, die das Eiland immer wieder heimsuchten.

Sturmfluten

Dazu gehörten an erster Stelle die Sturmfluten, die auf der Insel wiederholt gewaltige Schäden anrichteten. So entstand als Folge der **Petriflut von 1651** im westlichen Drittel der Insel ein tiefer Einschnitt, der Hammrich oder Hammer,

Juister Dorfszene

Badeverordnung vom 17. Juli 1882

§1

Der Badeplatz der Herren ist von dem der Damen getrennt; beide Plätze sind durch Tafeln mit „Herrenstrand" bzw. „Damenstrand" bezeichnet. Der Raum zwischen beiden Tafeln darf zum Baden nicht genutzt werden.

§2

Während der Badezeit ist der Aufenthalt auf dem Strande und den überliegenden Dünen von 800 Metern westlich des westlichsten Zeltes bis 800 Meter östlich des östlichsten Zeltes verboten. Innerhalb dieses Raumes dürfen nur die Herren mit ihren Gehilfen bzw. die Damen mit ihren Gehilfinnen auf den ihnen nach § I angewiesenen Plätzen sich befinden.

§3

Knaben, welche das 8. Lebensjahr zurückgelegt haben, dürfen an den Damenbadestrand nicht mitgenommen werden.

§4

Jeder Badende, welcher die aufgestellten Badezelte benutzt, hat sich durch eine von dem Badekassenführer gehobene Badekarte bei der Badedienerschaft zu legitimieren.

§5

Die Badenden haben den Anordnungen der Badedienerschaft unweigerlich Folge zu leisten, widrigenfalls ein Strafgeld in Höhe von 8 guten Groschen zu Gunsten der Armenkasse Juist erhoben werden kann. Zuwiderhandlungen können auch den Ausschluss vom Wiederbaden nach sich ziehen.

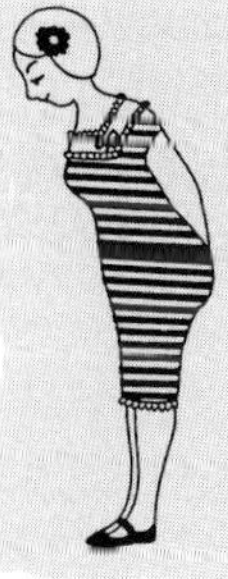

1904 ging es eher noch keuscher zu. Sogar die Farbe des Badeanzuges war jetzt vorgeschrieben. Ein Auszug:

„Die zu benutzenden Badekostüme sowohl für Erwachsene als auch für Kinder und etwaige Begleitpersonen müssen hinsichtlich Form und Farbe den im Geschäftszimmer der Badeverwaltung bereitliegenden Modellen entsprechen." Und: „Am Familienstrand müssen alle Badenden einen Badeanzug tragen, der den Rumpf vom Hals bis zum Knie umschließt und aus undurchsichtigem Stoff hergestellt ist."

Badevater Janus

So wie es einen *Turnvater Jahn* gibt – der 1819 wegen seiner „linksradikalen" frisch-frommen Umtriebe verhaftet wird und sechs Jahre einsitzen musste – so gibt es auch einen Badevater Janus, der im **Juli 1783** das folgende sorgsam aufgesetzte Schriftstück an den Preußenkönig *Friedrich II.* richtet:

Allerdurchlauchtigster,
Großmächtiger König!
Allergnädigster König und Herr!

Die landesväterliche Sorgfalt, welche Ewr. Königl. Majestät für die Erhaltung der Gesundheit der Untertanen, und für Aufnahme des Landes selbst allergnädigst beweisen, beweget mich, hierdurch alleruntertänigst bekannt zu machen, was ich durch eigene Erfahrung als Beobachtung an anderen, von dem großen Nutzen einer Ueberfarth zu einer Insel, und dem Gebrauch eines Bades von See waßer, in der bequehmsten Jahreszeit, wahrgenommen habe.

Es ist bekannt, daß die See Luft immer mit den feinsten Theilchen angefüllet ist, welche den menschlichen Cörper so wohl durchs Einhauchen als auch von außen durchdringen, und durch die revolvirende Kraft das Unreine aus demselben wegschaffen können. Ist daher der Magen verdorben und mit überflüssigem Schleim angefület, und sind andere Hinderniße vorhanden, welche der Verdauung nachtheilig sind, so befördert die See Luft vermittelst der Überfahrt ein Erbrechen, oder resolvirt die stockenden Säfte, daß die circulation hergestellet, und ein guter Appetit erfolget. Hiervon bin ich so wohl durch Erfahrung an mir selbst als an anderen häufig belehrt worden.

Was ferner das Baden im See Waßer anbetrift, so lehrt die Erfahrung, daß es bey vielen Zufällen vortrefliche Dienste thut. In rheumativmasche Schmerzen ist das Baden in dem See Waßer und zwar an der Süd Seite auf der Insul auf dem Hef, bey der Ebbe, ein unvergleichliches Mittel, selbige zu stellen, und gäntzlich zu vertreiben. Selbst bey der eigentlichen Gicht erweiset ein solches Bad vorzügliche Hülfe, davon ein gewißer an gesehener Mann in Norden, welcher vor 3 Jahren mit dieser Maladie im Arm geplaget war, und sich auf Anrathen ddh. Dook hier badete, den erwünschten Erfolg gesehen hat. Die bloße Hin- und Herfahrt kann, wie die Erfahrung oft gelehret, einen Scorbutischen Patienten auf einmahl durch einen Ausschlag befreien.

Da nun auf diese weise in der Nähe, und mit weit geringern Unkosten zu erlangen, was man durch große Mühe und Ausgaben durch den Gebrauch des Aakner Bades und Pyrmonter Brunnens zu erreichen sucht: so hoffe ich, daß mein Vorschlag einer näheren Untersuchung wird gewürdiget, und allgemeine bekannt gemacht worden.

Die Insel Juist ist zum Aufenthalt solcher Patienten sehr bequem, nur müßten selbige wohl bedenken, daß die Monate Jun. Julius und August die eintzigen sind, da eine Reise hieher mit Nutzen vorgenommen werden kann, und vom 7.ten Jul. angerechnet, den Fehrmann allezeit nur sicher in Norden antreffen kann.

Ich ersterbe mit tiefster Ehrfurcht
Juist d. 7. Jul. 1783
Ewr. Königl. Majestät
alleruntertänigster Knecht
Gerhard Otto Christoph Janus

Wie wir heute wissen, war der gute Pastor Janus in manchen Punkten – die Seekrankheit bestimmt ausgenommen – schon „auf dem richtigen Dampfer". Doch ob der Alte Fritz den Brief überhaupt erhielt, ist nicht bekannt; zumindest wurde er nicht beantwortet. Vermutlich blieb er bereits im Vorfeld des Collegium Medicum der Königl.Preußischen Regierung in Aurich hängen, wo man das besserwisserische Inselpfäfflein wohl wenig ernst nahm. Sonst wäre Juist vielleicht das erste „staatlich anerkannte" deutsche Nordseebad geworden.

der das schmale Hemd Juist fast in zwei Teile zerriss. Die Inselchronik beginnt eigentlich erst nach dieser verheerenden Flut – und immer wieder listet sie erneutes „Landunter" auf.

Die **Fastnachtsflut von 1715** zerstört unter anderem die (zweite) Inselkirche. Ganz dick kommt es mit der berüchtigten **Weihnachtsflut des Jahres 1717,** die wie eine Kette von Tsunamis über Juist hinwegfegte und Tod und Verwüstung hinterließ. 1742 geht es schon wieder so knapp ab, dass der Inselvogt klagt, „die miserable Sandbrinke Juist" werde wohl bei der nächsten hohen Flut endgültig untergehen.

Fortschritte

Doch wenige Jahre später hört man auch Gutes von der Insel. Von keinem Ort Ostfrieslands nämlich „fahren so viele und schwere Schiffe als von Juist, ausgenommen die Stadt Emden", verlautet aus dem Amt Norden, und anno **1793** gibt es sogar schon so etwas wie ein **örtliches Sozialsystem.**

Dieser Fortschritt war vor allem den aufgeschlossenen **Pfarrern** zu verdanken, die sich seit frühester Zeit den Belangen der hartgeprüften Insel angenommen hatten. Einer ihrer tatkräftigsten Vertreter traf im Jahre **1771** auf Juist ein. Und mit ihm, dem *Pastor Gerhard Otto Christoph Janus*, erhielten die Insulaner ein wahres Goldstück in ihren Besitz. Denn Hochwürden Janus hatte den Ehrgeiz, aus Juist das erste deutsche Seebad zu machen ...

Seebadstatus

Aber es sollte nicht so sein. Bei Norderney kann man nachlesen, weshalb diese Insel schon längst den Zuschlag erhalten hatte, während Juist immer noch an den Folgen der französischen Besatzung und den Spätschäden der großen Sturmfluten litt. Norderney florierte mit zunehmender Tendenz, als auf Juist weiterhin bittere Not den Inselalltag bestimmte. Erst gegen Ende des 19. Jahrhunderts begann sich so etwas wie ein kleiner Aufschwung abzuzeichnen. **1883** zählte man immerhin 700 Gäste.

Kühn geworden, entschloss man sich flugs zur Einführung einer **Kurtaxe,** die in den anderen Nordseebädern schon längst zur zähneknirschend akzeptierten Einrichtung geworden war. Hier jedoch, unter erheblich bescheideneren Bedingungen, löste die Maßnahme den Zorn der wenigen Badegäste aus. Überdies stellte sich die Verwaltung recht rabiat auf die Hinterbeine, um das Edikt zu enforcieren, was zusätzlichen bösen Willen schuf. Außerdem wurden auf Juist ganz besonders strenge Maßstäbe für die **Badeordnung** angelegt.

Das Echo aus dem Publikum war freudlos. „Wir wollen nackt baden, der Badeanzug schädigt die Gesundheit!" murrte ein früher FKKler. „Kommt man aus dem Wasser, unterkühlt der Körper im nassen Badezeug und man wird krank." Jemand anders argwöhnte, „dass man im Badeanzug nicht schwimmen kann und leicht ertrinkt."

Trotz dieser kleinen Querelen begann das Badegeschäft zu blühen. Im Rückblick kann man die Zeit um die Jahrhundertwende wohl als die **„Juister Gründerjahre"** bezeichnen. Ein wahrer Bauboom setzte ein, architektonisch nicht besonders glücklich, aber immerhin auf stockwerkträchtige Auswüchse verzichtend – was noch heute gültig ist. 1910 vergnügten sich bereits siebentausend Besucher an Juists weißen Stränden. Dann setzte der **1. Weltkrieg** dem munteren Treiben einstweilen ein Ende.

Juist heute

Schon in der zweiten Hälfte des 19. Jahrhunderts hatte man damit begonnen, den gefährlichen **Hammereinschnitt**, der immer noch nach See hin offen stand und einen höchst riskanten Schwachpunkt im dünnen Rückgrat der Insel bildete, mit einem Sanddamm zu schließen. Endgültig versiegelt wurde der **Hammersee** erst nach 1930, und seither hat sich dort ein einzigartiges Biotop herangebildet. Aufgrund günstiger Bodenverhältnisse führt der See jetzt Süßwasser. Teichröhricht steht an seinen Ufern, stellenweise hat bereits Vermoorung eingesetzt, und seltene Pflanzen- und Tierarten haben sich in dem sumpfigen Gelände angesiedelt. Der 1,8 mal 0,6 km große See steht natürlich unter strengem Naturschutz.

Aber der See mit seiner eindrucksvollen Ökodiversität ist nicht Juists einziger Hammer. Man darf das 17 km lange und durchschnittlich 500 m breite Eiland wohl mit gutem Recht als die **urwüchsigste der ostfriesischen Inseln** bezeichnen. Das hat u.a. damit zu tun, dass Juist nur relativ wenige Eingriffe von Menschenhand braucht, um seine gegenwärtige Taille zu wahren. Denn obwohl die großen Sturmfluten immer wieder Substanz abbauten, zeigte sich Mutter Natur im Falle Juist einsichtig und legte auch wieder etwas zu.

Einst zog sich unmittelbar vor der Billdüne im Westen ein **tiefes Fahrwasser** entlang, das selbst die größten Seeschiffe der damaligen Zeit aufneh-

002oi Foto: rh

men konnte. Doch das tiefe Wasser ließ auch die See ungehindert gegen die Insel antoben; der **25. Dezember 1717** war der Todestag des alten Billdorfes. Die zahllosen, in ständiger Verlagerung befindlichen **Sandbänke** im Nordwesten der Insel begannen indes danach, auf den **Strand** zuzuwandern und schließlich an und auf das Land zu

Leuchtturm am Hafen

kriechen. Und diese Vorgänge vollziehen sich noch heute. Juist ist – neben Langeoog – die einzige ostfriesische Insel, die auf Uferbefestigungen wie Buhnen und Strandmauern verzichten kann. Juists Sandstrand ist von einem Ende zum anderen jungfräulich.

Nun, relativ gesehen natürlich. Immerhin wurde schon fast die Millionengrenze an Übernachtungen erreicht, was bedeutet, dass sich bereits mancher Entdeckerfuß auf diesen – also doch nicht mehr ganz so unberührten – Strand gesetzt hat. Und wenn schon. Nie hat man auf Juist das Gefühl des Eingeengtwerdens. Auch von touristischem Rummel keine Spur – für Tagestouristen fahren die Fähren einfach zu selten. Juist gilt deshalb unter Kennern als das **Familienbad** der Nordsee. Versteht sich, dass hier keine Autos möffeln. Pferdefuhrwerke und Fahrräder sind Trumpf, einen Radlverleih gibt's an jeder zweiten Straßenecke.

Sehenswertes

Auf Juist braucht nichts unbedingt an den Haaren als „sehenswert" herbeigezogen werden; die schöne Inselnatur erfüllt alle solche Ansprüche.

Juister Küstenmuseum

Einen Besuch des Juister Küstenmuseums sollte man sich jedoch auf keinen Fall entgehen lassen.

Das ursprünglich aus einer Internatsschule hervorgegangene Haus bietet heute auf über 500 Quadratmetern **umfassende Einblicke** in Themen wie die Juister Inselgeschichte, die Geomorphologie (lies Entstehung) der südlichen Nordsee, friesische Warfenkultur, Deichbau und Küstenschutz, See- und Wattenfischerei, Strandraub und Piraterie, örtliche Fauna und Flora, Seenot und Rettungswesen sowie ökologische Probleme der Küstenregion (z. B. durch Öl- und Gasbohrtätigkeit). Außerdem werden in der angegliederten **Kunsthalle** in wechselnden Abständen Ausstellungen abgehalten.

● Das Küstenmuseum (Loogster Pad, Tel. 1488) ist vom 1.5. bis 30.9. Mo–Fr 9–13 und 14.30–17 Uhr, Sa 9–12 Uhr geöffnet. Eintritt: € 2,50, Kinder/Jugendliche € 1,50, Gruppen (Voranmeldung nötig) € 1 pro Kopf.

Ausstellungen

Ausstellungen verschiedener Art werden ebenfalls sporadisch im **Haus des Kurgastes,** bei der **Kurverwaltung** sowie in einigen Restaurants und Geschäften anberaumt.

Kirche

Mehr als einen kurzen Blick wert ist auch das Altarbild „Petri Fischzug“ in der evangelischen Kirche.

Tonnenhof

Ein Tipp für Fotografen: Der Tonnenhof (gegenüber vom Anleger) ist ständig voller farbenfroher Motive.

Nationalparkhaus

Sehenswert ist auch das Nationalparkhaus (siehe Naturschutzgebiete).

Kurhaus

Das alte, fast ruinierte Kurhaus ist wieder hergerichtet worden und zu einer wahren architektonischen Augenweide gediehen.

Naturschutzgebiete

Das NSG Juist ist dreigeteilt. Es setzt sich zusammen aus dem gesamten westlichen Drittel der Insel mit Einschluss des Hammersees, weiterhin einem Vogelschutzgebiet zwischen dem Ort und dem Flugplatz sowie dem so genannten Kalfamer im äußersten Osten.

Bill

Das westliche, Bill genannte Gebiet schließt unmittelbar an den Ortsteil Loog an und zieht sich gut 5 km bis zum Haak, der Westspitze der Insel, hin. Schöne **Dünen** in natürlicher Erhaltung grenzen zwischen **Haak** und Hammersee an den Strand. Weiter innen breitet sich im Dünenbereich zunehmend **insulare Vegetation** aus. Vornehmlich die **Dünenrose** bildet hier über große Flächen eine geschlossene Decke. Hier und dort haben

612dnFoto: rh

Juist

sich in den Tälern zwischen den Dünen **sumpfige Teiche** entwickelt, um die es grünt und blüht, zum Teil mit menschlicher Hilfe.

Das biotopische Juwel **Hammersee** fand bereits Erwähnung. In den Sommermonaten pfeift, singt, zirpt und quakt es hier von allen Seiten – ein wahrer Ohrenschmaus für Naturfreunde! Liebhaber lokaler Flora werden **Raritäten** wie das Moosglöckchen, den Sumpf- und Großen Händelwurz, das Sumpfherzblatt und den Kammfarn entdecken. Kröten und Frösche vor allem machen die **Uferfauna** aus.

Südlich der Billdünen erstrecken sich **Salzwiesen** bis an die Wattkante. Hier gedeiht die Strandnelke und -binse, teilweise in dichten Fluren, hier ist auch der zeitweilige **Lebensbereich seltenen Gefieders.** Austernfischer, Sandregenpfeifer, Rin-

Juists Filetstück: das neue Kurhaus

gelgans und Spießente sind in diesem Gebiet anzutreffen, zur Brutzeit gesellen sich ganze Scharen von Lach- und Silbermöwen sowie auch Fluss- und Küstenseeschwalben dazu.

Vogel-schutz--gebiet

Das Schutzgebiet östlich des Ortes darf man nicht betreten, doch der Weg zum Flugplatz führt unmittelbar nördlich daran entlang. In diesem Bereich sind vor allem Möwen häufig.

Kalfamer

Der Kalfamer ist in etwa der östlichste Kilometer der Insel und gilt als besonders wertvolles **Vogelbrut- und -rastgebiet.** Es handelt sich um ein Areal niedriger, queckebestandener **Primärdünen,** von weiten **Sandflächen** umgeben – unverfälschte Natur! Hier brütet unter anderem die vom Aussterben bedrohte Zwergseeschwalbe, und weitere Vogelarten legen im Kalfamer zumindest einen längeren Zwischenaufenthalt ein.

● Entsprechend eng sind die **Begehungsrichtlinien.** In der Zeit vom 1. April bis 31. Oktober ist das Betreten des NSG Kalfamer nur im Rahmen von **Führungen** unter Leitung von kundigen Vogelwarten zulässig. Während der HS finden solche Führungen täglich statt. Einzelheiten werden im Nationalpark-Haus (s. u.), bei der Kurverwaltung und am Info-Stand Kalfamer bekannt gegeben. Der Sammelpunkt für Kalfamer-Expeditionen ist am Flugplatz.

Außerhalb des genannten Zeitraums darf das Gebiet jederzeit betreten werden, jedoch nur entlang eines (nicht gekennzeichneten) Pfades, der im Süden am Dünenrand vorbeiführt und im Osten und Norden in etwa dem Spülsaum folgt (siehe Detailkarte). Der Weg sollte nur bei Niedrigwasser begangen werden.

Memmert

Eine Seemeile südlich von Juists Westende liegt die **„Vogelinsel“** Memmert, 11,5 km² groß und zur Gänze NSG. Memmert hatte schon im 19. Jahrhundert Schutzstatus und hat sich deshalb prächtig gemausert. Das Eiland beherbergt eine stolze Zahl von Seevögeln, vor allem Silbermöwen. Betreten der Insel ist generell nicht erlaubt, doch Rundfahrten um Memmert und geführte Exkursionen sind möglich (siehe „Touren“).

National-parkhaus

Im Nationalparkhaus Juist wird Grundwissen zum Thema Nordsee und Wattenmeer vermittelt. In **Aquarien** gibt es Seegetier zu betrachten, und im Mikroskop kann man bestaunen, was alles so im Watt wimmelt. **Diavorträge** und **Filmvorführungen** sind im Programm, außerdem Touren und Fragestunden. Für Gruppen (z. B. Schulklassen) werden nach Absprache Sonderführungen und -vorträge angeboten. Der Service ist kostenlos; er soll den Naturgedanken stärken und das Nationalparkkonzept fördern.

- Geöffnet ist das Haus (Carl-Stegmann-Str. 5, 1595) vom 30.3. bis 31.10. Di–Fr 10–12 und 14–18 Uhr, Sa, So und feiertags 14–18 Uhr, Mo Ruhetag.
- Regelmäßige Veranstaltungen: Von April bis Oktober jeden Mi 10 Uhr Strandführung (Treffpunkt: Café Strandkorb, Strandpromenade); Fr 10 Uhr Führung durch das „Parkhaus". Weitere Veranstaltungen über aktuelle Aushänge.

Juist

Insel-Info

Auskunft

- **PLZ:** 26571
- **Vorwahl:** 04935
- **Kurverwaltung** und **Zimmervermittlung:** Altes Warmbad, Friesenstr. 18, Tel. 809222, Fax 809223, privater Ansagedienst: Tel. 911211, E-Mail: juist@t-online.de, www.juist.de
- **Reiseauskunft:** Kurverwaltung oder Reisebüro Kiesendahl, Strandstr. 2, Tel. 914080 (keine Bahnauskunft).
- **Schiffsauskunft:** Frisia, Tel. 91010.
- **Flugauskunft:** OLT, Tel. 642.

Ärzte

- **Arzt:** Wilhelmstr. 47, Carl-Stegmann-Str. 23.
- **Zahnarzt:** Gräfin-Theda-Str. 14.

Haupt-saison

- 1.6. bis 15.9.

Kurtaxe

- Siehe „Anhang".
- Die Kurtaxe wird über die sog. **TöwerCard** entrichtet, die an drei Servicestellen auf Juist aktiviert werden kann. Bei Nichtbezahlung muss bei Abfahrt an der Fähre nachgelöhnt werden. Bei Tagesgästen ist die Kurtaxe bereits im Preis des Fährtickets (ebenfalls eine Plastikkarte) enthalten. Info: Tel. 809104.

Strand

- **Strandkörbe und -zelte** können direkt am Badestrand gemietet werden. Keine Vorbestellung möglich. Strandzelte sind ausreichend vorhanden.
- Die **Preise** für ein Strandzelt betragen pro Tag € 5, für eine Woche € 20, für zwei Wochen € 39, für drei Wochen € 57, für vier Wochen € 75. Für Strandkörbe sind die Preise analog € 8/40/77,50/112,50/145. Strandstühle kosten € 2/8/14,50/21/27.

FKK

- FKK ist auf Juist **offiziell nicht vorgesehen.**

Kirche

- Je eine **evangelische** (Wilhelmstr. 42) und **katholische** Kirche (Dünenstr. 16) sind auf Juist vertreten. Beide Kirchen sind in der Saison normalerweise tagsüber geöffnet und bieten eine Vielzahl von Veranstaltungen über das üb-

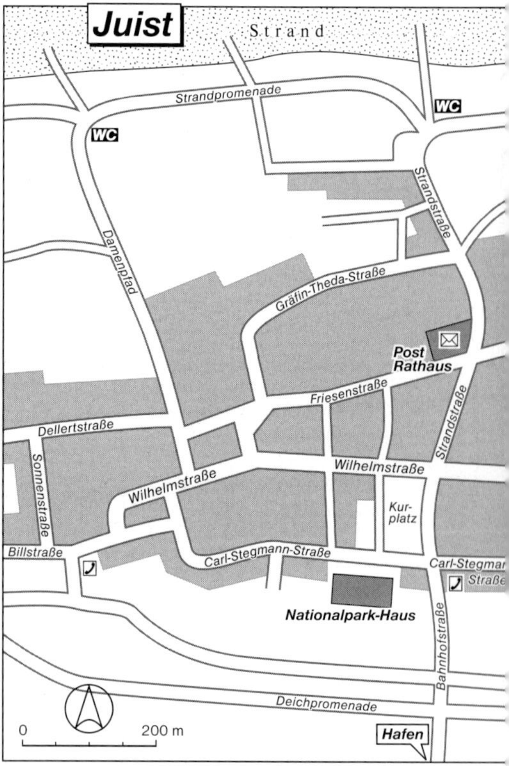

liche Maß hinaus bis hin zu Konzerten, Vorträgen und Fortbildungskursen.

Ruhezeiten

●Öffentliche Ruhezeiten: 20.03.–31.10. von 13 bis 15 und von 21 bis 8 Uhr, in der restlichen Zeit von 22 bis 7 Uhr.

Hunde

●Hunde dürfen außerhalb der Badebereiche an den Strand, müssen jedoch auf der ganzen Insel an der **Leine** geführt werden. Hundehalter sollten sich das Merkblatt der Kurverwaltung beschaffen, in dem auf verschiedene „Entsorgungsmöglichkeiten" hingewiesen wird.

Presse

●Das kostenlose Info-Journal **De Strandlooper** wird von April bis Oktober unregelmäßig herausgegeben. Es gibt Auskunft über alle laufenden Programme und Veranstal-

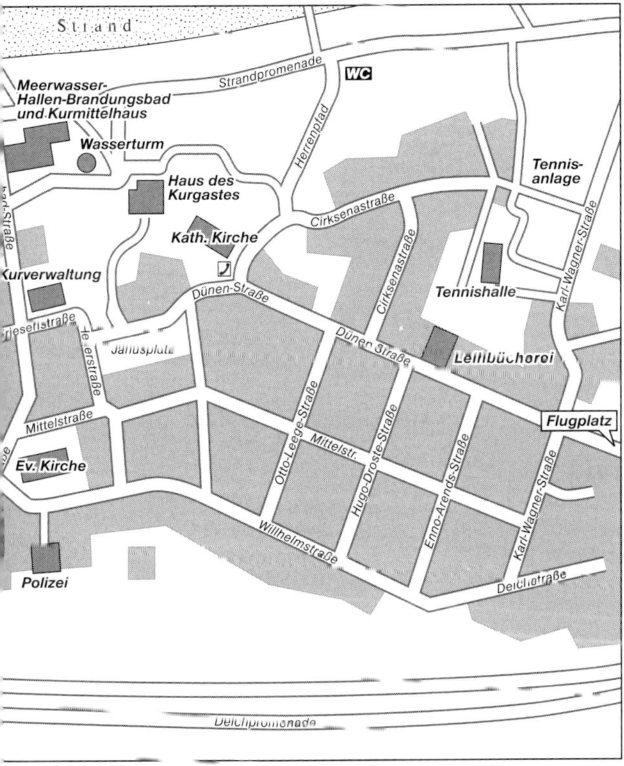

tungen auf der Insel. Erhältlich bei der Kurverwaltung und den meisten Gastgebern.

Kinder

Juist ist eine sehr kinderfreundliche Insel, ohne dass viel Trara darum gemacht wird.

●**Mehrere Spielplätze** sind auf der Insel zu finden. Im Ostdorf, im Loog, in den Dünen (beim Wasserwerk) und in den Strandbädern können sich Kinder an allerlei Gerüsten tummeln. Auch im **Unterhaltungsprogramm** (s. u.) sind sie mit inbegriffen. Außerdem befinden sich **„Spielräume für Jung und Alt"** im Haus des Kurgastes und im Haus des Gastes (im Loog).

●Der **Kindergarten Schwalbennest** (Loog, Hammerseestr. 31, Tel. 621) betreut Gästekinder ebenfalls – sofern Platz vorhanden. Zudem wird ein Gesundheitszeugnis verlangt. Der Kindergarten ist der ev.-luth. Kirche angegliedert und verweist bei Anheischung näherer Auskünfte schon mal auf den Inselpfarrer (Tel. 247).

●Das **Seeferienheim Dellerthaus** (Billstr. 35, Tel. 272/1701) wird vom Diakonischen Werk Dortmund betrieben und bietet von März bis Oktober in 140 Betten Platz für Kinder-, Jugend- und Schulgruppen (auch Behinderte). Kriterien sind zu erfragen unter Tel. 0231-8494333.

Fortbewegung

Fahrrad

●Wie erwähnt, regiert das Fahrrad auf Juist das Verkehrsgeschehen. Ein normales Radl kostet etwas über € 4 pro Tag, etwa € 20 pro Woche. Aufwendigere Typen schlagen ab € 7 bzw. 28 zu Buch.

●Räder kann man **mieten bei** Alte Schmiede (Dünenstr. 20), Frische Brise (Wilhelmstr. 46), Germania (Wilhelmstr. 17), Kleemann (Hammerseestr. 19), Lüpkes (Wilhelmstr. 58), Meeresrauschen (Mittelstr. 18), Schönrock (Dellertstr. 9), Schwips (Loogster Pad 10) und Visser (Mittelstr.).

Pferd

Alles was auf Juist das Thema „hoch zu Ross" angeht, wird von vier Firmen gemanagt: dem Reisebüro Kiesendahl (Tel. 914080), dem Fuhrmannshof Kannegieter (Tel. 498) und den Fuhrbetrieben Heyken (Tel. 664) und Munier (Tel. 392).

●So kann man u. a. im Sattel den **Ostteil** der Insel erkunden: hin an der Nord-, zurück an der Südküste, etwa 1 Std., € 22 pro Ross.

●**Ponyreiten für Kinder** kostet um € 15 pro Stunde. Auch Minikutschen werden für Kinder angeboten.

●Diverses wird mit der **Kutsch'** geboten: so genannte Billfahrten zur Westspitze der Insel (mit Aufenthalt in der Domäne Bill) ab € 8 oder eine Ortsrundfahrt für € 35

004oi Foto: rh

(3 Pers.). Zum Hammersee kann man sich 1,5 Std. lang für ebenfalls € 35 kutschieren lassen. Dies ist auch in etwa der Tarif für die meisten Kurzfahrten mit solch einem Fahrzeug.

● Wer einen **Ponyplanwagen** gerne einmal selbst lenken möchte, muss dafür € 16 pro Stunde anlegen. Kinder zahlen bei Kutschfahrten je die Hälfte.

Das Pferdefuhrwerk ist das gängigste Transportmittel

Unterkunft

Preise

Bei der Standortwahl ist die angepriesene „Strandnähe" kein relevantes und verteuerndes Kriterium. Juist ist ein solch enger Schlauch, dass der Strand – und zwar auf beiden Seiten – stets innerhalb nur weniger Minuten zu erreichen ist!

Hotels

Über ein Dutzend Hotels gibt es auf Juist.

- Das **Hotel Historisches Kurhaus**€€€€€ (Tel. 9160, E-Mail: hiskur.juist@t-online.de) ist seit 1997 sozusagen auferstanden aus Ruinen, und zwar aus jenen des alten Kurhauses von 1898, das seit 1936 nicht mehr in Betrieb war und zusehends verfiel. Der Neubau kostete die Kleinigkeit von rund 40 Mio. Mark. Dafür hat Juist trotz anfänglicher großer Bedenken aber auch ein wahres Filetstück dazugewonnen, das nicht schlecht in die insulare Landschaft passt. Man kann das Gebäude bis hin in seine „Reichstagskuppel" besichtigen, und ein Appartement kann man sich dort auch zulegen. Kostenpunkt: mehrere Tausend Euro pro Quadratmeter.
- Äußerste Ruhe Suchende werden sich im **Silence-Hotel Achterdiek**€€€€ (E-Mail: achterdiek@nordsee-hotel.de, Tel. 8040) bei größtem Komfort hinter dem Wattendeich gut aufgehoben fühlen. Sogar das „Römische Tecaldarium" fehlt nicht, und für die Kinder ist auch gesorgt. Keine Hunde im Achterdiek, bitte.
- Am Kurplatz steht das **Bracht**€€€ (Tel. 8080, E-Mail: hotelbracht@t-online.de), ein wahrer Brachtbau, und in nächster Nähe das **Hotel Friesenhof**€€€ (Tel. 8060, www.123juist.de/hotel), in manchen Aspekten einladend altmodisch wirkend und von sehr ansehnlichen Dimensionen, weshalb das Anwesen (neben dem Kurhaus) eine Art Wahrzeichenfunktion für Juist hat.
- Vom **Hultsch**€€€ (Tel. 433), klein und freundlich, blickt man über das Wattenmeer. Das Hultsch ist im Gegensatz zu den meisten anderen Klausen ganzjährig offen.
- Das **Nordseehotel Freese**€€€€ (Tel. 8010, E-Mail: info@nordseehotel-freese-juist.de) bietet als besondere Attraktion ein großes Hallenbad, sogar mit Kinderbassin. Hier ist im Übrigen die zentrale Anlaufstation für Windsurfer.
- Das **Ringhotel Pabst**€€€€ (E-Mail: hotelpabst@t-online.de, Tel. 805420) ist ein zentral gelegenes, komfortables Traditionshaus. Es hat auch eine Spielecke für die Kleinen („Kinderparadies") und ist somit höchst „elterntauglich".
- Das **Pirola**€€ (Tel. 92190) ist ein Hotel garni. Gemütlich dimensioniertes Anwesen mit ebenso gemütlichen Preisen.
- **Westfalenhof**€€€ (Tel. 91220) und **Worch**€€€ (Tel. 9170) sind zwei „typisch Juister" Klausen, preislich gut im Mittelfeld gelegen.

Hotel – Pensionen

Juists Hotelpensionen bewegen sich preislich zwischen € 30 und 50. Spitze im architektonischen Sinn ist die **Villa Charlotte** (Tel. 216), eines der raren Häuser, die wirklich in den Ort passen. Kein Wunder: Die Eigentümer heißen mit Familiennamen *Extra*. € 52 VP.

Pensionen

Mit Frühstück kosten Pensionen im Mittel um € 25. Pensionen mit Küchenbenutzung gibt es leider nur wenige (4), und lediglich die Hälfte ist ganzjährig offen. Dafür sind diese Häuser auch etwas billiger: Im Schnitt um € 16.

Ferienwohnungen

Die große Masse der Ferienwohnungen und Appartements bietet u. a. den Vorteil, dass viele dieser Herbergen das ganze Jahr lang geöffnet sind und außerdem in der NS anständige **Rabatte** anbieten – z. T. fast die Hälfte des HS-Preises. Umgerechnet beginnen die Raten bei € 15 und erreichen selten mehr als € 25.

Jugendherberge

Die Jugendherberge liegt am Loogster Pad 30 (Tel. 92910, Fax 8294, E-Mail: DJH_juist@web.de) im Ortsteil Loog, 70 m vom Badestrand. Der Hammersee und das NSG Bill befinden sich unmittelbar daneben.

Mit 360 Betten, 7 Tagesräumen und 4 Familienzimmern ist die JH eine der größten Deutschlands. Achtung: Nur offen von März bis November; genaue Termine auf Anfrage. Nur VP. Kurtaxpflichtig (JH liegt im „Kurgebiet"); Einzelheiten durch die Herbergsleitung.

Camping

Zum Campen und Zelten gibt es auf Juist keine Einrichtungen.

Gastronomie

Hotel-Restaurants

Wie auf allen Inseln sind es auch auf Juist die führenden Hotels, die ihre Gäste mit einer vorzüglichen Cuisine verwöhnen – natürlich nicht so ganz billig.

- Im **Achterdiek** lädt **Die gute Stube** zu erlesenen Gaumenfreuden à la carte. Besonders lieb ist man zu Nichtrauchern, die ganz unter sich sein dürfen.
- **A la carte** heißt auch das Restaurant des Hotels **Bracht** mit nobler Küche, in der man nicht zuletzt ein Herz für Vegetarier hat. Angeschlossen ist die **Jagdhütte,** eine gemütliche Bierstube.
- Wohl bekannt für feine Menüs ist auch das zentral gelegene **Hotel Friesenhof.**
- Das **Hultsch** wirbt mit Fisch- und Wildspezialitäten sowie Zutaten aus eigenem Anbau – so ganz gust ist Juist also doch nicht.
- In der zum **Nordsee-Hotel** gehörigen **Hubertus Klause** darf der Gast auf heißen Steinen selber grillen – nicht ganz

Polynesien, aber das, was auf Juist dem Camping-Abenteuer am nächsten kommt. **Butzenstube** und **Meineckes Kate** ergänzen den Komplex. Auch die **Sturmklause** an der Strandpromenade ist ein Ableger des Hotels. Zu durchgehend warmer Küche wird hier ein herrlicher Blick aufs Meer geboten, und das, so die Eigenwerbung, „bei jedem Wetter". Von Nebel hat man hier anscheinend noch nichts gehört.

- Der **Freesenkrog** im **Hotel Pabst** wartet ganzjährig unter anderem mit „frühlingsfrischem Gemüse" und „zappelfrischem Nordseefisch" auf. Ist vielleicht auch der Wein gerade erst gekeltert ... ?

Weitere Restaurants

- Mehrere Restaurationsbetriebe scharen sich um den Kurplatz. Auf **Baumann's Terrasse** kann man beim Brunch dem Kurkonzert lauschen, im **Pirola** „immer eine Tasse voraus" sein und sich im **Kompass** im „Alten Bahnhof", gleichzeitig Café, Restaurant und Bierlokal, an einer reichhaltigen Speisenkarte ergötzen. Dort gibt es auch ein täglich wechselndes „Stammessen" zu zivilen Preisen.
- Eine Anzahl von Restaurants hat sich entlang der Strandpromenade angesiedelt. In der Strandhalle erhält man vernünftige Sachen auf die Schnelle: Suppen, Eintöpfe, Snacks, Kartoffelgerichte, Nudeln, Backwaren, Eis, Shakes und Getränke täglich von 10 Uhr „bis weit nach Sonnenuntergang". Im **Strandkorb,** gleich daneben, kann man auch mit sandigem Hintern hocken; nur wenig weiter, in der **Strandpromenade** und der **Kuppellounge** des Neuen Kurhauses, diniert man dagegen unter vier Sternen. In der **Sturmklause,** wiederum nahebei, gibt's Salatbuffets und durchgehend warme Küche.
- Zum Italiener geht man ins Restaurant **Sale e Pepe** in der Strandstraße, eines der wenigen halbwegs originellen Gebäude auf Juist. Dort gibt es u. a. von 8 bis 10.30 Uhr ein reichhaltiges Brunch.
- Italienisch ist's auch in der **Pizzeria Mamma Mia** in der Wilhelmstraße. Dazu gehört das **Pinocchio,** und in beiden gibt es Pizza, Pasta und Mittelmeerfisch.
- Am Hafen gibt's, nun, das **Hafen-Restaurant** mit Fleisch und Fisch und Café-Terrasse, gekrönt durch einen „Blick auf das Wattenmeer".
- Im **Kiebitz-Eck** (Störtebekerstr.) verbirgt sich laut Prospekt „einer der Besten im Westen". Ob das stimmt, sollte man selbst einmal herauszufinden versuchen. Allerdings an keinem Dienstag, denn dann ist der Laden dicht.
- Wer sein Budget ein bisschen auf Taille halten möchte, geht zu **Bäcker Remmers** („mit dem Stehcafé") in der Billstraße. Oder er deckt sich in der **Fischhandlung Noormann** (Carl-Stegmann-Str.) mit frisch Gebratenem ein – in der Saison steht täglich von 16 bis 18 Uhr ein Fischstand am Rathaus.

Sport

Hallenbad

Das Meerwasserhallenbrandungsbad im Kurmittelhaus auf der Düne (Tel. 809243) mit Ausblick auf Nordsee und Wattenmeer hat 29° Wasser- und 31° Raumtemperatur. Wärmer wird es in der angeschlossenen Sauna.
- **Öffnungszeiten:** fast ganzjährig 10.30–19 Uhr.
- **Eintritt** (Badezeit zwei Stunden): Erw. € 5, Kinder (5–18 J.) € 3, Geldwertkarte € 60–125.

Strandsport

Vom 17.5. bis zum 30.9. wird allmorgendlich am Juister Badestrand unter fachkundiger Leitung eine bunte **Fitnessrunde** abgehalten, die Gymnastik, Kinderspiele, „Sport und Spaß für Erwachsene", Yoga und verschiedene „Aktivprogramme" beinhaltet. Das Angebot ist kostenlos.

Angeln

Angeln – ach, es ist verlorene Zeit. Weil überall entweder Badestrand oder Naturschutzgebiet ist, hat Angeln heute den Stellenwert Null auf Juist – auch wenn es anders in den Prospekten stehen mag. Angelausfahrten mit Kuttern werden wegen Juists eigenwilligen Tidenverhältnissen ebenfalls nicht unternommen.

Golf

Ein Golfplatz ist seit langem in der Planung, konnte bislang aber nicht realisiert werden.

Fliegen

Motorsegelfliegen: *Wuppermann,* Tel. 213.

Reiten

Siehe „Fortbewegung".

Segeln

Der **Segelclub Juist** (Tel. 377) hat über 300 einheimische Mitglieder und ist sehr aktiv. Mal anklingeln, ob man bei irgendeinem Programm mitmischen kann. Ansonsten gelten die Gewässer um Juist als prächtiges Segelrevier und locken das ganze Jahr über zahlreiche Skipper an.

Strandsegeln

Wenn man auf Rädern segelt, so nennt sich das Strandsegeln. Eine entsprechende Vereinigung gibt es auf Juist, die während der Freigabe des Strandes vom 30.9. bis 1.5. dort mit zig Sachen am Wasser entlangsaust. Wer bei den Seglern auf Rädern Anschluss finden möchte, wende sich sich am besten an die Kurverwaltung: Tel. 8090.

Tennis

Tennis ist wie überall auf den Inseln auch auf Juist die bevorzugte Sportart. Inmitten von Dünen liegt die Anlage

Stichwort: Shanty

Zum gemischten Programm der Juister Kurverwaltung gehören unter anderem Beiträge des örtlichen Shantychors. Auch auf anderen Inseln wird nirgendwo auf Darbietungen dieser Art von Gesang verzichtet. Doch was ist das eigentlich genau, ein Shanty?

Dem Wort liegt das französische *chanter* zugrunde, „singen" also. Shanties waren im Ursprung die **Arbeitslieder** der Segelschiffmatrosen. Sie wurden bei gemeinschaftlichem Anpacken gesungen, um der Sache Schwung zu geben, ähnlich wie man auch mit Marschgesängen besser von der Stelle kommt.

Da ist schon etwas dran. *Richard Henry Dana*, der 1840 den Seeklassiker „Two Years before the Mast" schrieb, war der festen Auffassung, dass es ein Ding der Unmöglichkeit sei, den Anker eines großen Seglers aus dem Grund zu hieven, wenn am Gangspill nicht ein Shanty dazu gesungen wurde. Dort vorn, an der Ankerwinsch, war auch das bevorzugte „Einsatzgebiet" dieser Songs. In der Regel gab ein **Vorsänger** den Ton an, und zwar in hohem Tenor oder sogar Falsett, und die **Janmaaten** fielen dann, während sie sich ins Zeug legten, mit rauen Stimmen in den Refrain ein. Dass dabei auch das „Schifferklavier" (sprich die Ziehharmonika) gequetscht wurde, ist romantischer Unsinn. Solch ein teures Instrument, heute unverzichtbares Utensil bei „seemännischen" Darbietungen, konnte sich ein armer Mann vor dem Mast damals überhaupt nicht leisten. Aber eine Mundharmonika oder Geige, mitunter die selbstgebaute „Teufelsgeige", erklang dann schon mal auf der Back.

Ein guter Shantyman war auch gleichzeitig Komponist, der manchmal **Spottverse** über den „Alten" und die Steuerleute verfasste oder über schlechtes Essen und andere Missstände an Bord herzog. Der Skipper, wenn er klug war, kniff aber beide Augen dazu dicht, denn die Songs richteten keinen Schaden an, sondern hielten, im Gegenteil, die Mannschaft bei Laune. Nur ein oller Gniefel auf der Hamburger Bark „Magellan" bewies Humorlosigkeit und Unverständnis, indem er seinen Shantyman *Robert Hildebrandt* mit drei Monaten Heuerabzug strafte, weil dieser den klassischen Shanty „Rolling Home" ins Deutsche übersetzt und die Verhältnisse an Bord nach Ansicht des Alten zu arg satirisiert hatte.

Vielleicht war der Skipper der „Magellan" aber auch ein kunstsinniger Mensch und der Meinung gewesen, dieser wohl schönste aller klassischen Shanties könne in jeder Übersetzung nur verlieren. Hier die englische Originalversion von „Rolling Home":

Call all hands to man the capstan,
See the cable run down clear;
Heave away, and with a will, boys,
for old England we will steer.

And we'll sing in joyful chorus
In the watches of the night,
And we'll sight the shores of England
When the grey dawn brings the light.

Up aloft amid the rigging,
Blows the loud exalting gale;
Like a bird's wide out-stretched pinions,
Spreads on high each swelling sail.

And the wild waves cleft behind us,
Seem to murmur as they flow:
There are loving hearts that wait you
In the land to which you go.

Many thousand miles behind us,
Many thousand miles before,
Ancient oceans have to waft us
To the well-remembered shore.

Cheer up Jack, bright smiles await you
From the fairest of the fair,
And her loving eyes will greet you
With kind welcomes everywhere.

Now farewell, Australia's daughters,
We shall leave your fruitful shore,
We shall soon cross deep blue waters,
To see our homes and friends once more.

We shall sing backsongs and shanties,
Say good-bye to all friends here,
We shall soon trip our anchor,
And for old England we will steer.

Rolling home, rolling home,
Rolling home across the sea,
Rolling home to dear old England,
Rolling home, dear land, to thee.

(Dieser Refrain folgt jeder Doppelstrophe).

von *Raimund Laux* (Postfach 1228, Tel. 528) mit 5 kunstberasten Plätzen im Freien. Betrieb von Mai bis Oktober ohne Voranmeldung – „first come, first served". Platzstunde € 14; bei Regen gibt's die Hälfte fairerweise zurück (auch bei der Trainerstunde für € 34). Die Halle (zwei Plätze) ist außer im November ganzjährig offen. Hier kostet die Platzstunde € 18 einschließlich Licht. Voranmeldung erforderlich. Im Mai werden 6-tägige Seminare abgehalten. Im Juli jeden Jahres wird um den Optiform-Cup gespielt, immer ein großes und populäres Sportereignis.

Windsurfing

Windsurfing findet während der Sommermonate auf der Wattenmeerseite (am Hafen) statt. Das **Nordseehotel Freese** (Tel. 8010) ist für die Organisation zuständig. Ein Kursus von 3–5 Tagen (mit insgesamt 8 Std. Unterricht) kostet dort € 160.

Unterhaltung

Veranstaltungen

Die Kurverwaltung Juist stellt einiges auf die Beine, um ihre Gäste bei Laune zu halten. Das **Haus des Kurgastes** (im „Town") und das **Haus des Gastes** (im „Loog", Hammerseestr. 13) sind beide täglich von 9 bis 22 Uhr geöffnet und haben immer etwas zu bieten.

Die Juister Veranstaltungen werden im Info-Blatt **De Strandlooper** und im Aushang veröffentlicht. Dort erfährt man auch, welches der jeweiligen Programme eintrittspflichtig ist – beileibe nicht alle! Wo aber beginnen? Da gibt es z. B. die beliebten Theateraufführungen des Heimatvereins (meist „up platt"), Kunstausstellungen, Klavier- und Singabende, Film- und Diavorträge, Lesungen der Werke berühmter Autoren, Shanty-Singen, Ballett- und Musikgastspiele und vieles mehr.

Außerdem werden auch **Sonderprogramme** wie beispielsweise die (kostenlosen) „Juister Bewegungs- und Entspannungswoche" veranstaltet. Auskünfte erteilt die Kurverwaltung.

Musik

Und dann Konzerte, Konzerte! Vom 1.6. bis 12. 9. schmettert ein **Orchester** jeden Tag (außer Mo) auf dem Kurplatz flotte Weisen, und bei manchen Anlässen (der traditionellen Maifeier am 30.4. und 1.5. zum Beispiel) gehen Musik und Tanz in den Straßen weiter.

Kinder

Für die Kleinen ist auch immer etwas dabei: Puppentheater, Ulkgeschichten und Kinderclowns halten Kinder bei Laune.

Touren

Schiffsausflüge

Während großer Teile der Saison unternimmt das Bäderschiff **Wappen von Juist** Ausflugsfahrten zu nahen und ferneren Zielen. Das Programm wird von der Firma Kiesendahl (s. „Insel-Info") gemanagt und jeweils im Vormonat bekannt gegeben.

Eine Übersicht:

	Erwachsene €	**Kinder (4–11)**
Seehundsbänke	9,00	5,50
Norderney	14,00	7,50
Baltrum	15,00	7,50
Borkum	15,00	7,50
Memmert	12,00	8,00
plus Führungsgebühr	1,50	1,50
Rund um Memmert	9,00	5,50
Krabben-Fang-Fahrt	9,00	5,50
Greetsiel	15,50	8,00

Rundflüge

Die Firma Kiesendahl arrangiert Rundflüge über der Insel in viersitzigen Cessnas. Mind. 2 Personen, besser aber 3, müssen zur Teilnahme beisammen sein. Kosten für den ca. 10-minütigen Rundflug: ca. € 20 pro Kopf (auch Kinder).

Wattwanderungen

Ins Watt geht man mit Heino. Nein, nicht mit *dem*, sondern mit *Heino Behring* (Tel. 91140). Eine naturkundlich gefärbte Exkursion dauert etwa 2,5 Std., wobei ca. 3 km zurückgelegt werden. Kosten: € 4,50 pro Nase.

Sehr populär und deshalb stark gebucht ist Heinos „Springflutwanderung", die in Abhängigkeit von der Mondphase nur alle 14 Tage stattfindet. Die Tour führt bei tiefster Ebbe ans Juister Fahrwasser, um zu beobachten, wie jeweils ein Flutschwall aus Ost und West in der Rinne aufeinander treffen und sich dann rasend schnell (100 m/min.) über das Watt ergießen. Die kleine Demo potenzieller Gefahren im Watt dauert etwa 2 Std. und kostet, einschließlich Nervenkitzel, € 8.

Naturführungen

Vogelkundliche Exkursionen: Siehe „Naturschutzgebiete".

Radtouren

Mit *Poppy* jeden Mi 15 Uhr ab ev. Kirche, Preis: € 4, Tel. 91100.

Juist

Fährverbindungen

Abfahrtshafen für Juist ist **Norddeich** (siehe dort). Wegen des stark gezeitenabhängigen Fahrplans der Fähren sind **Tagesausflüge** manchmal nicht möglich.

Flugverbindungen

mit Norddeich

- Ein ganzjähriger **Linienflugdienst** besteht von **Norddeich** aus. Je nach Saison werden fünf bis neun Flüge täglich angeboten.
- Die **Flugzeit** beträgt wenige Minuten.
- Der **Flugpreis** beträgt € 33 für eine Strecke. Kinder 4–9 J. halber Preis. Verbundkarte Flugzeug/Schiff: € 37.
- Der **Flugplatz Norddeich** liegt ca. 4 km östlich des Ortes, auf **Juist** im Ostteil der Insel etwa 3,5 km vom Ort entfernt. Von dort geht es per Kutschwagen oder zu Fuß weiter.

Weitere Flüge

- Von OLT und ROA werden in der Saison mehrmals wöchentlich weitere Flüge angeboten: nach **Borkum, Norderney, Bremen, Düsseldorf.** Mit **Helgoland** bestehen dreimal wöchentlich Verbindungen.

Auskunft

- Frisia Luftverkehr Norddeich (Tel. 04464-94810).
- Ostfriesische Lufttransport (OLT), (Tel. 04921-89920).
- Roland Air Bremen (ROA), (Tel. 0700-55559000).

Mit dem eigenen Boot

Der Juister Hafen ist ziemlich groß, das Bootsbecken jedoch eher bescheiden und nur für **kleinere Jachten** benutzbar, die bei 0,3 m minimalem Wasserstand trockenfallen dürfen. Da der Bootshafen ohnehin meistens besetzt ist, empfiehlt es sich, an der **westlichen Kade** festzumachen, wo man im Sommer gewöhnlich im dichten Päckchen liegt. Der Hafenmeister kommt zum Kassieren.

- Das **Clubhaus** liegt ein Stückchen nördlich vom Bootshafen. Dort befinden sich auch WCs und Duschen.
- Achtung: Keine Ansteuerung **bei Nacht!** Das Wattfahrwasser ist nicht befeuert.
- **Auskünfte:** Segelclub Juist, Tel. 377.

Norderney
– die „Königin der Nordsee“

Geschichte

Ursprünge

Die Insel Norderney unterscheidet sich von ihren ostfriesischen Nachbarinnen vor allem durch einen relativ **neuzeitlichen Ursprung.** Als die Namen der anderen Inseln bereits wichtige Dokumente zierten, existierte Norderney nämlich überhaupt noch nicht.

Im **13. Jahrhundert** lag zwischen Juist und Baltrum die **Insel Buise.** Es dürfte während der Marcellus-Flut von **1362** gewesen sein, dass Buise in zwei Teile gebrochen wurde, deren östlicher den Namen **Osterende** erhielt. Buise selbst verlor hiernach ständig an Substanz und ging in der Petri-Flut von **1651** endgültig unter, während Osterende wuchs und zur „Norder neye Oog“ (Nordens neue Insel) wurde. Gegen **Mitte des 16. Jahrhunderts** war es eine eigenständige Insel, und um diesen Zeitpunkt herum ist auch von einer ersten festen Besiedlung die Rede.

Seebad

„Sechzehn Lüde“ wohnen anno **1550** auf Norderney. Genau ein Jahrhundert später werden „80 bis 100 Insulaner“ gezählt, doch es herrscht bereits ein reger Verkehr mit dem Festland, vornehmlich zu Fuß über das Watt. Es geht auch schon sehr dienstlich zu, was fürwahr auf Größeres schließen lässt ...

Und in der Tat. **Ende des 18. Jahrhunderts** besuchte das Göttinger Universalgenie *Georg Chr. Lichtenberg* (1742–99) die englischen **Seebäder** Margate und Deal, wo das tollkühne Wagnis eines Bades im Meer schon lange keines mehr war. Bei seiner Heimkehr verfasste er einen Aufsatz mit dem Titel: „Warum hat Deutschland noch kein großes öffentliches Seebad?“

Da Lichtenberg nun wirklich kein kleines Licht war, wurden seine Ausführungen ernst genommen und sogar zur Staatssache erklärt. Die bedeutendsten Ärzte der Zeit erklärten die See zu einem Allheilmittel und Gesundbrunnen für fast jegliches Gebrechen.

Solchen glänzenden Aussichten konnten sich die damaligen Regenten nicht verschließen. Am schnellsten reagierte das Herzogtum Mecklenburg-Schwerin, dessen offizieller Medicus 1794 in Doberan bei Rostock das erste deutsche Seebad eröffnete. Wahrscheinlich hatte er seinem Fürsten hinreichend klar gemacht, dass sich damit vor allem Geld verdienen ließ.

Ob dieses Argument auch bei der **„Unternehmung einer wohlthätigen Seebadeanstalt auf Norderney“** im **Mai 1797** maßgebend war, überliefert die Geschichte nicht. Jedenfalls hatte sich der Landesphysikus des Fürsten-

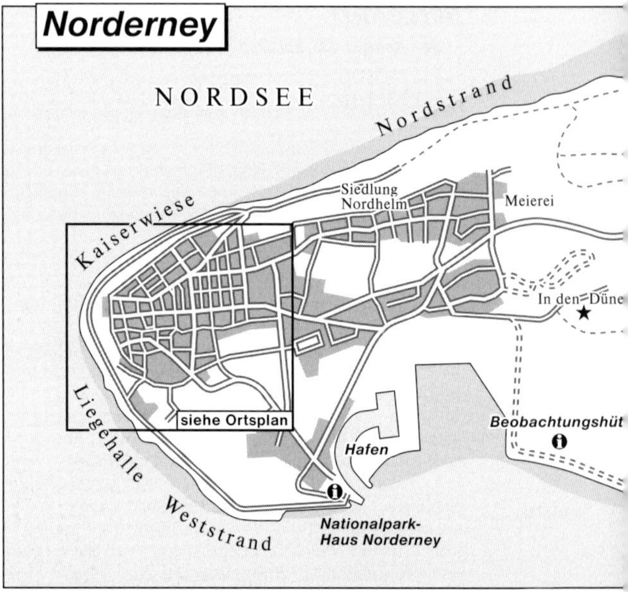
Norderney
NORDSEE
Nordstrand
Siedlung Nordhelm
Meierei
Kaiserwiese
In den Düne
siehe Ortsplan
Beobachtungshüt
Liegehalle
Hafen
Weststrand
Nationalpark-Haus Norderney

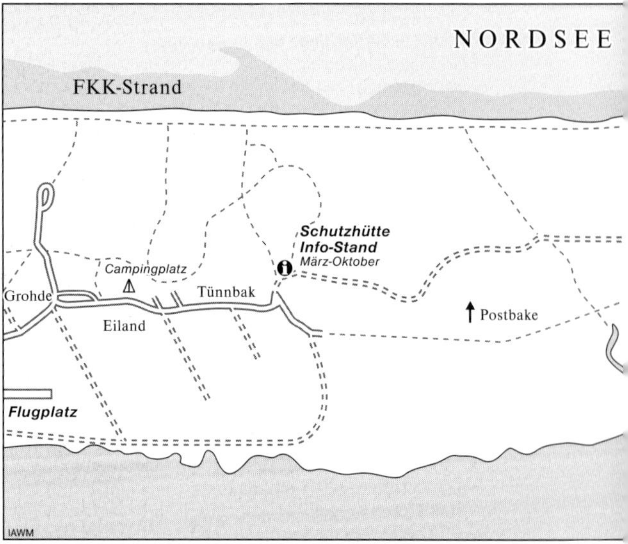
NORDSEE
FKK-Strand
Schutzhütte
Info-Stand
März-Oktober
Campingplatz
Grohde
Tünnbak
Eiland
Postbake
Flugplatz
IAWM

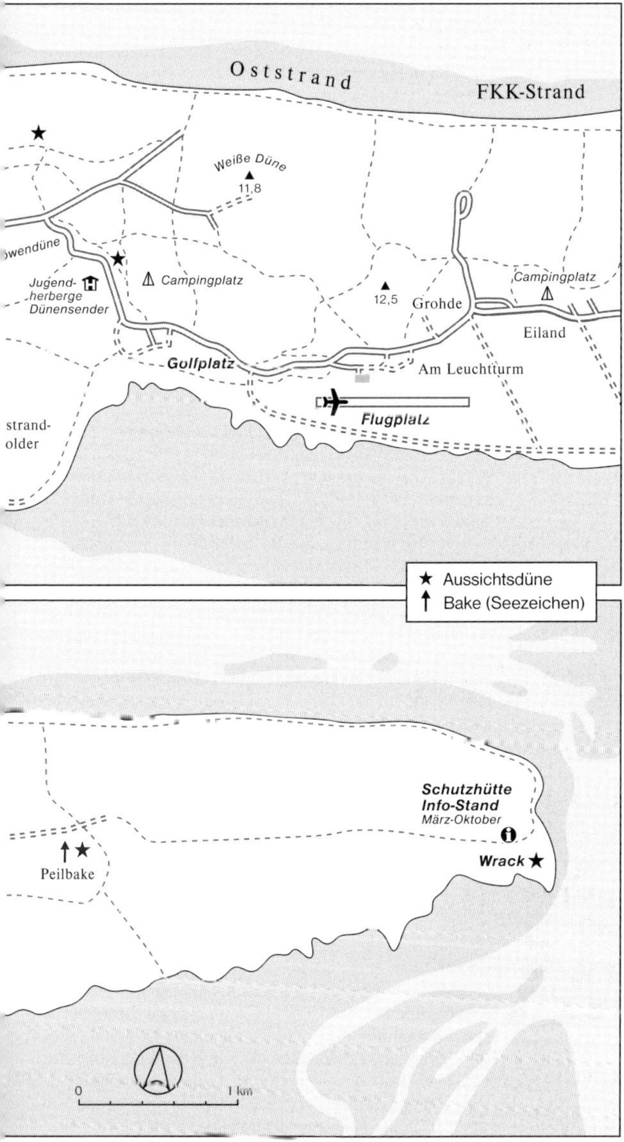
Oststrand
FKK-Strand
Weiße Düne
11,8
wendüne
Jugend-
herberge
Dünensender
Campingplatz
12,5
Grohde
Campingplatz
Eiland
Golfplatz
Am Leuchtturm
Flugplatz
strand-
older
Aussichtsdüne
Bake (Seezeichen)
Schutzhütte
Info-Stand
März-Oktober
Wrack
Peilbake
0
1 km

tums Ostfriesland für das Projekt stark gemacht, indem er anführte: „Zur Errichtung einiger Badeanstalten ist vorzüglich die Insel Norderney bequem, theils wegen ihres flachen Strandes, theils wegen ihres festen Zusammenhanges mit dem festen Lande zur Ebbe."

Zwar traf dieses Kriterium mehr oder minder auch auf alle anderen ostfriesischen Inseln zu. Aber Norderney hatte halt, was man heute „den besseren Draht" nennen würde, und das nach ganz oben. Nur wenige Monate später, im **Oktober 1797,** genehmigte *König Friedrich Wilhelm II.* das Projekt und machte sogar eine Beihilfe von fünftausend Talern dafür locker.

Die Stunde Null

Für die Norderneyer beginnt die Entstehung des Universums mit diesem Jahr – wenn es auch ganz zu Anfang noch Rückschläge gab. Der Inselvogt *Johann Feldhausen,* der die Monopole auf Versorgung und Ausschank besaß, hatte seine „Projektstudie", die letzten Endes zum Ausschlag für Norderney führte, ein bisschen zu sehr geschönt. Schon 1798 war kein Geld mehr da, um das ehrgeizige Vorhaben zu realisieren, und man trug sich bereits mit der Absicht, das Bad nach Norden auf dem Festland zu verlagern. Doch der Landesphysikus sprang mit einem Zuschuss ein, und ein Jahr später fiel der endgültige Gründungsentscheid. Im Jahre 1800 wurde die Seebadeanstalt eröffnet, die „Königin der Nordsee", wie Norderney sich in Eigenwerbung nennt, gekrönt.

Allerdings ging das große Ereignis nicht ohne **Störungen** ab. Einigen Eingeborenen passte die ganze Chose offenbar nicht recht, so dass sie sich „theils aus Muthwillen, theils aus Bosheit an den Gebäuden der Seebade-Anstalt vergriffen, Steine auf die Dächer geworfen, Schlösser ruinirt und alles mit Kreide bemalt haben."

Das „Staatsseebad" wurde schnell „du rigueur" – heute würde man „absolut in" sagen – für die damalige Schickeria. Baltischer Adel reiste an, sozusagen als Vorkoster. *Blücher* erholte sich **1804** auf Norderney von allerlei Strapazen. Dann kam der **napoleonische Krieg** und damit ein gewaltiger Abschwung für die Insel. Erst **1819** war Norderney wieder Staatsbad. Sofort gab es auch eine Art Kurdirektor, der das Eiland mit diesem Endlossatz pries:

Norderneyer Kurgäste um 1800

„Als Vergnügungsort wird es demjenigen zusagen, den der erhabene Anblick des Oceans erfreut, der einige Bequemlichkeiten gegen den Genuss der freien Natur und aller derjenigen Vergnügungen auszutauschen Lust fühlt, welche eine insulare Lage, das erquickende, unvergleichliche Seebad, mit allen seinen wohltätigen Folgen für Geist und Körper, die Exkursionen nach den umliegenden Inseln, der Fischfang, die Betrachtung und Untersuchung des Strandes mit seiner Conchylien-Welt und die Beobachtung unverdorbener Naturmenschen darbieten."

Nicht nur konnte man also schon damals das buchen, was sich heute auf Drittweltreisen „fakultativer Stammesbesuch" nennt, um Eingeborene wie Zoogetier zu bestaunen. Schon bald darauf, **1822** beginnend und bis heute anhaltend, ließ sich auf Norderney dem **Glücksspiel** frönen, was für viele einen zusätzlichen Anreiz darstellte. Bald war alles, was im deutschsprachigen Raum Rang und Namen hatte, in den Norderneyer Gästebüchern vertreten. Sogar aus dem fernen Russland, aus Frankreich, Schweden und England kamen Spiel- und Badelustige.

Hoher Besuch

1844 besuchte *Bismarck* Norderney, ein Liebhaber von Sand und See, ein Bonvivant und Schwerenöter, wie wir ihn aus den trockenen Geschichtsbüchern gar nicht kennen. Auf Norderney scheint er sich erste Anregungen geholt zu haben, wenn es ihn später auch wiederholt nach Biarritz an der französischen Biskayaküste zog, um seine an der Nordsee erworbenen Erfahrungen dort in die Praxis umzusetzen. „Hier liege ich", schrieb er nach Hause, „vor aller Welt verborgen; ich blicke auf die schäumende See hinaus – und davor auf eines der hinreißendsten Weibsbilder!" Und während sich der Beachbum wohlig in den Sand streckte, soll er angeblich gemurmelt haben: „Wenn einer aus Berlin ruft, bin ich nur noch Sand und Sonne." Der Ruf kam wenig später und bestellte den Kurgast zum Lenker des preußischen Staatswagens. Bismarck ging höchst ungern, aber er ging.

Als *König Georg V. von Hannover* **1851** seine Sommerresidenz nach Norderney verlegte, kannte der Jubel keine Grenzen. Plötzlich war man wer. Eindrucksvolle Bauten, darunter das 1840 errichtete neue Kurhaus, gaben dem Ort jetzt ein zunehmend urbanes Gepräge. Und dennoch machte sich die Natur auch weiterhin bemerkbar.

Badekutschen der Seebadeanstalt um 1815

Rapide Entwicklung

Schon die großen Sturmfluten des 18. Jahrhunderts hatten schwere Schäden angerichtet. **1825** war es zu massiven **Dünenabbrüchen** gekommen, und jetzt, **1855,** gab es nochmals empfindliche Substanzverluste. Eine groß angelegte **Küstenbefestigung** wurde darauf in Angriff genommen und **1858** samt steinerner Promenade um den Nordwestkopf der Insel herum fertig gestellt. Und nun ging es Schlag auf Schlag:

1856 – Anbindung (per Raddampfer) an die beiden neuen Bahnterminals in Leer und Emden
1858 – Erste Kommunikation mit dem Festland per Seekabel
1862 – Seenotrettungsstation; Inselmühle
1868 – „Norderneyer Badezeitung", erstes Inseljournal der Nordsee
1872 – Dampferverbindung mit Norddeich, ein Bodenspekulationsboom setzt ein
1882 – Entstehung der heutigen Seefronten an der Kaiser- und Viktoriastraße
1887 – Fernsprechdienst
1889 – Gaswerk, Elektrifizierung
1892 – Fortführung der Eisenbahnlinie bis Norddeich
1893 – Beginn des tidenunabhängigen Schiffsverkehrs
1898 – Bau des Kaiser-Wilhelm-Denkmals aus Steinen deutscher Städte

Norderney heute

Die Entwicklungsgeschichte Norderneys setzt sich von der Jahrhundertwende an stetig mit neuem An- und Aufbau fort. Heute ist Norderney mit Abstand die „städtischste" der ostfriesischen Inselgemeinden. Etwa achttausend Bürger leben ständig im Ort, und es herrscht erheblicher Straßenverkehr, zu dem gleich noch einiges mehr zu sagen sein wird.

Hätte man es verstanden, die nostalgieschwangere Fin-de-siècle-Atmosphäre zu erhalten, wäre Norderney heute wohl in der Lage, vom fetten World Heritage Fund der Unesco zu zehren. Diese goldene Gelegenheit hat man leider verpasst, indem man das Uferpanorama mit unschönen, „modern"-kantigen Zweckbauten arg verschandelte. Auch im Ort selbst kann man vieles als baulich wenig gelungen bezeichnen. Trotzdem hat die Grande Dame der Nordsee mehr von ihrem insularen Charme bewahrt, als man angesichts der rasanten Gründungs- und Folgegeschichte anzunehmen versucht sein mag. Die schlichte **Promenade,** die den gesamten Westteil der Stadt gegen die See umrundet, entbehrt nicht einer gewissen zeitlosen Eleganz, und das alte **Kurhaus** von 1881, in dem sich heute die Spielbank befindet, sieht immer noch so aus, als ob Kaisers jeden Moment kommen könnten.

Denn nicht nur hat sich Norderney von Anfang an das Ziel gesetzt, Kurzentrum der niedersächsischen Nordsee zu werden, sondern auch **kultureller Mittelpunkt.** Nicht als „Vergnügungsdampfer" soll die Insel ihren Besuchern nach den Vorstellungen der heutigen Administration gelten, sondern als Stätte der Besinnung, der Tradition und der Erholung.

Dass die Tradition gerade dort wenig Gültigkeit hat, wo in Festreden am meisten über sie schwadroniert wird, ist ein weltweit zu beobachtendes Phänomen. Vieles natürlich Gewachsene fiel auf Norderney auch dem Autokult zum Opfer, von dem man jetzt wieder abrückt. Außerdem wollen sich zahlreiche Inselgäste nicht mit den hehren Zielen der Kurdirektion identifizieren, sondern möchten lediglich in maritimer Umgebung ihre **Gaudi** haben ... Wer im Spielkasino sein Geld verjuxt, tut das, bitte schön, ja auch zu seinem Vergnügen; die Stunde der Besinnung folgt allenfalls, wenn die Kasse leer ist. Ein weiterer, häufiger Besuchertypus reist mit dem Zweck an, mal so richtig die Sau rauszulassen. Der so genannte Clubtourist – Mitglied in Sport-, Kegel-, Kleingarten-, was immer -vereinen – hat Norderney in den letzten Jahren „entdeckt". Die lustigen Sangesbrüder (und -schwestern) denken nicht daran, sich zur Ruhestunde um 22 Uhr ins Bett packen zu lassen, sondern legen dann erst richtig los auf gut deutsche Art: „Warum ist es am Rhein so schön!!!"

Rabatz, Radau, Randale – auch das kann Norderney sein.

Norderney

Norderney
1 Kath. Kirche
2 Kath. Kirche
3 Ev. Kirche
4 Haus der Insel/Kurtheater
5 Hallenbad
6 Kurverwaltung
7 Kurmittelhaus
8 Kurhaus/Spielbank
9 Verkehrsbüro/Zimmervermittlung
10 Haus der Schifffahrt
11 Neuapostolische Kirche
1,2,3 Verkehrszonen
Begrenzung der Verkehrszonen
Strandpromenade
Minigolf
Polizei
Rathaus
Post
Heimatmuseum
Freibad
Kaiserstraße
Am Januskopf
Tannenstr.
Benekestra
Moltkestraße
Knyphausenstraße
Schulzenstr.
Wiedaschstr.
Ellernstr.
Bismarckstr.
Kaiserstr.
Heinrichstr.
Maybachstraße
Winterstraße
Luciusstr.
Friedrichstr.
Herrenpfad
Jann-Berghaus-Straße
Gartenstraße
Damenpfad
Luisenstraße
Kirchstraße
Am Kurplatz
Janusstraße
Feldhausenstraße
Marienstraße
Brunnenstr.
Bülowallee
Hafenstraße
Weststrandstr.
Südwesthörn
Habenpad
Windjam
0
500 m
IAWM

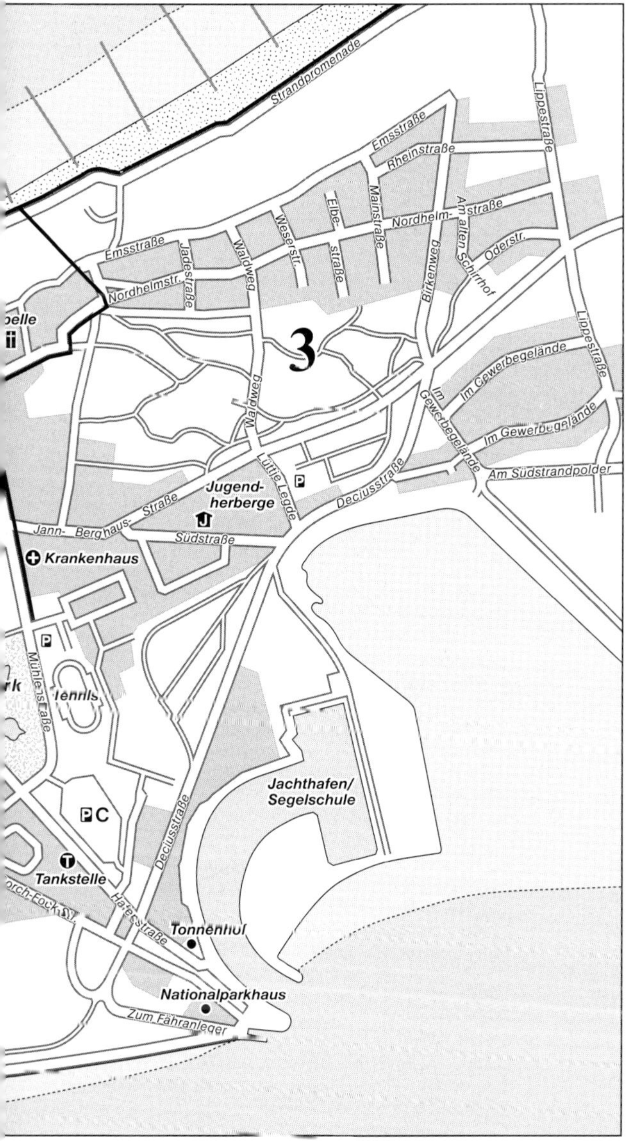
Strandpromenade
Emsstraße
Rheinstraße
Lippestraße
Elbe-
straße
Mainstraße
Weserstr.
Waldweg
Nordhelm- straße
Am alten Schirrhof
Oderstr.
Emsstraße
Jadestraße
Nordhelmstr.
Birkenweg
3
Im Gewerbegelände
Lippestraße
Im Gewerbegelände
Im Gewerbegelände
Am Südstrandpolder
Lüttje Legde
Deciusstraße
Jugend-
herberge
Jann- Berghaus- Straße
Südstraße
Krankenhaus
Mühlenstraße
Tennis
Jachthafen/
Segelschule
C
Deciusstraße
Tankstelle
Hafenstraße
Tonnenhof
Nationalparkhaus
Zum Fähranleger

Heinrich Heine über die Insulaner

Die Insulaner waren, siehe die vorstehenden „Exzesse", eigenwillige Typen. *Heinrich Heine* beschrieb sie als „meistens blutarm und vom Fischfang lebend, der erst im Oktober, bei stürmischem Wetter, seinen Anfang nimmt ... Das Seefahren hat für diese Menschen einen großen Reiz; und dennoch, glaube ich, daheim ist ihnen allen am wohlsten zumute. Sind sie auch auf ihren Schiffen sogar nach jenen südlichen Ländern gekommen, wo die Sonne blühender und der Mond romantischer leuchtet, so können doch alle Blumen dort nicht den Leck ihres Herzens stopfen, und mitten in der duftigen Heimat des Frühlings sehnen sie sich wieder zurück nach ihrer Sandinsel, nach ihren kleinen Hütten, nach dem flackernden Herde, wo die Ihrigen, wohlverwahrt in wollenen Jacken, herumkauern und einen Tee trinken, der sich von gekochtem Seewasser nur durch den Namen unterscheidet, und eine Sprache schwatzen, wovon kaum begreiflich scheint, wie es ihnen selber möglich ist, sie zu verstehen."

Schon zu diesem frühen Zeitpunkt gelangen Heinrich Heine einige Einblicke in die insulare Psyche, um die ihn mancher Analytiker heute beneiden könnte.

„Was diese Menschen so fest und genügsam zusammenhält", schrieb er, „ist nicht so sehr das innig mystische Gefühl der Liebe als vielmehr die Gewohnheit, das naturgemäße Ineinander-Hinüberleben, die gemeinschaftliche Unmittelbarkeit. Gleiche Geisteshöhe, oder, besser gesagt, Geistesniedrigkeit, daher gleiche Bedürfnisse und gleiches Streben; gleiche Erfahrungen und Gesinnungen, daher leichtes Verständnis untereinander; und sie sitzen verträglich am Feuer in den kleinen Hütten, rücken zusammen, wenn es kalt wird, an den Augen sehen sie sich ab, was sie denken, die Worte lesen sie sich von den Lippen, ehe sie gesprochen worden, alle gemeinsamen Lebensbeziehungen sind ihnen im Gedächtnisse, und durch einen einzigen Laut, eine einzige Miene, eine einzige stumme Bewegung erregen sie untereinander soviel Lachen oder Weinen oder Andacht, wie wir bei unseresgleichen erst durch lange Expeditionen, Expektorationen und Deklamationen hervorbringen können. Denn wir leben im Grunde geistig einsam; durch eine besondere Erziehungsmethode oder zufällig gewählte besondere Lektüre hat jeder von uns eine verschiedene Charakterrichtung empfangen; jeder von uns, geistig verlarvt, denkt, fühlt und strebt anders als die anderen, und des Mißverständnisses wird soviel, und selbst in weiten Häusern wird das Zusammenleben so schwer, und wir sind überall beengt, überall fremd und überall in der Fremde ..."

Sehenswertes

Altes Fischerhaus

Norderneys Altes Fischerhaus sollte – muss – man eigentlich gesehen haben, wenn man die Insel besucht. Das Haus (im „Argonner Wäldchen") ist ein kleines **Heimatmuseum** im Stil alter Zeiten.

Zu sehen ist die ganze **Entwicklung Norderneys** vom Katendorf bis zum hochherrschaftlichen Nordseebad, stilvoll und kunstsinnig dargestellt. Glanzstück unter den zahlreichen interessanten Exponaten ist ein **Bernsteinbrocken** von annähernd Ziegelsteingröße und 420 Gramm Gewicht, der 1992 von einem „Strandjer" am Ufer vor der Kaiserwiese gefunden wurde. Keineswegs kommt Bernstein, wie viel geglaubt wird, nur in der Ostsee vor, wenn auch ein „Kawensmann" wie der obige eine ausgesprochene Rarität ist. Als besonders bernsteinträchtig auf Norderney gilt der Nordwestkopf, weil dort regelmäßig substanzielle Sandaufspülungen vorgenommen werden. Der dicke Brocken stammt aus ca. 20 Meter Tiefe von der vorgelagerten Robbenplate und ist viele Millionen Jahre alt.

- **Öffnungszeiten:** 1.4.–30.9. werktags 15–17 und sonn/feiertags 10–12 Uhr; 1.10.–30. 11. Di, Do und Sa 15–17 Uhr und vom 1. bis 31.12. Fr 15–17 Uhr. **Eintritt:** € 2.

Rettungsbootmuseum

Einen Besuch wert ist auch das kleine Norderneyer Rettungsbootmuseum am Weststrand.

Windmühle

Die alte Inselmühle, 1862 erbaut, trägt den Spitznamen *Selden Rüst* – selten Ruhe. Weit über hundert Jahre hat sie in der Tat geklappert und manchen Orkan abgewettert – Windmühlen sind da ganz besonders empfindlich. Anno 1951 war es allerdings Feuer, das der Ruhelosen fast ein Ende bereitete. Aber die Versicherung half – damals noch – schnell nach, so dass die Norderneyer Bäckereien bald wieder Roggenmehl erhielten. (Der Grund, weshalb es heute kaum noch schöne

156Nor:Foto: rh

Reethäuser auf den Inseln gibt, sind die hohen Feuerversicherungsprämien).

● Die Mühle, längst außer Betrieb, beherbergt heute ein Restaurant.

Kaiser-Wilhelm-Denkmal

Kein Vorbeikommen ist in Norderneys Stadtmitte am Kaiser-Wilhelm-Denkmal. 1898 w ar es ihm zu Ehren errichtet worden, und alle deutschen Städte, die etwas auf sich hielten (insgesamt sechzig), schickten Steine mit eingemeißelten Ortsnamen nach Norderney, um zum Sockel des wilhelminischen Obelisken beizutragen - 100 Tonnen kamen zusammen.

Als im 1. Weltkrieg Metalle knapp wurden, wanderte der „Olle Wilhelm" schmählich in den Schmelzofen. Auf den Sockel wurde später eine geradezu penetrant kitschige weiße Möwe gesetzt, die dort heute zu bewundern ist. Doch wer weiß: Überall erleben Kaiserdenkmäler eine Renaissance. Warum nicht bald auch auf Norderney - aber nur mit Bart, aber nur mit Bart!

Norderneys „Skyline"

Franzosenschanze

Die im Jahre 1810 während der französischen Inselbesetzung als militärische **Befestigungsanlage** errichtete und heute in Ruinen liegende „Franzosenschanze" dient in den Sommermonaten als **Waldkirche.** Sonntagmorgens werden dort im Freien Frühgottesdienste abgehalten.

Leuchtturm

Der alte Norderneyer Leuchtturm, 253 Stufen hoch, wird alljährlich von gut 40.000 Besuchern erklommen, die den prächtigen Rundblick von oben genießen wollen (siehe auch Exkurs).

Naturschutzgebiete

Es gehört Optimismus dazu, auf einer umtriebigen Insel wie Norderney ein NSG einzurichten. Und doch ist das Experiment erfolgreich verlaufen. Das NSG Norderney nimmt fast die Hälfte der Insel ein und beherbergt tierisches und pflanzliches Wildleben in eindrucksvoller Dimension. In mancher Beziehung kann man Norderney in Bezug auf den Aufwand sogar vorbildlich nennen.

Südstrandpolder

Das NSG Südstrandpolder erstreckt sich unmittelbar östlich des Hafens. Zu Kriegszeiten war dieses Gelände eingedeicht und aufgespült worden; ein **Militärflugplatz** sollte hier entstehen. Dazu kam es nicht mehr, und die Fläche blieb zwei Jahrzehnte lang brach liegen. In dieser Zeit siedelte sich dort viel neue Fauna und Flora an und zwar in solchem Ausmaß, dass man das Gelände schon 1961 unter **Naturschutz** stellte und 1986 prompt dem Nationalpark einverleibte.

Ein Jahr später entschloss man sich, dem Südstrandpolder große Mengen von Sand für die Verstärkung des Hafendeiches zu entnehmen. Zwar handelte es sich dabei um einen allumfassenden Eingriff in das Gefüge des NSG. Die Fläche war jedoch bereits so stark verlandet und mit Busch bewachsen, dass sie kein ideales Revier mehr für Wasservögel darstellte. Durch die **Sandentnahme** entstanden **neue Teiche** und **Flachwasserzonen;** das Gelände wurde – von der Warte des Naturschutzes aus höchst begrüßenswert – wieder zum Feuchtgebiet. Heute ist der Südstrandpolder ein wahres **Vogelparadies,** in dem es von wildem Gefieder wimmelt. Betreten ist ganzjährig verboten, doch kann man sich einen guten Einblick von der Beobachtungshütte im Südwesten des Geländes verschaffen. Auch führt ein Weg (auf dem Deich) um das gesamte Gebiet herum.

Ostheller

Der Großteil des NSG nimmt annähernd die ganze **Osthälfte** der Insel ein. Ans Watt grenzen hier ausgedehnte **Salzwiesen,** in denen seltene Vogelarten wie der Rotschenkel und die Bekassine zu Hause sind. Nördlich dieses Geländes erstreckt sich eine weite **Dünenlandschaft,** von menschlichen Eingriffen fast zur Gänze verschont und deshalb in prächtigem Urzustand erhalten. Aufgrund eigenwilliger topografischer Verhältnisse haben Windverwirbelungen zwischen den Dünen **tiefe Täler** geschaffen, die zum Teil bis auf Grundwasserniveau hinabreichen. In diesen Feuchttälern sind **Miniaturmoore** und -salzsümpfe entstanden, kleine Biotope voll pflanzlichen Lebens. Torfmoose, Sonnentau, Königsfarn und Bärlapp gedeihen hier, und an den Rändern von Röhrichtteichen finden Birke, Weide und Holunder ideale Wachstumsbedingungen. Dieses Gelände ist **Brutgebiet** für viele Vogelarten, darunter die Silber- und Sturmmöwe, Brandgans, der Große Brachvogel und die Hohltaube. Besonders schön sind die Dünen zur Blütezeit der Glockenheide im Frühherbst.

Das östliche NSG wird vom mehreren **Fußpfaden** durchzogen, die teilweise mit Reitwegen kombiniert sind. Bei der Tünnbak in der Inselmitte und unterhalb der Rattendüne an der Osthuk befindet sich jeweils eine **Schutzhütte,** in der von März bis Oktober ein Info-Stand der Nationalparkverwaltung betrieben wird.

Direkt daneben liegt ein fast versandetes **Wrack.** Es handelt sich um das eines großen Muschelsaugers, der Anfang der siebziger Jahre hier versucht hatte, einen aufgelaufenen Logger freizuschleppen. Wie es im Leben so geht: Der Helfer erlitt eine Totalhavarie, der andere kam wieder frei.

National-parkhaus Ausführliche Informationen zum Thema NSG Norderney (einschl. etwaiger Änderungen des Wegenetzes) erhält man auch im Nationalparkhaus am Hafen, das täglich außer Mo von 10 bis 18 Uhr geöffnet ist. Eine **Dauerausstellung** gibt Einblicke in die Lebensräume des Küsten- und Wattenmeeres, und im halbstündigen Rhythmus läuft eine automatische **Diaschau.** Führungen durch das Haus sind nach Absprache möglich. Info: Tel. 2001.

Insel-Info

Auskunft

- **PLZ:** 26548
- **Vorwahl:** 04932
- Zuständig für Kurbelange ist das **Staatsbad Norderney,** Postfach 1355, Tel. 8910, Fax 891112, www.norderney.de
- **Servicetelefon** (NorderneyCard, Fährtickets, Strandkörbe): 891122.
- Für alles andere (Tourist-Information, Prospekte, Zimmervermittlung) ist das **Norderneyer Verkehrsbüro** zu kontaktieren: Bülowallee 5, www.norderney-urlaub.de, Tel. 91850, Fax 82494. Vor Ort befindet sich das Verkehrsbüro direkt am Ortseingang gegenüber dem Haus Schifffahrt.
- **Schiffsauskunft:** Frisia, Tel. 91313.
- **Bahnauskunft:** DB, Tel. 611.
- **Flugauskunft:** Frisia, Tel. 541 oder 91313.
- **Reisebüro:** TUI, unter den Kolonnaden am Kurplatz, Tel. 891155.

Arzte und Kranken-häuser

- Krankheit, scheint's, wird auf Norderney ganz groß geschrieben! Zehn **Arzte** nehmen sich der verschiedensten Leiden an. Spezialisten harren im **Städtischen Krankenhaus Norderney** (Mühlenstr. 1, Tel. 8970) vorzüglich gerüstet auf schwere Fälle. Vier weitere Hospitäler, darunter ein gesondertes **Kinderkrankenhaus** (Seehospiz „Kaiserin Friedrich", Tel. 8991), stehen Leidenden offen. Vorrangig werden überall Hautkrankheiten und Allergien, die großen Geißeln unserer Zeit, behandelt. Drei weitere Ärzte sind für **Dentales** zuständig, zwei **Psychotherapeuten** bieten

Balsam für geschundene Seelen, drei **Apotheken** liefern dem Gesundheitswesen zu.

Hauptsaison

- 15.5.–30.9.

Kurtaxe

- Die Kurtaxe bleibt in Norderneyer Katalogen vornehm unerwähnt. Sie wird mittels der so genannten **Norderney-Card** aus Plastik eingezogen, die es anstelle des früheren Fährtickets ausgehändigt gibt und die dann die Funktion der Kurkarte hat. Mit der bezahlt man seine Taxe an mehreren Servicestellen im Stadtgebiet. Bei Abreise wird auf der Fähre auf korrekte Befolgung geprüft, widrigenfalls muss nachgelöhnt werden (siehe „Anhang").

Strand

- **Strandkorbvermietung:** Nordstrand Tel. 891119, Weststrand Tel. 891125, An der Kaiserwiese Tel. 891174, Liegehalle an der Marienhöhe, FKK-Strand Tel. 474, Oststrand „Weiße Düne" Tel. 475.
- Die **Preise** pro **Liegekorb** betragen je nach Bauart € 7,70 pro Tag und € 45,50 pro Woche, darüber hinaus € 6,50 pro Tag. Diese Preise gelten für die HS (16.5.–15.9.), in der NS liegen sie niedriger. Ein Sitzkorb liegt bei täglich € 4,60 in der HS und € 3,60 in der NS, billiger bei längerer Inanspruchnahme.
- Ein **Vorbestellservice** für Strandkörbe erspart lange Wartezeiten vor Ort (Tel. 891122, Fax 8911135).

Kleiner „Buhnenkraucher"

FKK

●Der Nacktstrand liegt im nördlichen Mittelteil der Insel (oberhalb des Leuchtturms). Sanitäre Anlagen, Umkleidekabinen, Strandkörbe, Sauna, Kiosk – alles da. Zu erreichen per Bus oder PKW/Taxi.

Ruhezeiten

●Von 13 bis 15 Uhr und von 22 bis 8 Uhr. Wie vorstehend vermerkt, steht ihre tatsächliche Einhaltung auf einem ganz anderen Blatt. Exzesse sind aber eher die Ausnahme von der Regel.

Hunde

Hunde sind ebenfalls ein gewisses Reizthema auf Norderney. In der Mehrzahl der Herbergen sind sie nicht willkommen. Das hygienische Ambiente eines Heilbades verbietet Hunden außerdem die Strände. Nur auf einer speziellen Rasenfläche neben der Schutzhalle am Weststrand dürfen sie sich tummeln und auf einer Strandstrecke neben dem Ostbad „Weiße Düne" und dem FKK-Strand. Dort, und nur dort, gibt es auch einen Strandkorb für Hundefreunde.

Selbige werden im schönsten Amtsdeutsch ersucht, „die von der Kurverwaltung in Strandnähe errichteten Hundetoiletten zu benutzen; außerhalb der Hundetoiletten ist für die Beseitigung des Kotes der Tierhalter als auch der Tierführer verantwortlich!"

Da der Hund nicht auf Befehl sein Ei legt, hat der Aufruf beim Publikum offenbar weniger als totalen Widerhall gefunden. Deshalb sah sich die Gemeinde Norderney genötigt, einen teuren „City-Cleaner" zu erwerben, auf dem ein freudloser Operateur vermittels einer „Sauglanze" pro Tag mindestens 800 Haufen aufzunehmen und zu entsorgen vermag.

●Vielleicht sollte man Harro wirklich woanders unterbringen, um den Mann zu entlasten. Eine Möglichkeit: beim **Schäferhundverein Norderney** (Tel. 81495 oder 2610). Kostet natürlich 'ne Kleinigkeit.

Kirchen

●Norderneys **evangelische Kirche** steht in der Kirchstraße im Zentrum, ein Stückchen weiter kommen die **Zeugen Jehovas** zusammen. Die **katholische Kirche** befindet sich in der Friedrichstraße, die **neuapostolische** am Südwesthörn.

Presse

●Die **Norderneyer Badezeitung** kommt täglich heraus, der **Badekurier Norderney** monatlich. Beide geben u.a. ausführliche Auskünfte über die jeweils laufenden offiziellen Veranstaltungsprogramme.

Kinder

Kinder sind auf Norderney selbstverständlich gern willkommen. Doch eine ausgesprochene „Kinderinsel" ist Norderney nicht.

●Es gibt lediglich zwei **Kinderspielplätze** (am Weststrand und „Am Kap", Willi-Lührs-Str.) – nicht gerade viel für die große Gemeinde.

● Eine Durchsicht der Herbergen ergibt ebenfalls nur eine Hand voll von **Kinderspielräumen.**
● Spezifisch für die Insel Norderney sind indessen medizinische **Mutter-Kind-Kuren** in vereinzelten Heimen und Hospizen, vornehmlich im Winter. Wer hieran interessiert ist, wende sich an seinen Hausarzt oder an die Versicherungsanstalt.
● Das **Kinderspielhaus Kleine Robbe** befindet sich im Freibadgebäude (Tel. 891149), eine kostenlose Leistung der NCard.

Fortbewegung

Auto

Nach Norderney kann man das Automobil mitnehmen. Doch wie auch auf Borkum kommt ihm auch hier nur eine sehr **beschränkte** Funktion zu. Der maximale Radius, in dem das Fahrzeug auf Norderney einsetzbar ist, beträgt drei Kilometer – vierzig Minuten zu Fuß. Von der Osterzeit bis zum 30.9. jeden Jahres verringert sich dieser Radius noch. Dann sind nämlich die **Zonen 1 und 2** im Ortsgebiet (s. Ortsplan) für Kfz aller Art **gesperrt.** Wenn die gebuchte Unterkunft in einer dieser Zonen liegt, erhält der Automobilist auf der Fähre einen **Passierschein,** der ihn berechtigt, seinen Wagen innerhalb einer Stunde nach Ankunft durch das Sperrgebiet zum Zielhaus zu fahren. Bei Abreise wird nach umgekehrtem Schema verfahren. In der Zwischenzeit steht die Karre völlig unbrauchbar da. **Behinderte** können aber eventuell von der Stadtverwaltung – im Rathaus, Zimmer 101 – eine Ausnahmegenehmigung erhalten.

Die **Zone 3** ist während der genannten Saison von 20 bis 6 Uhr für alle zweirädrigen Motorfahrzeuge gesperrt, außerdem in Teilbereichen von 20 bis 8 Uhr für Kfz aller Art.
● Außerhalb der Sperrmonate gilt in den drei Zonen nur ein **generelles Halteverbot.**
● Man kann den Wagen auch auf den **gebührenpflichtigen Parkplätzen** A oder B (siehe Ortsplan) abstellen oder auf dem kostenlosen **Großparkplatz C** – was immer dadurch gewonnen ist.

Omnibus

Motorisierte Erreichbarkeit der meisten Anlaufpunkte auf der Insel wird durch **zwei Busunternehmen** gewährleistet, die ihre Fahrzeuge zwischen Hafen, Weißer Düne und Flugplatz tagsüber im **Halbstundentakt** pendeln lassen.

Taxi

Ein wenig teurer ist es mit dem Taxi, das auf der Insel ebenfalls mehrfach vertreten ist. Ein **Taxistand** befindet sich am Rosengarten.

Fahrrad

Fußgänger und Radfahrer haben ohnehin überall Vorfahrt. Zu bedenken ist auch, bevor man sich ein teures Mountainbike leiht, dass es auf Norderney überhaupt keine *Mountains* gibt. Mit einem ganz normalen Hollandrad ist man auf der ganzen Insel bestens bedient.

●Der größte Betrieb auf diesem Sektor ist **Charly's Freizeitcenter** (Im Gewerbegelände 1), wo man auch Pizza essen und minigolfen kann. Außerdem gibt es Radl aller Arten (zu Preisen von etwa € 5,50 pro Tag und € 24 pro Woche) und überdies Go-Carts (€ 4–8,50/Std., je nach Größe).

●Weitere Verleihe sind: **Grönsfeld** (Langestr. 15) und **Kurt's Fahrradshop** (Lippestr. 17), wo auch fleißig repariert wird (sogar Rollstühle).

Pferd

Wer vom Stahlross lieber auf eines aus Fleisch und Blut übersatteln möchte, setzt sich am besten mit dem **Reitstall Junkmann** in Verbindung (Meierei, Lippestraße, Tel. 92410). Dort kosten Ausritte für Fortgeschrittene € 25–35 für 1–1,5 Stunden. Man kann sogar das „Reiterabzeichen" erwerben.

●Auch ohne diese Auszeichnung kann man bei **Tegtmeyer** (Lippestr. 19, Tel. 91800) und im **Cap Horn** (Gewerbegelände 35, Tel. 1440) reiten.

Unterkunft

Mehr noch als auf Borkum überwältigt auf Norderney die schiere Fülle von Beherbergungsbetrieben. Hotels (mit Einschluss von garni und Hotel-Pensionen) nehmen im Gastgeberverzeichnis allein vier Seiten ein!

Preise

Wer, dem mondänen Image entsprechend, erwartungsgemäß auch mondäne Preise anzusetzen versucht sein mag, darf sich angenehm enttäuschen lassen: Der Zins ist auf Norderney durchaus nicht himmelhoch.

Offenbar ist die gesamte Preisstruktur Norderneys sehr gründlich durchkalkuliert und stramm EDV-organisiert. So kühl geschäftlich das erscheinen mag: Dem Kunden gereicht es letztlich zum Vorteil.

In der Nebensaison werden teilweise kräftige **Preisnachlässe** gegeben. Bei den Hotels im Durchschnitt ca. 25 %, bei Ferienwohnungen sogar bis 40–50 % Rabatt.

Für Pensionen, Zimmer und Ferienwohnungen gibt es auch den Service der **Vermittlungskarte:** Kostenlos können Interessenten ihre Wünsche und Preisvorstellungen vermerken, interessierte Vermieter wenden sich dann direkt an ihre zukünftigen Gäste

006oi Foto: rh

Pauschalangebote

Norderney bietet auch Pauschalprogramme an, die zum Teil die Bahnfahrkarte im gesamten Bundesgebiet preislich beinhalten.

Bei sorgfältiger Durchrechnung mag sich das eine oder andere dieser Angebote – vor allem bei weit entferntem Wohnort – als Schnäppchen herausstellen, zumal die Pakete auch noch jede Menge Nebenleistungen enthalten (u. a. Kurkarte, Sauna, Leihrad).

Hotels

Unmöglich, die schiere Menge von Hotels hier auch nur andeutungsweise wiederzugeben! Man fordere den Norderney-Katalog an und gehe das Angebot einmal im Einzelnen durch. Man findet dort einen Viersterner wie das **Strandhotel Georgshöhe** (Tel. 8980) in der Preisklasse von 30–50 € sowie eine ganze Anzahl von **Hotels garni** in der gleichen Preisklasse. Wer es gerne teurer hätte, muss aber auch nicht lange suchen.

Pensionen und Zimmer

Pensionen und Gästehäuser machen z. T. recht akzeptable Angebote, die bei € 20 beginnen, und das sogar mit Frühstück. Zimmer gibt es schon ab € 13 pro Person (*Buchhop,* Tel. 3190), wenn auch mit Etagendusche.

Ferienwohnungen

Ferienwohnungen gibt es ebenfalls schon recht preiswert – so vor allem mehrere EZ mit 1–2 Betten für € 20–25. Auch in Mehrraumklausen kommt man häufig auf Pro-Kopf-Preise von etwa € 15 – Endreinigung eingeschlossen.

Außerhalb der HS gibt es dann noch einmal **Ermäßigungen** von bis zu 40–50 %.

Hier gibt's Briefmarken

Jugendherbergen

Es gibt auf Norderney zwei Jugendherbergen. Beide sind der Kurtaxe unterworfen und nur von März bis November geöffnet (genaue Termine auf Anfrage). In beiden nur VP.

- Die **JH Dünensender**€ (Am Dünensender 3, Tel. 2574, Fax 83266) liegt im Ostteil der Inselmitte und ist, wie ihr Name besagt, von Dünen umgeben. Von der JH zum Stadtkern ist es etwa 1 Std. zu Fuß, zum Strand 20 Minuten. Das Haus verfügt über 144 Betten und 4 Tagesräume.
- Die **JH Südstraße**€ (Südstr. 1, Tel. 2451, Fax 83600) liegt am östlichen Stadtrand in nächster Nähe von Hafen und Watt. 121 Betten, 3 Tagesräume, 3 Familienzimmer. Besonderheit: Die Kurruhezeiten von 13–15 und 22–8 Uhr sind einzuhalten!

Camping

- Der **JH Dünensender** ist ein riesiger **Zeltplatz** angegliedert, der 3 500 Personen aufnimmt. Modern – unlängst hat man mehrere hunderttausend Euro in zeitgemäße sanitäre Anlagen investiert! Betrieb vom 1.5. bis 15.9.; Zelter müssen einen JH Ausweis besitzen, aber nicht zwingend „jugendlich" sein. Es wird auf Sand gezeltet – spezielle lange Heringe „für die Wüste" mitbringen! Kosten: Kategorie D (siehe „Praktische Reisetipps/Gut zu wissen") (VP) plus Kurtaxe.
- Mit dem **Wohnwagen** anrollen kann man bei **Camping Eiland** (Fam. *Harms*, Tel. 2184). Der Campingplatz liegt etwas nordöstlich vom Leuchtturm; eine befestigte Straße führt vom Hafen dorthin. Zum Strand (FKK gleich nebenan) sind's ein paar Gehminuten. Kategorie D.
- Kampieren kann man außerdem bei **Camping Booken** (Tel. 448) und bei **Um Ost** (Tel. 618), Kategorie C.

Gastronomie

Hungrige haben auf Norderney die Qual der Wahl zwischen einer ansehnlichen Zahl von Beköstigungsbetrieben.

Hotel-Restaurants

Wenn das Budget leistungsfähig genug ist, kann man einen Tag perfekt kulinarisch aufbauen, indem man sich am reichhaltigen Frühstücksbuffet eines x-beliebigen Hotels delektiert, im kinderfreundlichen **Seehund** des **Vier Jahreszeiten** einen Lunch und im **Luisengarten** des Hotels **Nordstern** (Luisenstraße) ein Dinner einnimmt, bevor man in der Disco **Broadway** des Inselhotels **König** (Bülowallee) zu den eigentlichen Tagesthemen übergeht.

Meeresfrüchte

Wem der Sinn nach Meeresfrüchten steht, findet in annähernd jedem Norderneyer Restaurant das Richtige. **Le Pirate** (Friedrichstraße) scheint die ganze Fauna der Nordsee auf dem Menü zu haben, von Austern bis Zunge (See-). Das **Hafenrestaurant** (natürlich am Hafen) steht mit diversen Fischspezialitäten nicht nach. **Das kleine Restaurant** des Strandhotels Georgshöhe hat ebenfalls reichlich Fisch auf der Abendkarte, dazu Blick aufs Meer und den Sonnenuntergang, diesen vernünftigerweise mit dem Zusatz „ohne Gewähr". Im Winter Montag Ruhetag.

Mittagsmenüs

Auf der Suche nach preiswerten und wechselnden Mittagsmenüs kann man in diversen Häusern einkehren: Im **Kur-Café** (am Kurplatz, Mo Ruhetag), im **Café Cornelius** (Nordstrand), im **Restaurant Lenz** (Benekestraße, Mo geschlossen), im **Lüttje Café** (Gewerbegebiet, Mo Ruhetag), **Am Leuchtturm** (Mo/Di Ruhetag), bei **Pidder Lüng** (J.-Berghaus-Straße, Di Ruhetag) oder **Am Flugplatz** (Mi Ruhetag).

Sonstige Restaurants

- Im Restaurant **La Mirage** (gegenüber der Post) werden erlesene einheimische und internationale Gerichte serviert, und das von 10 bis 23 Uhr, ohne Ruhetag.
- Feine Küche italienischen Einschlags erwartet den Gast im **Veltins-Stübchen** (J.-Berghaus-Straße) täglich außer Mi bis 22.30 Uhr.
- Das Restaurant **Zur Mühle** (Marienstraße) reicht ostfriesische Spezialitäten. Beliebt, besser reservieren: Tel. 2006. Mi Ruhetag.
- Auf Ausflügen fährt man gerne in die **Meierei** am östlichen Stadtrand, um sich dort verwöhnen zu lassen, vornehmlich mit frischem Fisch. Gruppen sollten sich anmelden: Tel. 81824. Im Winter Montag Ruhetag.
- Am Strand warten die **Milch-Bar** mit Eintöpfen und Milchgerichten und die **Giftbude** (Do geschlossen) mit diversen Leckereien auf.
- Außerdem zahlreiche Kneipen, Pinten, Eisbars, Imbisse usw. Im Winter machen viele Gaststätten Betriebsferien.

Sport

Hallen- und Freibäder

- Das **Meerwasserwellenbad Die Welle** am Kurplatz (Tel. 891141) ist eine überdachte und beheizte Riesenanlage mit Brandungsbecken (28°), Suhle mit Massagedüsen (32°), Kinderplanschbecken, 60m-Rutschbahn, Spiel- und Strandzone, Sonnenwiese, Kletterberg, Wassersprudel, Unterwasser-Sitzgrotte, Aussichtsplattform, Wintergarten, Cafeteria, Sportmöglichkeiten und Kinderspielraum.

  Öffnungszeiten: Mo–Do 9–19.30, Fr 9–21, Sa–So 9–18 Uhr. Im Januar geschlossen.

  Eintritt: Einzeltageskarte für Erw. € 10,50, Kinder und Jugendliche 3–18 J. € 5,50. Daneben gibt es verbilligte 5er- und 10er-Karten, Familienkarten (Di, Fr und So) und Abendschwimmen (Mo–Do).
- Außerdem findet man ein **Meerwasser-Wellenfreischwimmbad** am Weststrand (Tel. 891158) mit beheiztem

Meerwasser (22°) und Tauchbecken. Eine Sauna ist angeschlossen.

Öffnungszeiten: Mai–Sept. täglich 12–17 und 28.6.–28.8. 10.30–17.30 Uhr. So geschlossen.

- **Saunabaden** am offenen Meer kann man am FKK-Strand (Tel. 474) täglich vom 25.3. bis 19.10. ca. 11–16 Uhr, 3-Stunden-Karte € 9,50.

Gymnastik

Strandgymnastik, Sport und Spiele zum Nulltarif gibt's am Westbad vom 18.5. bis 26.9. jeden Werktag von 9.45–12.30 Uhr. Bei Regenwetter wird in der Badehalle am Weststrand geturnt. Ein ähnliches Programm läuft vom 21.6. bis 21.8. am Nordbad, und zwar werktags 10–12.45 und 14–16.30 Uhr.

Angeln

Angeln kann man auf Norderney ohne besondere Auflagen. Den „Bundespersonalausweis" soll man dabei mitführen – wozu immer das gut sein mag. Im Programm sind Aal, Dorsch, Grundhai (ungefährlich), Knurrhahn, Makrele und Scholle.

Fliegen

- **Flugschule:** Luftsportgruppe Norderney (Tel. 2455).

Reiten

- Siehe „Fortbewegung".

Segeln

- In der Segelschule Norderney (Am Hafen, Tel. 766) besteht die Möglichkeit, sich zum zünftigen Janmaaten ausbilden zu lassen. „Zünftig" – das ist das Wort. Teilnehmer logieren auf einem 100 Jahre alten Wohnschiff, das unter dem Namen *Deutsch-Sowjetische Freundschaft* vor der Wende in der Ostsee herumkurvte und jetzt teuer renoviert ist. ÜF € 27,50, VP € 40 (Jungvolk billiger).
- Ein **„Schnuppertörn"** ins Watt unter Segel (3 Std.) kostet € 30 pro Person, ein **Tagestörn** zu den Nachbarinseln (6–8 Std.) € 55. Segelkurse für Kinder von 8 bis 13 J. (6x3 Std.) kosten € 125; Erwachsene zahlen € 165. Auch diverse Segelscheine können erworben werden.

- **Buchtipp:** Mit dem Thema Segeln beschäftigt sich auch der im REISE KNOW-HOW Verlag erschienene Praxis-Titel **Küstensegeln,** mit vielen nützlichen Hinweisen für Skipper.

Tennis

Tennis ist, versteht sich, ganz große Sache auf Norderney. Im **Tenniscenter Georgshöhe** (Kaiserstr. 24, Tel. 898405), das dem gleichnamigen Hotel angeschlossen ist, fliegt der weiße Ball das ganze Jahr über auf sieben Plätzen, zwei in der Halle und fünf im Freien. Drinnen kostet die Stunde € 18 (Rabatt für Hotelgäste); draußen € 12,50 mit Ausfallgutschrift im Falle von Schlechtwetter. Instruktion kostet drinnen noch einmal € 40 zusätzlich (60 min.) und € 30 draußen (50 Min.). Billigere Kinder- und Jugendprogramme werden ebenfalls angeboten.

●Weniger „exklusiv", aber preiswerter, kann man (7–13 Uhr) am **Sportplatz an der Mühle** (Tel. 83358) spielen.

Golf

Golf ist die nächste ganz große Sportart auf der Insel. Erstmalig gegolft wurde auf Norderney – damals noch im zünftigen Knickerbocker-Look – bereits 1922. Heute ist die allgegenwärtige Ami-Schirmkappe nicht mehr aus dem gepflegten Areal wegzudenken, das sich in der Nähe des alten Leuchtturms (7 km östlich des Ortes) zwischen den Dünen erstreckt. Mit zum Gesamtkomplex gehört das moderne **Golf-Hotel** (Tel. 8960).

●Der Norderneyer **Golfplatz** hat neun Löcher (Par 72) und einen Gesamtparcours von ca. 3 km. Buchen kann man direkt über das Golf-Büro (Tel. 680).

●Rund ums Jahr wird um einen Monatspreis gegolft; dazwischen gibt es immer wieder größere Treffen und Wettspiele. Achtung: „Als ‚Haufen' eines grabenden Tieres im Sinne der Regel 25/1 gilt auch der vom grabenden Tier (hier vornehmlich Kaninchen) eindeutig ausgeworfene Sand." (Aus den Regeln; so streng ist das).

Windsurfen

●Windsurfen kann man (auch lernen) in der **Surfschule Norderney** (Tel. 82228), und zwar von Mai bis September. Diverse Kurse, ab etwa € 120, können belegt werden.

●**Happy Surfer** (Tel. 648) hat gleich zwei Standbeine, am Hafen und an der Weißen Düne. Ab € 12 darf man zur Probe mal auf's Brettl steigen. Offen ab Osterferien.

●Norderney hat sich in den letzten Jahren – in Konkurrenz zu Sylt – zum Austragungsort internationaler **Wettbewerbe** emporschwingen können. Ereignisse dieser Art werden in der allgemeinen Sportpresse jeweils lange im Voraus angekündigt.

Unterhaltung

Veranstaltungen

Ihrer Zielsetzung als Kulturzentrum der südlichen Nordsee gemäß bietet die Insel Norderney ein ganzjähriges, weitgehend variierendes **Programm** für ihre Kurgäste. Ein Großteil des Kultur- und Unterhaltungsgeschehens spielt sich im Haus der Insel und im Kurtheater ab.

●Von leichter Kost wie **Skatturnieren** bis zu schwerkalibrigen **Symphoniekonzerten** mit berühmten Orchestern und Solisten ist für jeden Anspruch etwas dabei. Operetten, Musicals, Tanz- und **Theateraufführungen** fehlen ebenfalls nicht, auch oft mit Starbesetzung. Dann wieder wird es mit

Darbietungen des Norderneyer Frauenchors und Männergesangvereins, der Feuerwehrkapelle und der Bläsergruppe des Reitclubs eher volkstümlich.

● **Folklore,** überwiegend von der heiteren Seite, wird überhaupt groß geschrieben in der Norderneyer Kulturszene. Entsprechende Darbietungen sind in jedem Jahresprogramm reichlich enthalten.

● Noch häufiger sind **Film- und Diavorführungen** angesetzt, bei denen u. a. *Manfred Temme,* sozusagen Norderneys „Hausornithologe", regelmäßig mit Beiträgen über die insulare Vogelwelt brilliert. Außerdem werden in kürzeren Abständen **Ausstellungen,** von Bildern und Briefmarken bis hin zum Thema Seenotrettungswesen, abgehalten. Als nächster Programmpunkt folgt vielleicht ein Klavier- oder Leseabend. Oder man kann sich über Ernährungsfragen aus medizinischer Sicht kundig machen. Oder an einem Fest teilnehmen. Oder ..., der Möglichkeiten sind viele.

● Die meisten dieser oft recht aufwendigen Veranstaltungen kosten Eintritt. **Kartenvorverkauf** im Konzert- und Theaterbüro im Haus der Insel nur vor-, im Sommer zusätzlich nachmittags. Programmhinweise über Tel. 874200.

Kurkonzerte

Kurkonzerte, mitunter mit Wunschprogramm, finden täglich außer Mo um 10.30 (So 11.15), 16 und 20 Uhr auf dem Kurplatz oder im Kurgarten statt, bei Regen im Konzertsaal des Kurhauses oder im Haus der Insel. Hierfür werden regelmäßig Top-Performer wie das Warschauer Symphonieorchester unter Vertrag genommen.

● **Orgelkonzerte** werden von Anfang Juni bis Mitte September jeden Fr um 20.15 Uhr in der ev. luth. Kirche angesetzt. Bekannte Solisten aus dem In- und Ausland.

Kinder

Ein- bis zweimal um die Wochenmitte herum werden auch die Kleinen im Haus der Insel mit **Kinderdarbietungen** unterhalten.

Spielbank

Die etwas Größeren (ab 18) haben die Möglichkeit, sich in der Spielbank (Kurhaus, Tel. 745) zu vergnügen. Casinobetrieb ist 14–22 Uhr (1.1.–31.3.) und 11–1 Uhr (1.4.–10.10.).

● 99 **„einarmige Banditen"** laden dann mit „unbegrenzten Gewinnchancen" zum großen Glück. (Verlieren kann man leider aber auch). Das Spielcasino nimmt dankenswerterweise ein „low profile" ein.

Discos

● Wenn der Abend sich rundet, geht man in die **Disco Broadway,** in den **Beach-Club** (Strandstraße) oder in die **Maritim Dancing Bar** (gegenüber der Post). Die Discos schließen um 4 Uhr.

Veranstaltungshinweise

- Eine Übersicht über die jeweiligen monatlichen Veranstaltungen lässt sich im **Badekurier,** in der Inselzeitung und in zahlreichen Aushängen verschaffen.

Touren

Schiffsausflüge

Von März bis Oktober unternimmt die Reederei **Cassen Eils** zu variierenden Terminen Ausflugsfahrten zu verschiedenen Zielen im Umfeld Norderneys.

	Dauer ca. Std.	Erw. €	Kinder 4–11
Seehundbänke	1,5	9,00	5,00
Rund um Norderney	4	14,00	8,00
Juist	5,5	14,00	8,00
Baltrum	4	14,00	8,00
Langeoog	7	19,00	10,00
Helgoland (Cat)	14	46,00	36,00
(Funny Girl)	14	28,00	19,00

Auf Langeoog ist die Gebühr für die Inselbahn inbegriffen. Die Norderneyer **Agentur** für diese Fahrten ist *G. Wedermann* (Marienstr. 10, Tel. 569 oder 2802).

Rundflüge

Einen Inselrundflug kann man bei der **Frisia** (Tel. 541) buchen. Mindestens 2 Personen sollten mitmachen. Dann kostet's ab € 20 pro Kopf.

Inselrundfahrt

Eine Inselrundfahrt mit dem **Bus** (*Fischer,* Tel. 927910; *Tjaden,* Tel. 514) kostet € 7,70 (Kinder € 4,50), ebenso eine Kutschfahrt mit dem **Pferde-Omnibus** (Tel. 2336). Hängt noch ein **Planwagen** hinter dem Ross, wird es etwas teurer: € 50/Std., bis zu 7 Personen können mitfahren (Tel. 1443).

Wattwandern

- Für € 3 (€ 1,50 für Kinder) geht's mit **Eduard Fokken** (Tel. 2238) auch für ca. 2,5 Stunden ins Watt.
- Das **Nationalparkhaus Norderney** (Am Hafen 1, Tel. 2001) arrangiert ebenfalls Wattwanderungen. Dann kostet's gar nichts, aber über eine Spende freut sich der Naturschutz.

Stadtführung

Eine Stadtführung bietet **Lothar** (Tel. 2159) für € 3 pro Nase an; die Kleinen dürfen für € 1,50 mitstaunen.

Naturkundlicher Rundgang

Gratis gibt's außerdem einen naturkundlichen Rundgang mit einem zivildienenden **Vogelwärter.** Dazu trifft man sich von Mai bis September jeden Mi beim **Info-Stand am Ostheller.** Die Tour dauert etwa 2,5 Stunden.

Fährverbindungen

Norderneys Zubringerhafen auf dem Festland ist **Norddeich** (siehe „Abfahrtshäfen und Fähren).

125aNor Foto: rh

Flugverbindungen

Mit Norddeich

Von Norddeich aus gibt es täglich Flüge der FLN nach Norderney.

- Die **Flugzeit** beträgt wenige Minuten.
- Der **Flugpreis** beträgt pro Strecke € 50.
- Der **Flugplatz** auf Norderney befindet sich ca. 3 km vom Ort entfernt (Busverbindung); in Norddeich liegt er ca. 4 km östlich des Ortes.

Weitere Verbindungen

ROA und OLT bieten, z.T. saisonal, weitere Flüge an. Mit **Borkum** gibt es drei- bis viermal wöchentlich Flugverbindungen, außerdem mit **Emden** und **Helgoland.** Mit **Bremen** und **Juist** gibt es in der Saison dreimal wöchentlich eine Verbindung, mit **Düsseldorf** viermal wöchentlich. FLN (Tel. 04464-94810) fliegt im Sommer täglich nach Baltrum, Langeoog und Wangerooge, nach Harle und Wilhelmshaven. VHM (Tel. 0208-99234-0) fliegt Norderney von Essen/Mülheim und Erfurt/Leipzig/Dresden an.

Auskunft

- Siehe „Juist/Flugverbindungen".

Mit dem eigenen Boot

„Norderney – es kann einem schon sehr gefallen. Drei Tage vielleicht. Dann wird man erleichtert die Leinen lösen und hinausgleiten aus dem Hafen ..." Mit diesen Worten beschreibt der segelnde Schriftsteller *Jan Werner* seine Eindrücke dort und vergisst auch nicht hinzuzufügen, „daß man sich auf die Terrasse des Centralcafés setzen und bei Kaffee und Sahnekuchen das Flanieren beobachten kann, das einem **ausnahmsweise** (Hervorhebung d. Verf.) kostenlos geboten wird." Jan Werner hat offenbar schon einiges von der Welt gesehen.

- Norderneys Jachthafen erhält indessen gute Noten – was Funktionalität anbelangt. Das **Hafenbecken** ist groß, tief, es gibt jede Menge Organisation und Beton. An Schwimmstegen am Ende des Hafens liegt das Boot perfekt geschützt und kann sich auch bei tiefster Ebbe noch einer Handbreit Wasser unter dem Kiel erfreuen. Der **Hafenmeister** möchte dann aber auch möglichst bald von der Neuankunft hören, um zur Kasse zu bitten.
- Im **Clubhaus** (Tel. 83545) gibt's im Keller Duschen und WCs, oben ein Restaurant. Alles ist makellos organisiert. Morgens bringt sogar ein Bäcker frische Brötchen zum Hafen.
- Aber man erhält tatsächlich etwas sehr Nützliches zum Null- oder besser Ortstarif auf Norderney, nämlich einen aktuellen **Seewetterbericht** unter Tel. 874230.

Der Norderneyer Leuchtturm

Im Jahre 1872 wurde mit dem Bau des Leuchtturms von Norderney begonnen. Auf Borkum, Helgoland und Wangerooge gab es bereits Leuchtfeuer; nun galt es, die empfindliche Lücke zu schließen, die in der Mitte der ostfriesischen Inseln klaffte. Das Deutsche Reich, gerade ein Jahr alt, begann zu erblühen, und die Sicherheit der Seeschifffahrt wurde zu einem hochwichtigen Anliegen.

Am 1. Oktober 1874 nahm der neue Wegweiser, 53,6 m hoch, seinen Betrieb auf. Doch er sollte sich nicht als Freund und Helfer der Seefahrer erweisen, zumindest nicht in den ersten Jahren.

Sei es, dass preußischer Bürokratismus die Sache herauszögerte, sei es, dass deutsches Beamtentum schon damals mit seinem bekannten Geheimhaltungsfimmel infiziert war, sei es, dass so kurz nach dem deutsch-französischen Krieg immer noch fremdenfeindliches Denken die hiesige Psyche beherrschte – jedenfalls wurde die internationale Schifffahrt nicht auf das Vorhandensein dieses neuen Seezeichens aufmerksam gemacht. Dass das Fehlen eines Richtungsweisers dem Seemann einen besseren Dienst erweisen mag als die Existenz eines unbekannten und irreführenden, zeigte sich am 19. September 1878.

Der große britische Segler „Argyra" war mit einer Ladung Häute von Buenos Aires nach Hamburg unterwegs. Kapitän *Luckham* hatte in England seine Frau und Tochter an Bord genommen. Dies sollte seine letzte Fahrt sein; er wollte das Schiff dann seinen (ebenfalls an Bord befindlichen) beiden Söhnen übergeben und sich nach einem Leben auf See zur Ruhe setzen.

Das Leuchtfeuer, das in der stürmischen Nacht auftauchte, hielt man für das von Helgoland. Die „Argyra" steuerte auf Südostkurs daran vorbei – und saß wenig später am Strand von Juist auf. Beim Versuch, die beiden Frauen zu retten, kam Kapitän *Luckhams* gesamte Familie ums Leben. Das Schiff wurde zum Totalverlust.

Der gramgebeugte Alte begrub seine Familie und seinen Traum vom Landhäuschen. Er fuhr weiter zur See – ein Opfer des Leuchtturms von Norderney ...

- Wer heute den Leuchtturm besteigen will, muss ebenfalls ein Opfer bringen: € 1 (in der Gruppe), mit NorderneyCard (einmalige) Gratisbesteigung. Aber immerhin ist der Turm jetzt in den Seekarten verzeichnet.

Baltrum
– die „Dornrösncheninsel"

Geschichte

Der Name

Der Ursprung des Namens *Baltrum* ist im Dunkel der Zeit verborgen. Wie bei Borkum bereits vermerkt, dürfte die Endung *-um* „-heim" bedeuten. Ob vielleicht „Baldurs Heim" dahintersteckt, ist ungewiss. Auch der Name *Balteringe,* der in alten Schriften auftaucht, ließe den Schluss „Baldurs Reich" zu, der aber genauso fragwürdig ist.

Dornröschenschlaf

Die mit 6,5 km² zweitkleinste Insel der sieben Ostfriesinnen findet im **14. Jahrhundert** erstmalige urkundliche Erwähnung. Spätestens zu diesem Zeitpunkt war das Eiland auch bereits besiedelt. Zudem war es ein gut Teil **größer als heute,** ungefähr von den Dimensionen des gegenwärtigen Juist. Doch in der Folgezeit ist von Baltrum kaum einmal etwas zu hören. Die maulfaulen Insulaner beschäftigten sich vorwiegend mit der Fischerei, suchten ihre Strände nach Treibgut ab und bemühten sich schon vor zweihundert Jahren verstärkt, ihre Dünen am Davonfliegen und ihre Küste am Hinwegdriften zu hindern.

Dennoch wurde die Insel immer kleiner. Die berüchtigte **Weihnachtsflut von 1717** ging offenbar relativ glimpflich ab, denn sie findet keine besondere Erwähnung in der Inselchronik. Dafür gab es **1825** gewaltig **Landunter.** Am Timmermannsgatt brach die See durch die Dünen, und Baltrum war anschließend kaum viel mehr als eine bessere Sandbank. Der Inselbevölkerung standen **magere Jahre**

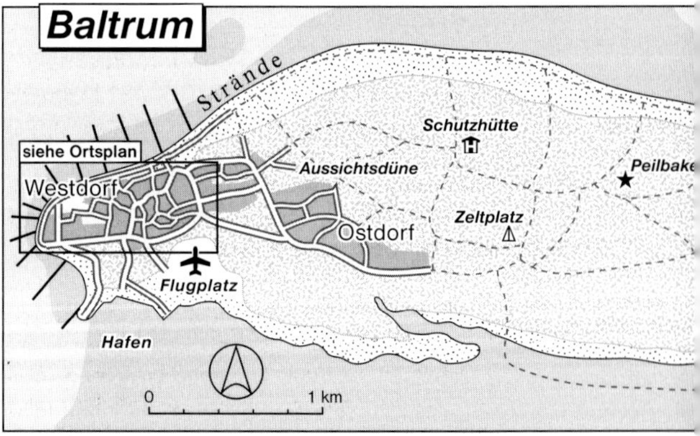

ins Haus. Über einen längeren Zeitraum hinweg musste die preußische Regierung mit Unterstützungen die größte Not lindern.

Doch die Baltrumer rappelten sich, ihrer Natur entsprechend, bald wieder auf. Die Insel, obwohl gewaltig geschrumpft, war noch da, und zu fischen gab es ebenfalls immer etwas. Gegen **Ende des 19. Jahrhunderts** begann man in größerem Umfang, im Westen der Insel **Uferbefestigungen** anzulegen, und seither haben sich die Konturen Baltrums nur geringfügig verändert. Auch stellten sich, wie auf den anderen Inseln, aber in wesentlich bescheidenerem Umfang, die ersten **Badegäste** ein.

Baltrum heute

Weil man auf Baltrum nicht mit Hurra auf diesen Zug sprang, sondern ihn sozusagen abfahren ließ, nennt man die Insel heute das **„Dornröschen der Nordsee“.** Doch Herr *Gorbatschow* läge hier schief mit seinem „Wer zu spät kommt, den bestraft das Leben.“ Baltrum hat der lange Dornröschenschlaf gut getan, und wenn es sich heute in den Prospekten „Schatzinsel“ nennt, so ist da auch etwas Wahres dran. Zwar sind auf Baltrum keine Schätze vergraben – außer in den Brieftaschen der Besucher –, aber die Insel ist ein kleines Juwel in der Kette der Nordsee-Eilande.

Man hat auf Baltrum nämlich nicht die „verlorenen Jahre“ mit Hauruck aufzuholen versucht, sondern etwa dort eingesetzt, wo „die anderen“ einstmals begannen: zu einem Zeitpunkt, als der Tourismus noch sanft war. Auf Baltrum läuft vieles erfreulich der Zeit hinterher, man denkt gar nicht daran, sich partout „modern“ zu geben.

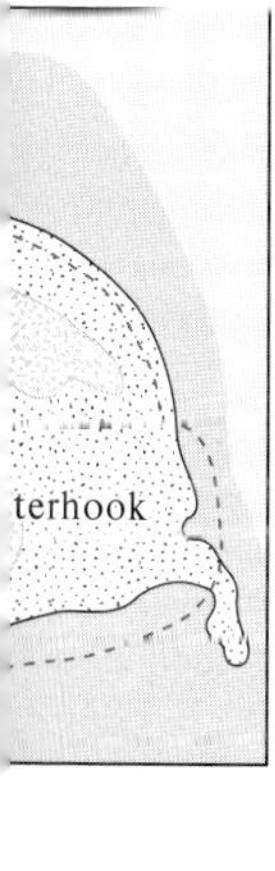

Nichts Motorisiertes, klar, nicht einmal Elektrokarren. Weit über das Eiland hinaus bekannt ist die Geschichte vom Inselpolizisten, der seinen Dienst hoch zu Ross verrichtet. Überhaupt spielt das **Pferd** eine wichtige Rolle auf Baltrum – das ganze Transportgeschäft wird per Fuhrwerk abgewickelt. Ansonsten bewegt man sich gemessen **per pedes** voran, was die geringen Dimensionen Baltrums locker ermöglichen. Auch das **Fahrrad** bittet man zu Hause zu lassen. Zwar dürfen die fünfhundert Eingeborenen es maßvoll benutzen. Von den Besuchern wird jedoch zusätzliches Maß erwartet. Es gibt auch keinen Fahrradverleih auf der Insel.

Angesichts der begrenzten Abmessungen hat sich auf Baltrum eine ganz **spezifische Architektur** entwickelt, die bemüht ist, jeden Kubikmeter umbauten Raumes optimal zu nutzen. Fenster in Dachstuhlnähe lassen darauf schließen, dass auch dort oben noch beherbergt wird. Warum nicht: „Unterm Dach, juchhe" ist es oft am gemütlichsten.

Das ist auch das Prädikat, das auf Baltrum am ehesten zutrifft: das urdeutsche Wort **„gemütlich".** Daran ändern selbst die staatlich anerkannten, für die Insel etwas zu klobig wirkenden **Kurbauten** wenig: Ein Stückchen weiter erhebt sich hübsch das (katholische) **Inselkirchlein St. Nikolaus** und gleicht mit Reetdach und nobler Linienführung alles wieder aus.

Und daran schließt sich die **weite Dünenlandschaft** – doch nein, das sagen lediglich die Werbebroschüren. Nichts auf Baltrum ist „weit". Drei Kilometer hinter dem Ostdorf, an der Rinne nach Langeoog, ist die ganze Herrlichkeit schon wieder zu Ende.

Nette Menschen gibt's übrigens auf Baltrum. Nirgendwo war eine Kurverwaltung kooperativer als auf diesem Mini-Eiland.

Baltrum, der Ort

Baltrum-„Town" besteht aus zwei ineinander übergehenden Ortsteilen, dem **West-** und dem **Ostdorf.** Beide zusammen lassen sich von einem Ende zum anderen in einer guten halben Stunde zu Fuß durchmessen.

Der geringen Dimensionen wegen weist Baltrum eine von anderen Inselorten abweichende Besonderheit auf. Es gibt, von wenigen Ausnahmen abgesehen (Strandpromenade, Höhenweg), **keine Straßenbezeichnungen.** Stattdessen sind die Häuser querbeet durchnummeriert – ohne jegliches System. So kommt es dann, dass die Post

007oi Foto: rh

mit der Hausnummer 43 von den Häusern 11 und 89 flankiert wird, und dass der Nr. 2 die Häuser 134 und 294 gegenüberliegen. Da lässt sich eigentlich nur per Ortsplan durchfinden – aber wie gesagt: Baltrum ist so klein, dass man schon nach kurzer Zeit überhaupt keine Orientierungshilfe mehr braucht.

Sehenswertes

An „Sightseeing" bietet Baltrum denkbar wenig. Da wäre die berühmte **Inselglocke,** die von einem holländischen Schiff stammt, das vor langer Zeit vor der Insel zu Bruch ging. Die Glocke hat Eingang in Baltrums Wappen gefunden und hängt heute als Inselwahrzeichen an einem Gerüst im Ortskern.

Badestrand

Und das wär's auch schon. An Sehenswertem offeriert Baltrum vor allem halt **Inselnatur.** Wer sich dafür zu begeistern vermag, kann auch gut und gerne auf menschengemachte Attraktionen verzichten.

Naturschutzgebiete

Wie alles auf Baltrum, ist auch das NSG klein; es umfasst ein knappes Drittel der Insel. Trotzdem hat das Areal, das dicht an Baltrums Ostdorf grenzt, eine nicht minder wichtige Funktion als andere NSGs im Nationalpark Wattenmeer. Im Gegenteil: Gerade die ruhige Lage des Eilands, auf dem nicht einmal geradelt wird, ist der Entfaltung insbesondere tierischen Lebens ausgesprochen förderlich.

Deshalb können sich auf Baltrums **Salzwiesen** auf der Wattseite der Rotschenkel und die Küsten- und Fluss-Seeschwalbe ihren **Brutgeschäften** hin-

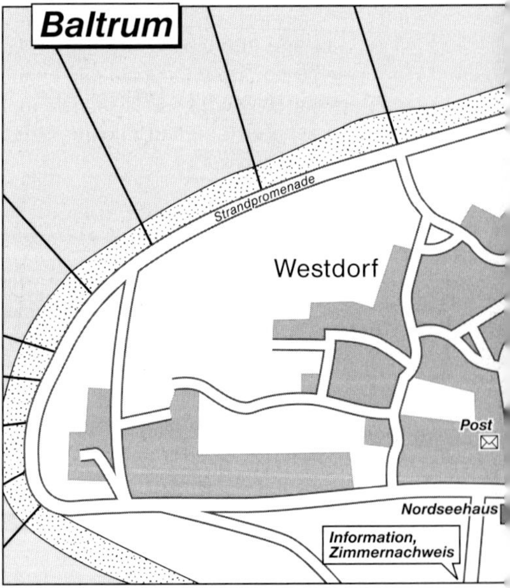

geben, und deshalb auch weist die Lachmöwe einen Bestand von mehreren tausend Brutpaaren auf. Zählt man alle Tierarten mit Einschluss der Insekten in Baltrums „Heller" zusammen, rundet sich letztlich die eindrucksvolle Zahl 2000 – enorm für so ein Inselchen!

Ein weiterer Grund für diese **außergewöhnliche Artenvielfalt** ist, dass Baltrum vom Festland her über eine Pipeline mit Frischwasser versorgt wird. Die **natürlichen Süßwasservorkommen** der Insel werden dieserart nicht angezapft und kommen der **Vegetation** zugute. Folglich gedeihen auf Baltrum Arten wie Stranddistel, -flieder und -winde, der Sumpfwurz und das Sumpfherzblatt, die Dünenrose, die Grasnelke, das Tausendgüldenkraut, das Wollgras und der Wintergrün besser als anderswo. Für einige dieser immer seltener werdenden Wildpflanzen mag Baltrum eines Tages vielleicht sogar die letzte Zuflucht sein.

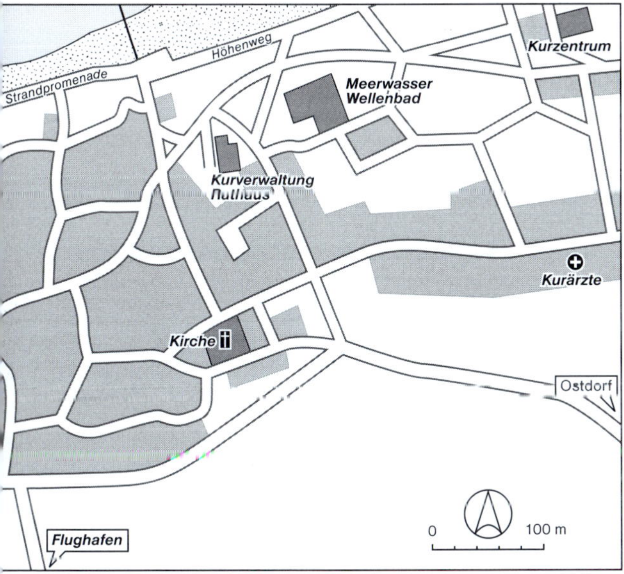

In den **Dünentälern** breiten sich Holunder und Weidenröschen aus und tragen zum grünen Bild der Insel bei. All diese schöne Natur lässt sich auf Baltrum mit bemerkenswert wenigen Restriktionen genießen. Mehrere ganzjährig benutzbare **Reit- und Wanderpfade** durchziehen das NSG – wofür es natürlich einen guten Grund gibt. Würde das NSG dichtmachen, gäbe es auf Baltrum nicht mehr viel zu erreiten und zu erwandern. So ist die einzige Beschränkung naturgemacht: Die südlich des Gebietes vorbeiführende **Wattroute** darf nur innerhalb einer Stunde vor und nach Niedrigwasser benutzt werden – sonst gibt's eh nasse Hosen.

Nordseehaus

Im Nordseehaus (Nr. 177, s. Ortsplan) lassen sich **Auskünfte** zu den Themen NSG Baltrum und Wattenmeer einholen. Dort werden auch Diavorträge gehalten und **Videofilme** gezeigt. Für **Exkursionen** ist Herr *Unger* (Tel. 469) zuständig.

Insel-Info

Auskunft

- **PLZ:** 26579
- **Vorwahl:** 04939
- **Info-Büro:** Am Hafen, Tel. 19433.
- Die **Kurverwaltung** befindet sich im Rathaus (Hausnummer 130), Tel. 800, Fax 8027.
- Hier wird auch die **Zimmervermittlung** gehandhabt, E-Mail: zv-baltrum@service-center-tourismus.de, Tel. 01805-914003, Fax 01805-914005.
- **Reiseauskünfte** (Schiff): Baltrum-Linie Mo–Sa 10–11 Uhr, Tel. 91300 oder Info-Büro.
- **Flugplatz:** Tel. 538.

Arzt

- Haus Nr. 204, Tel. 914010. Kein Zahnarzt.

Saison

- HS ist vom 1.6. bis 15.9., NS vom 15.3. bis 31.5. sowie vom 16.9. bis 31.10. und vom 27.12. bis 3.1.

Kurtaxe

- Siehe „Anhang".
- Die **Kurkasse** befindet sich im Rathaus.

Strandkörbe

- **Strandkörbe** kosten € 8,50 pro Tag, € 7,50 für 2–4 und € 7 ab 5 Tage. Für **Strandzelte** gilt € 5/4,50/4 für die gleichen Einheiten. Bei Vorbestellungen in der Hauptsaison

040la Foto: rh

gibt es einen Rabatt von 10 %, in der Vor- und Nachsaison sind es 25 %.

FKK

- FKK gibt es auf Baltrum nicht.

Kirchen

- Je eine **evangelische** und **katholische Kirche** (St. Nikolaus) sind auf Baltrum vertreten.

Reisebüro

- **Reisebüro Baltrum RAB** (Tel. 914910).

Ruhezeit

- Ruhezeit ist rund um die Uhr. Jegliche Störungen sind verboten.

Hunde

- Hunde dürfen mit auf die Insel, müssen in der HS jedoch angeleint werden. Es gibt sogar einen abgeteilten **„Hundestrand“.** Die Gastgeber scheinen Fiffi allerdings weniger zu schätzen. Hunde sind in derart wenigen Klausen zugelassen, dass diese die Ausnahme von der Regel darstellen!

Presse

- Baltrums Info-Broschüre **Die Inselglocke** erscheint 5-mal im Jahr und gibt Auskunft über aktuelle Unterhaltungsprogramme.

Kinder

- Kinder haben allein **vier Spielplätze** und einen **„Spielteich“** zur Verfügung, viel für den kleinen Ort. Die Kurverwaltung ist bemüht, gerade den Kleinen viel zu bieten und setzt dafür ständig **Programme** an (Malen, Basteln, Laternenumzüge, Burgenbauwettbewerbe, Clownvorstellungen usw.).

Wer baut die schönste Sandburg?

- Ein mit der Kurverwaltung verbundener **Spielkreis** nimmt sich zudem in der Hauptsaison, soweit Platz vorhanden, der Kinder an (Di, Mi und Fr 15–17 Uhr im kleinen Saal unter der Turnhalle, Kostenbeitrag € 2,50, Mo und Do kostenlos). Die Kinder müssen über 3 Jahre alt sein.
- Di 15–16 Uhr werden im **Wellenbad** auch die Wellen abgeschaltet, um die Kleinen nicht zu verschrecken, und eine **Spiel- und Spaßstunde** findet statt.
- Dieses Programm ist **Änderungen** unterworfen. Einzelheiten werden im Kurhaus ausgehängt oder sollten vor der Anreise bei der Kurverwaltung erfragt werden.
- **Mutter-Kind-Kuren** im Müttergenesungsheim des Deutschen Roten Kreuzes, Haus Nr. 171, Tel. 296. Anmeldungen beim jeweiligen DRK-Kreisverband oder an das Kurheim direkt.

Fortbewegung

Auf Baltrum geht man zu Fuß. Die einzige Alternative dazu ist das Pferd oder die vom Hafermotor betriebene Kutsche. Ponys zum Führen (für Kinder besonders reizvoll) kosten ca. € 7, Reitpferde € 10, jeweils für eine Dreiviertelstunde. Für eine Kutschtaxifahrt zum Hafen oder Inselexkursion muss man € 20 anlegen (jeweils max. 5 Personen).

- **Kontakt:** *Seiffart* (Tel. 347) und *Vogt* (Tel. 316).

Unterkunft

Winter

Ein inselspezifisches Merkmal Baltrums ist, dass das Eiland im Winter immer wieder in seinen Dornröschenschlaf versinkt. Ein großer Teil der Etablissements ist nur von März bis Oktober geöffnet oder präzisiert anderweitig „von Beginn der Oster- bis Ende der Herbstferien". Wer Baltrum außerhalb dieser Saison einen Besuch abstatten möchte, tut gut daran, sich anhand des Zimmernachweises genau darüber zu informieren, welche Unterkünfte dann noch verfügbar sind. Einen ganz entschiedenen Vorteil bietet Baltrum allerdings in der kalten Jahreszeit: Es ist dort dann herrlich einsam, noch insularer als auf den anderen ostfriesischen Eilanden.

Preise

Alle hier angegebenen Preiskategorien beziehen sich auf die HS und einen Mindestaufenthalt von 5 Tagen. Zu beachten ist, dass die saisonalen Kategorien von der offiziellen Einteilung abweichen. Abschläge für die NS sind bei Hotels gering und bei Fewos mit bis zu 50 % am höchsten.

Hotels

- Das **Wietjes**€€€ (Nr. 58, Tel. 91810) liegt als einziges Hotel (fast) direkt an der Strandpromenade mit dem Strand nur einen Hupf vor der Tür. Das ist auf Baltrum zwar nur ein geringer Platzvorteil, weil man es kaum irgendwo länger als zehn Minuten zum Strand hat. Doch wer sich vom Brandungsrauschen gern in den Schlaf wiegen lässt, ist im Wietjes gut aufgehoben. Nov.–Feb. geschlossen.

- Dem eben Gesagten entsprechend, rühmt sich auch das mitten im Ort gelegene **Hotel Seehof**€€ (Nr. 86, Tel. 249) einer unmittelbaren Strandnähe und hat durchaus recht damit – in 250 m Entfernung erheben sich die ersten Burgen. Wegen des gewaltigen Anmarschweges werden aber auch gute Preise eingeräumt.
- Der **Strandhof**€€ (Nr. 123, Tel. 890) liegt selbstverständlich genauso wenig direkt am Strand, sondern ebenfalls ca. 250 m davon entfernt – aber was macht das schon aus?
- Gegenüber befindet sich die **Strandburg**€€ (Nr. 139, Tel. 262) in „idealer Lage zum Hauptbadestrand". Deswegen ist der Preis auch fast der gleiche.
- Das **Hotel zur Post**€€ (Nr. 43, Tel. 216/416) ist bis auf weiteres das einzige, das über die genannte Saison hinaus geöffnet ist. Versteht sich, dass der Strand auch von hier nur ein paar Gehminuten entfernt ist.
- Nicht unmittelbar am Strand liegt das **Dünenschlösschen**€€ (Nr. 48, Tel. 91230), sondern im Ostdorf und mithin dem Wattenmeer zugewandt, das ja auch seine Reize hat.
- Ebenfalls in Richtung Wattenmeer blicken das **Fresena**€€ (Nr. 55, Tel. 231) und das **Witthus**€€ (Haus 137, Tel. 990000), Letzteres mit Restaurant.
- Einige Hotels bieten auch günstige Preise für die **Vollpension.**

Pensionen

In Baltrums Pensionen, es gibt deren 34, kommt man zwar preislich etwas günstiger davon als in den Hotels, doch auch hier ist nicht mehr als eine Hand voll ganzjährig geöffnet. Die Preise beginnen hier schon bei € 11,50 (Haus Hannelore, Tel. 202), und das sogar mit Frühstück – ein recht komfortables Niveau! Zimmer mit eigener Küchenbenutzung lassen sich bereits ab € 12 finden (Haus Albers, Tel. 423), aber leider gibt es nur acht Häuser dieser Kategorie.

Zimmer

Diese Kategorie ist in den Pensionen aufgegangen und existiert nicht mehr separat.

Ferienwohnungen

Ferienwohnungen, -häuser und Appartements machen den Löwenanteil unter Baltrums Unterkünften aus. Die meisten dieser Herbergen sind das ganze Jahr geöffnet. Die Preise beginnen bei etwa € 15 pro Bett bis zu einem Maximum um € 40.

Zelten

Der Zeltplatz des **Niedersächsischen Turnerbundes** (NTB) befindet sich ca. 2 km außerhalb des Ortes am Rande des NSG. Auch Nichtmitglieder können hier zelten, jedoch nur mit schriftlicher Bestätigung der Zimmervermittlung Baltrum.

●Der Zeltplatz ist vom 1.5. bis 30.9. geöffnet und bietet Platz für 60 Personen. Es gibt WCs und Duschen, aber kein Küchenhaus und keinen Aufenthaltsraum. Kategorie D (siehe „Praktische Reisetipps/Gut zu wissen").

Gastronomie

Das Restaurationsangebot auf Baltrum entspricht den insularen Dimensionen: Es ist relativ bescheiden. Was natürlich nicht heißt, dass man dort etwa nicht gut äße. Nur: Die bei „Unterkunft" genannten Einschränkungen gelten auch für einen Teil der gastromischen Betriebe. Im Winter ist die Tafel also nicht ganz so reichhaltig gedeckt.

●Wie üblich, bieten die **Hotels** eine exzellente Küche, so das **Wietjes** mit Wild- und Fischspezialitäten. Dem **Dünenschlösschen** (Haus 48) ist ein Café-Restaurant angegliedert, das mit seiner guten Kuchenplatte lockt.

●**Zum Kaap** (24) offeriert feines Fischiges und ein reichhaltiges gutbürgerliches Menü. Eine Etage tiefer, im **Kaap-Keller**, hat's jede Menge Pizza.

●Gleich daneben, im **Dezulian-Café,** gibt's vorzügliches selbst gemachtes Eis ohne Konservierungsstoffe.

●Das **Sturmeck** (Haus 7) ist eine gemütliche Bier- und Weinstube mit Snacks und „Musik zum Tanzen und Tasten".

●In der **Ostfriesischen Teestube** (Haus 149) kann man bei einem „Koppke" relaxen und sich voll Kuchen stopfen.

●**Zum Seehund** (Haus 178) hat leckere Tellergerichte im Programm und ist für eine „Schlemmerstube" nicht einmal teuer.

●Bei **Charly** (Haus 73) wird mit einer täglich wechselnden Mittagskarte aufgewartet sowie einer großen Auswahl von Fisch- und Fleischgerichten. Einen gehaltvollen Imbiss gibt's auch in den **Häusern 70** und **160.**

●Wer sich selbst verpflegen möchte, wende sich an die **Inselbäckerei Gaiser** (Haus 63, bei der ev. Kirche) oder decke sich in **Feldmanns Fischecke** (Haus 183) mit frischen Meeresfrüchten ein.

Sport

Hallenbad

Das **Meerwasser-Wellenbad** (Haus 240, Tel. 800) hat ein Becken von 37 x max. 25 m, Wassertemperatur 27 °C und eine Sauna. Außerdem gibt es ein **Schwimmbad** im Kurzentrum (Haus 205, Tel. 800) mit einem Becken von 8 x 12 m, Wassertemperatur 30°C. Es dient aber vornehmlich Kurzwecken.

●**Öffnungszeiten:** Das Wellenbad ist von Beginn der Oster- bis Ende der Herbstferien sowie vom 26.12 bis zum Ende der Weihnachtsferien geöffnet. In der Zwischenzeit ist – bis auf notwendige Instandsetzungstermine – die Schwimmhalle im Kurzentrum geöffnet. **Tägliche Betriebszeiten:** Mo–Sa 10–21 Uhr, So 14–21 Uhr.

●**Eintritt** (beide Bäder): Erw. € 4 (2 Std.), Kinder ab 4 Jahre € 2,50. Außerdem zahlreiche Sondertarife

Gymnastik Im Sommer kann man jeden Morgen um 10 Uhr am Badestrand unter sachkundiger Anleitung Gymnastik treiben. Bei schlechtem Wetter verlagert sich das Geschehen in die Sporthalle gegenüber dem Strandcafé.

Angeln Angeln darf man ohne Schein oder Gebühr am Hafen oder an den Buhnen, jedoch nicht im Watt, weil dies ja NSG ist. Angelfahrten werden nicht gemacht.

Jagd Sollte es auf dem kleinen Eiland etwas zu jagen geben? Scheinbar ja. In Haus Nr. 58 (Tel. 237) gibt es genauere Informationen zum Thema.

Reiten Siehe „Fortbewegung".

Tennis Vor allem Tennis wird im kleinen Baltrum groß geschrieben. Auf drei Plätzen mit Kunstrasenbelag (alle im Freien) können Tennisfreaks auf der Insel Dampf ablassen. Eigenen Schläger mitbringen, sonst muss man kostenträchtig einen mieten! Kontakt: *Bock,* Haus 136, Tel. 91830 (Tennisplatz: Tel. 288/699).

●Gegen Ende Juli (wechselnde Termine) finden alljährlich die Baltrumer **Gästeturniere** statt, an denen jeder teilnehmen kann, der mindestens zehn Übernachtungen (im Stück) auf der Insel nachweisen kann.

Boccia, Minigolf Eine Boccia- und Kleingolfanlage mit 18 Bahnen schließt sich dem Tennisgelände an.

Windsurfen Windsurfen kann man bei **Mammen** (Tel. 433). Ein Board kostet dort etwa € 10 pro Stunde oder € 30 pro Tag. Ein Kursus von 4–5 Tagen mit insgesamt 12 Stunden auf dem Brett kosten etwas über € 100.

Unterhaltung

Die kleine Insel macht große Anstrengungen, ihre Besucher zu unterhalten. Während der HS läuft jeden Tag etwas Neues, teils auf Kosten des Hauses, teils mit einem Eintrittspreis verbunden. Das reicht von Konzerten über Puppen spiele und Clowns für die Kinder bis zu Theater- und Kinovorstellungen.

Veranstaltungskalender

Das jeweilige Monatsprogramm wird in der **Inselglocke** oder im **Aushang** bekannt gegeben.

Touren

Schiffsausflüge

Die Reederei **Baltrum-Linie** (Tel. 91300) veranstaltet während der Saison ständig Sonderfahrten ab Baltrum. Das Programm variiert in Abhängigkeit von mehreren Faktoren (u. a. Gezeiten) und wird relativ kurzfristig angesetzt. Man mache sich vor Ort kundig; die Abfahrtzeiten werden per Plakataushang und Handzettel publik gemacht.

Rundflüge

Wer Baltrum aus der Luft betrachten möchte, nehme Kontakt mit der Baltrum-Flug auf (Tel. 538). Ein **Rundflug** kostet für 2 Personen (Minimum) ca. € 50 und € 60 für 3 (Max.). Für eine Flugtour nach **Helgoland** müssen 3 Passagiere zusammen sein, und etwa € 100 sind pro Person für den Hin- und Rückflug anzulegen. Kein Kinderrabatt.

Wattwandern und Exkursionen

Für Wattwanderungen trifft man sich am Info-Gebäude am Hafen. Termine laut Plakataushang. Preis für eine ca. dreistündige Tour: € 4, Kinder die Hälfte. Kontakt: *Rieken* (Tel. 04941-8260).

- Naturkundliche Exkursionen: siehe „Naturschutzgebiete".

Fährverbindungen

Baltrums Abfahrtshafen auf dem Festland ist **Neßmersiel** (siehe „Abfahrtshäfen und Fähren"). Wegen des stark gezeitenabhängigen Fahrplans der Fähren sind **Tagesausflüge** oftmals nicht möglich.

Flugverbindungen

Regelmäßige Flüge nach Baltrum gibt es im Sommer mit LFH (Tel. 04464-94810) von Harle (€ 92), Wangerooge (€ 92), Langeoog (€ 68) und Norderney (€ 92), jeweils hin und zurück. **Charterflüge** können mit der LFH jederzeit arrangiert werden. Verschiedene Kombinationen sind auch mit der Baltrum-Flug möglich (Tel. 04939-538), jedoch alle nur auf Charterbasis. Siehe auch „Touren".

0441a Foto: rh

Mit dem eigenen Boot

Baltrums **Bootshafen** ist klein, aber recht fein mit gut 60 Liegeplätzen an Schwimmstegen. Deshalb ist er auch oft voll belegt. Besser vorher mal beim **Baltrumer Bootsclub** (BBC) anrufen (c/o Spedition Strenge, Tel. 272). Der **Hafenmeister** erledigt das Kassieren selbst. In der nahen Clubhütte gibt's WCs und Duschen.

●**Achtung:** Eine Ansteuerung des Baltrumer Hafens von See (durch die Wichter Ee) ist wegen Untiefen und starker Brandung nicht möglich!

Strandidylle

„Ein Boot? Unmöglich bei der hohen See …“

Der Ortsausschuss zu Baltrum berichtet: „Am 20. März 1875 morgens 6 Uhr wurde dem Vormann *Oltmann* durch den Vogt *Küper* die Anzeige gemacht, daß in dem Norderneier Riff ein Schiff in Gefahr sei. Wir eilten schnell nach dem Strande und sahen, dass das Schiff schon am Grund saß und die Seen hoch über das Schiff schlugen. Mit dem Fernrohr konnte man bemerken, daß 3 Mann in die Masten stiegen. Es wurde sogleich Anstalt gemacht, das Rettungsboot zu Wasser zu bringen. Bei dem Bootsschuppen langte die Nachricht an, beide Masten seien über Bord geschlagen, unsere Hülfe käme also zu spät. 10 Minuten später traf ein zweiter Bote mit der Nachricht ein, es treibe ein Wrack, worauf sich 3 Menschen befänden. Nun wurde alles mit doppeltem Eifer betrieben, um Hülfe zu bringen, was der Mannschaft auch bei Sturm und hoher See gelang. Dieselbe hatte die Freude, um 9 Uhr vormittags 5 Mann lebend auf Baltrum zu landen. Der Steuermann war sehr schwach, erholte sich jedoch bald. Der Sohn des Rheders und der Schiffszimmermann waren beim Niederstürzen der Masten umgekommen. Der Kapitän *Wiekmann* morgens 4 Uhr durch eine Sturzsee über Bord geschlagen.“

Dazu folgende Einzelheiten nach dem Bericht des geretteten Steuermanns: „Der russische Schooner „Charlotte“ war mit Steinkohlen beladen von Shields nach Brunshausen bestimmt. Den 20. März, bei starkem Nordweststurm und heftigem Schneegestöber, trieb derselbe mit dichtgerefften Segeln auf die Telloplatte bei Baltrum und wurde in kurzer Zeit total wrack. Um 4 Uhr morgens nahm das Schiff, welches sich zwar noch auf flottem Wasser, jedoch wohl schon im Bereich der sogenannten Grundseen befand, eine Sturzsee über, die alles an Bord unter Wasser setzte. Nachdem sich das Wasser etwas verlaufen hatte und man nach dem angerichteten Schaden sehen konnte, fand man, daß die Böte zertrümmert und der Kapitän über Bord geschlagen sei. Derselbe blieb verschwunden. Niemand hat wieder etwas von ihm gesehen noch gehört. Um 6 Uhr morgens stieß der Schooner zum erstenmal auf Grund. Vor der Gewalt der jetzt ununterbrochen über das Schiff hinrollenden Wellen flüchtete sich die Mannschaft in die Wanten, aber die Masten brechen nicht lange nachher und reißen die Leute mit sich über Bord. 5 Mann gelingt es, sich wieder an den noch am Schiff festhängenden Lee-Wanten an Bord zu ziehen; 2 ihrer Kameraden, der Zimmermann und der Junge, ein Sohn des Rheders, sind

verschwunden. Wahrscheinlich haben sie schon beim Sturz der Masten Beschädigungen erlitten und dann nicht mehr die Kraft gehabt, gegen die See anzukämpfen. Das Schiff, durch die über Bord gefallenen Masten erleichtert, wurde nun von der See noch weiter auf den Strand geworfen und nahm, in dem flacheren Wasser, nicht mehr so schwere Seen über wie vorher, so daß es den Leuten mit Aufbietung all ihrer Kräfte noch möglich war, sich auf Deck zu halten. Aber vor Kälte erstarrt und alle Augenblicke wieder aufs neue durchnäßt, fangen die Kräfte an sie zu verlassen. Man frägt sich schon, ob es nicht besser sei, diesem qualvollen Dasein ein Ende zu machen. Da erblickt der Steuermann auf der Spitze einer hohen Welle in Lee einen schwarzen Punkt. Was kann das sein? Wrackstücke oder ein Boot? Ein Boot – unmöglich, bei der hohen See kann sich kein Boot halten. Aber es war doch ein Boot, und zwar das Baltrumer Rettungsboot mit seiner braven Mannschaft, die sich mit unsäglicher Mühe nach dem Wrack hinarbeitet, um ihre in Lebensgefahr befindlichen Brüder zu retten. Um 9 Uhr morgens gelang es der Bootsbesatzung, die Schiffbrüchigen abzunehmen. Der Steuermann erzählte, als sie die Gewißheit erlangt hätten, daß es wirklich ein Boot sei, das ihnen zu Hülfe käme, hätten sie alle geweint wie die Kinder. Wie er an Land gekommen, darauf könne er sich nur dunkel besinnen. Er wisse nur, daß man ihn aus dem Boot gehoben und nach dem Hause des Vogts getragen, welcher ihn mit trockener Kleidung versehen und mit Speise und Trank erfrischt hätte.“

(Aus den Annalen der Deutschen Gesellschaft zur Rettung Schiffbrüchiger).

„Der Schiffbruch“ (Hans Burgmair)

Langeoog
– die schwer Heimgesuchte

Geschichte

Anfänge

Erstmals wird die „lange Insel" im Jahre **1289** erwähnt. Der afrikanisch klingende Name *Achumhe* fällt; es handelt sich dabei um die heute als Accumer Ee bekannte Seebalje unmittelbar westlich der Insel, in der man 1994, von heftigen Protesten begleitet, eine Pipeline für Nordseegas zu verlegen begann. Inzwischen haben sich alle Parteien geeinigt, und die „Europipe" liegt an Ort und Stelle. Immerhin wird ein sehr sauberer Rohstoff in ihr befördert. Hier, ganz in der Nähe des gegenwärtigen Ortes Langeoog, existierte seinerzeit vermutlich eine **kleine Anlegestelle.** Das späte 13. Jahrhundert dürfte auch der Zeitpunkt der **ersten Besiedlung** gewesen sein.

Weitere Geschichte

In den **Urkunden** taucht Langeoog erstmals anno **1398** auf. Doch es sollte noch über zweihundert Jahre dauern, bis von festen Niederlassungen die Rede ist. Im Jahre **1625** gab es **sieben Haushaltungen** auf Langeoog, und ein **Inselvogt** wachte über das **Strandrecht,** das schon damals sehr streng und ausführlich geregelt war. So durfte zum Beispiel niemand allein den Strand absuchen; selbst der Vogt – Vertrauen ist gut, Kontrolle ist besser – musste sich von Aufpassern begleiten lassen. Der ostfriesische *Graf Ulrich,* der diese Anordnung erlassen hatte, sorgte sich auch um den **Strandschutz,** indem er **(1636)** befahl, die Dünen nicht zu zertrampeln, keine Hunde zu halten und „Katzen die Ohren abzuschneiden", um sie am Wildern von Kaninchen zu hindern.

1700 begann man mit planmäßiger **Dünenpflege,** zunächst mit holländischer Fachhilfe. Wenig später folgte der Kirchbau und die Errichtung eines **Dörfchens** im Ostteil. Jetzt ging es mit dem unwirtlichen Eiland ein wenig bergauf – doch da kam die große **Weihnachtsflut des Jahres 1717** und machte alles wieder zunichte. Die Insel zerriss in **drei Teile,** die neue Kirche und ihr Pfarrhaus wurden zerstört, die wenigen Gebäude durch Wanderdünen verwüstet. **1721** verließen die letzten noch auf Langeoog Verbliebenen die so schwer heimgesuchte Insel.

Neubesiedlung

1723 wurde eine Neubesiedlung der menschenleeren Insel erwogen. Da sich keine Alt-Langeooger dafür meldeten, bot *Fürst Georg Albrecht von Ostfriesland* Helgoländer Fischerfamilien günstige Konditionen für einen Zuzug an. Doch die Helgoländer wollten statt des kleinen Fingers die ganze Hand und stellten ihrerseits völlig inakzeptable Bedingungen. Aus dem Geschäft wurde nichts. Unterdessen

008oi Foto: rh

hatten sich aber einige mutige Pioniere überzeugen lassen, auf Langeoog einen Neuanfang zu wagen. Zwar war ihnen ein staatlicher, arbeitsintensiver ökologischer **Maßnahmenkatalog** vorgelegt worden. Andererseits winkte aber **Steuerfreiheit** – also recht gute Voraussetzungen.

Jetzt siedelten sich nach und nach **Ostfriesen** auf Langeoog an. Man lebte – mehr schlecht als recht – vom Fischfang, der Kaninchenjagd (dem bedeutendsten, doch genau reglementierten Erwerbszweig), einiger Viehwirtschaft und von dem, womit Gott den Strand segnete. In den alten Chroniken kann man zurückverfolgen, dass man sich bei der Verteilung der **Strandbeute** schon mal kräftig in die Haare geriet – so in einem besonders detailliert dokumentierten Fall über „eine Wüppe Torf".

Die **napoleonischen Kriegsjahre** brachten den Langeoogern kaum Neues außer den gewohnten Nöten, zu denen sich als eine weitere die annähernd totale Ausrottung

Altarbild in der Langeooger Kirche

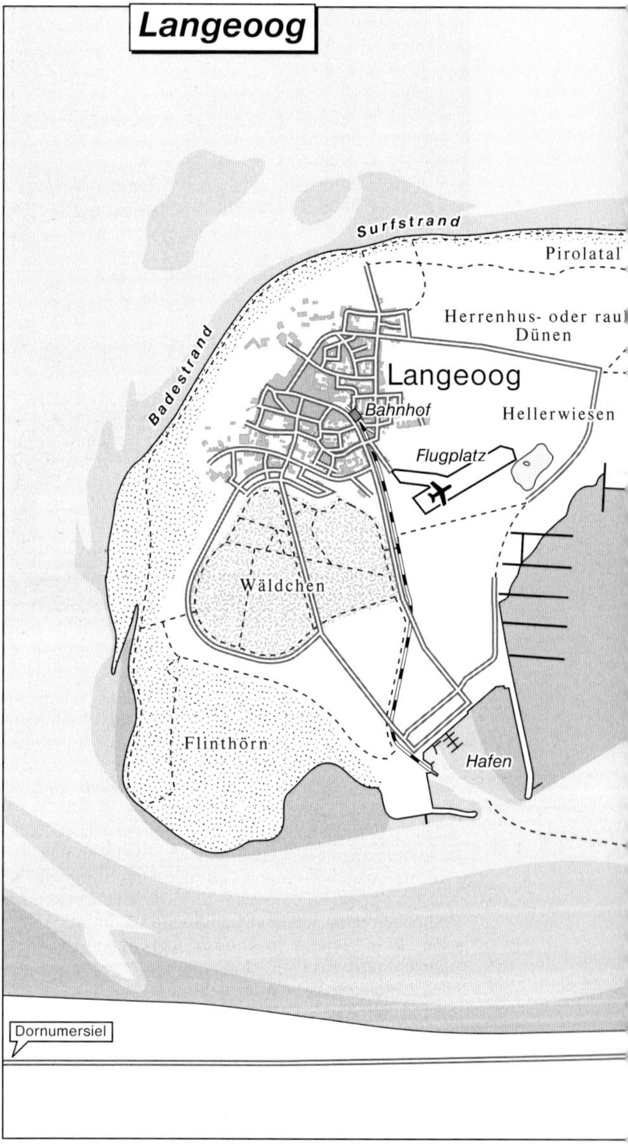
Langeoog
Surfstrand
Pirolatal
Herrenhus- oder rau
Dünen
Badestrand
Langeoog
Bahnhof
Hellerwiesen
Flugplatz
Wäldchen
Flinthörn
Hafen
Dornumersiel

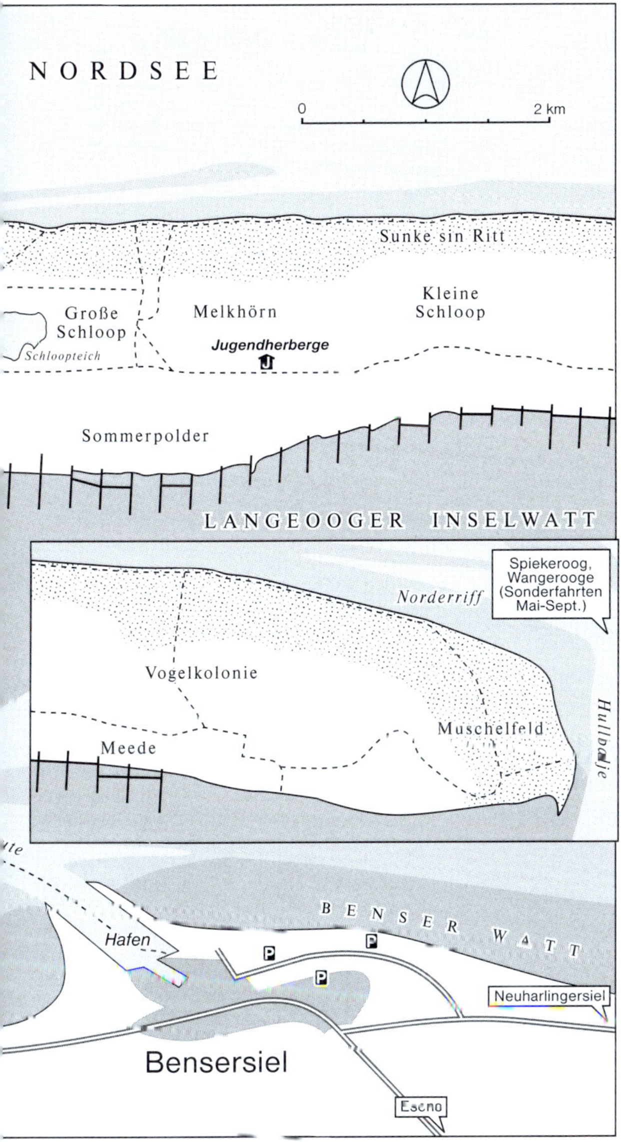
NORDSEE
0
2 km
Sunke sin Ritt
Kleine Schloop
Große Schloop
Melkhörn
Schloopteich
Jugendherberge
Sommerpolder
LANGEOOGER INSELWATT
Spiekeroog, Wangerooge (Sonderfahrten Mai-Sept.)
Norderriff
Vogelkolonie
Muschelfeld
Meede
BENSER WATT
Hafen
Neuharlingersiel
Bensersiel
Esens

An die Badegäste.

Damit es vermieden werden kann, zur Aufrechterhaltung der guten und geschmackvollen Form des Badelebens auf unserer als solides Familienbad geschätzten Insel Vorschriften zu erlassen, bitten wir die Badegäste, folgende Regeln zu beachten:

I. Der Verkehr im Badeanzuge auf den Ortsstraßen und Badepfaden sowie am neutralen Strande erfolgt nur mit umgelegtem Mantel.

II. Für Gymnastik und Spiele im Badeanzuge wolle man die Strandfläche außerhalb des neutralen Strandes und des Badestrandes sowie die Dünentäler benutzen. Im dezenten Luftanzuge kann Spiel und Gymnastik auch am neutralen Strande getrieben werden.

III. Wir bitten die Erwachsenen, außerhalb des Herrenbades nicht in Badehose zu erscheinen und die Schulterklappen des Badeanzuges — auch im Familienbade — nicht herabzulassen.

Langeoog, den 16. Juli 1927.

Der Gemeindevorstand. **Die Badeverwaltung.**

der für die Inselökonomie wichtigen Karnickel durch die hungrigen französischen Besatzer gesellte. Noch nicht lange war der böse Krieg vorbei, als **1825** die gewaltige **Februarflut** erneut die Narben aufriss, die seit 1717 kaum verheilt waren. Wieder verfiel die Insel in tiefe Depression.

Seebad-status

In den folgenden Jahren wurden die Langeooger zunehmend auf den immer lebhafteren Fremdenverkehr im nahe gelegenen Norderney aufmerksam. Eine glänzende Erwerbsquelle war da am Sprudeln. Aber warum brummte dort das Geschäft und nicht hier?

Vielleicht hatte das etwas mit den Verhältnissen zu tun, die der Langeooger *Inselpastor Hoffmann* **1862** dem ihm vorgesetzten Amt Esens wie folgt beschrieb:

„Ich muss Klage vor Ihnen führen um das Elend der tiefen Verkommenheit, der frühen Eingriffe in göttl. und menschliche Rechte, die überall hier und fast täglich sich hier in unerhörender Weise kund thun und deren traurige Folgen mit dem unabwehrbaren Fluche der Noth und des Unfriedens so schwer auf dem hiesigen Geschlechte lasten..." Denn: „Der Hauptcharakterzug der Langeooger ist rohe Sinnlichkeit, die sich kund thut in allgemeiner, starcker Trunksucht unter Männern und Weibern, Gemeinheit, Putzsucht und Hang zum Wohlleben. Folgen davon: bodenloser Leichtsinn und Nachläßigkeit, Trägheit, Noth und Armuth, Unfriede und Schlechtigkeit."

Dieser elegischen Anklage, die sich noch in weitere triste Einzelheiten verliert und die man eher für die Schilderung der Gegebenheiten in einer fernen Kolonie halten könnte, setzte der *Baurat Taaks,* der die Insel **1880** für eine Art Fremdenverkehrsstudie besuchte, noch eins drauf. Er bezichtigte die Insulaner der „Indolenz", die „zu Armut und Unreinlichkeit führte und verhinderte, daß dem Badegast auch der geringste Komfort geboten werden könnte". Auch war von kleinlichem Gezänk untereinander, von Missgunst und Zwietracht die Rede.

Ganz anders dagegen liest sich ein „Führer durch die Insel Langeoog", der erste seiner Art aus dem Jahre **1893.** Darin werden die Nordseeinseln bewohnt „von den Friesen, kräftigen wetterharten Menschenkindern mit hellen blauen Augen und blondem Haar. Gastfreundlich und bieder, zuerst etwas zurückhaltend und beobachtend, dann aber... von fester Treue." Wie immer klaffte hier auch schon damals die übliche Lücke zwischen der Prospektherrlichkeit und der herben Realität.

Langeoog heute

Nun muss man es Langeoog aber lassen, dass diese Lücke in den hundert Jahren, die seither verflossen sind, erheblich kleiner geworden ist. Auch für die inselspezifische Indolenz hat sich inzwischen offenbar ein Heilmittel gefunden. Nicht mehr „verlegt der Fährmann seinen Fährtag nach seinem Gutdünken", wie sich Pastor *Hoffmann* bitter beschwerte (und was erheiternd an gegenwärtige Verhältnisse in manchem Tropenland erinnert), sondern „Langeoog III" und „IV" legen zur Zufriedenheit ihrer je 750 Passagiere auf die Sekunde genau ab. Sie bringen ihre Fahrgäste mehrmals am Tag durch eine gezeitenfrei gespülte Rinne sicher nach dem 10 km langen und maximal 2 km breiten Eiland, wo man sie in ein herziges **Inselbähnchen** umlädt, das in ein paar Minuten im Ort ist. Achtung – Langeoog ist **autofrei,** und nicht nur das! Im Ortskern gibt es sogar **fahrradfreie Zonen,** die man schuf, als Fußgänger und Radler im Zeichen verstärkten Andrangs häufiger kollidierten.

Denn der **Badegäste** sind einige mehr geworden als zu Baurat *Taaks* Zeiten. Anfang der achtziger Jahre wurde die Millionengrenze der Inselübernachtungen erreicht, und viele tausend Tagesgäste besuchen im Lauf des Jahres die etwa 2100 Insulaner. Es wird ja auch etwas geboten: Ein ausgesprochen freundlich wirkender Ort, 14 km buhnenfreier Sandstrand und – neuerdings möglicherweise von Sandhaufen auf Borkum und Spiekeroog übertroffen – die höchste Erhebung der Ostfriesischen Inseln, die **Melkhorndüne,** präzise in der Inselmitte gelegen und von 20 Metern schwindelnder Höhe!

Sehenswertes

Großer Schlopp

Kühne Bezwinger der Melkhorndüne können von der hohen Warte gut den Großen Schlopp einsehen, ein Überbleibsel des Dünendurchbruchs von 1717 und weiterhin eine gefährliche Schwachstelle im Landgefüge, über deren Behandlung sich Inselschützer und, so diese im O-Ton, „die aufgeblähte Verweigerungsinstitution Nationalpark" im Dauerclinch befinden. Die einen sind, verständlich genug, um die Sicherheit ihrer Insel besorgt, die anderen, nicht minder einzusehen, um die Erhaltung der Natur. Diese hat sich in den **Feuchtgebieten** des Schlopps zu besonderer Vielfalt entwickelt. Teile des Großen Schlopps gehören zu dem ausgedehnten NSG, das fast die ganze Osthälfte Langeoogs einnimmt und in dem es außer seltenen Vogelarten sogar Orchideen gibt.

Alter Wasserturm

Für Strandläufer in weitem Umkreis des Ortes bleibt ständig der alte Wasserturm im Blickfeld, zwar ein triviales Bauwerk, das allerdings ganz gut in die karge Dünenlandschaft passt.

● Der Wasserturm ist in der HS Mo–Fr 10–12 Uhr erkletterbar. Eintritt frei mit LangeoogCard. Einen schönen Rundblick hat man auch ein Stück weiter östlich.

Seenotbeobachtungsstelle

Dort, am aus der Herrenhus-Straße mündenden Wanderweg, steht auf hohem Dünenkamm die so genannte Seenotbeobachtungsstelle. Was genau von dort besser beobachtet werden kann als anderswo, bleibt unerfindlich, aber man sieht immerhin ein paar Meter mehr im Umkreis als aus der Froschperspektive. Die Station ist nicht immer geöffnet; die drei Meter bis zur Beobachtungsplattform fallen aber wenig ins Gewicht.

Dünenfriedhof

In unmittelbarer Nähe liegt der Dünenfriedhof, ein Hort des Friedens. Im Krieg gefallene Balten und Russen sind hier u.a begraben; ein Kapellchen lädt zur Andacht. Zentraler Anlaufpunkt auf dem Gelände ist das **Grab von Lale Andersen.** Die populäre Sängerin, 1972 in Wien verstorben, lebte lange Jahre auf der Insel und wurde, ihrem Wunsch gemäß, dort auch beigesetzt.

Lale Andersen war vor allem für das Lied von der „Lili Marleen" berühmt gewesen. Auf dieses, versteht sich, kann heute natürlich keine Langeooger Musikdarbietung mehr verzichten. Wer Gelegenheit hat, den eingeborenen Witzbold *Els Sanders,* Langeoogs angegrautes Gegenstück zum Emder Lachsack *Otto,* vor Ort einmal live zu sehen, wird an dem nostalgischen Song nicht vorbeikommen – dann aber auch einiges zum Schmunzeln finden.

Inselkirche

Ernsthafter geht es zu in der evangelischen Inselkirche. Faszinierend ist hier vor allem das ungewöhnliche **Altarbild,** das eine dramatische Schiffsstrandung zeigt, wobei aber weniger Langeoog als ein Szenario aus der Dritten Welt scheinbar Pate gestanden haben muss. Mancher Betrachter mag finden, dass das Bild dort fehl am Platze ist. Doch der jetzige Inselpfarrer hat keinen Hader mit Unkonventionellem und ist um intelligente Interpretierungen nicht verlegen. Auch der **Friedensleuchter,** ein Werk von *Claus Walther,* ist beachtenswert.

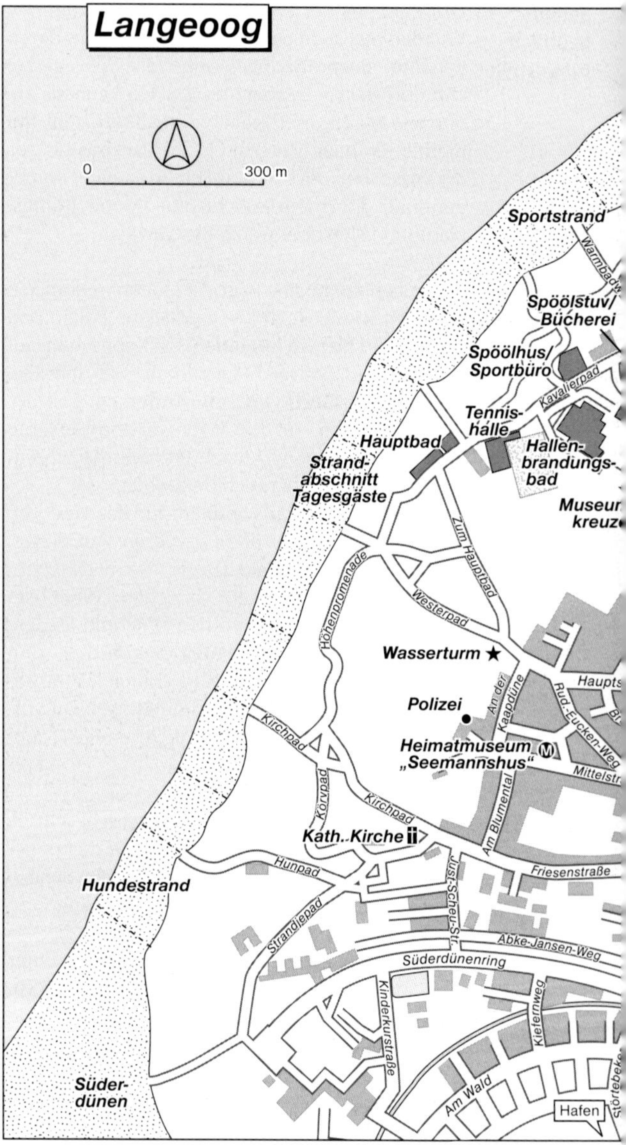
Langeoog
0
300 m
Sportstrand
Warmbadw
Spöölstuv/
Bücherei
Spöölhus/
Sportbüro
Kavalierpad
Tennis-
halle
Hauptbad
Hallen-
brandungs-
bad
Strand-
abschnitt
Tagesgäste
Museum
kreuz
Zum Hauptbad
Höhenpromenade
Westerpad
Wasserturm
Haupts
Polizei
An der
Kaapdüne
Rud.-Eucken-Weg
Kirchpad
Heimatmuseum
„Seemannshus"
Mittelstr
Körvpad
Kirchpad
Am Blumental
Kath. Kirche
Hunpad
Friesenstraße
Hundestrand
Just-Scheu-Str.
Strandjepad
Abke-Jansen-Weg
Süderdünenring
Kinderkurstraße
Kiefernweg
Süder-
dünen
Am Wald
Hafen

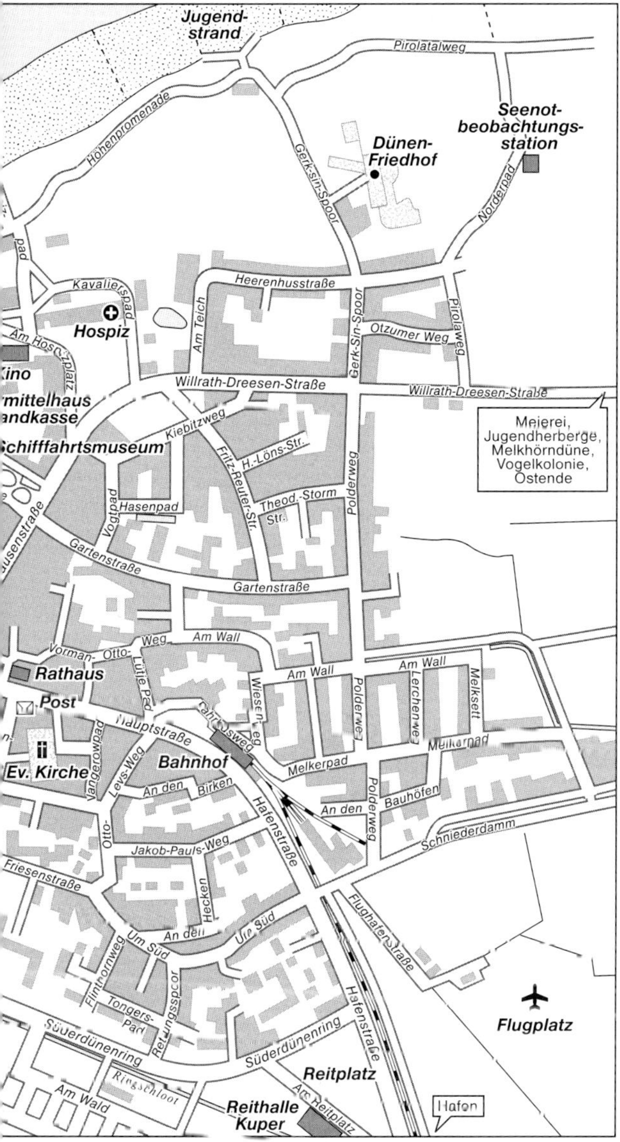
Jugend-
strand
Pirolatalweg
Seenot-
beobachtungs-
station
Dünen-
Friedhof
Höhenpromenade
Gerk-sin-Spoor
Norderpad
Kavalierspad
Hospiz
Heerenhusstraße
Am Teich
Gerk-Sin-Spoor
Otzumer Weg
Pirolaweg
Am Hospizplatz
Willrath-Dreesen-Straße
Willrath-Dreesen-Straße
Meierei,
Jugendherberge,
Melkhörndüne,
Vogelkolonie,
Ostende
Kiebitzweg
Schifffahrtsmuseum
H.-Löns-Str.
Fritz-Reuter-Str.
Polderweg
Theod.-Storm
Str.
Hasenpad
Vogtpad
Gartenstraße
Gartenstraße
Am Wall
Weg
Vorman-Otto-
Lütje Pad
Rathaus
Am Wall
Am Wall
Polderweg
Lerchenweg
Melksett
Post
Wiesenweg
Hauptstraße
Bahnhof
Melkerpad
Melkerpad
Ev. Kirche
Vangerowpad
Levs-Weg
An den Birken
Hafenstraße
An den
Polderweg
Bauhöfen
Schniederdamm
Otto-
Jakob-Pauls-Weg
Friesenstraße
Hecken
An den
Um Süd
Um Süd
Flughafenstraße
Flintrornweg
Tongers-
Pad
Rettungsspoor
Hafenstraße
Flugplatz
Süderdünenring
Süderdünenring
Ringschloot
Reitplatz
Am Wald
Reithalle
Kuper
Am Reitplatz
Hafen

Schiff-fahrts-museum

Wer die See liebt, sollte auf keinen Fall auf einen Besuch des Langeooger Schifffahrtsmuseums verzichten. Das im „Haus der Insel" untergebrachte Museum ist vor einiger Zeit um die prächtige Privatsammlung eines Bielefelder Dauergastes beeindruckend erweitert worden und stellt eine große Zahl ungewöhnlicher **historischer Exponate** zur Schau. Außerdem gibt es ein Aquarium mit diversem Nordseegetier.

Der Querschnitt geht von den Anfängen des kommerziell betriebenen Walfangs durch die Ära der Großsegler bis hin zur Kaiserlichen Marine und den Kriegsschiffen des 2. Weltkriegs. Ein echter Höhepunkt ist das **Knochenschiff.** Es handelt sich um das Modell einer Fregatte von 46 Kanonen (vermutlich „Le Mystère"), das französische Seeleute in englischer Kriegsgefangenschaft irgendwann zwischen 1795 und 1815 ausschließlich aus Knochen fertigten – Tierknochen, wohlgemerkt. Das Museum ist ohne einen Anflug von Kitsch stil- und geschmackvoll angelegt.

● **Öffnungszeiten:** Vom 15. März bis Oktober sowie in den Weihnachtsferien Mo–Do 10–12 und 15–17 Uhr, Fr/Sa nur morgens. So Ruhetag. Eintritt € 2,50, Kinder € 1.

009oi Foto: rh

Das „Knochenschiff"

Rettungsboot Langeoog

Interessant zu sehen ist auch das Museums-Rettungsboot „Langeoog“ unweit des Eingangs. Das Boot wurde 1945 in Dienst gestellt und rettete bis zu seiner Ausmusterung 1980 nicht weniger als 945 Menschen.

Seemannshus

Der Museumstreff Seemannshus des Heimatvereins Langeoog (Kaspar-Döring-Pad/Mittelstraße) gibt Einblick in die **Inselgeschichte.** Dort kann man auch zünftig heiraten.

- **Öffnungszeiten:** Mi und Fr von 15.30 bis 17.30 Uhr sowie So von 10 bis 12 Uhr. Info: Tel. 291.

Naturschutzgebiete

Flinthörn

Große Teile der Insel Langeoog und des umgebenden Watts gehören zum Nationalpark Wattenmeer. Das westliche NSG beginnt unmittelbar links vom Hafen. Es ist das Flinthörn, ein von zahlreichen Prielen durchzogenes **Salzwiesenareal,** das landwärts in **Dünen** übergeht und einer großen Anzahl von Pflanzen- und Tierarten Lebensraum bietet. So ist hier vor allem die Strandnelke häufig, und zahlreiche Vögel, wie etwa Rotschenkel und Säbelschnäbler, brüten in diesem Bereich. Besonders in den Wintermonaten sind hier viele Watvogelarten zu finden.

Ein **Wander**- und ein **Reitweg** führen durch das westliche Flinthörn. Die Ausschilderung ist strikt zu beachten! Nahe der Südwesthuk steht eine **Schutzhütte,** die von März bis Oktober einen Info-Stand beherbergt. Das Flinthörn kann nicht umgangen werden.

Südosten der Insel

Die zweite Schutzzone nimmt den gesamten Südosten der Insel ein. Hier gedeiht ebenfalls die Strandnelke, daneben der Strandbeifuß und -flieder, und hier ist auch die Vogelwelt sehr artenreich vertreten. Ein so genannter **Sommerdeich** schützt die landein gelegenen **Salzwiesen,** auf denen Vieh der Meierei Ostende weidet, offenbar ohne dass es zu Konflikten mit dem Naturschutz käme. Die menschlichen Bewegungen sind hingegen eingeschränkt, und zwar auf einen **Wander- und Reitpfad,** der mitten durch das Schutzgebiet führt. Ein Abstecher zum **Vogelwärterhaus** ist möglich, aber nur als Lehrwanderung unter offizieller Führung (siehe „Touren").

Auch im äußersten Osten des Gebietes befindet sich eine **Schutzhütte** mit saisonal geöffnetem Info-Stand.

Insel-Info

Auskunft

- **PLZ:** 26465
- **Vorwahl:** 04972
- **Kurverwaltung Langeoog,** im Rathaus, Hauptstr. 28, Tel. 6930, Fax 693116, E-Mail: kurverwaltung@langeoog.de, Prospekte: Tel. 693206.
- **Zimmervermittlung:** Tel. 693201, Fax 693205.
- **Reiseauskunft Schiff/Bahn:** Bahnhof, Tel. 693260.
- **Flugauskunft:** Tel. 693295.

Ärzte

- **Arzt:** Am Wasserturm 6, Hauptstr. 24, Fährhusweg 7.
- **Zahnarzt:** Mittelstr. 21.

Saison

- HS: 1.6. bis 15.9.
- NS: 1.3. bis 31.5. bzw. 16.9. bis 31.10. und 24.12. bis 6.1.
- Wintersaison: übrige Zeit.

Kurtaxe

- Siehe „Anhang".
- Ein **LangeoogCard-System** nach dem Muster von Norderney (siehe dort) ist eingeführt worden.

Strandkörbe

- Strandkörbe kosten in der HS € 7,50 pro Tag, bei mehr als vier Tagen Mietdauer € 6,50 pro Tag. In der NS sind € 6,50 bzw. 4,50 zu zahlen.
- Es ist dringend zu empfehlen, Strandkörbe bis zum jeweils 15.5. d. J. bei der Kurverwaltung (Postfach 1263) vorzubestellen, um Schlangestehen in der HS zu vermeiden oder um nicht leer auszugehen.

Kirchen

- Es gibt eine evangelische (Hauptstr. 13) und eine katholische Kirche (Strandje Pad 1).

Ruhezeiten

- Ruhezeiten sind 13–15 und 20–8 Uhr. Dies gilt, was die Gastronomie angeht, für „konzessionierte Außenflächen" wie Terrassencafés, deren Sperrstunde jedoch routinemäßig auf 22 Uhr verlängert wird. Vor einigen Jahren lag „Time, please" noch bei 2 Uhr, wurde aber immer mehr herabgesetzt, als Beschwerden zunahmen. Da Ruhe auf Langeoog oberstes Gebot ist, dürfte es dabei bleiben.

FKK

● FKK ist auf Langeoog nicht vorgesehen. Lichtfreunde legen 2–3 km östlich des Hauptstrandes die Textilien ab.

Hunde

● Hunde sind auf der Strandpromenade, in Grünanlagen und im Ort an der Leine zu führen. An den Badestränden hat Waldi ganz außen vor zu bleiben, darf sich jedoch am speziellen Hundestrand „Hu" (erster Strand im Südwesten, links vom Wasserturm) tollen, allerdings auch nur angeleint. Würsteentsorgung ist Sache des Hundehalters.

Presse

● Die umfangreiche „Informationsbroschur für das Nordseeheilbad Langeoog" mit dem Titel **de Utkieker** erscheint siebenmal im Jahr und zwar jeweils am 1. des Monats von April bis September und am 15. Dezember. Sie gibt Auskunft über die jeweiligen Veranstaltungen und aktuelle Neuigkeiten innerhalb der Inselgemeinde. Erhältlich bei der Kurverwaltung und den meisten Gastgebern.

Kinder

Kinder sind auf Langeoog gern gesehen, wie sich am Vorhandensein mehrerer **Spielplätze** zeigt. Sehr gute Noten erhält auch Langeoogs „Spiel- und Begegnungsstätte für die ganze Familie" am Kavalierspad 3. Zwei Häuser liegen sich dort gegenüber: Das Spöölhus und die Spöölstuv, Spielhaus und Spielstube also.

● Im **Spöölhus** (Tel. 693236), auch mit viel Berechtigung „das laute Haus" genannt, darf krakeelt und dem Spieltrieb freier Lauf gelassen werden. Robustes Spielzeug und diverse Gerätschaften, mit denen die Wichtel sich vergnügen können, sind vorhanden, aber elterliche Aufsicht ist erforderlich oder wird vom Personal zumindest dringend erwünscht. Das Spöölhus ist Mo–Fr 10–18 Uhr und So 14–18 Uhr geöffnet. Keine Gebühren.

● In der **Spöölstuv** (Tel. 693115), geöffnet Mo–Fr 8–12 Uhr, geht es etwas gesitteter zu. In der Kinderstube mit Fachbetreuung können Kinder bis 6 Jahre untergebracht werden. Regelmäßig werden auch Kurse verschiedener Art, so etwa Basteleien, anberaumt, die ein paar Euro für Materialauslagen kosten.

● Die beiden Häuser sind ganzjährig mit einer kurzen Pause im Winter geöffnet; genaue Termine erfragen.

● Im **Haus der Insel** (Gymnastiksaal) gibt's jeden Di und Do um 14 Uhr „Sport, Spiel und Spaß" für Jungvolk von 9–14 Jahren. Keine Gebühr.

● **Babysitter** vermittelt das Rathaus (Zimmer 4, Tel. 693112).

091la Foto: rh

Fortbewegung

Fahrrad

Wie an früherer Stelle vermerkt, ist das Fahrrad Trumpf auf Langeoog. So sehr gar, dass der Drahtesel aufgrund des hohen Verkehrsaufkommens im **Ortskern** vom 15.3. bis 31.10. geschoben werden muss, und zwar täglich 10–12.30 Uhr und 16–18 Uhr. Das Gebiet ist entsprechend ausgeschildert.

● Ansonsten darf man auf der Insel nach Herzenslust radeln. Die meisten **Wanderwege** sind auch für Radler zugelassen (und markiert). Es ist dieserart durchaus möglich, einen ganzen Ferienaufenthalt hoch zu Stahlross zu verbringen und immer wieder Neues zu erleben.

● Demgemäß zahlreich sind **Fahrradverleihgeschäfte.** Gleich am Bahnhof kann man sich bei **Thea Gümbel** ein Radl mieten, um auf große Inselfahrt zu gehen. Das vielfältigste Typenangebot hat wohl das **Dirks-Team** (Lütje Pad 5a):

	€/Std.	€/Tag
Normales Fahrrad	1,50	5,00
Mountainbike	3,00	8,00
Fahrradanhänger	5,00	25,00
Kinderkarre	2,50	12,50
Bollerwagen	3,50	17,50

Düneneinsamkeit

●Besten Service darf man auch vom Fachgeschäft **Bollenberg** (Gartenstr. 2) erwarten, ist dieses doch seit 1949 in Familienhand!

●**Kiek rin bi Kati** (Melkerpad 8) ist eine ernst gemeinte Aufforderung, denn Kati ist gut gerüstet.

●„Mode-Räder“ lassen sich unter anderem im Verleih **Egon's** finden (Um Süd 6).

Kutsche

Kutschfahrten kosten im Ortsbereich zwischen € 8 und € 11, darüber hinaus Tarife nach Vereinbarung. Die Unternehmen *Eser* (Tel. 6285), *Janssen* (Tel. 263), *Kuper* (Tel. 6269) und *Vogel* (Tel. 6029) bieten entsprechende Programme an.

Reiten

Reiten kann man bei *Kuper* und im Reiterhof am Schniederdamm (Tel. 725). Die Gebühren für Reitunterricht und Ausritte liegen um € 15 pro Stunde.

Unterkunft

Man hat auf Langeoog zwischen dem Strand und den ersten angrenzenden Gebäuden vernünftigerweise einen *cordon sanitaire* von etwa 250 Metern gelassen. Das bedeutet, dass man vom Ufersaum aus fast überall (mit Ausnahme des Wasserturms) nur Strand und Dünen sieht – sehr angenehm!

Preise

Hotels sind in der NS bis zu 35 % billiger, Pensionen geringfügig oder gar nicht. Die anderen Unterkünfte geben z.T. kräftige Nachlässe: bis zu 50 %!

Hotels

Eigentlich hat man es von allen Klausen nicht weit zum Strand. Einen maximalen Kilometer Anmarsch kann man in den Ferien, vor allem mit dem Fahrrad, wohl schon mal in Kauf nehmen.

●Das **Hotel La Villa**€€€ (Tel. 777) hat die meisten Sterne Langeoogs und ist mit 10 Zimmern klein aber fein, bleibt jedoch gut im preislichen Mittelfeld.

●Nichtraucher heißt das **Insel-Hotel Deutsches Haus**€€€ (Tel. 96970) besonders gern willkommen. Diverse Sonderpauschalen.

●Traditionsreich ist das **Hotel Flörke**€€€ (Tel. 92200) der Familie *Spies*, aber im Winter ist es geschlossen.

●Das **Hotel Kolb**€€€ (Tel. 91040) ist eines der wenigen ganzjährig offenen Häuser Langeoogs.

●Das **Nordseehotel Kröger**€€€ (Tel. 6860) liegt etwas ortseinwärts vom alten Wasserturm und damit in bester Lage mit geringen Distanzen in alle Richtungen. Für jeglichen Komfort ist gesorgt. Doch wer seinen Hund mitbringt, muss € 15–18 extra für ihn löhnen.

- Das **Hotel-Restaurant Kupferpfanne**€€ (Tel. 91150) tut sich vor allem durch ein gutes Preis-Leistungs-Verhältnis hervor.
- „Sie kommen als Gast, Sie gehen als Freund", ist das Motto des **Lamberti**€€€ (Tel. 91070), wo man trotz zentraler Lage eine ruhige Atmosphäre erwarten darf.
- Zentral angesiedelt ist das **Hotel Strandeck**€€€ (Tel. 6880), das zudem einige attraktive Pauschalpakete geschnürt hat, von denen eines sogar eine Wattwanderung enthält!
- Im **Apart-Hotel Duett**€€€ (Tel. 92260) findet man geräumige Appartements, ebenfalls im **Hotel Achter't Diek**€€€.

Pensionen

Was sich einst „Hotel-Pensionen" nannte, ist in dieser Spalte mit aufgegangen. Von dieser Kategorie gibt es eine ganze Menge Einheiten, die überwiegend ganzjährig geöffnet sind. Einige schließen Küchenbenutzung mit ein und sind damit die wirtschaftlichsten Unterkünfte auf der Insel. Die Preise für diese Herbergen beginnen bei 13 € *(Sedlatschek,* Tel. 562), halten lange ein Mittelfeld um € 18 und steigern sich bis zu € 40, was für eine Pension ziemlich teuer ist. Jahreszeitliche Preisunterschiede machen die meisten Häuser nicht. Nur in einigen Fällen wird ein saisoneller Rabatt gewährt, der dann bei durchschnittlich 10 % liegt.

Ferienwohnungen

Die große Schar der Ferienwohnungen, Appartements und Bungalows schließt sich an. Im Allgemeinen beginnen die Preise in diesem Komplex bei € 15 und bewegen sich in wenigen Fällen über € 25 – pro Nase natürlich. Hier und dort kommt man recht günstig unter, beispielsweise bei **Bi hüm un hör** *(Recken,* Tel. 895), wo es schon etwas für € 28 pro Einheit gibt.

Jugendherberge, Zeltplatz

Die **Jugendherberge Langeoog** liegt in der Domäne Melkhörn (Tel. 276, Fax 6694). Es handelt sich um ein geräumiges Haus mit großem angeschlossenem Zeltplatz – der einzige auf der Insel, direkt neben der JH gelegen und auch von dieser verwaltet. Zelten ist dort nur JH-Mitgliedern erlaubt („Nur Jugendlichen" nach offizieller Version, aber der Begriff ist natürlich dehnbar).

Die JH verfügt über 126 Betten und 2 Tagesräume. Zum Strand sind es nur ein paar Minuten. Vom Hafen muss man auf direktem Wege allerdings eine Stunde laufen, sofern man sich nicht schon an der Pier oder im Ort ein Radl mietet, ggf. mit Anhänger fürs Gepäck. Vom Dorf sind es über einen Plattenweg 20 Minuten mit dem Rad. Eigene Fahrräder dürfen mitgebracht werden.

- Achtung: Nur VP. Der Aufenthalt in der JH und auf dem Zeltplatz ist kurtaxpflichtig; Auskunft durch die JH. Im Winter ist die Herberge vorübergehend geschlossen; genaue Termine auf Anfrage.

Gastronomie

- Zum Après Beach findet man sich ein in der **Düne 13,** einer urigen Musik-Kneipe im Seekrug. Dort wird zum Nordseeblick Hefeweizen kredenzt! Im **Seekrug** (Gaststätte) gibt's von 11 bis 23 Uhr Fisch. Mo Ruhetag.
- Ihre besonders gute Küche empfehlen auch das **Hotel Flörke** und die **Kupferpfanne** (Barkhausenstr.).
- In der **Strandhalle** auf der Höhenpromenade mit dem „schönsten Ausblick Langeoogs" (Eigenwerbung) kann man Fischspezialitäten, Ostfriesentee, frische Waffeln und Eiskrem genießen. Di geschlossen. Die **Golfstube,** ein gemütliches Café, liegt auf dem Weg zum Hafen. So genannt wegen eines Minigolfplatzes. Mo geschlossen.
- Im **Landhaus am Schniederdamm** herrscht nicht zuletzt wegen der leckeren Fischplatte meistens Betrieb. Eine Tischbestellung kann deshalb ratsam sein (Tel. 527). Sonnenterrasse, Billard. Offen von 11.30 bis 1 Uhr.
- Zwei Häuser weiter bietet das **Reitercafé Ponystuben** außer Kutschfahrten und Ausritten eine kleine Speisen- und Getränkepalette an.
- Im **Café Leiss** (Barkhausenstraße) wird aus eigener Konditorei verwöhnt. Hier kann man kommod frühstücken. Offen ab 8.30 Uhr.
- Im **Windfang-Bistro** (Hospizplatz) gibt's einen kräftigen Imbiss, Eis und Schleckereien.
- Im **Klöneck** (Hotel Lamberti, Hauptstr.) findet man eine reichhaltige Speisekarte vor und kann sich im angeschlossenen Abendlokal **Lili Marleen** alsdann an gepflegten Drinks laben.
- Das **Kur-Restaurant (Haus der Insel)** bietet einen abwechslungsreichen Mittagstisch, „die große Abendkarte" mit viel Fischigem, sowie Salate vom Buffet.
- Groß geschrieben wird Fisch auch „beim Griechen" **Zorbas** (Kiebitzweg) und dessen mediterranen Spezialitäten.
- Am Hauptbad nimmt das **Backbord** mit Pizzen, Baguetten, Eis und Getränken eine Strandversorgerrolle ein.
- In der **Ostfriesischen Teestube** am Hafen wird was wohl gereicht? Stimmt. Dazu gibt es Selbstgebackenes. Offen ab 13 Uhr. Do Ruhetag.
- Gepflegte Biere vom Fass zu zivilen Preisen serviert der **Dwarslooper** (Barkhausenstraße). Täglich „Happy hour" von 17 bis 19 Uhr.
- **Gödeke Michel** (Polderweg) ist ein Frühstücks-Café in der ruhigen Atmosphäre einer einstigen Inselpension. Täglich 6.30–18.30 Uhr.
- Heimatnah geht's im **Fischkantje** zu (Am Kurzentrum): Jede Menge Seafood, auch zum Mitnehmen.
- Im **Stövchen** (Süderdorf) ist nomen nicht omen: Das Ehepaar Hunger offeriert täglich frische Kuchen und Torten.

- Die Tee- und Weinstube **Sonnenhof** befindet sich im ehemaligen Wohnhaus Lale Andersens (Gerk-Sin-Spoor). Ab 11 Uhr.
- In das **Nordseehotel Kröger** sind die Restaurants **Am Wasserturm** und **Inselstube** eingezogen und bieten Kochkunst vom Feinsten.
- **Captain's Dinner** (Otto-Leuß-Weg 4) wartet vor allem mit feinem Meeresgetier auf. Spezialität des Hauses ist die große Fischplatte für 2 Personen, in der sich - man staune - sogar Calamares befinden. Di geschlossen.
- **Meierei** (siehe Inselkarte): 1741 erbaut, seit 1828 „Krugwirtschaft" und heute beliebtes Ausflugsziel mit Einkehrmöglichkeit. Di geschlossen.

Sport

Langeoog ist eine richtige „Sportinsel". Für sportlich Engagierte wird hier einiges geboten. Im Haus der Insel kann man sich organisiert unters Reck führen lassen oder aber am Strand an zwanglosen Spielen und Übungen teilnehmen. **Sportfeste,** Wettbewerbe, Turniere und Lehrgänge (beispielsweise für Volleyball) finden vor allem in der Sommersaison täglich statt. Einzelheiten werden im Vormonat bekannt gegeben oder sind bei der Kurverwaltung zu erfragen.

Hallenbad

Das neue **Freizeit- und Erlebnisbad** im Kurviertel (Tel. 693240) ist eine regelrechte „Badewelt" mit allem erdenklichen Komfort und richtigen Nordseewellen.

- **Öffnungszeiten:** Mo, Mi, Fr 14–21 Uhr, Di, Do, So 10–18 Uhr. Sauna Mo–Fr 16–21 Uhr, Sa/So 10–18 Uhr (alles HS, eingeschränkte Öffnungszeiten in der NS).
- **Eintritt:** Erw. ab € 8 (3 Std.), Kinder ab € 6 (unter 4 Jahren frei). Tageskarte € 9 bzw. € 7. Kinder unter 12 haben einmalig freien Eintritt mit der LangeoogCard in Begleitung eines Erwachsenen.

Angeln

- Angeln **im Meer** ist auflagenfrei erlaubt, aber natürlich nicht im NSG-Teil.
- **Kutterfahrten** arrangiert das Fischgeschäft **Klette** (Polderweg, Tel. 6416). Zwei (in Accumersiel stationierte) Kutter gehen im Sommer auf folgende Fahrten:
- **„Seestern- und Granatfischen"** im Wattenmeer. 2 Std. Dauer. Gefangene Granat werden gleich an Bord gekocht. € 11, Kinder (für die besonders interessant) die Hälfte.
- **„Hochsee-Angeln":** 4 Std. auf See, ca. € 25. Angelruten können mitgebracht oder gegen Gebühr geliehen werden. Zubehör (Blinker und Gewichte für das Makrelenfischen) wird zum Selbstkostenpreis abgegeben. Nichts für Kinder.
- Für das Angeln im **Großen Schlopp** erteilt die Kurverwaltung (Rathaus, Zimmer 1) spezielle Erlaubnisscheine.

022la Foto: rh

Einlaufender Kutter

Minigolf Eine Minigolfanlage gibt es Ecke Hafenstraße/ Bahndamm (Tel. 1392).

Golf Ein naturbelassenes **6-Loch-Übungsgelände** („An't Diek") existiert nördlich vom Flugplatz. Kontakt: *Anselm Prester,* Tel. 6371.

Reiten Siehe „Fortbewegung".

Segeln **Segelschule Langeoog:** Diverse Kurse werden angeboten (Tel. 6699, Fax 6611). (Siehe auch „Mit dem eigenen Boot").

Surfen Surfern steht ein **reservierter Surfstrand** zur Verfügung (rechts vom Ostbad), der im Sommer markiert ist. Bei **Windsurfing Langeoog** (Tel. 1824) gibt's ein Board für € 10/Stunde. Ein kompletter Kursus mit 12 Std. (gestaffelt) „auf See" kostet ca. € 120, Kinder unter 14 etwas weniger.

Tennis Im **Tenniscenter am Kavalierspad** (Tel. 1077) steht dem Inselgast in Strandnähe eine gepflegte Anlage zur Verfügung. Zusätzlich hat er die Wahl zwischen insularem Kunstrasen und einer Innenhalle mit zwei Plätzen. Preise: Ab € 10 pro Stunde (zahlreiche Abstufungen). Ein gemütliches Café schließt sich an. Bescheideneren Ansprüchen genügen ein paar **Tischtennisplatten** beim Restaurant Seekrug (hinter dem Hospiz). „Schlagzeug" bitte selbst mitbringen.

Unterhaltung

Veranstaltungen verschiedener Art finden hauptsächlich in Langeoogs „Haus der Insel“ statt. Ein **ganzjähriges** Programm läuft, doch in der Saison ist am meisten los.

Da gibt es in bunter Reihenfolge musikalische Abende, Tänze, Disco-Feten, Filmvorführungen, Diavorträge, kabarettistische Darbietungen, Konzerte (u. a. mit dem lokalen Shanty-Chor de Flinthörners), Gymnastikstunden (kostenpflichtig), Kinderprogramme mit Clowns, Kaspertheater für die Kleinen, Informationsabende und vieles andere mehr. Die jeweilige monatliche Programmübersicht ist am Haus der Insel ausgehängt und im **Utkieker** veröffentlicht.

Touren

Schiffsausflug

Die **Schifffahrt der Inselgemeinde Langeoog** veranstaltet über einen großen Teil des Jahres hinweg Tages- und Ausflugsfahrten zu verschiedenen Zielen in der Umgebung. Diese Fahrten werden in der Regel ziemlich kurzfristig angesetzt, und man informiert sich am besten vor Ort über das Angebot. Fahrpläne im monatlichen Aushang und im **Utkieker.**

Programmübersicht	Dauer ca. Std.	Erw. €	Gruppen ab 6 Pers.
Rundfahrt im Wattenmeer	1,5	8,00	7,00
Seehundbänke	1,5	8,00	7,00
Baltrum/Spiekeroog	6,5	15,00	13,00
Norderney	7	17,00	15,00
Wangerooge/Juist	7	18,00	17,00
Helgoland (mit CAT)	14	40,00	-

Kinder (4–12 Jahre) zahlen die Hälfte.

- **Karten** im Bahnhof Langeoog, ebenso weitere Informationen (Tel. 693260).
- Von Mai bis September unternimmt die Reederei Cassen Eils wöchentliche Fahrten nach **Helgoland,** deren Termine im Aushang und „Utkieker“ bekannt gemacht werden.

Rundflüge

Bei 2 Personen je ca. € 25 (Erw.), € 18 (Kinder unter 10); ca 13 Min. Dauer. Info: LFH (Tel. 400).

Wattwanderungen

Wattwanderungen mit *Uwe Garrels* (Tel. 6276): € 6,50 für eine ca. 3,5-stündige Tour, Kinder € 3.

Naturausflüge

Dienstagnachmittags zum **Flinthörn,** Erw. € 4,50, Kinder € 2,50, Infos gibt's bei der Kurverwaltung.

Flugverbindungen

Mehrmals täglich gibt es im Sommer Flüge ab Harle (€ 88), außerdem nach Wangerooge (€ 88), Baltrum (€ 68), Norderney (€ 92) und Helgoland (€ 140 plus Bootstransfer). Alle Preise hin und zurück. Tagestickets sind billiger.

- Der Langeooger **Flugplatz** liegt dicht beim Ort.
- **Auskunft:** Luftverkehr Friesland Harle (LFH, Tel. 04464-94810).

Fährverbindungen

Langeoogs Zubringerhafen auf dem Festland ist **Bensersiel** (siehe dort).

Mit dem eigenen Boot

Der **Fähr- und Jachthafen** von Langeoog ist riesengroß, fällt allerdings zur Hälfte trocken. Jede Menge Schwimmstege (150 Liegeplätze)! Das **Clubhaus** (Tel. 552) mit Restauration Kajüte liegt genau davor. Nach Bezahlung des Hafengeldes wird ein Liegeplatz zugewiesen.

- Am Clubhaus gibt es WCs und Duschen, einen Kinderspielplatz und praktischerweise, da der Weg ins Dorf ziemlich weit ist, einen Fahrradverleih.

010oi Foto: rh

Der Jachthafen in Bensersiel

Leben ohne Auto

Vor einer Anzahl von Jahren gab ein namhafter deutscher Automobilkonzern in seiner Werbung einmal zu bedenken, was der Menschheit ins Haus gestanden hätte, wäre es nicht zu den segensreichen Erfindungen des Benzin- und Dieselmotors gekommen: Pferdemist bis ans zweite Stockwerk, unerträglicher Lärm durch eisenbereifte Räder.

Dass sich das Ingenieurgewerbe mit dieser Vision ein eklatantes Armutszeugnis ausstellte, wird auf den ersten Blick offensichtlich. Denn wer nicht einmal mit Pferdeäpfeln fertig wird, Wagenräder nicht zu entklappern vermag, der packt, scheint's, auch nicht die Probleme, die das Automobil der Gesellschaft aufgesackt hat und die sich

024oi Foto: rh

ständig verschlimmern. Immer mehr Menschen verfluchen den Tag, an dem die Herren Benz und Diesel ihre stinkigen Erfindungen erstmalig aufknattern ließen.

Auf den mehrheitlich autofreien Nordseeinseln wird effektiv vorexerziert, wie man auch ohne den motorisierten Großrollstuhl leben kann. Betuliche Inselbähnchen befördern hier und da Passagiere und Fracht, Elektrokarren geringer Zahl – und deshalb „aus der Steckdose betreibbar“ – handhaben schweres Gepäck. Pferdewagen bewältigen die gleichen Aufgaben wie vor tausend Jahren, und der Kurgast, der sich durch das klompklomp der Pferdehufe lärmgeschädigt fühlt, muss erst noch gefunden werden. Auch die Äpfel reichen bei weitem nicht an die zweite Etage heran. Viele Menschen mit Einschluss verwöhnter Rollenkoffertouristen haben zudem staunend entdeckt, welch ansehnliche Lasten sich mit der „Wupp“ (Wüppe = zweirädrige Karre) befördern lassen, und das über beträchtliche Distanzen. Statt im Heimtrainer zu hecheln, spannen sich vernunftbegabte Kurgäste vor solch ein Gefährt und schlagen zwei Fliegen mit einer Klappe: Frachtbeförderung und gleichzeitige Körperertüchtigung im Freien.

Und dann das Fahrrad, Radl, Velo! Wie praktisch, sauber und billig sind diese zwei Reifen, die man sich auf die meisten Inseln mitnehmen oder dort preisgünstig ausleihen kann! (Auf einigen Eilanden werden selbst diese elementaren Drahtesel als belästigend empfunden, wie etwa auf Baltrum und Spiekeroog).

Bleibt Schusters Rappen. Bar seines Gepäcks, das ihm hilfreiche und umweltverträgliche Vehikel abgenommen haben, steht es dem Inselbesucher frei, die Nordseegestade von einem Ende zum anderen zu Fuß zu durchmessen. Dabei wird sich schon nach einiger Eingewöhnung die beglückende Erkenntnis einstellen, dass man viele Kilometer schlanken Fußes zurückzulegen vermag – sofern nur die umgebende Welt eine Anregung dazu gibt. Am Strand – hier die Brandung, dort der Sand – legt man beeindruckende Entfernungen zurück, kaum dass man es merkt.

Warum, wird sich mancher Inselbesucher im Anschluss an seine Nordlandfahrt vielleicht nachdenklich fragen – warum geht das dort und nicht hier?

Ja, warum eigentlich nicht?

Es geht auch ohne Auto

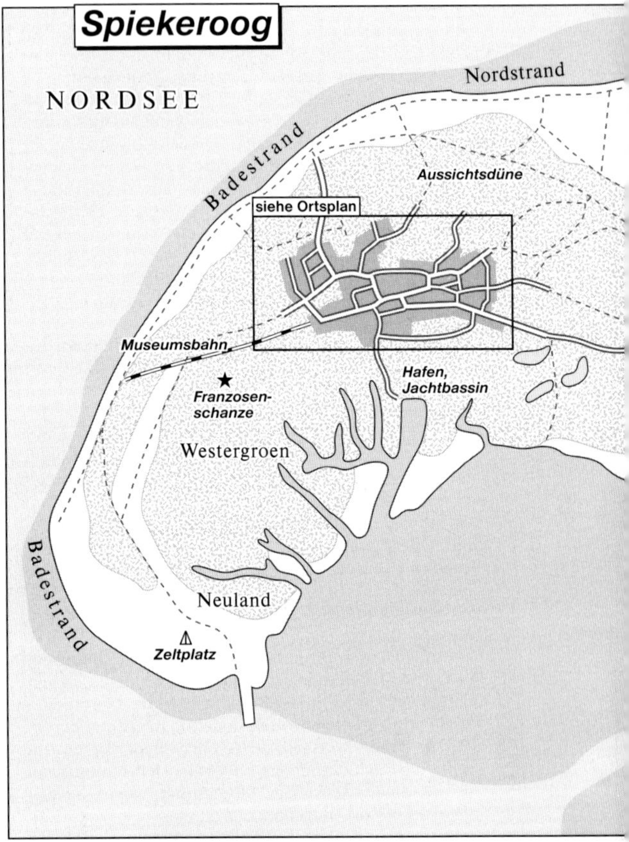

Spiekeroog
– die Leise

Geschichte

Der Name

Über die Herkunft des Inselnamens gibt es zwei Versionen. Nach der einen liegt ein Spieker (= „Speicher" auf Plattdeutsch) zugrunde, den frühe Seeräuber dort vielleicht errichteten. Eine andere hält es für möglich, dass sich Siedler aus einem (noch existierenden) Küstenort namens *Spieka* dort niederließen. Beides macht Sinn.

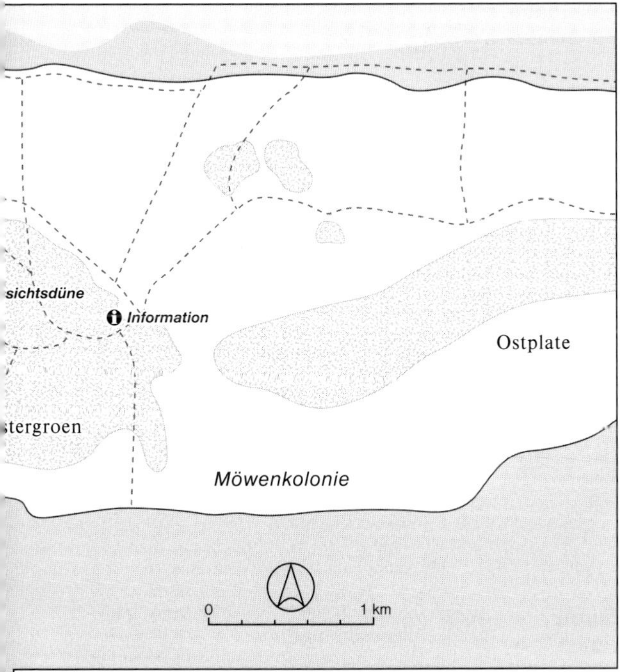
sichtsdüne
Information
Ostplate
stergroen
Möwenkolonie
0
1 km

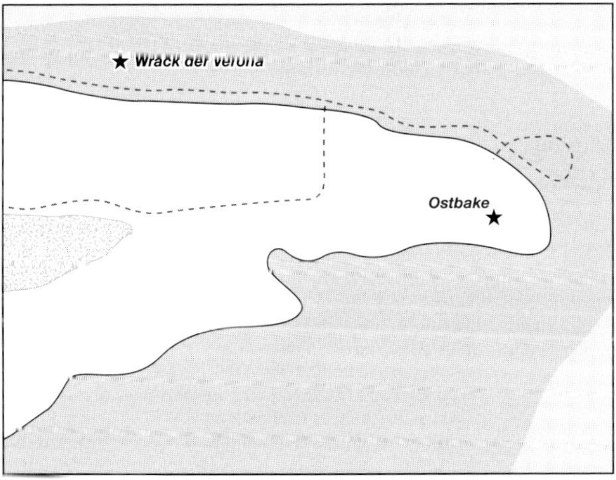
Wrack der Verona
Ostbake

Ursprünge

Wie andere ostfriesische Inseln taucht Spiekeroog erstmalig in *Witzel tom Broks* Urkunden aus dem Jahre **1398** auf. Es geht dabei um Lehensverhandlungen mit dem Herzog von Bayern. (Ja, mei: Spiekeroog – bayerisch? Man stelle sich die Ostfriesen in Sepplhosen vor).

Archäologische Funde lassen den Schluss zu, dass bereits um die **Zeitenwende** Menschen auf der Insel lebten. Sicher ist, dass Spiekeroog damals ein ganzes Stück weiter westlich gelegen haben muss, denn die Insel hat sich im Lauf der Jahrhunderte ständig von West nach Ost verlagert.

Das brachte indessen auch Vorteile mit sich. In der Zeit von **1650 bis 1780** verschmolzen zwei kleinere Eilande mit der wandernden Mutterinsel: **Lütjeoog** im Westen und **Oldeoog** im Osten. Mehr kam noch hinzu. 1860 war Spiekeroog lediglich sechs Kilometer lang, heute misst es zehn. Der **Anlandungsprozess** im Osten ist noch längst nicht abgeschlossen. Die gesamte Ostplate Spiekeroogs – annähernd zur Gänze Vogelschutzgebiet – ist Neuland, knapp hundert Jahre alt.

Seit dem Mittelalter ist der eigentliche Inselsockel Spiekeroogs während all dieser Erdbewegungen **relativ stabil** geblieben, als wenn sich alles um ihn drehte. Deshalb erhebt sich das heutige Inseldorf immer noch auf dem alten Ortskern – mit Einschluss der Kirche aus dem Jahre 1696, der ältesten überlebenden der deutschen Nordseeinseln.

Sturmfluten

Die großen Sturmfluten setzten auch Spiekeroog mächtig zu. Die **Allerheiligenflut** vom 1. und 2. November 1570 ließ das Eiland bös zerrupft zurück, und die **Flut von 1717** verschonte es ebenso wenig wie alle anderen. Am 25. November **1736** gab es noch einmal gewaltig Dresche vom Blanken Hans und auch im Februar des Jahres **1825.** Anno **1873** wurden im Westen der Insel erstmalig Buhnen angelegt, um den bröckelnden Strandsaum zu schützen.

Unruhige Zeiten

Doch wir greifen den Geschehnissen vor. Spiekeroogs Geschicke waren nämlich im Gegensatz zu anderen Nordseeinseln weniger von den Sturmfluten als von menschengemachten Erschwernissen geprägt. **1448,** das erste Dorf bestand bereits fünfzig Jahre, fielen ostfriesische **Räuberbanden** auf dem Eiland ein und machten sich mit einer Beute von unter anderem „100 Schafen" davon. *Graf Edzard von Aurich* plünderte um **1525** die heiligen Sakramente aus der Inselkirche. Im Jahre **1570** statteten die **Wassergeusen,** einen Kaperbrief des *Prinzen von Oranien* sehr großzügig auslegend, Spiekeroog einen Besuch ab und nahmen alles nicht Niet- und Nagelfeste mit, weil die Insel (als Lehen) ja „dem spanischen Feind zugehörig war".

Ein solcher Grund ließ sich jederzeit vorschieben, denn Spiekeroog war ständig die Schachfigur irgendwelcher

fremder Fürsten. Noch ab **Mitte des 18. Jahrhunderts** gehörte es mal zu Preußen, dann zu Holland, Frankreich, Hannover-England und letzten Endes wieder zu Preußen.

Seefahrer-Ära

Es nimmt nicht wunder, dass die freiheitsliebenden Insulaner vor dieser Fremdherrschaft, die sie zu Knechten und frühen Kofferträgern machte, alsbald das Weite suchten. Sie bewältigten das Problem auf inselspezifische Art, indem sie sich weltweit als **Seefahrer und Walfänger** verdingten und auf diese Weise zu einigem bescheidenen Wohlstand gelangten. Die daheim Verbliebenen verdienten sich ein Zubrot mit dem, was der Strand bot.

Das war auf Spiekeroog offenbar nicht wenig. Schon **1588** ging in der Brandung der Nordküste eine **Galeone** der spanischen Armada verloren, deren Wrackteile unter anderem für den Bau der alten Inselkirche verwendet wurden. Allerdings ist die legendäre Galeone in allen Schriften mit dem vorsichtigen Zusatz „angeblich" versehen worden; auch kein Name oder andere historische Indizien tauchen auf. Gewiss wird sich der Vorfall zugetragen haben, doch um was für ein spezifisches Schiff es sich dabei gehandelt hat, bleibt im Dunkeln.

Das **Wrack** des Auswandererschiffes „Johanne" konnte indes **1854** eine Zeit lang von den ersten Badegästen bewundert werden, denn der Bäderverkehr hatte bereits vor zehn Jahren eingesetzt. **1846** findet die Insel auch erste Erwähnung als **Seebad.**

Einige **Schiffstrümmer** sind immer noch erhalten von dem englischen Dampfer „Verona", der im Dezember **1883** auf Spiekeroog strandete. Das „Strandjen" hatte man sich schon seit längerer Zeit abzivilisiert, doch als am **5. Oktober 1890** die finnische Bark „Neptun" mit einer Holzladung hilflos am Strand antrieb, gab es einen vorübergehenden Rückfall: Das Holz wurde – vernünftigerweise – für den Bau der ersten Landungsbrücke Spiekeroogs verwendet.

Badeinsel

Spiekeroogs Anfänge als Seebad waren ein wenig holprig. Die preußische Verwaltung überzog alle Aspekte des Insellebens und des Badeverkehrs mit einem klebrigen Wust von **Paragrafen,** der den an relative insulare Unabhängigkeit gewohnten Spiekeroogern so recht geschmeckt haben dürfte.

Siebzehn Bestimmungen allein regelten den bescheidenen **Fährdienst,** darunter diese:

1. „Der Fährmann hat jeden, der mit ihm überfährt, mit Höflichkeit zu behandeln.

2. Er muß jede Woche zweimal, am Montage und am Freitage in einer Tide hin- und zurückfahren, und zwar vom 1. März bis sich Eis im Fahrwasser befindet und nicht mehr gefahren werden kann.

3. Er muß in Neuharlingersiel sein Schiff so anlegen, daß Reisende bequem einsteigen und ihre Sachen leicht einladen können.
4. Sind Passagiere auf dem Schiff, die eine Wüppe zum Dorf benötigen, so ist er verpflichtet, so rechtzeitig ein Flaggenzeichen zum Abholen zu geben, daß bei Ankunft des Schiffes die Wüppe am Wasser sein kann.
5. Eine Stunde vor Abgang von Spiekeroog hat er durch Blasen ein Zeichen zu geben. Eine Viertelstunde vor seiner Abfahrt von Neuharlingersiel hat er die Flagge zu hissen."

Der **Kutschverkehr** wurde sogar durch 21 Verordnungen gezügelt. So musste der Kutscher mindestens 18 Jahre alt und „nicht weiblich" sein, „durch Wohlverhalten sich ausweisen, anständig und reinlich gekleidet sein, höflich und bescheiden sich aufführen". Die Pferde mussten gesund, das Geschirr reinlich sein. Und so weiter und so fort. Ein Wunder ist es eigentlich, dass die Spiekerooger nicht das Handtuch warfen und den Zirkus mitmachten. Doch letztlich setzte sich auch hier die Erkenntnis durch, dass mit den Badegästen mehr und leichter Geld zu verdienen war als mit mühsamer Fischerei und Landwirtschaft, auch wenn man „höflich und bescheiden sich aufführen" musste.

Spiekeroog heute

Heute wird Spiekeroog von allen Besuchern übereinstimmend als die **rustikalste** aller ostfriesischen Inseln beschrieben. Denn nicht nur haben es die Spiekerooger verstanden, in ihrem Ort eine ausgesprochen **dörfliche Atmosphäre** zu bewahren. Es ist ihnen ebenfalls gelungen, die ruhige Nachbarinsel Langeoog um mehrere Dezibel zu unterbieten. Auf keiner Badeinsel der Nordsee geht es auch unbeeilter zu.

Spiekeroog wartet mit nichts Großartigem auf. Doch gerade dieses bewusst bescheiden gehaltene Ambiente gereicht der Insel zu höherer Zierde als alle grandiosen Baudenkmäler. Hier wird weder geklotzt noch gekleckert, alles geht seinen bewährten ruhigen Gang. Geschützt von „Friesenwällen" aus trocken geschichteten Steinen kauern die schönen alten Inselhäuser im Schatten mächti-

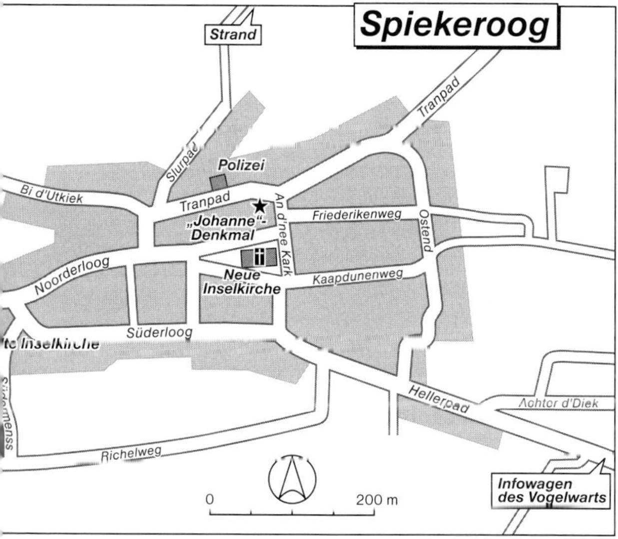

ger Linden und vermitteln dem Betrachter ein Gefühl der **Geborgenheit.**

Diese Wirkung auf den Inselbesucher ist seitens der Maßgeblichen auf Spiekeroog nicht unerkannt geblieben. Man hat hier begriffen, dass die modernen Kur- und Amüsieranlagen nirgendwo wahre kulturelle Errungenschaften darstellen und hat ihnen deshalb keine überwältigende Präsenz eingeräumt (wenn auch das Schwimmbad gerne eine Nummer kleiner sein dürfte). Sogar dem Rathaus hat man, erfreulich anzusehen, mit wildem Bewuchs ein natürliches Ambiente belassen. Nur die meisten Besucher schauen in ihren bunt gestreiften Freizeit-Uniformen genauso aus wie anderswo.

Die **Ruhe!** Einen Flugplatz gibt es auf Spiekeroog schon mal gar nicht. Früher wurde die Morgenzeitung noch von einem Flieger abgeworfen, doch selbst das war den Insulanern noch zu lärmig. Heute wird die Anlieferung durch die Fähre erledigt.

Selbstverständlich verpestet auch **kein Kraftfahrzeug** Spiekeroogs klare Nordseelüfte. **Fahrräder** sind auf der Insel ebenfalls nicht zu haben, und Besucher werden höflich gebeten, gefälligst auch keine mitzubringen – obwohl dies nicht ausdrücklich untersagt (aber sehr teuer) ist.

Vor allem aber hat sich Spiekeroog ganz groß – und in vieler Beziehung beispielhaft – dem **Umweltschutz** verschrieben. Seinen Ruf als „grüne Insel" verdankt Spiekeroog der intakten und vielfältigen Vegetation im Dünenbereich, darunter einigen beachtlichen Kiefernwäldchen, die zum Teil schon im 19. Jahrhundert angelegt wurden. Auch ist in Spiekeroogs Dünen ein Minimum an „Trittschäden" zu beobachten, was wohl zum einen daran liegen mag, dass die Insel zu mehr als ihrer Hälfte Naturschutzgebiet ist und zum anderen scheinbar einen besonders disziplinierten Besuchertypus anzieht, der sich die Belange des Eilands zu Eigen macht.

Auch auf den anderen Nordseeinseln wird das Thema Umwelt, wie wir gelesen haben, durchaus groß geschrieben. Doch auf Spiekeroog geht man insofern am konsequentesten vor. Klar, dass man allen Plastik- und Einwegmüll weitgehend abgeschafft hat, Energie und Wasser an allen Ecken und Enden spart. Beispielhaft ist auch – unter Androhung empfindlicher Strafen – ein **generelles Rauchverbot im gesamten Dünenbereich.** Auf Spiekeroog wird ökologisches Verantwortungsbewusstsein lebendig vorexerziert – mit allen nötigen Reglementierungen, ohne die es leider dabei nicht geht.

Sehenswertes

Kirche

Die spielzeugkleine (evangelische) *Kark to Spiekeroog* aus dem Jahr 1696 steht mitten im Ort und ist, was Sehenswürdigkeiten angeht, zweifellos das Filetstück der Insel. Schon die wunderlichen **Gemälde** am Eingang, darunter „Paulus mit zwei rechten Händen“, haben hohen Seltenheitswert. Was sich allerdings an **Legenden** um das Kirchlein rankt, entspricht kaum geschichtlichen Abläufen. So stammt die berühmte Pieta mit Sicherheit nicht von einem gesunkenen Schiff der spanischen Armada, und auch die Kanzel sieht moderner aus als man ihr zuschreibt. Egal, die alte Kirche hat etwas Faszinierendes an sich, und deshalb sind die (relativ raren) Gottesdienste auch immer gut besucht.

● Der wertvollen Einrichtung wegen sind auch Besichtigungen nur unter Aufsicht machbar, und diese sind zudem sehr eng angesetzt: Mo 16–17, Mi 11–12 und Fr 17–18 Uhr. Leider ist aus der nunmehr rund 300 jährigen Geschichte der alten Kirche nur ziemlich wenig bekannt.

Franzosenschanze

Aus relativ alter Zeit (1810) stammen auch die Ruinen einer **Geschützbatterie** westlich des Ortes. Die so genannte Franzosenschanze wurde seinerzeit von napoleonischen Besatzungstruppen angelegt. Die Reste der „Dünen-Batterie“ liegen jedoch, wie gleich noch vermerkt wird, in der Ruhezone des NSG und sind deshalb nicht betretbar.

Dünenfriedhof

Am Tranpad (im Osten des Ortes) befindet sich ein kleines **Denkmal,** das an die Ertrunkenen der „Johanne" (s. u.) erinnert.

Inselmuseum

Das Inselmuseum am Noorderpad 1 mit inselhistorischen und naturkundlichen Exponaten ist nach langer Ruhepause wieder in Betrieb.

● Während der HS in der Regel alle zwei Tage nachmittags offen, Abweichungen im Aushang. Eintritt: € 2. Im Obergeschoss gibt es übrigens einen speziellen Saal, in dem man zünftig heiraten kann.

Hermann-Lietz-Schule

Der ausgedehnte Internatskomplex liegt weit im Inselosten und ist schon aus der Ferne an einem großen **Windrad** erkennbar, dem einzigen auf Spiekeroog. Leider ist der Betrieb eines Naturkundemuseums mit Seewasseraquarium vor einiger Zeit eingestellt worden. Man denkt an einen Neubeginn, doch der Termin stand bei Drucklegung der letzten Aktualisierung dieses Buches noch nicht fest.

● Die Schule ermöglicht auch Schülermitreisen auf Großseglern (Info: Tel. 91000).

Muschelmuseum

Das „Kuriose Muschelmuseum" (Tel. 428) an der Rückseite der Strandhalle macht seinem Namen alle Ehre. Denn seine Betreiber haben dort nicht etwa jede Menge Conchylien angehäuft, um sie dem Publikum wissenschaftlich-dröge zu präsentieren. Die überwiegend aus tropischen Gewässern stammenden Exponate sind, im Gegenteil, mit humorigen, oft **witzigen Inschriften** versehen, und ein Besuch des Museums ist ein lustiges Erlebnis. Auch werden Besucher höchst realitätsnah darauf hingewiesen, dass es sich bei den gezeigten Muscheln um Strandfunde handelt, die also nicht für das Museum sterben mussten, während andererseits vielen Tropenbewohnern, die nicht bei Aldi einkaufen, Mollusken als Grundnahrung dienen, die alles andere als „pfui" sind.

●Das Museum ist im Sommer geöffnet, allerdings etwas unregelmäßig (Zeiten im Aushang). Eintritt: € 2.

Rosengarten

Der Rosengarten (am Wüppspoor) ist täglich geöffnet. Interessanterweise wurde die prächtige Anlage nicht von der Inselverwaltung, sondern von einem Kurgast ins Leben gerufen.

Wrack der Verona

Als insulare Sehenswürdigkeit gelten ebenfalls die Wrackreste des **britischen Dampfers** „Verona", der im Dezember 1883 an der Nordostküste strandete und dort demontiert wurde. Ein paar Bodenwrangen sind erhalten geblieben und werden bei Niedrigwasser manchmal wieder sichtbar, so im Sommer 2001, als starke Strömungen sie zur Gänze freilegten. Ein trivialer Eisenhaufen – und dennoch ein interessantes Wanderziel am Strand.

Naturschutzgebiete

Das NSG Spiekeroog ist dreigeteilt, der Platzbedarf bis zum Äußersten ausgereizt. Schon deshalb wird Spiekeroog „die grüne Insel" genannt.

Zwei kleinere Areale, der Wester- und der Ostergroen, liegen unmittelbar links und rechts des Hafens. Die große **Osterplate** nimmt die gesamte östliche Hälfte der Insel ein.

Wester- und Ostergroen

Die beiden Gebiete sind vornehmlich **Salzwiesengürtel,** von Wasserläufen durchzogen und teils im Verlanden begriffen, teils schon in **Dünengrasfluren** übergehend, so vor allem im Ostergroen. Der Westergroen beherbergt eine große **Brutkolonie** der rotfüßigen Fluss- und Küstenseeschwalbe, einem kleinen, quicklebendigen Vogel mit halbschwarzem Kopf, weißem Gefieder und, wie anders, tiefroten Füßen. Nicht zuletzt wegen dieses Vogels ist das Gebiet ganzjährig gesperrt. Auch die Reste der berühmten Franzosenschanze

013oi Foto: rh

Alles geht geruhsam

kann man nur vom Deich aus einsehen – mit dem Trost allerdings, dass es dort ohnehin nicht viel zu sehen gibt.

Wander- und Reitwege führen dicht am Westergroen vorbei, so dass sich dort viel Vogelwelt beobachten lässt. Der Ostergroen wird sogar von zwei Pfaden durchzogen, deren Wegführung jedoch strengstens einzuhalten ist, denn sie führen dicht an Vogelkolonien vorbei.

Ostplate

Die Ostplate ist relativ jungen Ursprungs und aufgrund ihrer Ausdehnung und zahlreicher günstiger Konstellationen eines der wichtigsten Biotope der Nordsee. Da sich hier die Entstehung einer Insel mitsamt ihrer natürlichen Tier- und Pflanzenwelt auf engem Raum und sozusagen im Zeitraffertempo beobachten lässt, ist dieses Gebiet für Geologen, Botaniker, Ornithologen und andere Wissenschaftler von großem Interesse.

Der Bedeutung der Ostplate entsprechend ist das **Betreten** auch hier **streng geregelt** und auf einige wenige Pfade beschränkt. In einigen Fällen ist die Begehung zudem zeitlich begrenzt, so bei dem schönen „Langwanderweg", der mitten durch das NSG bis zur Ostspitze führt. Dieser Pfad darf zur Vermeidung von Störungen nur außerhalb der Vogelbrut- und -aufzuchtzeit vom 1.8. bis 31.3. jedes Jahres benutzt werden. Das Begehen eines weiteren Pfades im Westteil der Ostplate (s. Inselkarte) ist nur mit offizieller **Führung** zulässig. Manche Wege können auch zeitweise ganz gesperrt werden, wenn sich neue ökologische Situationen ergeben.

Doch Spiekeroogs Vogelwelt lässt sich auch aus der Ferne betrachten. Die große Möwenkolonie, vorwiegend aus Silbermöwen zusammengesetzt, kann man sogar vom Hafen oder jeder etwas höher gelegenen Warte von der Inselmitte aus einsehen. Das Fernglas enthüllt Eiderenten und Austernfischer. Weiter im Dünenbereich brüten der seltene See- und Sandregenpfeifer und die vom Aussterben bedrohte Zwergseeschwalbe. Im Watt tummeln sich unter anderem der Große Brachvogel, die Pfeifente und der etwas missbenannte Alpenstrandläufer. Eine heile Welt. Voller Ge- und Verbote, gewiss. Aber nur so bleibt sie – einigermaßen – heil.

Insel-Info

Auskunft

- **PLZ:** 26474
- **Vorwahl:** 04976
- **Kurverwaltung,** Noorderpad 25, Tel. 9193101, Fax 9193113, www.spiekeroog.de, E-Mail: info@spiekeroog.de
- **Zimmervermittlung:** im gleichen Haus, Tel. 9193-25, Sa nur morgens geöffnet.
- **Reiseauskunft** Schiff/Bahn: Tel. 9193-33, Fax 109. Busanreise: Weser-Ems-Busverkehr, Büro Jever, Tel. 04461-3025, Fax 73550.

Ärzte

- Direkt neben der Kurverwaltung (Tel. 372). Ein *Kusen* (schmerzender Zahn auf Platt) muss allerdings bis zum Festland warten.

Saison

- HS ist vom 1.6. bis 15.9., die NS geht vom 1.3. bis 31.5. bzw. vom 16.9. bis 31.10.

Strandkörbe

●Strandkörbe sollten tunlichst bis zum 15.4. des Jahres vorausbestellt sein, sonst wird es eng mit dem Angebot. Ein Liegekorb kostet in der Saison vom 15.3. bis 15.10. € 6/Tag bis zu 6 Tage (4 Tage Minimum) und € 5,50 ab 7 Tage.

Kurtaxe

●Siehe „Anhang".

●Die Entrichtung der Kurtaxe obliegt dem Gast. Gezahlt wird bei der **Kurkasse** im Gebäude der Kurverwaltung. (Offen zu normalen Bürozeiten, im Sommer auch samstagmorgens). Bei Abfahrt wird die Zahlung an der Fähre überprüft, und ggf. ist ein Nachschlag fällig.

FKK

●Keine FKK auf Spiekeroog.

Kirche

●Auf Spiekeroog gibt es zwei evangelische und eine katholische Kirche. Die Ökumene bietet besonders in der Sommersaison ein lebhaftes Programm.

Ruhezeiten

●Ruhezeiten sind von 22–9 und 12–15 Uhr. Sie werden sehr ernst genommen! Spiekeroog ist eine stille Insel und will es auch bleiben.

Hunde

●Hunde sollte man nach Spiekeroog nicht mitnehmen – sie sind nirgendwo warm willkommen. Die Aversion reflektiert sich schon im Fahrpreis: Flocki kostet genauso viel wie Herrchen oder Frauchen. Ansonsten müssen Hunde auf der ganzen Insel an der Leine geführt werden (Ausnahme: ein Teil des Weststrandes sowie im Ort 1.11.–28.2.).

Kinder

●Spiekeroog ist kinderlieb. Einen **Spielplatz** gibt es am Westdeich (dicht am Hafen), einen weiteren, mit Teich, ein Stückchen weiter am Kurgarten.

●Auch gibt es ein spezielles **Kinderspielhaus** (gleich neben der Kurverwaltung). Dort kann man die Kleinen täglich (außer Sa) „abstellen". Der Service ist für Kurkarteninhaber kostenlos.

●Die Kurverwaltung setzt auch häufig **Kinderprogramme** an, um die Zwerge in Stimmung zu halten: siehe „Unterhaltung".

Fortbewegung

Reiten

●Zwei Veranstalter bieten Pferdevergnügen an. Der **Islandhof** (Up de Höcht 5, Tel. 219) hat sich auf kräftige Islandpferde spezialisiert, mit denen ausgedehnte Ausritte unternommen werden können. Für eine Stunde kostet das z.B. etwa € 20, für eine Exkursion zur Inselostspitze zahlt man um € 40.

●Die **Reithalle Petschat** (Achter d'Diek, Tel. 1401) hat ebenfalls Ausritte im Programm und bietet auch Dressur-, Spring- und Geländereitunterricht sowie Kutschfahrten an.

- Die Inselverwaltung bittet darum, „weidende Pferde nicht zu besteigen".

Pferdebahn

Ein weiteres rossbetriebenes Fortbewegungsmittel auf Spiekeroog ist ein **Relikt aus alten Zeiten:** die „Pferdebahn". Anno 1885 fuhr erstmals das 1-PS-Bähnle zwischen dem Dorf und dem damaligen „Herrenbadestrand" im Westen der Insel hin und her. Heute hat man das Gefährt wieder in Betrieb gesetzt. Es verkehrt (wetterbedingt) ab Osterferien bis Oktober zwischen dem Inselbahnhof und dem Westend. Die älteste noch von einem Pferd gezogene Straßenbahn Deutschlands hat heute zwar musealen Charakter, fährt aber dennoch täglich (außer Mo) ab Bahnhof um 14, 15 und 16 Uhr, ab Westend 20 (der letzte Trip 30) Minuten später. (Bei Andrang zusätzliche Fahrten laut Aushang). Die Tour kostet € 2 pro Strecke, € 2,50 hin und zurück.

Unterkunft

Wie man erwarten darf, erheben sich auf Spiekeroog keine Bettenburgen. Auch die größeren Etablissements, nur fünf an der Zahl, passen sich harmonisch dem Inselbild an. Wenn das schon erfreulich klingt – hier kommt noch mehr: Die Preise für alle Spiekerooger Klausen liegen gut im Mittelfeld des Nordseeniveaus und zum Teil noch weit darunter. Spiekeroog ist – relativ – billig.

Preise

Bei den Ferienwohnungen wird außerhalb der HS die Miete in den meisten Fällen drastisch (bis zur Hälfte) reduziert. Bei den anderen Herbergen gibt es kaum nennenswerte Abschläge.

Hotels

- Ein behagliches Feriendomizil ist das **Hotel Inselfriede**€€€ (Tel. 9192-0), unmittelbar gegenüber der alten Inselkirche und, wie der Name verrät, trotz zentraler Lage ein Hort der Ruhe.
- Jenseits der kleinen Kapelle liegt das **Hotel (garni) zur alten Inselkirche**€€ (Tel. 251). Gemütlich und gediegen.
- Mit zum alten Kirchdistrikt darf sich das **Hotel zur Linde**€€ zählen (Tel. 91940), ein traditionelles Haus, das solide Gemütlichkeit ausstrahlt. Auch die Linde ist da (was bei Namensgebungen keineswegs immer so selbstverständlich ist).
- Klein, fein und freundlich ist das Hotel garni **Strandidyll**€€ (Tel. 358, E-Mail: strandidyll.spiekeroog@t-online.de) nahe des Weststrandes.
- Das **Upstalsboom**€€ (E-Mail: spiekeroog@upstalsboom.de, Tel. 91110) ist zwar das größte Hotel der Insel, doch seine Preise sind durchaus zivil.

Hotel-Pensionen

Diese Kategorie ist in jüngerer Zeit in den Hotels garni aufgegangen. Typisch sind das **Haus am Park**€€ (Tel. 912944) und das **Haus Orion**€€ (Tel. 213) mit ÜF-Preisen um € 35.

Pensionen

- Etwa ein Dutzend Pensionen gibt es auf Spiekeroog, die zum Teil unter € 20 kosten. Allerdings ist stets ein **Mindestaufenthalt** von mehreren Tagen anzusetzen - eine Woche ist ganz normal.
- **Privatvermieter** (ÜF) sind teilweise sogar noch etwas billiger, und jene mit Küchenbenutzung am preisgünstigsten (Kleihauer€,Tel. 1424). Ein paar Abstriche (Etagentoilette, Dusche extra) muss man allerdings machen. Haustiere sind nicht bei allen Privatvermietern zugelassen.

Ferienwohnungen

Den großen Rest machen „Abgeschlossene Wohnungen zum Selbstbewirtschaften" aus, insgesamt mehr als 150 Einheiten. Die meisten dieser Häuser haben 2-6 Betten. Je nach Ausstattung kommt man bei Umrechnung der Tagesmiete auf Pro-Kopf-Preise zwischen € 22 und etwa 26.

Zelten

Man darf auf Spiekeroog zelten, allerdings nur vom 1.5. bis 15.9. und auf dem dafür ausgewiesenen Platz am westlichsten Ende der Insel nahe des NSG Westergroen (ca. 3 km vom Ort, siehe Inselkarte). Dort gibt es auch Duschen und WCs. Ohne einen so genannten **Benutzungsschein** der Kurverwaltung (Tel. 9193-67) läuft aber gar nichts. Nur über diesen oder den Platzwart (Tel. 288) kann auch vorgebucht werden, was zu jeder Jahreszeit empfehlenswert ist. Bei voller Belegung des Zeltplatzes - wegen vieler „Wiederholungstäter" oft der Fall - wird bereits in Neuharlingersiel am Fahrkartenschalter ein entsprechendes Hinweisschild ausgehängt. Der Spiekerooger Zeltplatz ist nicht teuer (Kategorie A, siehe „Praktische Reisetipps/Gut zu wissen"); Waschräume und Kiosk sind vertreten. Offen 1.5.-15.9. Keine Haustiere!

Gastronomie

Der offizielle Inselprospekt warnt, dass „im Winter mit einem stark eingeschränkten gastronomischen Angebot zu rechnen ist". Doch verhungern wird man auf Spiekeroog wohl auch dann nicht ...

- Wie üblich, kann man auch ohne Hausgaststatus bei vielen **Hotels** deren gute Küche genießen, so in der **Friesenstube** des **Inselfriede** oder im gemütlichen **Café Klönstuv** des Hotels **Zur alten Inselkirche.** Auch das Hotel **Zur Linde/Siwalu** (mit Kneipe **Kap Hoorn**) und sein Restaurant **Seeteufel** heißen Gäste willkommen; im letzteren hat man unter anderem ein Herz für Vegetarier.

613dn Foto: rh

●Am Tranpad 11, schon ganz im Osten, liegt die **Dünenklause,** rustikal und mit beliebter Außenterrasse.
●Im Fischrestaurant **Capitäns Haus** am Norderloog gibts Leckeres aus dem Meer.
●Gleich daneben liegen das **Insel-** und das **Eiscafé** mit Kuchen, Torten und täglich frischem Eis aus der Konditorei. Hübsches Ambiente.

●Der **Bahnhof,** am Terminal zur Pferdebahn, ist „Spiekeroogs Italiener". In diesem „Zentrum internationaler Begegnung" gibt's täglich von 15 bis 0.30 Uhr jede Menge Spezialitäten aus Pizzaland.

●In der **Spiekerooger Teestube** (Noorderpad 1) beschränkt man sich dankenswerterweise nicht auf Tee, sondern legt eine täglich wechselnde Speisekarte vor, die viel „Regionales", vor allem natürlich Fisch, aufweist. Mo Ruhetag.

●Auch im **Imbiss Klabautermann** (Dorfmitte) gibt es Fisch, und zwar in stattlicher Auswahl. Dazu reicht man Pommes, Vollkorn und – auf Spiekeroog! – Tofu.

●In der **Strandhalle** vor dem Oststrand kann man nach dem Bad die verbrauchten Kalorien wieder nachfüllen. Der Komplex umfasst ein Restaurant mit Café und eine Cafeteria mit Selbstbedienung und Kinderspielecke; dazu gesellen sich Konditorei, Terrasse und Kiosk.

●Das **Westend** (auf dem Weg zum Zeltplatz) mutiert täglich (außer Mo) von 14–17 Uhr zum **Old Laramie,** wo, passend zur Adresse, Western Food serviert wird. Pommes fehlen auch nicht. Mi, Fr und Sa kommt Leben in die Bude, denn dann ist das Westend (ab 21 Uhr bis in die Puppen) Abendlokal mit Musik und Tanz. Man beachte aber: „Bei Hochwasser & Sturm geschlossen" (im Winter sowieso).

●Der **Dwarslooper** (Noorderpad 6) vereint Kneipe, Café, und Bistro. Hier werden zu Snacks und Getränken zünftige Shantys, Oldies und Blues gereicht. Zu diesem Komplex gehört auch die **Spiekerooger Börse** mit *„good cooking, good eating"* und, hoppla, *„good loving"*.

●Der **Blanke Hans** (gegenüber vom Rosengarten) ist eine weitere Spiekerooger Kneipe, in der man es bereits am Nachmittag kräftig schäumen lässt.

●Im Imbiss **Meeresfrüchtchen** (Noorderpad, hinter der Bank) gibt es, wie man sich denken kann, feine Sachen aus dem Meer.

Sport

Angeln

Der Angelsport kann überall außerhalb des Bade- und Burgenstrandes betrieben werden.

Hallenbad

Das Meerwasser-Hallenbad am Noorderpad (Tel. 919362) hat ein 25 x 10 m großes Becken mit einer Tiefe von 1,20 bis 2 m und eine Wassertemperatur von 30 °C.

●**Öffnungszeiten:** Während der Saison täglich, zumeist ab 9 Uhr, genaue Betriebszeiten auf Anfrage.

Gymnastik

●Von März bis Oktober können Inselbesucher täglich außer So zum Nulltarif an organisierter **Strandgymnastik** teilnehmen. Man trifft sich um 10 Uhr am Strandkorb mit dem Schild „Sport"; ein buntes Fähnchen ist dort aufgezo-

gen. Auch für Kinder gibt es immer Programm. Bei schlechtem Wetter wird in der Strandsporthalle geturnt.
● Mo–Sa nachmittags laufen separate **gemischte Programme,** teils am Strand, teils, vom Wetter abhängend, in der Sporthalle. Von Aerobics und Jazz-Dance bis zur Wirbelsäulengymnastik ist an alles gedacht. Auch dieser Service ist kostenlos.

Tennis

€ 13 pro Platz und Stunde zahlt man in der **Tennisschule Huth** (beim Schwimmbad, Tel./Fax 1474). Auf drei Kunstrasenplätzen kann man dem weißen Ball nachstellen, in der dritten Juliwoche sogar unter Turnierbedingungen. Auch Pauschalangebote, fragen lohnt sich.

Reiten

Siehe „Fortbewegung"

Segeln

Segeln unter Küstenrevierbedingungen kann man in der Spiekerooger **Segelschule Klasing** lernen (Westend 10, Tel. 680). Geboten werden Anfängerkurse (35 Std. über 10–14 Tage verteilt), Sportbootführerschein-Binnen (14 Tage) und BR-Schein-Praxis. Ferner im Programm sind Halbtagestörns und zwanglose Exkursionen in kleinen Gruppen von maximal 4 Teilnehmern auf dem Watt und vor der Insel. Die Klasing-Schule ist bewusst klein gehalten; dadurch ergibt sich eine freundschaftliche, persönliche Atmosphäre, in der es nicht nur um Geld geht.

Windsurfen

Windsurfen ist außerhalb des Bade- und Burgenstrandes (und des NSG Wattenmeer) erlaubt; man muss jedoch das eigene Board mitbringen.

Da freut sich Groß und Klein

Die Strandung der Johanne

Der tragische Verlust des Auswandererschiffes „Johanne" ist ein ebenso dunkles wie auch rühmliches Kapitel in der Geschichte Spiekeroogs.

Am 2. November 1854 geht die Dreimastbark in der Wesermündung ankerauf. Ziel ist Baltimore an der Ostküste der USA. An Bord befinden sich 13 Besatzungsmitglieder und 218 Auswanderer aus dem Süden Deutschlands, die unter großen Strapazen die Küste erreicht und einen miserablen Zwischendecksplatz an Bord ergattert haben. Sie sind fast alle bitterarm und wollen in Amerika eine neue Heimat finden.

Nur ein paar Stunden Ruhe sind den Seeungewohnten vergönnt. Am Nachmittag des 3. November laviert die Bark unter gerefften Segeln in schwerem Nordwest bei Norderney. Der Wind dreht jedoch, und der 4. sieht das Schiff unter vollen Segeln vor günstigem Südost.

Schon glaubt man, das Schlimmste sei überstanden, als in der Nacht auf den 5. der Wind erneut auf Nordwest springt und Sturmstärke annimmt. Trotz verzweifelter Anstrengungen wird die „Johanne" von ihrer Position westlich von Helgoland unerbittlich nach Süden vertrieben. In der Nacht auf den 6. wächst der Sturm zum Orkan. Von Hagel- und Schneeböen gepeitscht, driftet die Bark, fast schon ein Wrack, auf die Untiefen vor Spiekeroog und kommt in der haushohen Brandung fest.

Am Morgen des 6. November 1854 sehen die 134 vollzählig am Strand versammelten Spiekerooger einen Trümmerhaufen an ihrer Küste, auf dem zahllose Menschen um ihr Leben ringen. Masten und Takelage sind „von oben gekommen", teils bewusst gekappt, um ein Kentern zu verhindern. Dabei hat es die ersten Toten und Schwerverletzten gegeben. Weitere werden von der See über Bord geschlagen und ertrinken im eisigen Wasser der Nordsee.

Von Land aus ist keine Hilfe möglich. Es ist kein Boot da – es wäre auch zu nichts nütze – und außerdem ist Hochwasser und das Wrack unerreichbar. Erst die Ebbe gibt es allmählich frei, und die Überlebenden können den Strand gewinnen. Unter ihnen sind dreizehn Passagiere, die sich unter Deck verrammelt hatten und ihr Glück zunächst gar nicht glauben mögen.

Doch der Zoll ist hoch: 77 Menschen sterben mit der „Johanne": 34 Frauen, 18 Männer, 18 Kinder und 7 Säuglinge.

Schon in der Frühphase der Strandung hatte die Tragödie unter den Insulanern blankes Entsetzen statt der üblichen Euphorie anlässlich einer „Strandsegnung" ausgelöst.

Entsprechend war die Anteilnahme und Hilfestellung, die den Überlebenden zuteil wurde. Die selber ärmlichen Spiekerooger nahmen die Schiffbrüchigen geradezu liebevoll auf, und bald kam auch Proviantnachschub und ein Arzt vom Festland, nachdem die Botschaft von der Katastrophe die Reeder in Bremen erreicht hatte.

Am 14. November reisen die Überlebenden der „Johanne" ab, bunt gekleidet in Geborgenem und Geborgtem. Vier Tage später sind sie wieder in Bremerhaven. Doch nur die wenigsten wagen sich auf eine erneute Seefahrt. Der Großteil kehrt mutlos und ärmer denn je in die süddeutsche Heimat zurück, wenn auch viele nach Abklingen des Schocks später einen neuen Anlauf nehmen. Einige schreiben auch den Spiekeroogern, um sich für die noble Behandlung zu bedanken.

Die Toten der Johanne werden auf dem „Drinkeldodenkarkhof", dem Kirchhof der Ertrunkenen, am Ostrand des Dorfes beigesetzt. Viele Angetriebene, vor allem nach den Seegefechten der beiden Weltkriege, sollten sich noch zu ihnen gesellen.

Das Wrack der „Johanne" versackte allmählich im Mahlsand. Schon nach zwei Wochen wurde der Restrumpf von der Versicherung verkauft, im Frühjahr 1855 die geborgene Ausrüstung. Nichts fehlte.

Heute gibt es keine Spur mehr vom Wrack der „Johanne". Doch die Tragödie sollte auch ein Gutes haben. Sie hatte zu neuem Denken an der Nordseeküste geführt und war dieserart unter anderem ursächlich für die Gründung der Deutschen Gesellschaft zur Rettung Schiffbrüchiger.

Unterhaltung

Die Kurverwaltung Spiekeroog hält in der Hauptsaison ein buntes Unterhaltungsprogramm ab, das im **Kursaal** stattfindet und in der Regel um 20 Uhr beginnt. Kinderunterhaltung ist natürlich früher angesetzt (verschiedene Termine). Geboten werden Filmvorführungen, Diavorträge, Kunstausstellungen, Konzerte, Schwanke der lokalen Kabarettgruppe „Die Insel(s)catchers", Kino und Theater. Die lieben Kleinen versucht man mit Märchen und Kichergeschichten bei Laune zu halten, oder das Puppentheater führt etwas Lustiges vor. Die meisten Darbietungen sind eintrittspflichtig (um € 2,50).

- Die jeweilige Programmübersicht wird durch Aushänge bekannt gegeben.

Touren

Schiffstouren

- Die Reederei Cassen Eils unternimmt sporadisch Tagestouren von Spiekeroog nach **Helgoland.** Der Ausflug dauert insgesamt ca. 9 Stunden und kostet € 22,50 für Erw. und € 17,50 für Kinder von 4 bis 11 Jahren. Kontaktadresse ist die Agentur Eiben (Up de Dünen 4, Tel. 324).
- Die Kurverwaltung beraumt in der Hauptsaison zu wechselnden Daten mit ihrem MS „Spiekeroog III" die folgenden **Ausflugsfahrten** an:

	Dauer ca. Std.	Erw. €	Kinder 4–11
Seehundbänke	1,5	6,00	3,00
Langeoog/Wangerooge	6	14,00	7,00
NP Wattenmeer	3	7,50	3,75

Inselbahnbenutzung auf Langeoog ist im Preis inbegriffen. Die jeweiligen Abfahrtsdaten werden per Aushang bekannt gegeben.

Wattwandern

Wattwanderungen „unter ökologischen Gesichtspunkten" kann man mit mehreren „staatl. gepr." Wattführern unternehmen, die ihre Dienste auf den Schautafeln im Ort anbieten. Der Preis liegt bei € 2,50 für eine einstündige Tour. Große Gruppen sollten sich nach Sonderkonditionen erkundigen. Gelegentlich werden auch Wanderungen zum Festland unternommen; Rückfahrt mit der Fähre (Gesamttour: € 18).

Fährverbindungen

Spiekeroogs **Fährhafen** ist **Neuharlingersiel** (siehe „Abfahrtshäfen und Fähren"). Der Hafen ist stark tidenabhängig mit ständig wechselnden Abfahrtzeiten, daher sind **Tagesfahrten** manchmal nicht möglich.

Mit dem eigenen Boot

Der **Jachthafen** Spiekeroog ist gut geschützt gelegen und bietet mehr als 100 Booten an Schwimmstegen Platz. Zum landnahen Ende wird es allerdings ziemlich flach. Wenn die Stege, wie im Sommer häufig, besetzt sind, legen sich die Boote (meist im Päckchen) an die Kade. Auf dem Kai ist auch das Abfertigungsgebäude mit Duschen und WCs. Zum Ort sind es nur ein paar Minuten.

- **Auskunft:** Spiekerooger Segelclub: Tel. 230.

Wangerooge
– die Wanderlustige

Geschichte

Der Name

Wanga bedeutete im Altgermanischen soviel wie „Wiege" oder „Ebene"; sicherlich hat auch die bartbestandene Wange dort ihren Ursprung. *Oog,* das hatten wir schon ein paar Mal, heißt natürlich Insel. Ungefähr in diesem Sinne bietet sich das zum kleinsten der ostfriesischen Eilande geschrumpfte Wangerooge immer noch dar.

Ursprünge

Vermutlich existierte die Insel Wangerooge bereits zur Zeitenwende, wenn auch in ganz anderer Form. Viel weiter im Westen muss die dem Wangerland vorgelagerte Insel, die „beweglichste" der sieben Ostfriesinnen, gelegen haben.

Ob das Eiland zu jener Zeit schon besiedelt war, ist fraglich. Doch im **frühen 14. Jahrhundert** tauchen die paar Dünen erstmalig in den Annalen der Küste auf. **1327** hat Wangerooge-„Town" sogar schon **Stadtstatus,** denn es handelte sich um einen günstig und für Ostfriesen, Helgoländer, Bremer und Hamburger gleichermaßen zentral gelegenen **Handelsplatz.** Allerdings hatte dabei immer noch die Nordsee ein Wörtchen mitzureden. Denn damals noch floss die Harle, ein gewaltiges Wasserloch, zwischen Spiekeroog und Wangerooge hindurch und nagte ständig am Kopf dieser letzten ostfriesischen Kaulquappe.

Die **Harlebucht,** heute längst eingedeicht, war durch einen Einbruch der See im 13./14. Jahrhundert entstanden und bildete ein Seegatt von sechs Kilometer Breite. Hier konnte der Blanke Hans sich ungehindert austoben. Das **Inseldorf** jener Tage lag nordwestlich des heutigen Weststrandes und wurde noch vor **Ende des 16. Jahrhunderts** von der See verschlungen. 1595 stürzte der letzte Zeuge dieser Ära ein, der Turm der St. Nikolaus, dem Schutzpatron der Seeleute, geweihten Kirche.

Neue Ära

Auf Drängen der Bremer Kaufmannschaft ließ *Graf Johann VII. von Oldenburg* einen **neuen Turm** auf Wangerooge errichten, um für die gefährlichen Ansteuerungen der Außenweser mit ihrem fast gänzlichen Fehlen von Landmarken ein verlässliches **Seezeichen** zu schaffen. Immer wieder waren Schiffe in diesem Revier verloren gegangen, weil sie ihren Standort nicht bestimmen konnten. Der Bau des neuen Wangerooger Turms wurde **1597** begonnen und dauerte fünf Jahre. Dieses Mal war man auf Nummer Sicher gegangen und zog das Gemäuer aus zwei Meter dick gesetzten Quadern in der Mitte der Insel auf. **1624** wurde auf ihm auch ein **Leuchtfeuer** angezündet, das erste an der deutschen Nordseeküste.

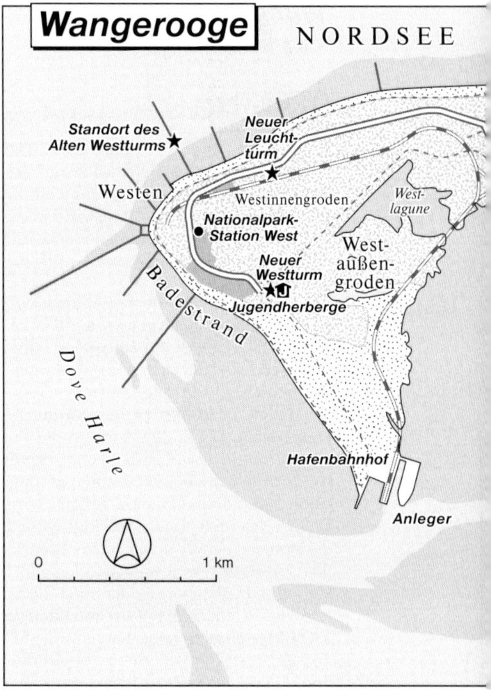

Der **Dreißigjährige Krieg** kam und ging und hinterließ kurioserweise einen Hauch von wirtschaftlicher Blüte. Die Wirren des schrecklichen Konflikts waren an Wangerooge vorbeigegangen, und man hatte sogar ein wenig daran verdienen können. Umso erbarmungsloser schlug die Natur jedoch danach zu. Flugsand vernichtete die fruchtbaren Weiden, die zuvor eine blühende Viehwirtschaft erlaubt hatten. Zur gleichen Zeit erfolgte auch ein immer stärkerer **Landabbruch im Westen,** der die Insulaner ständig zum Umziehen zwang. Die meisten Wangerooger Männer verdienten ein hartes Brot in der Frachtschifffahrt und mit einiger Fischerei.

Badeinsel

Im Zuge des großen Aufbruchs an der Nordseeküste landeten **gegen 1800** auch die ersten Badegäste auf Wangerooge an. **1804** stiftete die Landesherrin von Anhalt-Zerbst eine Badekarre und ein Zelt. Mit diesem symbolischen Akt wurde Wangerooge **offiziell Seebad.**

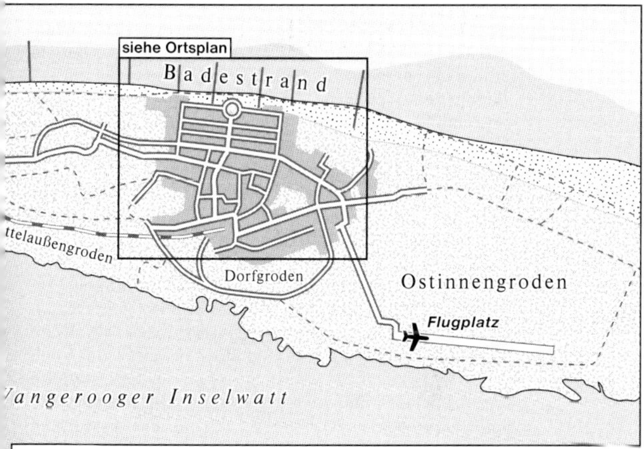

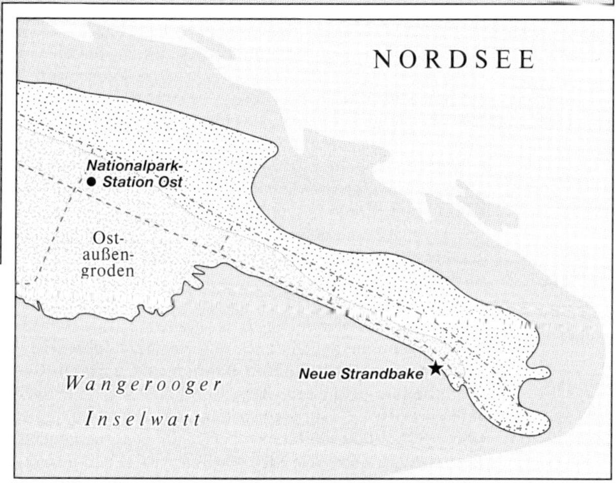

Damals war die Insel **russisch** – jawohl, russisch –, denn sie gehörte über Seitenlinien der großherzoglichen Herrscherhäuser in Oldenburg und Braunschweig **zum Zarenreich.** Die verzweigte Verwandtschaft dieser Großfamilie fand sich dann auch zu Besuchen auf Wangerooge ein, um dort eine Zehe in das kühle Heilnass zu tauchen. Viel mehr nicht, denn das wäre damals nicht schicklich gewesen. So vergnügte man sich halt in Logier- und „Conversationshäusern“, und nur die ganz Mutigen ließen sich allenfalls mal in einer „Badeschaluppe" ein Stückchen hinausfahren, um dort in einem Holzkasten den „schnellen Reiz des Wassers auf der Haut zu verspüren". Ein paar Jahre später badete man dann schon mal, kühner geworden, vom Ufer aus auf Badekarren oder hinter Sichtblenden und Markisen, damit auch um Himmels Willen niemand etwa ein Stück nacktes Bein zu Gesicht zu bekam. Nicht ganz ohne Symbolik wurde auch „die rothe Flagge bei dem Badeschalter geheiszt", sowie die Damen am Wasser waren, worauf die Herren gebührlichen Abstand zu halten hatten. Selbst Boote durften sich dann dem Ufer nicht mehr nähern.

Harte Zeiten

Der **Franzosenkrieg** machte diesen unschuldigen Vergnügungen ein jähes Ende. 1818 fiel die Insel endgültig an das selbstständige **Oldenburg.** Ostfriesisch war Wangerooge ohnehin nur der Geografie nach gewesen. Noch heute ärgern sich die Insulaner, wenn man sie Ostfriesen nennt. („Friesen" nimmt man gegebenenfalls hin, denn die Insel gehört jetzt zum Landkreis Friesland, aber am liebsten ist man Oldenburger).

Unter Oldenburger Regie nahm das Seebad ab **1819** zunächst einen stetigen Aufschwung. Doch der Blanke Hans ruhte nicht. **1854** zerriss die Insel bei einer **mörderischen Sturmflut** in zwei Teile. Das Dorf ging unter, und die meisten der ungefähr **350 Insulaner flüchteten** von dem verwüsteten Eiland.

Die nachfolgenen Jahre brachten wenig Besserung. Neue Sturmfluten zerwühlten die Inselreste weiter, spülten Häuser und Dünen fort, und Flugsand bedeckte alles, was vorher bewohnbar gewesen war.

Dennoch zog es die Inselfamilien allmählich wieder zu ihrem Eiland zurück. **1859** wurde in der Mitte der Insel ein **neuer Leuchtturm** errichtet, und um diesen scharten sich die Bauten des neuen Dorfes wie Küken um die Henne. **1874** begann man auch damit, den weiterhin abbröckelnden Westsaum der Insel mit **Buhnen und anderen Befestigungen** zu sichern, denn in 300 Jahren hatte sich Wangerooge 2,5 km von Westen nach Osten verlagert, und der Wandertrieb hielt weiterhin an. Der alte Leuchtturm von 1597, der einst auch in der Inselmitte gebaut worden war, stand nunmehr weit im Westen; die Insel war sozusagen unter ihm hinweggewandert. Jetzt spülte die Nordsee bereits an seinem Fuß. Doch nicht sie sollte es sein, die das starke Gemäuer letztlich zu Fall brachte.

Zweimal Krieg

Um die Mitte des 19. Jahrhunderts hatte Preußen gegen den Widerstand des Königreichs Hannover und des Großherzogtums Oldenburg mit dem Ausbau des späteren Wilhelmshaven zum Flottenstützpunkt begonnen, der nach seiner Fertigstellung die Kaiserliche Marine beheimatete. Die „Kleinen" hatten schon die richtige Witterung gehabt; die Zeichen standen auf Krieg. **1912,** der Ausbruch stand kurz bevor, wurde Wangerooge in eine **Seefestung** verwandelt, galt es doch, die Jademündung vor dem Feind zu schützen, den man im perfiden Albion ausgemacht hatte. **Bunker und Seebatterien** wurden errichtet und der **Westhafen** erbaut, um das ganze schwere Zeug anlanden zu können. Dann, bei Kriegsausbruch, hatte irgendein Kommisskopp einen besonders blendenden Gedanken. Der alte Westturm, räsonierte er, müsse die Engländer geradezu magisch anziehen und ihnen den Weg in die Jade weisen. Da man gerade zu Kriegszeiten scheinbar niemals etwas zweimal überlegt, wurde der wackere Turm, der Jahrhunderte tapfer überstanden hatte, kurzerhand gesprengt. Die Wangerooger klatschten keinen Beifall dazu. Der Engländer kam übrigens nicht.

Auch im **2. Weltkrieg** glaubte man, die strategische Wichtigkeit Wangerooges erkannt zu haben. **Flugabwehr-, Funkmess- und Jagdfliegereinheiten** waren auf der Insel stationiert, und die zeigten dem Engländer nun wirklich den Weg. Am **25. April 1945,** nur wenige Tage vor Kriegsende und sozusagen um fünf vor zwölf, griffen **480 englische Bomber** Wangerooge an und verwandelten die Insel in ein Trümmerfeld. 311 Menschen starben.

Wangerooge heute

1932–33 hatte man den **Westturm** ein gutes Stück südlich der alten Sprengstätte – wo heute noch bei Buhne B der Schutthaufen zu bewundern ist – in etwas modifizierter Form wieder aufgebaut. Der neue Turm wurde im Gegensatz zum alten mit Fenstern versehen und nahm jetzt eine **Jugendherberge** auf, die heute noch in Betrieb ist, denn den zweiten Krieg überstand dieser Turm glücklicherweise. Nach wie vor ist er heute das **Wahrzeichen der Insel.**

Der **Leuchtturm von 1859** steht auch weiterhin, hat aber keine Funktion mehr. Seine Aufgaben wurden von dem hohen Radarturm im Nordwesten übernommen, der auch schon fast so etwas wie ein Inselwahrzeichen ist.

Wangerooges Hauptschlagader ist heute die **Zedeliusstraße,** in der während der Saison buntes Leben pulsiert, die aber selbst im Winter nie ganz vereinsamt ist. Hier liegt auch der gepflegte

0160i Foto: rh

Rosengarten, in dem sommers nicht minder gepflegte musikalische Darbietungen stattfinden, und in der Nähe befindet sich der **Dorfplatz** mit einigen der ältesten Häuser Wangerooges. Nicht sehr alt im Vergleich zu anderen Inseln, sei einschränkend gesagt: Das **Hus up de Warf,** Inselveteran, stammt aus dem Jahre 1863.

Schon immer seit seiner Existenz als Seebad war Wangerooge **Ziel für Familien.** „Dagewesene" zieht es immer wieder dorthin zurück; die Wangerooger Klientel setzt sich zum überwiegenden Teil – bis auf weiteres – aus Stammgästen zusammen. Gemütlich ist es dort und ein bisschen altmodisch auf Oldenburger Art. Zar, Zimmermann und Großherzog würden sich bestimmt wohlfühlen, könnten sie im „Pudding", dem kreisrunden Café oben an der Promenade, noch einmal einen Liqueur zu sich nehmen.

Kleinste Insel

Dem vorgenannten substanziellen Abtrag ist zu „verdanken", dass Wangerooge im Ostfriesischen Archipel heute Baltrum den Rang der kleinsten Insel abgelaufen hat. Nicht einmal 5 km² Fläche misst Wangerooge zu Beginn der 2000er, und

Bei jedem Wetter beliebt: der Strandspaziergang

man arbeitet nach Kräften daran, dass das Eiland nicht noch mehr Masse verliert. Auf der Karte sieht die Insel zwar recht ausgedehnt aus. Doch was dort zu sehen ist, besteht zum Teil aus Arealen, die bei Hochwasser überflutet werden. Was dann hoch und trocken verbleibt, reicht noch nicht einmal an das Dornröschen Baltrum heran ...

Dafür weisen die im Tidebereich liegenden Gebiete aber jede Menge heile Natur auf, die gerade auf Wangerooge besonders schön ausgeprägt ist und zu großen Teilen unter Schutz steht.

Gefährdung

Schon existieren Schubladenpläne, der Idylle ein Ende zu bereiten. Weshalb gerade immer **Ölgesellschaften** mit solchen bizarren Konzepten jonglieren, bleibt auch im Fall Wangerooge wieder einmal unersichtlich. Die Firma Statoil will sozusagen als „Wiedergutmachung" für eine quer durch den Niedersächsischen Nationalpark Wattenmeer geführte Pipeline den bukolischen Wangerooger Westhafen zu einer schnieken Marina ausbauen und eine Straße durch den Westgroden führen.

„Was soll das?", fragt man sich unwillkürlich. Die Wangerooger werden sich diese Frage hoffentlich auch stellen, bevor ihnen Liebhaber einer natürlichen Inselatmosphäre durch Fortbleiben langfristig eine höhere Rechnung präsentieren, als das Ölgewerbe je zu zahlen gewillt wäre. Da die Insel im Westen aber ohnehin Substanz abbaut, dürften die schönen Pläne dort bleiben, wo sie hingehören: in den Schubladen.

Naturschutzgebiete

Groden

Das NSG Wangerooge ist dreigeteilt. Es setzt sich aus dem **West- und Ostgroden** sowie dem **Ostende** zusammen, wobei die beiden erstgenannten Zonen, je nachdem ob sie vor oder hinter dem Deich liegen, begrifflich weiterhin in West- bzw. Ostaußen- und -innengroden aufgeteilt werden. Sie nehmen einen ansehnlichen Teil der Inselfläche ein; dem Ostende, einem winzigen Zipfel, kommt eigentlich nur mehr Vorzeigefunktion zu.

Was sich, von Westen her, hier erstmalig Groden nennt, ist auf den übrigen ostfriesischen Inseln der „Heller“: **Salz- und Strandwiesen.** Hinter den Deichen werden die Groden heute „für den Naturschutz extensiv bewirtschaftet“, sogar Orchi-

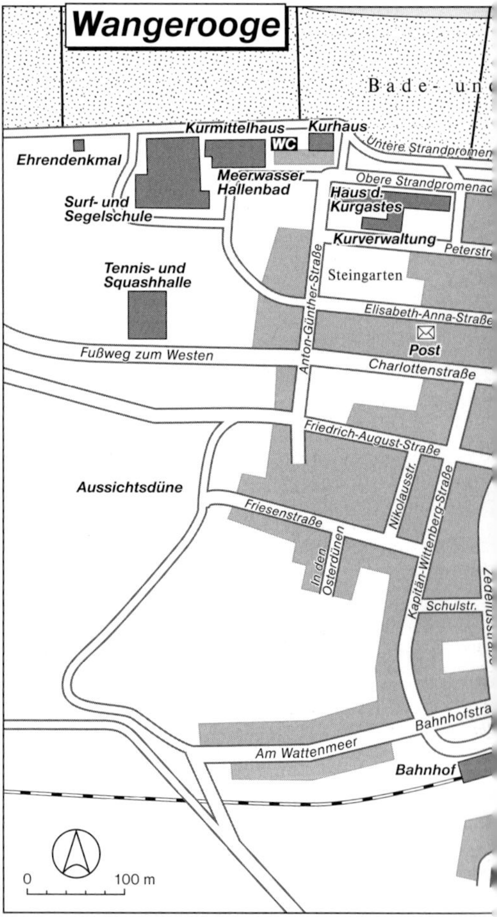

deen gedeihen hier. Im Gebiet der Außengroden haben sich relativ **seltene Pflanzenarten** wie Strandflieder, Salzaster und Grasnelke in großen Beständen ansiedeln können. Die bunten Flächen des Westaußengrodens, durch die das gemütliche **Inselbähnle** vom einsam gelegenen Hafen in den Ort fährt, geben dem Eiland im Frühling und Som-

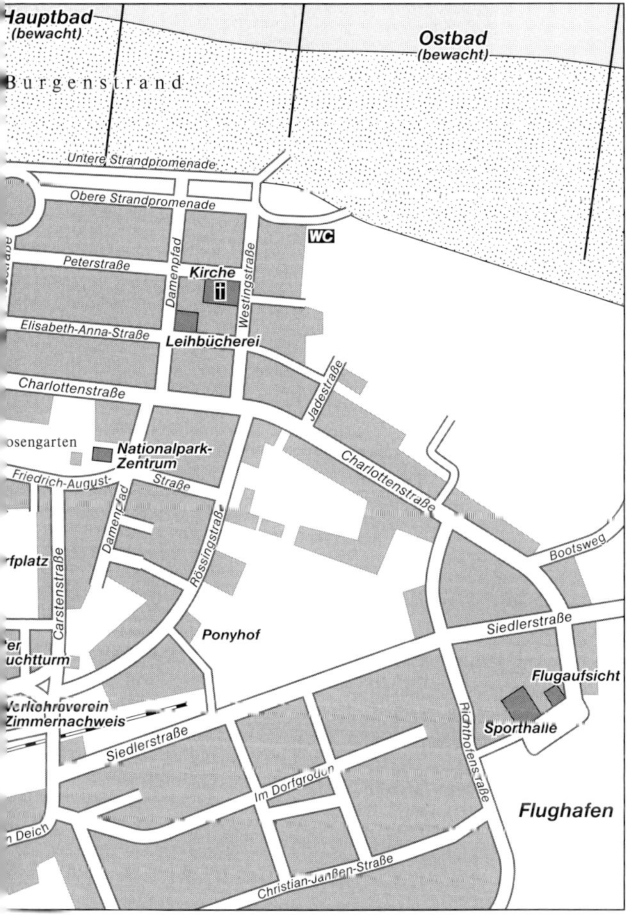

025oi Foto: pm

mer einen ganz besonderen Reiz. Aussteigen und Blumenpflücken ist aber nicht drin. Lediglich am Westrand des Gebietes führt ein Pfad entlang. Der Ostaußengroden darf während des ganzen Jahres nicht betreten werden.

Biotope im Bombentrichter

Auf diversen Umwegen haben sogar menschengemachte Scheußlichkeiten ihr Gutes. Dies zeigt sich in den Dünen westlich des Ortes. Hier sind noch zahlreiche (aber nicht mehr als solche erkennbare) Bombentrichter des großen Luftangriffs vom April 1945 erhalten geblieben. In ihnen sammelt sich Regen- und Grundwasser, und lebendige kleine **Feuchtbiotope** sind im Lauf der Zeit entstanden, in denen jetzt rege Fauna und Flora ein Zuhause findet.

Der Leuchtturm von Wangerooge

Ostspitze

An der Ostspitze sind Land und Dünen noch am Wachsen. Weite **Sandflächen** erstrecken sich hier, Heim und Brutstätte des **Sandregenpfeifers.** Obwohl in diesem Bereich ein Fußweg am Ufersaum vorbeiführt, sind Wanderer gehalten, die Ostspitze möglichst weiträumig (d. h. nur bei Niedrigwasser) zu umrunden. Das abgesperrte **Brutgebiet** darf nicht betreten werden.

Nationalparkeinrichtungen

Je eine **Nationalpark-Station** befindet sich in der Nähe des Westturms und am Ostgroden. Detaillierte Informationen und Anschauungsmaterial zum Thema NSG gibt's im **Nationalpark-Haus** am Rosengarten („Rosenhaus").

Sehenswertes

Die Inselgeschichte schließt interessante Gebäude aus alter Zeit von vornherein aus. Wer wollte noch die Trümmer des ersten Westturms besichtigen? Eher zum Heulen ist einem dort zumute.

Kriegsbeton-Nostalgiker können im vorerwähnten Café Pudding, dem Nabel Wangerooges, auf ihre Kosten kommen. Dort stand im schlimmen Jahr 1944 ein **Bunker** mit Funkmessgerät, Letzteres längst nicht mehr vorhanden, aber Ersterer – z. T. „geschliffen", wie es offiziell heißt – erhalten.

Nahe dem Bahnhof steht der **alte Leuchtturm** und in dessen Vorgarten die verwitternde **Dampflok,** die bis 1957 noch zwischen Hafen und Dorf hin- und herschnaufte. Im unteren Geschoss des Leuchtturms befindet sich ein **kleines Museum,** das einen guten Einblick in die Inselhistorie und die alte christliche Seefahrt gibt. 1,50 € Eintritt berechtigen auch zum Erklimmen der 160 Stufen des Turms, von dessen hoher Warte man einen prächtigen Ausblick bis zum fernen Helgoland hat, klare Sicht natürlich vorausgesetzt. Jüngste Attraktion: die Heirat im Turm.

Insel-Info

Auskunft

- **PLZ:** 26486
- **Vorwahl:** 04469
- **Kurverwaltung:** Haus des Gastes, Strandpromenade 3, Tel. 990, Fax 99114, www.wangerooge.de
- **Verkehrsverein und Zimmervermittlung:** Postfach 1220, Pavillon am Bahnhof, Tel. 94880, Fax 948899.
- **Reiseauskunft:** Bahnhof, Tel. 947411, Mo–Fr vormittags, oder Kurverwaltung.
- **Flugauskunft:** LFH, Tel. 1755.

Ärzte

- **Ärzte:** E.-Anna-Str. 1a und 18, Robbenstr. 12.
- **Zahnarzt:** Friedrich-August-Str. 19.

Saison

- HS: 15.5. bis 30.9., NS 1.1.–6.1., 15.3.–14.5., 1.10.–31.10. und 26.12.–31.12.

Kurtaxe

- Siehe „Anhang“. Die Kurtaxe wird wie auf einigen der vorstehend beschriebenen Inseln per Plastikkarte kassiert.

Strandkörbe

- Strandkörbe sind vom 1.3. bis 31.10. verfügbar und kosten € 4,50–6,50 pro Tag. Für die HS vom 15.6. bis 31.8. ist eine Vorbestellung über die Kurverwaltung bis zum 31.5. dringend zu empfehlen.

Kirchen

- Ev.-luth.: Dorfplatz 34; kath. (St. Willehad): Damenpfad 20; neuapostolisch: Peterstr. 17.

Ruhezeit

- Vom 1.5. bis 30.9. jeden Jahres ist 22–8 und 13–15 Uhr offizielle Kurruhezeit, in der Störungen jeglicher Art untersagt sind.

Hunde

- Hunde sind am Bade- und Burgenstrand sowie an der Unteren Strandpromenade nicht zugelassen. Überall sonst sind sie an der Leine zu führen. „Entsorgungstüten“ gibt es unentgeltlich bei der Kurverwaltung. Am Ende des **Oststrandes** stehen für Hundehalter und ihre Lieben Strandkörbe bereit. Die Verwaltung bittet dringend darum, weder Strand noch Körbe „voll zu machen“.

Kinder

- **Spielplätze** befinden sich am Badestrand, ein „Abenteuerspielplatz“ nördlich der Tennisanlage.
- Im **Haus des kleinen Gastes** an der oberen Strandpromenade können Kinder von Kurgästen zeitweise betreut werden, wenn die Eltern „mal kurz unterwegs sind“. Altersbegrenzung: 3–6 Jahre. Der Kindergarten ist von Beginn der Osterferien bis Ende September geöffnet, und zwar Mo–Fr 8.30–11.30 und 14–16 Uhr, Tel. 890.

Fortbewegung

Fahrrad

Ein sattes Sortiment gängiger Typen gibt's bei **Edith Beier** (Kpt.-Wittenberg-Str. 11 und – nur vom 1.4. bis 30.10. – am Kiosk Im Westen). Ein Durchschnittsradl kostet dort ab € 1/Std., € 2,50/Tag, mit Gangschaltung ab € 4, Wochenpreis: ab € 12,50. Bei *Beier* kann man auch Go-Carts mieten, und zwar je nach Größe ab € 3/Std., die Letzteren für 4 Personen.

- Fahrräder gibt's auch bei **Düvelsdorf** (K.-Wittenberg-Str.6), **Eden** (Zedeliusstr. 2a), **Petrus** (Im Westen) und **Schröder** (Zedeliusstr. 37). Manche Hausvermieter bieten ebenfalls Räder an.
- Auf Wangerooge hat man Maßnahmen getroffen, etwaigen Unfug, sprich Spaß, mit **Go-Carts** (das sind vierrädrige überdachte „Tretkutschen") zu unterbinden. So sind z.B. die wenigen Straßen mit Gefälle (auf denen man mit einem „Affenzahn" hinuntersausen kann) für die Vehikel gesperrt. Jedes Tret-Team erhält vom Vermieter überdies eine Liste mit Verhaltensmaßregeln. Wer dagegen verstößt, wird selbst gesperrt.

Pferd

- Siehe „Sport".

Unterkunft

Achtung: Im Gastgeberverzeichnis auf Saisoneinteilung achten! Spalte A ist Hauptreisezeit und am teuersten!

Hotel-Pensionen

- Das **Hotel am Flugplatz**€€ (Tel. 94840), gewährt ganzjährig einen Ausblick auf das Flugfeld, was manchem dem insularen Action-Mangel Überdrüssigen ganz gut gefallen mag.
- Das **Hanken**€€€ (Tel. 8770), „nur eine Gehminute vom Strand entfernt", bietet „Wangerooger Gastlichkeit seit drei Generationen". Assoziiert ist das **Seehotel**€€€ (Tel. 8770).
- Im **New Hampshire**€€ (Tel. 0421-3478558) darf man auch deutsch sprechen. Antiquariat und Café im Hause.
- Im **Seeblick**€€ (Tel. 94800) und in der **Strandburg**€€ (Tel. 281) ist man preislich sehr gut bedient.
- Das **Atlantic**€€€ (Tel. 1001) ist klein und fein und garni. „Hunde herzlich willkommen".
- Das **Park Hotel**€€ (Tel. 87080) erfreut sich ruhiger, umgrünter Lage.
- Das Strandhotel **Upstalsboom**€€€€ (Strandpromenade, Tel. 8760, E-Mail: strandhotel@upstalsboom.de) ist das größte Haus am Platze und bietet „friesische Gastlichkeit".

●Eine Hand voll kleinerer Hotels und Pensionen ergänzt diese Sparte mit Preisen ab € 34 ÜF.

Pensionen

Die Wangerooger Pensionen kosten, wenn man auf die Kellersauna verzichten kann, ab € 18 (bis etwa € 40) ÜF. Diese Preise beziehen sich auf „fl.w.u.k.W." im Zimmer. Mit Dusche ist's etwas teurer.

Ferienwohnungen

Ferien- und Gästewohnungen gibt's eine ganze Menge. Im Gegensatz zu früher wird bei den Preisen jetzt Klartext geredet, und auch die saisonale Einteilung ist einfach und übersichtlich. Die unselige Endreinigung taucht ebenfalls nicht mehr auf. Man sollte sich aber vorsichtshalber erkundigen, ob sie noch jemand hinzuzumogeln gedenkt (und dann von einer Anmietung absehen).

Generell liegt die Pro-Kopf-Miete in diesen Herbergen zwischen € 15 und 20 für die einfacheren Einheiten; bei Mehrraumwohnungen wird es dann schnell teurer. Frühstück gibt's nur in den seltensten Fällen. Fast alle diese Häuser sind ganzjährig offen.

Jugendherberge

Die **JH Wangerooge**€ befindet sich im Westturm (das ist auch die Anschrift, Tel. 439, Fax 8578). Vorbeilaufen ist unmöglich, denn der markante Turm ist überall auf der Insel zu sehen. 20 Gehminuten sind's zum Anleger, 45 in den Ort. Gleich daneben liegt ein Vogelschutzgebiet.

Die JH verfügt über 136 Betten und drei Tagesräume. Offen von März bis Oktober. Genaue Termine sind zu erfragen.

●Achtung: Nur VP. Kurtaxpflichtig (die Jugendherberge erteilt Auskunft).

Gastronomie

●Im bereits erwähnten **Café** (auch Restaurant) **Pudding** an der Strandpromenade trifft man einander, um etwas zu sich und gleichzeitig von dort oben Peilungen zu nehmen, wo man sonst hingehen kann.

●Fisch, und nur Fisch gibt's in vielen Gestalten in der **Fischgaststätte Kruse** in der Elisabeth-Anna-Straße. Beliebt; Gruppen sollten sich anmelden.

●Das **Upstalsboom** ist zwar Wangerooges teuerstes Hotel, aber in seinem Restaurant **Sansoussi** kann man nicht nur fein unter vier Sternen, sondern auch sehr preiswert speisen.

●Schräg gegenüber liegt das Restaurant **W'ooge.** Spezialität: Speisen zum Selbstzusammenstellen, ohne dass ein „Chef" ins Handwerk pfuscht!

●Beliebte Ausflugslokale sind auch das **Harle-Hörn,** auf halben Wege zum Westturm gelegen, und das **Café Neu-**

deich („Im Osten") mit kleiner Speisekarte und Cafébetrieb nur zur Saison.

● **Zur Kogge** in der Zedeliusstraße ist ein bisschen zum Szenentreff geworden, jedenfalls findet man sich dort frohgemut zusammen.

● Anspruchsvolle Esser werden ihre Erwartungen im Restaurant **Gerken** (Strandpromenade) erfüllt finden, aber es kostet auch ein wenig mehr.

● Das **Towerstübchen** liegt am Flugplatz und serviert Gutbürgerliches für einschwebende hungrige Fluggäste und Ausflügler von Wangerooge-Town.

● Im **Ahoi** (Strandpromenade) gönnt man sich zuletzt noch einen zur Nacht, denn es handelt sich um eine von Wangerooges beliebtesten Kneipen.

● In der **Teestube** (F.-August-Str.) gibt es gottlob nicht nur Tee, sondern die ganze Speisekarte rauf und runter. Wohnen kann man in der Teestube auch.

● Außerdem erstklassige Restaurants in den führenden Hotels plus zahlreiche Imbisse, Teestuben usw.

Sport

Hallen- und Freibäder

Das Meerwasserhallen und -freibad (Tel. 8947) findet man beim Kurmittelhaus. Das **Hallenbad** ist 25 m lang und das Wasser 28 °C warm. Whirlpools, Gegenstromanlage, Kinderplanschbecken, Wasserrutsche und -kanone, Sauna – alles da. Angegliedert ist außerdem ein Meerwasserbewegungsbecken mit einer Wassertemperatur von 30 °C.

Das **Freiluftbad** ist 28 °C warm. Es ist über einen Ausschwimmkanal mit dem Hallenbad verbunden und hat Brodel-, Plantsch- und Springerbecken, Liegemulden und Unterwasser-Sitznischen mit Massagedüsen.

● **Öffnungszeiten:** Das Bad ist bis auf eine Instandsetzungspause von Ende Dezember bis Mitte Februar ganzjährig geöffnet. Tägliche Öffnungszeiten: Mo 11–21, Di–Do 8.30–19, Fr. 8.30–21, Sa und So 8.30–18 Uhr.

● **Eintritt:** Einzelkarten (4 Stunden): Erw. € 6, Kinder die Hälfte, außerdem zahlreiche Sondertarife. Auskunft: Tel. 99147.

Gymnastik

Im Sommer ist fast täglich zu verschiedenen Terminen Gymnastik am Strand angesagt. Auch Kinder werden voll in das Programm eingebunden.

Strandsport

Mehrmals im Monat finden am Strand Tennis- und Volleyballspiele statt, und kosten tut's auch nichts. Einzelheiten im Veranstaltungskalender.

Insellauf

Populär ist Jogging und der „Insel-Lauf" (einmal „umzu", jeden Do um 18.30 Uhr).

062nn Foto: rh

Tennis und Squash

Tennis gibt es im **Sportzentrum der Kurverwaltung** (Tel. 946846), und zwar auf 2 Hallen- und 3 Freiplätzen. Jedes Jahr finden auf Wangerooge Bädertennisturniere statt, an denen jedermann teilnehmen kann.

Reiten

Beim **Reitstall Wangerooge** (Tel. 362) und bei **Janssen** (Tel. 650); um € 18 für einen Strandausritt, die Dreiviertelstunde Abteilungsreiten in der Halle kostet für Kinder ca. € 13, für Erwachsene ca. € 15.

Segeln

Anmeldung: **Segelschule W'haven,** Tel. 04421-994214.

Surfen

Der **Tschako** (Imbiss auf der Strandpromenade) ist die richtige Adresse, im Sommer auch die Surfschule selbst: Tel. 942222. Hier kann man Boards stundenweise ausleihen.

Veteran im Hafen

Unterhaltung

Programm

In der Saison läuft ganz schön was auf Wangerooge. Außer Mo werden täglich **Kurkonzerte** gegeben (im Rosengarten, bei Regen im kleinen Kursaal). Die beiden Kursäle (es gibt auch einen großen) sind die Stätte eines gemischten **Programms,** das manchmal schon nachmittags mit Kinderunterhaltung beginnt und sich ab 20 Uhr mit Filmen, Diavorträgen, Shantysingen des Wangerooger Jachtclubs, plattdeutschen Lustspielen und dergleichen fortsetzt. Die meisten dieser Darbietungen sind kostenpflichtig. Ein Mozart-Abend kann schon mal mit ein paar Euro zu Buche schlagen, und selbst die Kleinen sind mit einem Beitrag dabei, wenn der Zauberer kommt.

Schach

Beliebt sind **Schachturniere,** z. T. internationalen Zuschnitts, die jedes Jahr gegen Ende Juli stattfinden.

Veranstaltungshinweise

Das jeweilige Programm lässt sich dem von Ostern bis September monatlich erscheinenden **Veranstaltungskalender** der Kurverwaltung entnehmen.

Touren

Wattwandern

Wattwanderungen werden in der Saison fast täglich unternommen. Man trifft sich zu tideabhängigen Zeiten am Bahnhofsvorplatz und geht für etwa 2,5 Std. auf Tour. Preis: € 4, Kinder die Hälfte. Info: *Petrus* (Tel. 640), *Halwe* (Tel. 0172-3272791) und Nationalparkhaus (Tel. 8397).

Vogelkundliche Exkursionen

Kostenlose vogelkundliche Exkursionen unter sachkundiger Führung finden im Sommer je einmal wöchentlich ab **Vogelwarte** West bzw. Ost statt. **Fahrräder** mitbringen! Anmeldungen: Tel. 8174 (Ost), 8179 (West).

Kutschfahrten

Der **Reitstall Wangerooge** (Tel. 362) bietet für ca. € 50/Std. Kutschfahrten an, und zwar für bis zu 5 bzw. 9 Personen.

Schiffstouren

Für Kutter- und Angelfahrten muss eine Adresse in Harlesiel mobilisiert werden: **Albrecht** (Tel. 04464-949414). In der Saison kann man sich auch an den **Fahrradverleih Beier** wenden (Tel. 8194).

Rundflüge

LFH (Tel. 1755) bietet Inselflüge von ca. 13 Min. Dauer an (etwa 25 €/Erw.).

022oi Foto: rh

Fährverbindungen

Hafen

Wangerooges Zubringerhafen auf dem Festland ist **Harlesiel** (siehe „Abfahrtshäfen und Fähren").

Flugverbindungen

Mit Harle

Der **Luftverkehr Friesland Harle** (LFH, Tel. 04464-94810) fliegt täglich mehrere Male ab Harle und jeweils 30 Min. später von Wangerooge zurück. Preise: € 30 einfach, € 55 hin und zurück.

Weitere Verbindungen

Weitere Verbindungen mit LFH, OFD, Helgoland und Bremerhaven Airlines bestehen mit Wilhelmshaven, je 1-mal täglich mit Bremen, Bremerhaven und Helgoland, nach Baltrum, Langeoog und Norderney.

- **Bremerhaven Airlines:** Tel. 0471-9712100.
- **Helgoland Airlines:** Tel. 04421-92600.

Flugplätze

Die Flugplätze Harle und Wangerooge befinden sich jeweils etwa 1 km östlich des Ortes.

Geheimnisvolle Eilande

Östlich von Wangerooge liegen zwei Inseln, die ein mysteriöser Schleier umgibt. Die eine, Minsener Oog, ist ein riesiger Sandhaufen, die andere, Mellum, ist platt wie ein Pfannkuchen.

Minsener Oog ist künstlich angelegt und besteht im Wesentlichen aus einem Netzwerk von Leitdämmen, die verhindern sollen, dass Wangerooge und die restlichen Ostfriesinnen nach und nach in das tiefe Loch der Jademündung rutschen. Deshalb wird auf der Insel ständig gearbeitet, aufgespült und umgeschichtet. Die Minsener Oog kann per Wattwanderung von Schillig aus erreicht werden und besitzt einen kleinen Besuchersektor, ist ansonsten aber (außer in Notlagen) gesperrtes Gebiet.

Oldoog, ein Stückchen südlich davon, ist nur noch eine Sandbank und Vogelschutzgebiet.

Die Insel **Mellum,** jenseits der Jade gelegen, ist eigentlich auch nur eine bessere Sandbank, doch durch umliegende Watten vor der See geschützt. Dadurch hat sich ein „grüner Strand" herangebildet, ein aus dem Niederländischen übernommener Begriff, der eine dynamische, dem Küstengroden ähnliche Vegetationsansiedlung bezeichnet.

Mellum, 6,3 km^2 groß, ist zur Gänze NSG und zum Teil **Vogelschutzgebiet;** ein Vogelwart ist ständig anwesend. Neben Memmert bei Juist beherbergt Mellum heute die größte **Silbermöwenkolonie** an der deutschen Nordseeküste, ist jedoch so streng geschützt, dass selbst Wissenschaftler Probleme haben, dort einen Fuß an Land zu setzen.

Mit dem eigenen Boot

Der schöne, einsam gelegene Hafen im Westen der Insel ist allein eine Reise wert. Mit einer minimalen Wassertiefe von 1,5 m nimmt er auch größere Boote auf. Es existiert nur ein (allerdings großer) zentraler Schwimmsteg, der oft belegt ist; Gäste müssen dann auf die festen Stege ausweichen. Ein vorheriger Check mit dem **Hafenmeister** (Tel. 630) ist bei jeder Anreise empfehlenswert.

- Duschen und WCs gibt's auf dem Fähranleger.

604dn Foto: rh

Helgoland, Neuwerk und Scharhörn

Helgoland
– roter Fels im Meer

Dieses – auch heute noch gültige – Gedicht schrieb der Verfasser des Deutschlandliedes im August 1842 auf Helgoland. Die *Hoffmann von Fallersleben Gesellschaft e. V.* in Wolfsburg stellte das lange als verschollen geltende Gedicht in jüngster Zeit der Öffentlichkeit zur Verfügung.

Freunde, geht ins Seebad!
Jedes Leid und Weh
lindert und beschwichtigt
scheucht und heilt die See.

Jedem wird Genesung
in der See zuteil,
jedem Rang und Stande
bringt das Seebad Heil.

Wer auf festem Lande
nirgend Heilung fand,
wird sie wahrlich finden
dort in Helgoland. –

Vetter Michel höret
dieses frohe Wort,
macht sich auf und eilet
nach der See sofort.

Und er badet täglich
in des Weltmeers Flut,
denn er weiß, das Seebad
machet alles gut.

Geschichte

Der Name

Gegen **700 n.Chr.** landete der *Heilige Willibrord* auf einer Missionsreise im damaligen *Forsetisland* an und versuchte – erfolglos – dessen Bewohner zum Christentum zu bekehren. 87 Jahre später nahm *Liudger von Münster* einen neuen Anlauf. Ihm gelang die Konversion, und er war es, der die erste Kirche auf der Insel baute. **Ab 800** taucht der Name **Heiligland** auf, unter dem die Insel fortan bekannt blieb.

Frühe Geschichte

An früherer Stelle wird in diesem Buch bereits Bezug auf die erdgeschichtliche Entstehung der Nordseeinseln genommen. Der Faden sei hier ungefähr zu einem Zeitpunkt weitergesponnen, als *St. Willibrord* dort seinen Fuß an Land setzte. Zwar war Helgoland damals, vor 1200 Jahren, schon lange vom Festland getrennt, doch es war immer noch ein großes Territorium. Bereits in der **Jungsteinzeit** (3000–1800 v.Chr.) hatte es hier Menschen gegeben, und in den folgenden tausend bronzezeitlichen Jahren muss es sogar, Ausgrabungen zufolge, zu einer gewissen Blüte gekommen sein. Noch im 20. Jahrhundert gingen manche Gelehrte so weit, in den untergegangenen Landesteilen das sagenhafte Atlantis zu vermuten.

Auch der Husumer Kartograf *J. Meier* hatte im 17. Jahrhundert versucht, die Konturen des alten Heiliglandes **um 800** zu rekonstruieren. Ob die dabei entstandene Karte aber nur entfernt der Realität entspricht, ist fraglich. Sicher ist, dass Helgoland, wie alle Nordseeinseln, durch den steigenden Meeresspiegel ständig an Substanz verlor. Die erste relativ wahrheitsgetreue Karte wurde **1325** von einem Genuesen verfertigt und zeigt ein erheblich geschrumpftes Eiland, und als Herr Meier anno 1649 die aktuellen Verhältnisse aufzeichnete, entstand ein Inselbild, das dem heutigen sehr ähnlich sieht.

Mittelalter Zwar war Helgoland zu jenem Zeitpunkt noch etwa **viermal so groß** wie heute. West- und Ostteil waren über eine Landbrücke verbunden; auf der heutigen Düne erhob sich das **Witte Kliff,** ein mächtiger Kreidefelsen. In vielen Aspekten mag es damals wie auf Rügen ausgesehen haben. Doch der Abbau setzte sich pausenlos fort. Nicht nur durch das Nagen der See, auch der Mensch half nach. Große Mengen von **Muschelkalk,** wichtige Teile des Inselfundaments, wurden abgegraben und als **Baustoff** zum

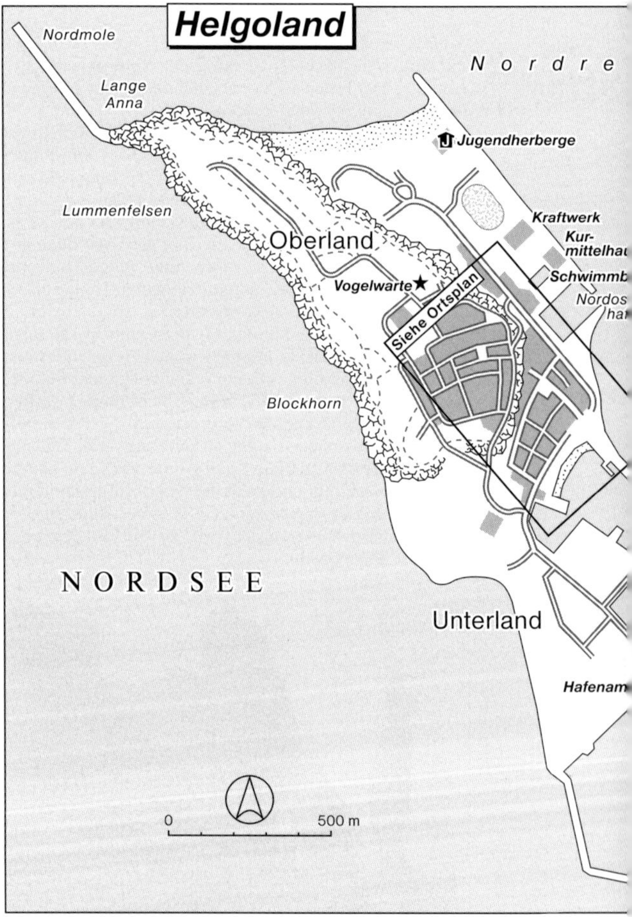

Festland verschifft. **1711** versank das Witte Kliff, doppelt unterhöhlt, während einer gewaltigen Sturmflut in der See. Die dünne Landbrücke wurde ein paar Jahre später ebenfalls hinweggespült. Helgoland war jetzt **zweigeteilt.**

Dänen und Piraten

Um die **Mitte des 14. Jahrhunderts** nennt eine Hamburger Urkunde Helgoland einen **Zufluchtshafen** bei stürmischer See und beschwert sich gleichzeitig über einen dänischen Ritter, der die Insel in ein **Seeräubernest** ver-

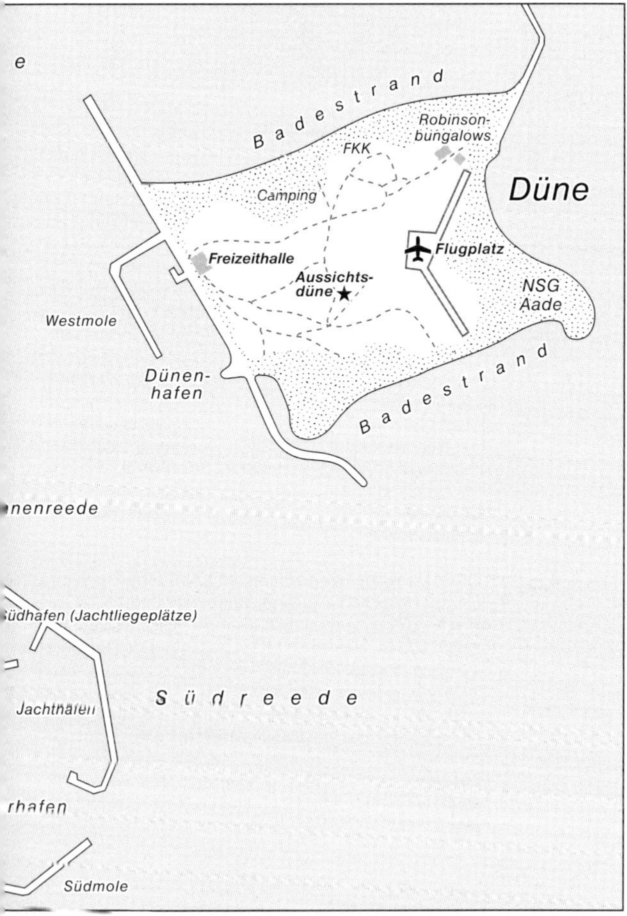

wandelt hatte. Dänen und Piraten: Dieses Duo macht in den Helgoländer Annalen immer wieder von sich reden. **1231** bereits weist das „Erdbuch" *König Waldemars II.* auf eine frühe dänische Bindung hin. In der **zweiten Hälfte des 14. Jahrhunderts** nisten sich die **Vitalienbrüder** dort ein, bis sie 1402 von den Hamburgern vertrieben und geschlagen werden. **1684** sind die **Dänen** wieder am Zuge, zwar nur fünf Jahre lang, aber **1714** sind sie erneut da, diesmal **bis 1807**. Jetzt wird Helgoland **englisch. 1849** kabbeln sich Dänen und Deutsche wieder einmal vor Helgoland.

Wer immer gerade seine Fahne auf der Insel flattern ließ: Den **Halunnern** - so der friesische Name der Eingeborenen - machte es wenig aus. Bestimmt hatten sie hier und dort ein bisschen mitpiratisiert. Doch ansonsten gingen sie dem **Heringsfang** nach, der besonders im 16. Jahrhundert sehr ergiebig war, später wurde der **Schellfisch** zur Haupteinnahmequelle. Auch waren die Insulaner sehr tüchtige **Lotsen** und als solche an der ganzen deutschen Nordseeküste begehrt.

Neue Ära

Für die Dauer der napoleonischen **Kontinentalsperre** gedieh das britische Helgoland zum bedeutendsten **Warenumschlagplatz** Nordeuropas. Es wurde **geschmuggelt** auf Deubel komm raus; auf der Insel begannen sich die ersten Anzeichen von Neureichtum bemerkbar zu machen. Doch dies war eine Scheinblüte, wie sich bald herausstellen sollte. Mit der Niederlage *Napoleons* im Jahre **1814** ging es mit Helgoland wieder **wirtschaftlich bergab,** unter anderem auch, weil die Seehäfen an Ems, Weser und Elbe nach dem Abzug der Franzosen ihr eigenes Lotsenwesen aufzubauen begannen. Die Helgoländer Lotsen waren nicht mehr gefragt. Außerdem war die Insel ja englisch, also Aus-

Helgoland um 1854

land. Selbst die Helgoländer Fischer hatten jetzt Schwierigkeiten, ihre Fänge auf dem Festland abzusetzen.

In dieser Situation, man schrieb das Jahr 1826, kam ein Insulaner namens *Jacob Andresen Siemens* auf die kühne Idee, ein **Seebad** zu gründen, um die Kassen wieder klingeln zu lassen. Der Gedanke fasste Fuß, die ersten „Kurgäste" traten in Erscheinung. Maler und Dichter begannen, die Schönheit der Insel zu preisen. *Heinrich Hoffmann von Fallersleben* dachte sich **1841** dort das **Deutschlandlied** aus, das 1922 zur Nationalhymne wurde. Auch *Friedrich Hebbel* und *Heinrich Heine* machten sich für das Eiland dichterisch stark. Der Letztere, von daheim offenbar nicht sehr verwöhnt, empfand, „das Meer rieche wie Kuchen". **1905** mussten sich bereits **27.000 Badegäste** diesen Kuchen teilen.

Krieg

Da war Helgoland auch schon deutsch. Am **10. August 1890** hatte *Kaiser Wilhelm II.* die Insel feierlich **in Besitz für das Deutsche Reich** genommen. Dafür wurden den Briten Kolonialrechte in Afrika sowie die Schutzherrschaft über **Sansibar** eingeräumt. Helgoland wurde dem preußischen Staat einverleibt und der Provinz Schleswig-Holstein zugeteilt, zu der – provinziell ist es dort ja eh geblieben – die Insel heute noch gehört.

Schon vierundzwanzig Jahre nach der Einverleibung mussten die Halunner die Insel wieder räumen – der **1. Weltkrieg** hatte begonnen. Kriegsbelange gingen vor. Helgoland war ja mit der alleinigen Absicht erworben worden, den Felsen zu einer **Seefestung** auszubauen, die die deutsche Nordseeküste schützen sollte. In den Jahren **1908 bis 1916** schusterte das Reich über 40 Millionen Mark in das maritime Fort. Der Helgoländer **Hafen** wurde massiv ausgebaut und die ersten wirksamen Schutzmaßnahmen gegen den Ansturm der See getroffen. Der Krieg zerschmiss alles wieder in Trümmer. Bei ihrer Rückkehr nach Kriegsende fanden die Insulaner eine Wüste vor.

Neubeginn

Doch bald kam der Fremdenverkehr erneut in Schwung. Bäderdampfer nahmen wieder Kurs auf die rote Hochseeinsel. Und bald, **1934** bereits, wurde unverzagt von neuem **aufgerüstet.** Die kaiserlichen Kasematten, wegen lascher Durchsetzung der Versailler Vertragsbedingungen teilweise heil geblieben, wurden zu weiträumigen **Bunker und Tunnelsystemen** ausgebaut, die Hafenanlagen zur Aufnahme von größeren Kriegsschiffen und U-Booten vorbereitet. Das Oberkommando der Kriegsmarine entwarf **1937** ein groß angelegtes **Hafenkonzept** für die Insel, die so genannte Hummerschere. Danach sollte der alte Felssockel rund um Helgoland und Düne als Fundament für Molen und Uferbefestigungen genutzt werden; die beträchtlichen Zwischenräume wollte man aufspülen.

Die Arbeiten begannen ohne Verzug. Allein 440.000 Kubikmeter Beton wurden auf das unschuldige Eiland gegossen, 32.000 Tonnen Stahl verbaut. Kurz vor dem 2. Weltkrieg glich die Insel einer einzigen **Großbaustelle.**

Der lärmende Betrieb, die militärische Präsenz, nicht zuletzt auch die antisemitischen Verbotsschilder, die der damalige Bürgermeister in Aufbruchstimmung am Anleger aufstellen ließ, das alles verleidete den Liebhabern Helgolands die Insel. Dafür kamen massenweise **KdF-Touristen.** Gut hundert Jahre nach ihrer Gründung als Seebad erlebte die Insel ihre erste Tagesgastinvasion.

Wieder Krieg

Mit **Kriegsbeginn** erlosch jäh jedes Strand- und Badeleben. Bis auf die wehrfähigen Männer verblieb die Bevölkerung vorerst auf der Insel, auch Fisch- und Hummerfang wurden weiter ausgeübt. Da Helgoland fernab der umkämpften Fronten lag, war der Felsen strategisch nicht von großer Bedeutung und für die Alliierten zunächst kein Angriffsziel. Im **Frühjahr 1943** nahmen amerikanische Bomber jedoch erstmals Kurs auf die Insel. Weitere **Luftangriffe** folgten. Helgolands Bevölkerung, die in den verzweigten Stollen die Bombardements überlebt hatte, musste wieder einmal **evakuiert** werden. Auf 150 Ortschaften auf dem Festland verteilt, waren die Halunner diesmal dazu verdammt, sieben lange Jahre auf ihre Heimkehr zu warten. Während der letzten Kriegsjahre hatte sich auf der Insel eine **Widerstandsbewegung** gebildet. Die Gruppe wollte Helgoland am **18. April 1945** kampflos an die Engländer übergeben. Die geplante Aktion flog indes durch Verrat auf, die Mitglieder der Bewegung wurden erschossen. Am Mittag des gleichen Tages unternahmen nahezu 1000 alliierte Flugzeuge **drei Großangriffe** auf die Insel. Nach knapp zwei Stunden lag Helgoland ausgebombt in Schutt und Asche. Wenige Tage nach der deutschen Kapitulation wurde der **Trümmerhaufen** an die englischen Streitkräfte ausgeliefert.

Big Bang

In der Folgezeit setzten die Engländer alles daran, die Insel endgültig von der Seekarte zu tilgen. Die vorgesehene Radikalkur tauften sie „Operation Big Bang“. **1947** – wiederum an einem 18. April – lösten sie die bislang **größte nichtnukleare Sprengung der Geschichte** per Fernzündung aus. Fast **7000 Tonnen Sprengstoff** flogen mit einem Schlag in die Luft. Doch die Insel blieb bestehen, wenn auch schwer angeschlagen. Der über 200 Millionen Jahre alte Buntsandsteindeckel des Oberlandes wurde durch den Urknall unmerklich angehoben, während der gewaltige Explosionsdruck durch das Schichtgestein zur Seite hin weitgehend entweichen konnte. Zusätzlich federte ein unterhalb des Inselmassivs gelegener Salzstock die Sprengwirkung ab.

Wieder Neubeginn

Trotz des verpufften Big Bang hatten sich große Teile Helgolands in eine bizarre **Kraterlandschaft** verwandelt. Auch gab es jetzt nicht mehr nur ein Ober- und Unterland, sondern durch den Gesteinsschutt auch ein „Mittelland". Eine **weitere Großsprengung** versetzte den Trümmern den Rest. Danach bestimmte England die Insel zum **Bombenabwurfziel** für die britische Luftwaffe.

Die Sprengungen hatten bereits heftige **Proteste** ausgelöst, insbesondere seitens der Halunner. Die Bombardements ließen die Einsprüche zur Lawine anschwellen, welche die englische Regierung zunehmend unter Druck setzte. Nach einer spektakulären **Besetzungsaktion** durch zwei Heidelberger (nicht Helgoländer!) Studenten **im Dezember 1950** und diplomatische Verhandlungen der Adenauer-Regierung wehte ab **März 1952** die **Bundesflagge** über der Insel. Im gleichen Jahr lag auch schon der erste Bäderdampfer wieder vor Helgoland. Der **Neuaufbau** lief auf vollen Touren. Mitte der sechziger Jahre war das modernste Seebad der Deutschen Bucht zu hundert Prozent im Geschäft.

Helgoland heute

Tagestourismus

Es dauerte nicht lange, bis die Halunner erste Früchte ernten konnten: Im Tagestourismus erlebte das Eiland zu Beginn der **siebziger Jahre** einen wahren Boom. Über **820.000 Tagesgäste** landeten 1973 auf Helgoland, mehr als 2000 pro Tag. Fast alle kamen mit dem Schiff, nur wenige mit dem Flugzeug. Gleichzeitig registrierte die Kurverwaltung nicht weniger als 415.000 Übernachtungen von Dauergästen. Seit diesen fetten Jahren hat sich am äußeren Erscheinungsbild der Insel wenig geändert. Investiert wurde wenig; die Gäste kamen auch so.

Einbußen

Eine erste Quittung für das perspektivlose „Streben nach der schnellen Mark" – O-Text der Kurverwaltung – folgte auf dem Fuße. Die Vermieter mussten immer stärkere Einbußen hinnehmen. Gegenüber dem Boomjahr 1973 sank die Zahl der Übernachtungen bis 1987 um 40, die der Tagesgäste um 44 Prozent.

Aufgeschreckt durch diese dramatische Fehlentwicklung hatte die SPD-Opposition im Kieler

Landtag wenig später eine **Untersuchung** beantragt, deren Ergebnisse 1988 vorlagen. Sie besagten unter dem Strich, dass Helgoland einem schon lange nicht mehr anspruchslos dahinkonsumierenden Reisepublikum für zu viel Geld zu wenig böte und im Begriff war, sich auf dem gleichen Kurs ins touristische Abseits zu manövrieren.

Kurswechsel

Dieser zweite Big Bang zeigte mehr Wirkung als der erste. Der Kurs ist seither radikal geändert worden. Man hat sich neue Ziele gesteckt, bei deren Realisierung, so die Kurdirektion 1993, „Helgoland sich nun sicherlich bald mit Sylt und

Amrum vergleichen lassen kann." Dem Rat der Expertise folgend, wurde der Insel auch ein **neues Image** verpasst. Helgoland wird jetzt primär als „Naturerlebnis" und **maritime Erholungs-Oase** angeboten.

Anerkanntermaßen gilt Helgoland als **staub- und pollenärmster Ort der Republik.** 70 km ist das nächste Land entfernt, kein Kraftfahrzeug pestet auf der Insel. Das spärliche Gras des Oberlandes wird von Schafen kurz gehalten, um auch das letzte Pollenpartikel zu vernichten. **Allergiker** finden hier Befreiung, Naturfreunde ihr kleines Paradies.

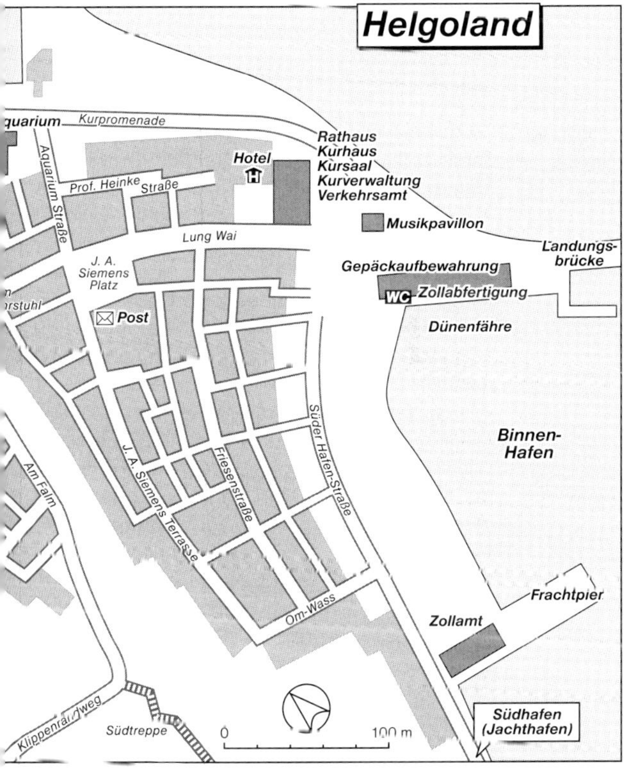

Da kommt nun allerdings dieses Wörtchen zum Tragen: **klein.** Das Naturerlebnis Helgoland muss schon auf Grund räumlicher Beschränkungen ein kleines bleiben. Die Insel ist 0,95 km^2 groß (die Düne 0,7 km^2), in einer halben Stunde bequem zu umwandern. Die von riesigen Besucherscharen betrampelte einstige Großbaustelle und Bomberzielscheibe bietet allenfalls ein Natürchen. Kein Platz auch für Liebhaber insularer Einsamkeit; ein Robinson muss das Eiland mit vielen Freitagen teilen.

Dennoch werden Helgoland-Fans die felsigen Gestade auch weiterhin gegen die lieblichsten Palmenstrände zu verteidigen wissen. Helgoland hat ein gewisses Flair, das Sylt und Amrum nicht besitzen und das schwer einzuordnen ist: vielleicht die nie ganz verloren gegangene Aura einer uralten Sakralstätte.

Zollfreier Status

Zum Reiz des kleinen Abenteuers trägt Helgolands zollfreier Status bei, der (im Gegensatz zu den so genannten Butterfahrten) von der EU-Kommission über den 30. Juni 1999 hinaus verlängert worden ist. Die Insel ist Zollfreigebiet, in dem man allerlei Konsumgüter günstig erstehen kann. Allerdings in gewissen Grenzen. Raucher- und Trinkerherzen schlagen auf Helgoland höher, denn die respektiven Suchtstoffe sind einigermaßen billig. Günstig angeboten werden auch Schmuck und Uhren. Bei anderen Waren darf man sich aber auch im Kaufrausch den Blick nicht trüben lassen. Vieles in der Rubrik „Duty-free" ist erheblich teurer als auf dem Festland. Nur allzu verständlich, denn von dort wurde es ja höchst aufwendig auf

Die Helgoländer Farben

„Grön is dat Land,
Rot is die Kant,
Witt is de Sand -
Dat sind die Farben von Helgoland."

Entsprechend sieht die Helgoländer Flagge aus: (waagerecht) grün, rot und weiß gestreift.

06nf Foto: rh

die Insel gekarrt. Und wer schleppt schon „5 kg Butter, 1 Tierkörper Geflügelfleisch", ein Kilo „Pflaumen in Armagnac" oder einen Doppelliter Met mit nach Haus – Artikel, die säuberlich in der Zollbestimmung verzeichnet sind? Das eine oder andere Schnäppchen lässt sich auf Helgoland schon machen, aber nicht das ganz große Geschäft. Denn bei der Abfahrt vom Eiligen Land steht immer der Mann von der Zollstelle an der Pier. Er sieht zwar nie besonders scharf hin – aber dass er auf einem Auge blind wäre wie weiland Nelson vor Kopenhagen, darauf ist kein Verlass. Wer ganz sicher gehen will: das Zollamt Helgoland hat die Telefonnummer 304.

Sehenswertes

Es macht keinen Sinn, aus dem Komplex Helgoland Einzelstücke herauszuschälen und diese als besonders spektakulär zu preisen. Man muss die Insel **als Ganzes** gesehen und erlebt haben, um sie solcher Würdigung teilhaftig werden zu lassen.

Gleichwohl hat Helgoland viel von dem **Charme verloren,** der der Insel noch vor dem 2. Weltkrieg anhing. Damals, noch gar nicht lange her, gehörten die Westklippen Helgolands zu den schönsten **wildromantischen Steilküsten** Nordeuropas. Grotten, Höhlen, Brandungstore und Einzelfelsen markierten eine **Felsenpromenade,** die von 1792 an alljährlich von einer immer größer werdenden Zahl von Naturfreunden und Forschern besucht wurde. Die Namen der Einzelfelsen, die den Klippensaum schmückten, waren weltberühmt: Mönch, Hoyshörn, Predigerstuhl, Ingelskark, Paterken en sin Fru, Mörmers Stack, de Letje Kark, Kasteal Hörn und das Nathum Stack, das unter dem Namen **Lange Anna** als **letzter Einzelfelsen** zum Naturdenkmal helgoländischer Entwicklungsgeschichte geworden ist. Nur dieser einsame Pfeiler steht heute noch, von Betoninjektionen gehalten, Mahnmal für menschlichen Wahnwitz, der Helgoland ganz besonders zugesetzt hat.

Unter britischer Herrschaft erlebte Helgoland von 1807 bis 1890 **glückliche Jahre.** Die englischen Gouverneure zeigten Verständnis für die Eigenheiten der Kronkolonie in der Deutschen Bucht; sie und die Insulaner kamen prächtig miteinander aus. Umso schändlicher – und unbegreiflicher – ist, was die Engländer der Insel später antaten. Dass Helgoland im letzten Kriegsjahr bombardiert wurde, kann man notfalls akzeptieren; schließlich saß dort ja „der Feind". Die anschließenden Sprengungen und Bombardements waren jedoch völlig sinnlos und richteten sich ausschließlich gegen die Natur. Ein einzigartiges Naturdenkmal wurde zerstört, um ein Haar ganz.

Gleichzeitig wurde ein und für allemal die **Beschaulichkeit zerstört,** die den Ort Helgoland einmal ausgezeichnet hatte. Spuren eines mediterranen Ambientes – verwinkelte Gässchen, dicht aneinander geschmiegte kleine Häuser – waren noch bis ins 20. Jahrhundert hinübergerettet worden; auch sie wurden hinweggebombt. Dennoch kann man von Glück sagen, dass der **Wiederaufbau mit** einigem **Sachverstand** vollzogen wurde.

Zwar wirken die Häuserzeilen der Appartementhotels recht monoton, zum Teil sogar steril, wie so oft auf den Inseln. Doch der Ortskern im Unterland empfindet immer noch ein wenig die **alte Friesenkultur** nach, mit moderat gehaltener Bebauung und Baumgrün. Klugerweise hat man auch die Düne vor architektonischem Wildwuchs bewahrt.

Eine kleine Vorstellung des alten Helgoland geben noch die **Hummerbuden am Binnenhafen,** bunte Holzhäuschen, in denen die Fischer ihre Gerätschaften aufbewahren.

Ganz besonders sehens- und besuchenswert ist das **Aquarium der Biologischen Anstalt** an der Kurpromenade. Hier kann die gesamte Fauna und Flora der Nordsee, von der gemeinen Klaffmuschel bis hin zur Seehundfamilie, bestaunt werden. Geöffnet (außer vom 10.11. bis 20.12.) tägl. 10–16.30 Uhr.

Wer jetzt noch etwas Zeit hat, sollte auf alle Fälle der **Helgoländer Vogelwarte** auf dem Oberland eine Visite abstatten. Dort werden Vögel gefangen, untersucht und nach behutsamer Beringung wieder freigelassen. Vom 15.3. bis 15.10. (sonst nach Vereinbarung, Tel. 306) kann man jeweils Di und Fr um 16.30 Uhr Einblick in diese Aktivitäten nehmen oder sich auch einer gelegentlichen Expedition in die Vogelwelt anschließen. Gesehen haben sollte man auch den **Lummenfelsen.**

Die Düne

Auf der Hauptinsel gibt es keine nennenswerten Badestrände. Gebadet wird deshalb auf der „Düne", die insofern etwas irreführend benannt ist, als es dort mit Ausnahme einiger Bodenwellen kaum Erhebungen gibt. Die Westseite ist eine einzige lange **Mole,** dort befindet sich auch die **Anlegestelle der Börteboote.** Der Ostteil wird großteils vom **Flugfeld** eingenommen. Daneben, an das Bungalowdorf grenzend, kann man sich im Flug-

055nf Foto: rh

hafen-Restaurant stärken; zur Abwechslung auch im Dünenrestaurant am Südstrand.

Der **Badebetrieb** findet am Nordstrand statt. In der linken Ecke wird **gesurft,** in der Mitte läuft man **textilfrei** umher. Es gibt sogar ein (kleines) **Naturschutzgebiet** auf der Düne: die **Aade** im Südosten!

Insel-Info

Auskunft

- **PLZ:** 27498
- **Vorwahl:** 04725
- www.helgoland.de, E-Mail: info@helgoland.de und zimmervermittlung@helgoland.de
- **Helgoland Touristic GmbH:** Lung Wai 28, Postfach 1180, Tel. 0180-5643737, Fax 813725.
- **Fremdenverkehrsverein:** Büro Landungsbrücke, Tel. 355. Hilft bei der Zimmersuche.
- **Flugauskunft** und -buchung, allgemeine **Reiseinformation:** DER, Verkehrsamt, Tel. 80865; Reisebüro Mailänder, Oberland, Tel. 813711.

Betrieb am Lummenfelsen

Die Helgoländer Lumme

An der Westseite Helgolands, in der Nähe der Inselnordspitze, befindet sich **Deutschlands einziger Seevogelfelsen.** Hier brüten **Lummen** neben zahlreichen Dreizehenmöwen auf den Galerien des Buntsandsteinfelsens. Der so genannte Lummenfelsen steht unter Naturschutz. Er ist die alleinige Brutstätte dieses zu den Alken gehörenden Vogels in unseren Breiten. Die Lumme brütet sonst nur an den nordeuropäischen Meeresküsten, wo sie zu den typischen Bewohnern der nordischen „Vogelfelsen" gehört.

Auf den schmalen Felssimsen der Helgoländer Westklippe finden sich alljährlich rund **1000 Paare** dieser Vögel ein, die fast das ganze Jahr hindurch auf See leben und nur in der Brutzeit das Land aufsuchen. Die Ankunft der Lummen, die mit ihrem schwarzweißen Gefieder und ihrer aufrechten Körperhaltung kleinen Pinguinen gleichen, erfolgt im März bis Anfang April. Dicht an dicht werden dann die schmalen Vorsprünge der Felsen besetzt, und ein tausendstimmiges „Arr-arr" schallt weit vernehmbar von der Felswand.

Etwa Anfang Mai legt die Lumme auf den nackten Felsen ein **einziges Ei.** Nester kennen diese eigenartigen Seevögel nicht. Lummeneier sind in ihrer Grundfarbe und Fleckenzeichnung sehr unterschiedlich. Die fast birnenförmige Gestalt verhindert, dass das Ei vom Felsen herunterrollt, wenn es im Gedränge der Vögel angestoßen wird. Bedingt durch die Form dreht sich das Ei um seine Spitze. In einem Monat haben beide Elternvögel das Ei abwechselnd ausgebrütet und füttern ihr Junges ausschließlich mit Fischen.

Das ständige An- und Abfliegen der Lummen macht diesen Vogelfelsen zu einem faszinierenden **Beobachtungsplatz.** Die Lummen sind vorzügliche **Taucher.** Mit ihren Flügeln rudern sie und haschen mit ihrem spitzen Schnabel nach Fischbeute.

Anfang Juli locken die Alttiere vom Wasser aus ihre noch nicht flugfähigen Jungen zum so genannten **Lummensprung.** Dieser Sprung der Jungen vom hohen Felsen ins nasse Element ist zugleich der Sprung ins Leben. Nun erlernen sie von den Alten das Tauchen und Fischen, und bald darauf ziehen die Lummen familienweise nach den nordischen fischreichen Gewässern. Erst auf diesem Zug nach Norden werden die Jungen flügge.

Medizinische Versorgung

- **Ärzte:** G.-Maxse-Str. 638 (O), Aquariumstr. 182 (U), Am Falm (U), Von-Aschen-Str. (O).
- **Zahnarzt:** Rekwai (O).
- **Paracelsus Nordseeklinik:** Invasorenpfad (U).
- **Krankenwagen:** Tel. 7723.
- **DRK-Station:** auf der Landungsbrücke.
- **Apotheke:** auf dem Oberland.
- **Kurverwaltung:** Lung Wai 28, Tel. 8143-0.

Saison

- 1.4. bis 31.10.

Kurtaxe

- Siehe „Anhang".

Strandkorbmiete

Tageskarte Mai und Oktober	€ 4
Wochenkarte Mai und Oktober	€ 26
Tageskarte Juni und September	€ 5
Wochenkarte Juni und September	€ 31
Halbtageskarte Juni und September (ab 14 Uhr)	€ 4
Tageskarte Juli und August	€ 6
Wochenkarte Juli und August	€ 36
Halbtageskarte Juli und August (ab 15 Uhr)	€ 4
Jahresstrandkorb (übertragbar)	€ 281

FKK

- Am Nordstrand der Düne. Man kann, muss aber nicht.

Ruhezeiten

- 12–14 und 22–8 Uhr.

Hunde

- Hunde sind überall auf der Insel anzuleinen. Die Düne ist (außer bei An- und Abreise mit dem Flugzeug) für sie gesperrt! Verboten sind Hunde auch in den Kuranlagen des Nordost-Geländes.

Kirchen

- St. Nicolai (ev.), St. Michael (k.), beide Oberland.

Presse

- **Der Helgoländer,** monatlich.
- **Helgoland – meine Insel** (Veranstaltungsprogramm), alle 14 Tage.

Fortbewegung

Nur ein paar Fahrzeuge auf der Insel sind motorisiert, z. T. elektrisch, und dienen ausschließlich der Versorgung. Auf Helgoland geht man zu Fuß, auch Fahrräder dürfen nicht benutzt werden. Der geringen Distanzen wegen besteht auch keine Veranlassung dazu. Wer nicht gehen kann, bestellt das Mini-Taxi (Tel. 313).

Fahrstuhl zum Oberland

Wer die Treppen zum (30 m hohen) Oberland scheut, kann einen Fahrstuhl benutzen. Betriebszeiten täglich 7–23 Uhr (So und feiertags ab 9 Uhr). Nicht empfehlenswert sind eigenmachtige Abkürzungen über die brüchigen Hänge, wie Zeitungsberichte wie dieser zeigen

„20 Meter abgestürzt: Lebensgefahr
Auf Helgoland ist am Sonnabend ein 32 Jahre alter Mann von einem 20 Meter hohen Steilhang gestürzt und lebensgefährlich verletzt worden. Der Mann hatte sich zusammen mit einem Freund nach einem Disco-Besuch verirrt. Auf der Suche nach dem Heimweg verlor er das Gleichgewicht."

Dünenfähre

Zur Düne gelangt man mittels der so genannten Dünenfähre, offene Börteboote, die von 8 bis etwa 17 Uhr zwischen Insel und Düne pendeln. Genaue Zeiten im Aushang auf der Landungsbrücke.

Unterkunft

Achtung: HS-Preise für alle Herbergen gelten vom 1.5. bis 15.10.

Hotels, Hotel-Pensionen und Fremdenheime

- Das **atoll helgoland**€€€ (Tel. 8000, www.atoll.de) gilt für ein englisches Lifestyle-Magazin als eines „der 40 aufregendsten Hotels der Welt". Was an einem Hotel aufregend ist, muss man sich wohl erst erklären lassen – vielleicht das Mobiliar im 60er-Look? Das Atoll dürfte auf dem Herbergensektor jedoch wohl Helgolands Sahnestück sein. Appartements werden als Teil des Ganzen ebenfalls angeboten.

Helgoländer Gasse um 1900

● Die weiteren Hotels, Hotel-Pensionen und Fremdenheime sind weitaus unaufwendigeren Zuschnitts und die Preise ebenfalls – man hat aus den Fehlern der Vergangenheit gelernt. Eine ganze Anzahl gehört der untersten Preiskategorie an, so das Haus **Kumm Weer**€ (Tel./Fax 378), das sich schon seit langem mit einem Preis von € 24 auszeichnet. Mehrere weitere liegen gerade oberhalb dieses Bereichs. Einige Betriebe bieten auch in der Vor- und Nachsaison günstige Konditionen, z. B. „14 Tage wohnen, 10 Tage bezahlen". Diese Klausen sind in den Listen mit einem Stern gekennzeichnet.

Zimmer

Privatquartiere sind (auf dem Oberland) schon ab € 15 zu haben (*Bufe*, Tel. 332); der Schnitt liegt hier bei € 20. In manchen Fällen werden 10–25 % Nachlass für die NS gegeben. Gut die Hälfte der insgesamt 60 Privatquartiere ist im Winter geschlossen.

Ferienwohnungen

Appartements machen auch auf Helgoland den größten Teil des Beherbergungsangebots aus. Erfreulicherweise ist man davon abgekommen, diverse Nebenpöstchen im Kleindruck zu verstecken. Ganz im Gegenteil: Es wird immer wieder speziell hervorgehoben, dass keine Nebenkosten entstehen. Allerdings gibt es weiterhin bei manchen Klausen den Usus, die unselige Endreinigung wieder einzuführen. Man achte darauf!

Preise beginnen bei € 45 pro Einheit. Dies ist allerdings ungefähr das niedrigste Preisniveau; die meisten Ferienwohnungen liegen über € 50. Fast alle sind ganzjährig geöffnet; substanzielle Rabatte in der NS.

Robinson-Bungalows

Auf der Düne stehen vom 1.5. bis 15.10. kleine individuelle Bungalows für zwei bis vier Personen, insgesamt über 60 Einheiten, zur Vermietung bereit. Ein gutes Konzept: Unterkünfte dieser Art sollte es an der Nordsee statt klotziger Appartements eigentlich viel mehr geben. Die Holzhäuschen haben einen Schlaf- und Wohnraum, Kühlschrank und Kochplatte (jedoch keine Küchenutensilien) und sind elektrisch beheizbar.

Preisbeispiel für 2 Personen: 1 Übernachtung in der HS (1.7.–31.8.) € 72, jede weitere € 46, in der NS (1.5.–30.6. und 1.9.–15.10.) € 57 bzw. 31.

Preise jeweils pro Einheit inkl. Erstausstattung mit Bettwäsche (Wechsel € 8 pro Garnitur), Strom, Heizung und „Endreinigung". Info: Tel. 811251.

Jugendherberge

Die **JH Haus der Jugend**€ (Tel. 341, Fax 7467) befindet sich auf dem Nord-Ost-Gelände (15 Min. vom Anleger). Das Haus verfügt über 128 Betten, 5 Tagesräume und 14 Familienzimmer. Geöffnet: 1.4.–31.10. Belegungsstatus checken!

Camping

Der Campingplatz (Tel. 80840) liegt neben dem Bungalowdorf auf der Düne und hat ca. 100 Stellplätze für Zelte. Im nahen Flugplatzrestaurant mit Einkaufskiosk kann Inselsurvival trainiert werden. Fernsehraum, Minigolf- und Kinderspielplatz: alles da. Preisgruppe B.

Gastronomie

● Die größte kulinarische Action Helgolands findet auf der **Düne** statt. Das Flughafen- und das Dünenrestaurant nehmen sich der Verköstigung alles sich auf der Düne Bewegenden an, und das ist im Sommer ganz schön viel. Deshalb veranstaltet das Dünenrestaurant regelmäßig Massenfütterungen. Jeden Di gibt es „Eintopf satt", Do eine „Beach-Party mit Grill", Sa „Köstlichkeiten aus der Riesenpfanne" und So eine „Barbecue-Party". Offen täglich 10–23 Uhr.

● Auf der Insel selbst geht es gemäßigter zu. In der „historischen Gaststätte" Störtebeker werden leckere Fischgerichte gereicht, und natürlich ist auch der berühmte **Helgoländer Hummer** dabei, der lebend einem speziellen Becken entnommen wird.

● Versteht sich, dass gerade auf Helgoland jedes Restaurant **frischen Fisch** auf der Karte hat. Hier findet man, anders als auf manchen Autofähren, keinen holländischen Truck mit palettierten „bratfertigen Schollen", die dann als „eben gefangen" vermarktet werden.

● Die meisten Restaurants sind täglich geöffnet, bieten einen **Mittagstisch** – so die Westfalenschänke, das Deutsche Haus, die Fischer-Stuben, der Bremer Schlüßel, der Bielefelder Hof, die Helgoländer Schlemmerkate und die Althelgoländer Moccastuben – und sind bis 22 Uhr in Betrieb. Selbst „der Chinese" fehlt nicht – im Jade-House ist er zu finden. Auch die Hotels – Atoll, Helgolandia, Schwan – haben Restaurants, in denen jedermann willkommen ist.

● **Tagesgäste** haben zumeist gar keine Zeit für ein gemütliches Mittagessen. Sie werden, falls die Seekrankheit sie nicht noch beutelt, im Kochlöffel, Römer, Mensendiek oder Rickmer Trapp einkehren, wo es etwas auf die Schnelle gibt, oder eines der fünf Helgoländer **Cafés** aufsuchen. Viele bleiben indes bereits in einer der rund ein Dutzend zählenden **Kneipen** hängen, denn die Getränke sind auf Helgoland – relativ – billig, und sofern es sich um einen heißen Eiergrog handelt, wärmen sie ja auch.

Sport

Freibad

Das Helgoländer Freiluftschwimmbad (Tel. 808-43) liegt auf dem Nord-Ost-Gelände. Das große Meerwasserbassin hat eine Wassertemperatur von mindestens 25 °C. Angegliedert ist eine Sauna.

- **Öffnungszeiten:** Außer von etwa Mitte November bis Mitte Dezember ständig tagsüber.
- **Eintritt::** Erwachsene mit Kurkarte € 5,50, 12er-Karte € 45, Sauna (einschl. Schwimmbad) € 10.

Gymnastik

Gymnastik wird an den Stränden der Düne und im Schwimmbad von Mitte Juni bis Mitte September angeboten. Die Teilnahme ist kostenlos. Im Allgemeinen findet die Action um 9.30 Uhr im Schwimmbad statt und um 11 Uhr am Nordstrand der Düne. Anschließend folgen dann Übungen und Spiele für Kinder.

- **Helgoland-Marathon:** jährlich in der 2. Märzwoche.

Sportanlage

Auf dem Nordost-Gelände befindet sich eine Freizeit-, Spiel- und Sportanlage, die allen Gästen offen steht.

Angeln

Angeln ist eine große Sache auf Helgoland. Zwar sind große Seegebiete um die Insel und Düne NSG und damit für Angler gesperrt. Doch ein generelles Fangverbot rund um die Insel gibt es nicht. Selbst von der **Südmole** der Insel und der **Außenmole** der Düne darf geangelt werden – oft mit glänzendem Erfolg. **Makrelen** beißen von Mitte Juni bis Ende September an, „wie wild" mitunter. Etwas später machen sich **Herings- und Grundhai** bemerkbar. (Es gibt übrigens keine dem Menschen gefährlichen Haiarten in der Nordsee). **Dorsch und Plattfisch** gehen von April bis September an den Haken, andere Fischarten das ganze Jahr. Vom Hafen aus kann man auch **Angelausflüge per Boot** machen, zu welchem Zwecke man sich mit den Fischern ins Einvernehmen setze. Wenn genügend Teilnehmer zusammenkommen, ist schon eine Mitfahrt für € 5 pro Kopf drin. Ein idealer Treffpunkt ist die Hummerbude 1.

Hochseesegeln

Wer Hochseesegeln lernen möchte, spreche bei der neuen Hochsee Jachtschule Helgoland („für Regattasegler und Einsteiger") vor (Tel. 800777). Von der Bootshandhabung auf blauem Wasser ist über Regattatraining, Spezialkurse und Anfängersegeln alles im Programm.

Surfen

Surfen ist nicht ganz so groß geschrieben auf Helgoland. Zwar existiert eine (nur im Sommer betriebene) **Surfschule** am Nordstrand der Düne. Doch weil sie unmittelbar ans NSG grenzt, hat der Sport längst nicht den Stellenwert, den er auf anderen Inseln besitzt. Die Preise sind dieselben wie anderswo: Ab etwa € 100 für einen Grundkurs. Achtung: Wer sein eigenes Board mit nach Helgoland nimmt, zahlt den Erwachsenentarif dafür – teuer!

Tennis

Es gibt zwei Hartplätze auf dem Nordost-Gelände. Info: Tel. 0173-8763070.

Unterhaltung

Auf einem kleinen Flecken wie Helgoland kann schnell Langeweile aufkommen, der gefürchtete „Inselkoller" gar, vor allem wenn das Wetter nicht mitmacht. Die Kurdirektion bemüht sich deshalb um einige Animation. Viel hat sie allerdings nicht zu bieten.

Der Binnenhafen

Kurkonzert, Veranstaltungen

Im Sommer gibt's täglich außer Mo 15–17.30 Uhr Kurkonzerte im Pavillon an der Landungsbrücke. Dort finden auch sporadisch Auftritte von Trachtengruppen und Volkstänze statt. In der Nordseehalle kann man sich ab und zu einen Kulturfilm oder Diavortrag ansehen.

●Weitaus mehr engagieren sich die beiden Kirchen, die täglich etwas Neues im Programm haben, und auch der private Sektor. Im **Café Krebs** gibt's jeden Abend um 21 Uhr einen (kostenlosen) Helgoländer Videofilm; das **Dünenrestaurant** setzt alle paar Tage eine Party oder einen Grillabend an. Das Krebs ist übrigens auch eine Disco (auf dem Oberland); das Gegenstück „unten" ist das **Akki.** An satt Unterhaltung fehlt's in beiden nicht.

Inselfest

Die ganz große Fete findet alljährlich am **12. Juli** und in der Nacht auf den 13. statt: Das Helgoländer Inselfest und **Tag des Seebäderdienstes.** Dann herrscht Narrenfreiheit auf der Insel, die sich in einen Flohmarkt verwandelt: Jeder, der ein Geschäftchen machen möchte, kann es an diesem Tage ohne Gewerbeerlaubnis tun. Mindestens ein Dutzend Bands, darunter einige von weither geladene, wumpfen permanent gegeneinander an – der Bär ist los.

Eine Ruhepause tritt ein, nachdem die mindestens 5000 Tagesgäste, viele stark schwankend, die Insel verlassen haben. Doch schon um 22 Uhr rollt der nächste Schub an, der sich zollfrei amüsieren möchte: Ganze zwei Stunden lang. Dann wird dieses – noch etwas stärker schwankende – Kontingent wieder eingebootet, um sich an Bord noch einen kleinen zu gönnen und um 24 Uhr einem prachtvollen Feuerwerk beizuwohnen, das auf dem Oberland abgebrannt wird. Gegen 3 kommt man dann heiter, aber ziemlich geschafft wieder auf dem Festland an. Die Reedereien (siehe „Anreise") erteilen Auskunft über Teilnahmemöglichkeiten.

Touren

Bunkerführungen

Viel Auslauf gibt es auf dem winzigen Eiland nicht. In der HS finden täglich einstündige „Bunkerführungen" in einige intakt gebliebene Stollen im Felsmassiv statt. Zeiten im Aushang.

Exkursionen

Bezahlte Inselführungen und organisierten „Hafenbummel" kann man sich ganz bestimmt sparen und diese kleinen Abenteuer auf eigene Faust unternehmen. Lohnend sind Exkursionen mit dem **Verein Jordsand** (bei den Hummerbuden) und Mitarbeitern der **Vogelwarte** (Oberland), sowohl auf der Insel als auch auf der Düne. Eine Spende für den guten Zweck (Naturschutz) wird in diesen Fällen erbeten. Einzelheiten im Veranstaltungskalender.

Ausflug mit dem Segler

Auf dem (im Nordost-Hafen stationierten) Oldtimer **Ra-Ra** finden periodisch Gruppenfahrten (bis zu 12 Personen) statt, zwar mehr unter Motor als unter Segel, aber unter lustiger Regie von *Knoten-Fiete*. Die Seereise dauert 1,5 bis 2 Stunden. Info: Tel. 348.

Bootstour

Die Helgoländer Fischer sind da etwas preiswerter. Wenn das „Börteboot" halbwegs voll wird, kostet eine Minitour schlappe € 5 pro Passagier.

Rundflug

Ein Inselrundflug ist möglich, falls eine Maschine gerade einmal leersteht. Mal die Flugleitung anrufen: Tel. 311.

Fährverbindungen

Reguläre Seebäder-schiffe

Helgoland wird von mehreren Häfen aus angelaufen.

- Tagesfahrten von anderen Inseln: Siehe dort.
- Bremen-Vegesack (Strandstraße), „Helgoland", Reederei Warrings (Tel. 04464-94950), Sonderfahrten im Sommer, 7.30–21.30 Uhr.
- Bremerhaven (Seebäderkaje), „Helgoland", Reederei Warrings (s. o.), 29.4.–1.10. täglich 9.45–19 Uhr.
- Büsum (Fischerkai), „First Lady", Reederei Eils/Biehl (Tel. 04834-9010), Ostern und 27.4.–6.10. täglich, zusätzliche Abfahrten mit „Lady von Büsum", ca. 8.30–18.30 Uhr. Kinderpreis bis 15 Jahre.
- Cuxhaven (Fährhafen), „Funny Girl", Reederei Eils (Tel. 04721-35082), Frühjahr, Herbst, Winter täglich 10.30–18.30 Uhr.
- Cuxhaven (Fährhafen), „Wappen von Hamburg", Reederei Seetouristik (Tel. 0461-86417), 1.5.–30.9. tägl. 10.30–18.30 Uhr. Außerdem von Mai bis August mehrmals Nachtfahrten (ab 21, an 1 Uhr) mit Highlife an Bord. .
- Hamburg (St. Pauli Landungsbrücken, Br. 6/7), „Wappen von Hamburg", Reederei Seetouristik (s. o.); jeden Sa im Mai, Juni und September; jeden Fr im Juli und August, ab Cuxhaven zurück per Sonderzug. Ab Hamburg 7 Uhr, ab Cuxhaven ca. 19 Uhr. Tel. 040-312749.
- Hörnum (Sylt), „Pidder Lyng", Reederei WDR (s.o.), mehrmals wöchentlich von Sommer bis Herbst.
- Norddeich (Mole), „Funny Girl/Frisia III", Reederei Eils/Frisia (Tel. 04932-89520), Sonderfahrten von April bis September, 1-2mal wöchentlich, 8-20.45 Uhr.
- Wilhelmshaven (Helgolandkai), „Wilhelmshaven", Reederei Warrings (s.o. oder Tel. 04421-43443); 1.4.–1.10. täglich 9–19.20 Uhr. Im Service inbegriffen: Ausbooten zu der Düne und kostenlose Benutzung der Fähren zur Hauptinsel.

Hochgeschwindigkeits-Cats

Ein ganzes Geschwader von Hochgeschwindigkeits-Cats düst in der Saison von der Küste und von anderen Inseln mit bis zu 40 Knoten (74 km/h) Speed nach Helgoland. Abfahrten von: Norderney, Langeoog, Hooksiel (Frisia, Tel. 04931-9870); Hamburg, Cuxhaven, Wedel (Speedways, Tel. 040-3178920, und FRS, Tel. 0180-3202025); Bremen, Bremerhaven, Nordenham, Vegesack (Warrings, Tel. 04464-94950); Emden, Eemshaven, Borkum (AG Ems, Tel. 0180-5180182), Wyk/Hörnum (WDR, Tel. 04681-80146/7).

● **Preise:** mit Warrings (reguläre Passagen)
ab Bremerhaven oder Wilhelmshaven

	Tagesrückfahrticket	2-Monatsticket	einfach	Fam.
Erw.	31,50	37,50	23,50	66,00
Jgl. 12–18	21,00	22,00	16,00	–
Kinder 4–11	17,00	20,00	13,50	–

ab Vegesack

	Tagesrückfahrticket	2-Monatsticket	einfach	Fam.
Erw.	33,50	37,50	23,50	68,00
Jgl. 12–18	23,00	25,00	16,00	–
Kinder 4–11	18,00	20,00	13,50	–

● Von nordfriesischen Häfen liegen die Preise wegen der geringeren Distanz etwa um ein Drittel niedriger.
● Eine Tagestour mit Warrings' „Speedy" kostet ab Bremen oder Bremerhaven € 27,50, bzw. € 17,00 für Kinder. Die Katamarane sind jedoch teurer; im Durchschnitt liegen die Passagen für die Flitzer zwischen € 40 und 50.
● Außerdem gibt es zahlreiche **Gruppentarife** und **Sonderkonditionen,** Mischmöglichkeiten Flug/Schiff, verbilligte Chartertouren usw. Weitere Auskünfte zu Bahn/Bus-Transfers, Parkmöglichkeiten etc. durch die Reedereien.

Ausbooten

Im jeweiligen Preis inbegriffen ist der Boots-Transfer in Helgoland. Die Schiffe gehen (mit Ausnahme der Katamarane) auf der **Reede** vor Anker, und die Passagiere werden von so genannten **Börtebooten** an Land und an Bord verfrachtet. Die Boote sind offen, und es kann schon mal ungemütlich werden, wenn der Regen rauscht und die See überdampft. Der Schutz von Kameras und anderen empfindlichen Gegenständen ist dann notwendig.

Das Ausbooten ist ein **Relikt aus der Vergangenheit.** Denn Helgolands Hafen ist zu klein und zu seicht, um die Seebäderschiffe aufzunehmen. Jedenfalls nach offizieller Lesart. So ganz stimmt das nämlich nicht. Dass deutsche

008nf Foto:rh

Hafenbaukunst nicht in der Lage wäre, hier eine vernünftige Anlegestelle zu schaffen, ist wenig glaubhaft. Vielmehr sind solche Vorhaben an der zähen Lobby der Börteschiffer gescheitert, die, etwa 50 an der Zahl, ihr lukratives Gewerbe (bis zu 5000 Passagiere pro Tag im Sommer) erhalten sehen wollen. Verständlich ist das, und wahr ist auch, dass der Ausbootvorgang den einzigen halbwegs abenteuerlichen Aspekt einer Helgolandfahrt darstellt, den die meisten Passagiere in angenehmer Erinnerung behalten. „Passiert" ist dabei noch nie etwas.

Flugverbindungen

Fluglinien und Info

Helgoland wird regelmäßig von fünf Fluglinien angeflogen: OFD/ROA (Bremen, Tel. 0421-558074), Atlas Air (Nordholz bei Cuxhaven, Tel. 04741-1047), Helgoland Airlines

(Mariensiel bei Wilhelmshafen, Tel. 04421-92600), LFH (Harle, Tel. 04464-8011) und FLN (Norden, Tel. 04931-4377).

●Tägliche Flugverbindungen der OFD und ROA gibt es mit **Bremerhaven, Heide/Büsum** und **Wangerooge.** Weiterhin gibt es mehrfach wöchentlich Flüge von **Emden, Borkum, Juist** und **Norderney** sowie von **Hamburg.**

●Helgoland Airlines fliegt ab **Bremerhaven, Nordholz, St. Peter Ording, Wangerooge und Wilhelmshaven.**

●Von der FLN werden Bedarfsflüge ab **Norddeich** angeboten, die LFH fliegt im Sommer täglich ab **Harle** über **Wangerooge.**

Flugplatz

Der Helgoländer Flugplatz, – nur ein Runway mit kleinem Terminal, – befindet sich auf der Düne. **Bootstransfer** zu der Insel (€ 4, Kinder bis 18 Jahre die Hälfte) ist nicht im Flugpreis enthalten.

Mit dem eigenen Boot

Helgoland ist wohl der populärste Sportboothafen der Deutschen Bucht, obwohl er offiziell einen solchen Status überhaupt nicht besitzt, sondern die Funktion eines **Bundesschutzhafens** ausübt.

●Mindestens zehntausend Jachten laufen jährlich die Insel an. Sie alle unterzubringen ist ein Problem. Im **Südhafen** ist Platz für 320 Gastboote im enggedrängten Päckchen, im **Vorhafen** (nur bei gutem Wetter) für 100. Weitere drei Häfen haben für den Segler kaum Bedeutung: Der **Dünenhafen** ist für Sportboote gesperrt, der **Binnenhafen** zumeist von Fischern und Bundesfahrzeugen belegt, der **Nordosthafen** eine Domäne der Einheimischen. Im Südhafen wird der Platz im Sommer oft verzweifelt knapp, zumal die Westkaje für die Berufsschiffahrt reserviert ist. Häufig genug zeigen dann zwei senkrechte rote Lichter an der Einfahrt, dass das Loch voll ist. Wenn es draußen stramm weht, darf allerdings niemandem die Aufnahme verwehrt werden, denn Helgolands Rolle als Schutzhafen kommt ja dann erst richtig zum Tragen.

●Die **Hafenmeisterei** (Tel. 504) befindet sich an der südwestlichen Ecke des Beckens; hier ist auch das **Hafengeld** abzuliefern. Liegeplätze werden bei **Funkanmeldung** zugewiesen (Helgoland Port Radio, UKW-Kanal 67). Toiletten und Duschen an der Nordkaje; Schiffshändler, Ausrüstung und Proviant am Binnenhafen.

●**Achtung:** Die NSGs rund um Helgoland dürfen ganzjährig nicht befahren werden!

Neuwerk
– Hamburgs Vorposten im Watt

Geschichte

Das Inselchen Neuwerk, 3 km² groß, liegt im Watt der Elbmündung etwa 10 km außerhalb von Cuxhaven. Bereits anno 900 wird das Eiland unter dem Namen **Nige Ooge** (Neue Insel) in Urkunden erwähnt, und zu einem frühen Zeitpunkt sicherte die damals schon mächtige **Stadt Hamburg** sich diesen Vorposten, um den Schiffsverkehr auf der Elbe zu kontrollieren.

Der Helgoländer Hummer

Man hat es schon einmal totgesagt, dieses kuriose Schalentier, das zoologisch der Spinne näher verwandt ist als etwa einem Fisch. Er ist schon ein Unikum, der Hummer. Er hört mit den Beinen, schmeckt mit den Füßen, kaut mit dem Magen, ist hoffnungslos kurzsichtig. Wen sollte es da noch wundern, dass die Nieren dieses Urviechs hinter seiner Stirn stecken und das winzige Gehirn sich in Schlundnähe befindet?

Des Hummers Pech ist, dass er bei aller äußerlichen Hässlichkeit himmlisch gut schmeckt. So kam es, dass man ihm auf den steinigen Böden um Helgoland, die er als Lebensraum schätzt, schon immer intensiv nachstellte. Die Hummerfischerei war auf Helgoland eine regelrechte Industrie, bis der letzte Krieg ihr ein vorübergehendes Ende setzte.

Das, was sie einmal war, ist sie nie mehr geworden. Der Hummer machte sich rar nach dem Krieg, teils wohl, weil die Steilküsten weggebombt waren, teils, wie Meeresbiologen annehmen, weil das Wasser nicht mehr so sauber ist wie einst. Ob das aber auch alles so seine Richtigkeit hat? Die schlitzohrigen Helgoländer Fischer, gehalten, jedes gefangene Exemplar für Statistik und Steuer zu melden, haben mit Bürokratie wenig am Hut. Deshalb ziert Hummer, obwohl vermeintlich im Aussterben begriffen, auch weiterhin Helgolands Speisekarten, und ein Unternehmen, das die Schalentiere in Verkennung der Tatsachen direkt von den Orkneys einfliegen wollte, ging Pleite.

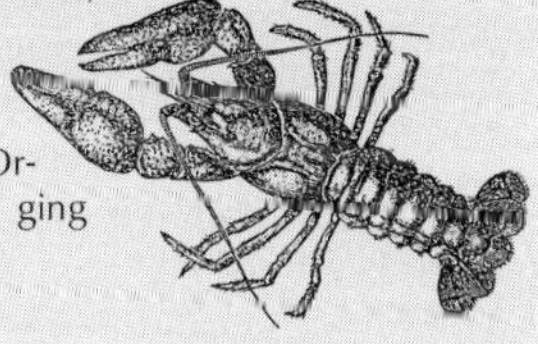

Der Name

Von 1299 bis 1310 errichteten die Hamburger auf der Insel einen 45 m hohen **Turm** mit fast 3 m dicken Mauern, der zunächst als Fort, später auch als Leuchtfeuer diente. Nach diesem Bau, das **nige Wark** (neue Werk) genannt, erhielt das Eiland dann seinen endgültigen Namen.

Neuwerk heute

Die Insel Neuwerk gehört immer noch zu Hamburg, und der etwas düstere Turm ist auch erhalten geblieben. Er ist das **Wahrzeichen der Insel,** das älteste noch voll erhaltene Bauwerk an der Küste und weltweit der Veteran aller noch in Betrieb befindlichen Leuchttürme. Dass man ihm deshalb ein weihevolles Andenken bewahrt hat, kann man aber nicht gerade sagen. In ihm befindet sich jetzt eine Schänke, ein „idealer Treffpunkt für Familienfeiern, Vereins- und Kegelfahrten", und „Tanz im Turm" gibt's auch, immerhin nach Oldies. Spezialitäten des Hauses: „Turmpfanne, Turmfeuer und Eiergrog".

In den siebziger Jahren wollte die Stadt Hamburg hier einen gigantischen **Tiefwasserhafen** bauen, die gesamte südliche Elbmündung mit Beton verkleistern. Aus diesem grandiosen Vorhaben ist gottlob nichts geworden. Stattdessen hat man die Inseln Neuwerk und Scharhörn sowie das umgebende Watt sozusagen in Abbitte in einen separaten **hamburgischen Nationalpark** verwandelt und ein immer noch urwüchsiges Naturgebiet damit der Nachwelt erhalten.

Auf Neuwerk leben permanent etwa **35 Menschen.** Es gibt sogar eine Schule mit drei Kindern, außerdem ein paar Herbergen und Gaststätten. Trotz erheblichen Ansturms im Sommer ist das Eiland still und ruhig, sobald sich die Tagesgäste wieder zum Festland verkrümelt haben. Es erscheint in der Tat irreal, dass sich hier solch ein

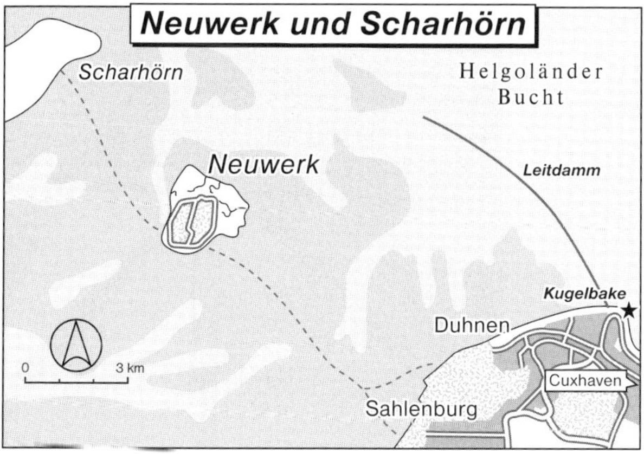

Hort des Friedens befindet, während von Duhnen die Lichter einer boomenden Tourismusindustrie hinüberscheinen und fast auf Steinwurfweite die dicken Pötte auf der Elbe vorüberziehen.

Sehenswertes

Die 138 uralten Stufen zum **Leuchtfeuer** sollte man einmal emporsteigen, einen Rundgang um die Insel machen (1 Stunde), den **Friedhof der Namenlosen** besuchen. Am Turm befindet sich auch ein **naturkundliches Info-Zentrum** des Vereins Jordsand, das einen längeren Halt wert ist. In der Schule gibts eine **Bernsteinsammlung.**

Insel-Info

- **PLZ:** 27499
- **Vorwahl:** 04721

Unterkunft und Gastronomie

- Drei **Pensionen** gibt es auf Neuwerk: Das **Haus Bernstein**€ (Tel. 28708) ist die billigste. Die beiden anderen – **Altes Fischerhaus**€ (Tel. 29043) und **Haus Seeblick**€ (Tel. 29447) verlangen aber ebenfalls moderate Preise.

070nn Foto: rh

- Die beiden letztgenannten Häuser bieten auch **Ferienwohnungen** an. Sie sind über einen Teil des Winters hinweg geschlossen. Übernachtungen sind auch möglich bei **Fischer** (Tel. 29161), **Griebel** (Tel. 28277) und bei **Rose** (Tel. 29276).
- Auf Neuwerk befinden sich auch ein kleiner **Campingplatz** und zwei **Schullandheime.** Info: Tel. 36046.
- **Haus Seeblick** und **Altes Fischerhaus** sind **Restaurants** angegliedert. Außerdem kann man sich in der vorerwähnten **Turmschenke**, im **Restaurant zum Anker** (kl. Kinderspielplatz anbei) und bei **Otto Frers** ernähren.

Fährverbindungen

Fahrten gibt es fast täglich ab Cuxhaven (siehe „Abfahrtshäfen und Fähren").

Anreise übers Watt

Wattenweg

Ein mit **Pricken** gekennzeichneter und von keinen größeren Prielen unterbrochener Wattenweg führt von **Cuxhaven-Sahlenburg** nach Neuwerk. Dies ist mit 9 km die kürzeste Verbindung. Wer sich streng an diesen Weg hält und die Gezeiten minuziös einkalkuliert, dem kann auch bei ungünstiger Witterung hier eigentlich kaum etwas passieren.

Wattführer Besser ist es aber immer, wenn man sich einem Wattführer anvertraut und in der Gruppe loszieht, zumal diese Tour mit ein paar Euro nicht teuer ist. Sammelpunkte sind in **Duhnen** an der Lesehalle, in **Sahlenburg** an der Wattwagenauffahrt. **Auskünfte** erteilt die Reederei Eils oder der Wattführer *Osterhof* (Tel. 21447).

Wattwagen Bequemer geht's mit dem Wattwagen, einer klassischen lokalen Institution. Kontakte in Cuxhaven: *Brütt* (Tel. 400200/48139), *Henn* (Tel. 29700), *Zabel* (Tel. 48335). Neuwerk: *Fischer* (Tel. 29161), *Fock* (Tel. 29043), *Griebel* (Tel. 28277).

Eigenes Boot Wer mit dem eigenen Boot nach Neuwerk fahren möchte, wird unweigerlich auf Schiet landen: Das gesamte Watt um die Insel fällt trocken, auch am Fähranleger und im winzigen Hafen im Südteil der Insel.

Scharhörn

Die Insel Scharhörn ist vor allem als ein von allen Seefahrern gefürchteter **Schiffsfriedhof** bekannt. Hunderte von Fahrzeugen haben dort ihr Ende gefunden und verschwanden binnen kurzer Dauer auf Nimmerwiedersehen im Mahlsand.

In der Tat ist Scharhörn kaum mehr als eine **Sandbank,** wenn auch ungefähr so groß wie Neuwerk, doch ohne Baum und Strauch. Ein **Vogelwart** lebt auf der Insel und betreut das streng geschützte **Reservat,** das u. a. die größte Seeschwalbenkolonie der Nordsee beherbergt. Über eine **geführte Wattwanderung** ab Neuwerk kann man Scharhörn legal besuchen. Die Tour findet nur etwa alle 14 Tage statt. Der Vogelwart nimmt die Besucher am Strand in Empfang (weiter ist nicht drin) und hält einen kleinen Vortrag über seine Arbeit. Von Touren auf eigene Faust in diesem Bereich ist dringend abzuraten; man befindet sich hier schon fast auf hoher See.

605dn Foto: rh

Die
Nordfriesischen
Inseln und
Halligen

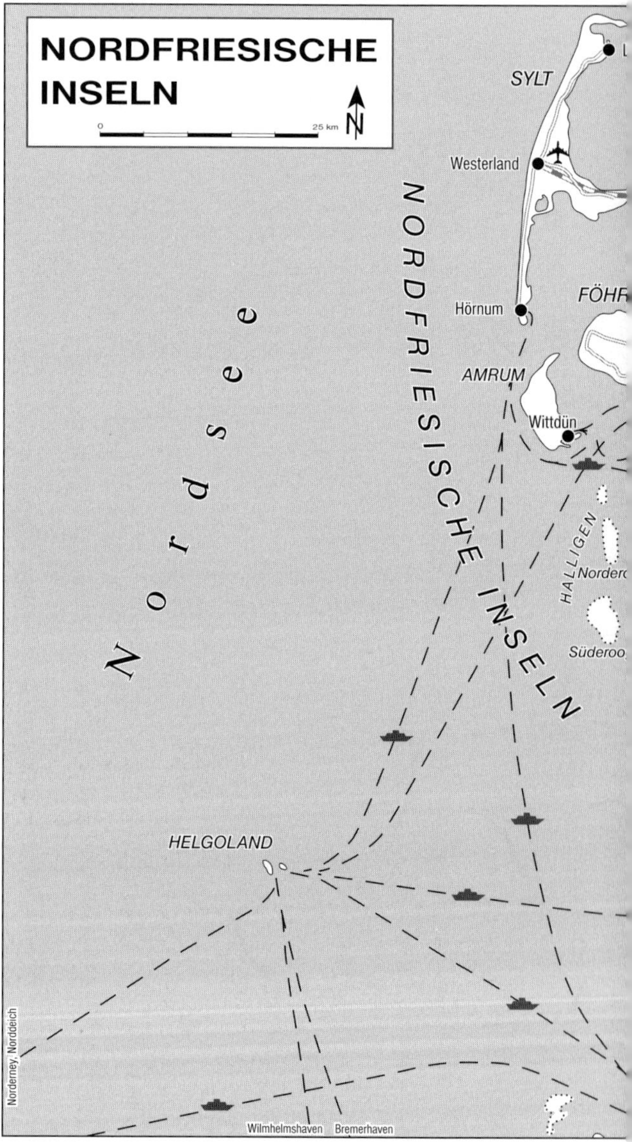
NORDFRIESISCHE INSELN
0
25 km
N
SYLT
Westerland
Hörnum
AMRUM
Wittdün
NORDFRIESISCHE INSELN
Nordsee
HALLIGEN
Süderoo
HELGOLAND
Norderney, Norddeich
Wilmhelmshaven
Bremerhaven

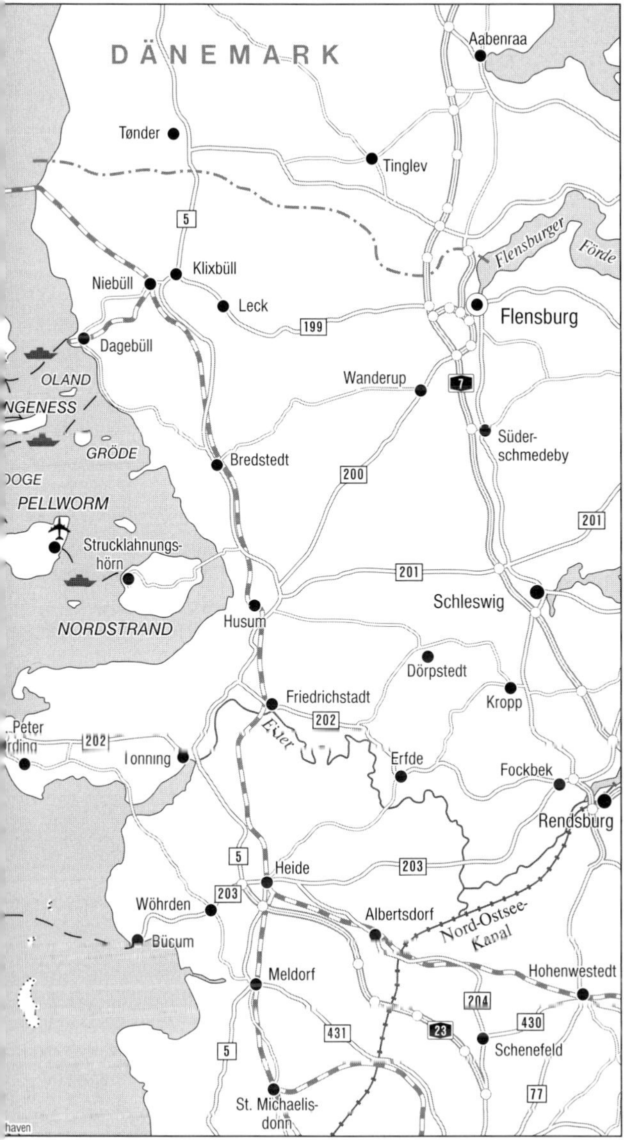
DÄNEMARK
Aabenraa
Tønder
Tinglev
5
Flensburger Förde
Klixbüll
Niebüll
Leck
Flensburg
199
Dagebüll
OLAND
NGENESS
Wanderup
7
GRÖDE
Süder-
schmedeby
OGE
Bredstedt
200
PELLWORM
201
Strucklahnungs-
hörn
201
Schleswig
NORDSTRAND
Husum
Dörpstedt
Kropp
Friedrichstadt
Peter
rding
202
202
Eider
Tönning
Erfde
Fockbek
Rendsburg
5
Heide
203
203
Wöhrden
Albertsdorf
Nord-Ostsee-
Kanal
Büsum
Meldorf
Hohenwestedt
204
430
23
431
Schenefeld
5
77
St. Michaelis-
donn
haven

Ein insulares Varietätenkabinett

Schon von ihrem Ursprung her sind die Nordfriesischen Inseln ganz anderer Art als die Schwestern vor Niedersachsens Küste. Sie sehen auch alle unterschiedlich aus. Schon was ihre Größe anbetrifft, nehmen sie das ganze Spektrum ein: Von der winzigen Hallig mit einem einzigen Haus darauf bis zur insularen Gigantin Sylt, zumindest der Dimension nach Königin der deutschen Nordsee.

Es darf nicht ungesagt bleiben, dass einige dieser Eilande trotz vieler reizvoller Aspekte **keine Badeparadiese** im klassischen Sinne sind. Nordstrand, Pellworm und die Halligen sind Marscheninseln, die außer verschämten Sandeckchen, zumeist künstlich aufgespült, keinerlei Strände aufzuweisen haben. Mitunter ist euphemistisch von „Grünstränden" die Rede, wobei es sich um grasbestandenes Deichvorland handelt, das an der Wasserkante in Wattenschlick übergeht. Zu weiterer Attraktivitätsminderung trägt auf allen diesen Eilanden ein inselumspannender Gürtel aus Gestein und Asphalt bei, den es zu überqueren gilt, bevor man – ohnehin nur bei Flut – ein Bad genießen kann, das mit einem „strandgestützten" wenig gemein hat. Manche erwartungsvollen Badegäste sind auf diesen Inseln angereist, um am gleichen Tag wieder wutentbrannt das Weite zu suchen. Die Marscheninseln und Halligen haben ihre Qualitäten, aber Sandstrände haben sie nicht.

Man kann mit einigem Abenteuergeist ein **Island hopping** veranstalten, also von Insel zu Insel „springen". Das gelang auch meiner Frau und mir, als wir die Nordfriesinnen bereisten.

Diese Art der Fortbewegung kann allerdings höchst mühsam sein; in der Hauptsaison ist sie überhaupt nicht realisierbar. Kurzfristige Unterkunft ist dann das Problem, aber auch die sichere Verbindung. Denn die Beherberger lassen sich ungern auf Gäste ein, die nur ein paar Tage bleiben möchten, und die Inseln sind keineswegs – außer

001dn Foto: rh

im Bereich Föhr-Amrum-Halligen – miteinander vernetzt. Oft besteht aber die Möglichkeit, mittels einer halben Tagestour auf eine benachbarte Insel weiterzureisen. Man muss ein guter Jongleur sein, um die Inseln dieserart „abzuklappern“, aber Spaß macht es schon.

Ein weiterer grundlegender Unterschied zu den ostfriesischen Inseln ist die Einteilung des **Nationalparks Wattenmeer.** Während die niedersächsischen Inseln zum größten Teil in das Konzept einbezogen sind, wird keine Nordfriesin – mit Ausnahme der Winzlinge Norderoog und Süderoog und diverser Sände – von dem Territorium berührt. Wenn die Natur auf diesen Inseln hier und da dem Standard des Parks entsprechend ge-

Zweimal Wattfahrer

schützt ist, so handelt es sich dabei um selbstauferlegte Richtlinien.

Auch die drei **Geestinseln** im Norden unterscheiden sich erheblich voneinander. Amrum, zweifellos das lieblichste aller Nordsee-Eilande, hat am meisten Ähnlichkeit mit den Ostfriesinnen – nun, der viele Sand. Sylt hat noch mehr davon, aber in anderer, ungünstigerer Verteilung, und muss aufpassen, dass der wertvolle Stoff nicht wegschwimmt. Hinter diesen beiden natürlichen Wellenbrechern kauert Föhr und frohlockt, symbolisch zumindest, über die dieserart bescherte Stabilität der eigenen Küsten – des einen Tod, des anderen Brot.

Die ganz große Action findet alljährlich auf diesen drei Strandinseln statt. In den Abfahrtshäfen und Ankunftsorten geht es dann mitunter zu wie in einem Ameisenhaufen. Und trotzdem lassen sich auch hier immer wieder einsame, ruhige Eckchen finden. Wie auf den ostfriesischen Inseln wird die Schmerzgrenze schon deshalb nicht erreicht, weil das Beherbergungsangebot bewusst limitiert ist.

Ganz klar ist erkannt worden, selbst seitens des Fremdenverkehrsgewerbes, dass der **Tagestourismus** die schädlichsten Auswirkungen auf Umwelt und soziale Strukturen der Inseln hat. Die Menschenscharen, die sich tagtäglich über die wehrlosen Landbrocken im Meer ergießen, sind destruktiver als der Blanke Hans. In Schleswig-Holstein versucht man auf vorbildliche Weise, diese Völkerwanderungen in neue, „sanftere“ Bahnen zu lenken. Die Inselbevölkerungen machen dabei überwiegend engagiert mit. Das wird – hoffentlich – „dazu führen, dass für die Bundesrepublik Beispiele geschaffen werden, wie Freizeit und Erholung zum Partner für Natur und Umwelt werden können.“ So ein offizieller Text. Zu wünschen bleibt, dass zumindest der heutige Status quo aufrechterhalten werden kann und keine weiteren Ausuferungen zugelassen werden.

Nordstrand
– viel geprüftes Land

Geschichte

Vor der Flut

Wie genau es **vor der großen Flut** von 1362 im Bereich der heutigen Insel Nordstrand ausgesehen haben mag, lässt sich nur noch schwerlich nachvollziehen. Die heute noch so genannten *Uthlande* („Außenlande") waren ein undurchdringlicher Moor- und Bruchwalddschungel, durchzogen von Wasserläufen und zur See hin von einer Dünenlinie begrenzt. Hier gingen See und Land ineinander über, und alte Karten gleiten im Bemühen einer Rekonstruktion des damaligen Nordfrieslands deshalb nachweisbar ins Reich der Fantasie ab. Die Küste des „Cimbrischen Meeres" war ständig im Umbruch. Schon anno 1216 und 1230 hatten sich verheerende Sturmfluten ereignet, die Tausende von Menschen das Leben kosteten.

Todesstoß

In den drei grauenvollen Tagen vom 15.–17. Januar 1362 wurde der Region der Todesstoß versetzt. Weite Landstriche um die heutigen Inseln Nordstrand und Pellworm, darunter die sagenumwobene Hafenstadt **Rungholt,** verschwanden in der See. Einhunderttausend Menschen sollen damals ertrunken sein. Die große, gekrümmte Insel „Strand" blieb zurück, „ein Land von wunderbarer Fruchtbarkeit", wie es in alten Annalen heißt. Unter der wechselnden Oberhoheit dänischer Könige und schleswigscher Herrscher erlebte **Alt-Nordstrand** über 250 Jahre hinweg eine auf Ackerbau und Viehzucht basierende wirtschaftliche Blüte.

Erneutes Unheil

In der Nacht vom **11. zum 12. Oktober 1634** brach erneut das Unheil herein.

Die gewaltige Flut kam nach Aussage damaliger Chronisten völlig überraschend:

„Die finstere Nacht hat vielen die große Gefahr verborgen ... einige sind in ihren Betten im festen Schlafe weggetrieben ... andere haben sich, ihre Weiber und Kinder mit Stricken aneinander gebunden, dass sie in Liebe vereint, durch die grausamen Wellen nicht getrennt werden möchten. Viele haben sich auf die Dächer begeben und sind mit denselben als auf einem Schiff herumgeführt worden, welches aber bald in den Wellen zerbrach ..."

Und: „Als dann der Morgen graute, bot sich den Überlebenden ein unbeschreibliches Bild der **Verwüstung.** Die Deiche der Insel waren an 44 Stellen durchbrochen ... 30 Mühlen und nahezu alle Häuser, nämlich über 1300, lagen in Trümmern, nur die festen Kirchtürme ragten noch unversehrt wie kolossale Grabsteine über dem wilden Chaos empor." Das offizielle „Verzeichnis der Menschen, so den 11. Oktober 1634 in der Nacht im Nordtstrande in der hogen Wasserfluth jämmerlich ertrunken und umgekommen", führt 6123 Opfer und zudem 30.000 Stück totes Vieh auf. Das Inventar der stehen gebliebenen Kirchen konnte gerettet werden. Sie standen – 19 von 22 – später im Watt und zerfielen allmählich – Ende alles Menschengemachten. Heute dehnt sich an diesen Stellen der platte Meeresboden.

Neubeginn Der Schock dieses Geschehnisses ließ die Nordstrander wie betäubt zurück. Erst 1654 machte man sich wieder daran, **neue Köge** mit Hilfe von größtenteils katholischen Holländern einzudeichen. Außer ihrer Sachkenntnis im Deichbau brachten die Gäste eine neue religiöse Variante mit nach Nordstrand. Die so genannten **Janseniten** waren von Rom abtrünnig geworden und praktizierten ihren eigenen altkatholischen Glauben. 1662 bauten sie sich ihre eigene Kirche auf Nordstrand. Eine entsprechende Kirchengemeinde, St. Theresia, existiert noch heute, Zentrum für diese Glaubensrichtung in ganz Norddeutschland.

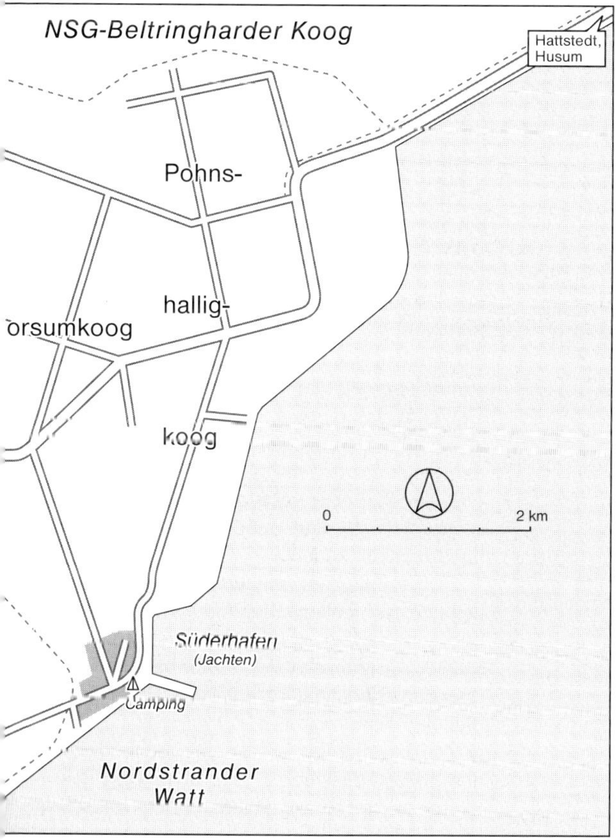

Eine **Neubedeichung** der Insel gestaltete sich auch weiterhin mühsam; besonders zu Beginn des 18. Jahrhunderts gab es schwere Rückschläge. Der dem Festland am nächsten gelegene Pohnshalligkoog wurde erst 1923 eingedeicht, eine Dammverbindung zur Küste 1935 geschaffen. 1962 gab es noch einmal schwere Schäden; die Außendeiche konnten nur mit Mühe gehalten werden.

Nordstrand heute

Durch den **Straßendamm** und weitere ausgedehnte **Landgewinnung** im Nordwesten davon hat Nordstrand seinen insularen Charakter eigentlich weitgehend verloren; die Insel ist zur **Halbinsel** geworden. Davon wollen die Nordstrander aber so recht nichts wissen: Eine halbe Insel taugt nur für ein halbes Geschäft.

Die Insel – wir wollen dabei bleiben – ist 49 km^2 groß, und etwa 2500 Menschen leben auf ihr, fast ausnahmslos von der **Landwirtschaft** und dem **Fremdenverkehr.** Nette Leute gibt's da: Nicht überall in Touristenzentren stellt man Kartons mit Obst an den Straßenrand und fordert auf: Bedienen Sie sich – gratis! Spielt vielleicht auch ein gewisser Fatalismus dabei eine Rolle? Nordstrand liegt 60 cm unter dem Meeresspiegel. Doch man vertraut auf die klobigen Außendeiche und baut frisch-fröhlich ins flache Land hinein. Ältere Gebäude stehen noch großenteils auf Warften, glückhafterweise von touristischen Bauvorschriften unberührt und deshalb durchweg hübsch anzuschauen.

Nordstrands Herz schlägt im Bereich der drei dicht zusammenliegenden Kirchen, nur dort auch hebt sich das Gelände vorteilhaft von der kahlen Marsch ab und setzt sich schön baumbestanden über den Herrendeich zur Kurverwaltung fort. Die üblichen Kureinrichtungen befinden sich hingegen am Norderhafen, wo es ein bisschen wie in einem Industriegelände aussieht. Von dort ist's ein Kilometer zur Fähre, wenn man mal eine Insel weiter möchte.

Sehenswertes

Schön ist die **Inselnatur** Nordstrands während der „grünen" Monate. Blühende Rapsfelder wechseln dann mit satten Weiden, und dazwischen wachsen Silberahorn, Holunder, Weißdorn und stattliche Ulmen entlang der Straßen.

St. Vinzenz-Kirche

Sehenswert sind außerdem die alten Kirchen, besonders die St. Vinzenz-Kirche von Odenbüll. Im westlichen Mittelteil gelegen, dominiert das Bauwerk aus dem 13. Jahrhundert das flache Land und lädt zu einem Besuch. Leider sind die neuzeitlichen Renovierungen der Kirche mit wenig Kunst- und Sachverstand ausgeführt worden; die bauliche Substanz, vor allem außen, ist enttäuschend. Um so beeindruckender bieten sich Objekte aus alter Zeit im Innern dar, insbesondere der **spätgotische Schnitzaltar** (um 1480) mit einer figurenreichen Darstellung der Kreuzigung. Prächtig auch ist die rot ausgemalte Nische im Altaruntersatz mit detaillierten biblischen Themen und der **Pastorenstuhl** mit reizvoller Aussägearbeit aus dem 18. Jahrhundert. Der **Taufstein** aus Namurer

601nf Foto: rh

Nordstrand ist die Insel der Schafe

Marmor wurde im 15. Jahrhundert, als es den Nordstrandern sehr gut ging, aus Belgien importiert; die **Kanzel** mit komplexen Ornamenten stammt aus dem Jahre 1605. Sehr alt (um 1400) ist das **spätgotische Kruzifix** an der Südwand der Kirche. Die Orgel stammt aus jüngerer Zeit.

Sehenswert ist auch der alte **Friedhof.** Ein Gedenkstein erinnert an den Nordstrander Missionar *Ingwer Ludwig Nommensen*, der im 19. Jahrhundert das Naturvolk der Batak auf Sumatra unters Kreuz zu führen wusste (was ihnen heute im überwiegend islamischen Indonesien manches Problem einbringt).

Pfarrkirche St. Theresia

Die altkatholische Pfarrkirche St. Theresia erhebt sich nahebei in einem der hübschesten Winkel der Insel. Diese Kirche entstand 1662 und wurde zuletzt 1987 renoviert, wiederum wenig stilvoll. Das Innere fällt gegenüber der Odenbüller Kirche stark ab, aber Nüchternheit und Frugalität waren wohl stets die Devise der Janseniten, einer Art katholischer Puritaner.

Die neukatholische Kirche in der Nähe weist nichts Sehenswertes auf.

Naturschutzgebiete

Watt

Das Nordstrand umgebende Watt gehört zur Pufferzone des Nationalparks und kann deshalb betreten werden. Auf der **Hallig Südfall,** Ziel vieler Wattexkursionen, beginnt indes bereits die Zone 1.

Beltringharder Koog

Durch Eindeichung des Beltringharder Kooges zwischen dem Festland und dem Nordteil der Insel ist ein einzigartiges **Lagunengebiet** ansehnlicher Größe (3300 ha) entstanden, das in Europa kaum seinesgleichen hat. Hier gibt es ausgedehnte Salz- und Süßwasserlebensräume, Überschwemmungsgebiete und Sumpfflächen sowie auch Feuchtwiesenbiotope, die reges pflanzliches und tierisches Leben enthalten. Das Areal steht unter **strengem**

009nf Foto: rh

Schutz und darf nicht betreten werden. Man kann jedoch den 9 km langen **Seedeich** entlangwandern oder -radeln und prächtige Einblicke in das Gelände gewinnen. Ursprünglich war eine intensive landwirtschaftliche Nutzung des Koogs geplant. Dann gewannen kühlere Köpfe die Oberhand, die sich gegen eine weitere Erhöhung des EU-Butterberges aussprachen und den Belangen der gequälten Natur den Vorrang gaben – bravo!

Vogelkojen Die beiden „Vogelkojen" Nordstrands – im Trendermarschkoog und nahe des Fulehörns – sind Kleinschutzgebiete für Vögel, vor allem Enten. Zerzauste Minidschungel sind's, schon als solche einer interessierten Betrachtung wert, und man wünscht sich, dass es viel mehr von ihnen gäbe ...

Auskunft

- Das **Infozentrum des Nationalparks Wattenmeer** befindet sich beim Kurhaus (Tel. 8009) und ist von März bis Oktober täglich geöffnet, außerhalb der Saison begrenzt. Eintritt frei. Gruppen sind (nach Anmeldung) willkommen.
- Das **Aktionszentrum der Schutzstation Wattenmeer** (Tel. 519) liegt nebenan und ist vom 4.4. bis 31.10. offen. Naturkundliche Führungen.
- Die **Info-Halle Beltringharder Koog** (Tel. 8258) ist im Sommer offen und unternimmt ebenfalls Führungen.

Kuscheliges Nordstrandhaus

Insel-Info

Auskunft

- **PLZ:** 25845
- **Vorwahl:** 04842
- **Kurverwaltung und Zimmervermittlung:** Schulweg 4, Tel. 454 und 19433, Fax 900990, E-Mail: zimmervermittlungnordstrand@t-online.de, www.nordstrand.de
- **Schiffsauskunft:** NPDG Pellworm (Tel. 04844-755 und -753), www.faehre-pellworm.de
- **Busauskunft:** Service-Telefon 0130-845300.

Ärzte

- **Arzt:** Osterkoogstr. 4, Tel. 8291, 8447 und Osterkoogstr. 53a, Tel. 1382.
- **Zahnarzt:** Süden 22, Tel. 8110.
- **Tierarzt:** Schaapsdrift 2, Tel. 460.

Kurtaxe

- Siehe „Anhang“.

Strandkörbe

- Strandkörbe werden privat verliehen. Die zuständige Telefonnummer lautet 903466. Standort der Körbe: Badestelle Fulehörn. Preise: € 3 für einen halben Tag, € 6 pro Tag, € 30 pro Woche.

Hunde

- Hunde sind nicht bei allen Vermietern gleich gern gesehen. Am Deich besteht der allgegenwärtigen Schafe wegen Leinenzwang. Ein „Hundestrand“ befindet sich am Fulehörn.

Kirchen

- Siehe „Sehenswertes“.

Presse

- Der **Veranstaltungskalender** „Was ist los auf Nordstrand“ wird in der Saison von der Kurverwaltung gratis herausgegeben und liefert einen detaillierten Überblick über das jeweilige monatliche Programm. Besorgen sollte man sich auch die jährliche **Informationsbroschüre** „Nordstrand“ des Handels- und Gewerbevereins.

Kinder

- Auf Nordstrand ist jede Menge Platz für Kinder. Kurende Eltern können ihre Kleinen zudem in der **Spielstube im Kurmittelhaus** gratis unterbringen, das aber natürlich nur während der normalen Büro-Öffnungszeiten (Norderhafen, Tel. 8260).
- Die Schutzstation Wattenmeer unternimmt **Kinderwattexkursionen,** jedoch jeweils nur für eine Stunde.
- Siehe auch **Jugendheim** bei „Unterkunft“.

Fortbewegung

Autos, Bus, Taxi, Mietwagen

Die Anbindung ans Festland hat für die totale verkehrstechnische Erschließung Nordstrands gesorgt. Man kann sich mit dem eigenen Wagen fortbewegen oder auch vom **Linienbus** Gebrauch machen, der mehrmals am Tage die Insel durchfährt (Tel. siehe Anreise). Eilige haben die Möglichkeit, ein **Taxi** zu rufen (Tel. 222 oder 9191). Dort gibt's auch **Mietwagen.**

Fahrrad

Idealer ist das Fahrrad. Die **Radwege** sind gut ausgebaut, und **Verleihe** gibt es mindestens drei, die zum Teil sehr preisgünstig sind. Für ein besseres Bike muss man ab € 3 hinlegen.

- **Radtouren:** Tel. 519.

Unterkunft

Hotels und Pensionen

Bettenburgen gibt es auf Nordstrand nicht. Eine Anzahl von Hotelchen und Pensionen offeriert preiswerte ÜF: **Haus Deichblick€,** (Tel. 624) oder das **Hotel Garni Haus Rungholt€,** (Tel. 8310).

Privatquartiere

Privatquartiere bieten ÜF zum Teil schon für € 12,50 an (*Schriever,* Tel. 8446), doch der Durchschnitt liegt zwischen € 14 und € 26.

Bauernhöfe

Eine Hand voll Bauernhöfe, großenteils in sehr ruhiger Lage, sind mit Preisen ab € 12 ÜF dabei.

Ferienhäuser

Umgerechnet liegen die Pro-Kopf-Preise für diese Häuser zwischen € 10 und 20. Auf NS-Rabatte achten, die in einigen Fällen bis zu 50 % ausmachen!

Jugendheim

Die **Krabbenkate€** (Kiefhuck 14, Tel. 04841-4471) nimmt Jugendgruppen bis zu 15 Personen auf. Das Heim hat 20 Betten auf 8 Zimmern. Spielwiese und Grillplatz. Selbstversorgung.

Camping

Zwei Campingplätze gibt es auf Nordstrand, beide sind vom 1.4.–31.10. in Betrieb.

- Der Platz **Elisabeth-Sophien-Koog** (Tel. 8534) liegt im Norden (nahe des NSG) und hat Stellmöglichkeiten für insgesamt 114 Mobile. Preisgruppe A.
- **Margarethenruh** (Tel. 370) befindet sich beim Süderhafen und bietet 20 Einheiten Aufnahme. Preisgruppe A. Einrichtungen für Kinder vorhanden, Hunde willkommen.

● Außerdem gibt es einen kleinen Motorcaravanpark, Norderquerweg 2, Tel. 473. Preisgruppe B.

Gastronomie

Weil Nordstrand nicht nur ein Ziel für den Fremdenverkehr ist, sondern auch Festlandsbewohner für Spritztouren anlockt, ist das gastronomische Angebot recht gut ausgeprägt.

Herrendeich

Im **Landgasthof Kelting** gibt's täglich die drei Hauptmahlzeiten nebst Kuchen, Eis und dem unvermeidlichen Pharisäer. Kegeln kann man hier auch.

England

Fischspezialitäten offeriert das **Restaurant England,** nach einem alten Ortsteil benannt. Auch Lamm steht auf der Speisekarte, gottlob ohne Pfefferminzsauce, was schon auf mangelnde Assoziation mit Großbritannien hindeutet. Gutbürgerliche Küche findet man im **Engländer Krug** ein paar Häuser weiter (Do geschl.).

Norder hafen

Am Norderhafen drängt sich einiges an Gastronomie zusammen. Da haben wir das Restaurant **Halligblick** (Mo Ruhetag) mit Lammspezialitäten, den ähnlich ausgerichteten **Gasthof Kiefhuck** (im Oktober geschl.), in dem auch Diät gegessen werden kann, und **Nis Puk,** wo man diverse Eissorten zur Auswahl hat. Wärmeres, nämlich eine Mittags- und Abendküche, reicht man gleich nebenan im **Restaurant-Café Zur Nordsee** (Mi geschl.). Der Pharisäer fehlt hier, versteht sich, auch nicht.

Süden

Ein anderes Ballungsgebiet von Speiselokalen ist der so genannte Süden in der Inselmitte. Im **Süden 7** findet man täglich frische Fisch-, Fleisch- und Lammgerichte. In der Nummer 42 kredenzt die **Nordstrander Teestuv** heiße Getränke, Eis und Kuchen und in der Saison auch mittags warme Küche (Di geschl.).

Elisabeth-Sophien-Koog

Im **Pharisäer-Hof** genießt man ebenfalls friesische Getränke, darunter – klar. Im Winter nur an Wochenenden offen. Nicht weit entfernt (am Campingplatz) befindet sich der **Wattwurm**. Offen April bis Sept.

Süderhafen

In der nicht zu verfehlenden **Mühle** gibt es Frühstück und Mittag, zudem Konditorwaren und Eisspezialitäten. Mo geschlossen. Die Gaststätte **Süderhafen** serviert neben Imbissen auch Mittag und Abendessen.

Imbisse und Snacks

Imbisse und Snacks gibt's an allen Engpässen: Am Kai von **Strucklahnungshörn,** während man auf die Fähre wartet, und bei **Kolle's** (Norderhafen) mit durchgehend warmer Küche. Gleich nebenan ist der **Insel-Fisch** mit satt Seafood.

Gut essen und trinken auf Nordstrand

Was ist ein Pharisäer, was eine Tote Tante? Es handelt sich um Getränke, die im gesamten nordfriesischen Raum bekannt und geschätzt sind, das Erstere vor allem auf Nordstrand, denn da stammt es – angeblich – her.

Ein **Pharisäer** ist eine Tasse Kaffee mit Zucker, einem kräftigen Schuss Rum und einer Sahnehaube. Bei Kindtaufen auf Nordstrand wurde dieses Getränk gereicht, wobei man stets Sorge trug, dem geistlichen Herrn die alkoholische Beimischung vorzuenthalten. Eines Tages geriet er dann an die falsche Tasse und soll geseufzt haben: „Oh, ihr Pharisäer!" Seither hat das Getränk seinen Namen weg.

Die **Tote Tante** ersetzt den Kaffee mit Kakao. Vielleicht lag einmal ein ähnliches Ereignis anlässlich einer Beerdigung zugrunde. Heute hat der kuriose Name eher den Sinn, den Gast in eine humorige Stimmung zu versetzen. Denn die hat er nötig, wenn die Rechnung kommt. Er wird sich dann flugs eine tote Tante, Erbtante nämlich, wünschen. Die fantasievollen Getränke schlagen auf den Inseln mit durchschnittlich € 3,50 zu Buche.

Ende Mai finden alljährlich **die Nordstrander Salzwiesenlammtage** statt. Dann wird auf dem „Großen Lämmerball" die Nordstrander Lammkönigin gekürt und ein „Lämmerfrühschoppen" abgehalten. Alles vielleicht ein wenig peinlich, aber über den „rosa gebratenen Lammnüsschen" vergisst man das bestimmt schnell. Lamm wird in vielen – vorzüglichen – Variationen das ganze Jahr über in zahlreichen Nordstrander Gaststätten serviert.

Eine weitere gastronomische Spezialität der Insel ist das **„Söben-Kooge-Eten",** so genannt nach den sieben Kögen Nordstrands. Neun Wirte haben sich hier zusammengetan, um dem Publikum eine Palette preiswerter und trotzdem raffinierter Gerichte anzubieten – von jedem „Kröger" ein anderes. Dem Inselbesucher eröffnet sich dadurch der angenehme Aspekt eines kulinarischen Rundgangs, ohne immer wieder auf dasselbe Angebot zu stoßen.

Sport

Hallenbad

Das Schwimm- und Sprudelbad (Tel. 466) befindet sich im Kurzentrum am Nordhafen. Es besteht aus einem Hallenbad (Wassertemperatur 27 °C), einem Sprudelbad (34 °C) und einem Kaltwasserbecken.

- **Öffnungszeiten:** In der HS tägl. 9.30.–11 und 15.30–18 Uhr, in der NS nur nachmittags und Mo geschl. Von Mitte Januar bis Mitte Februar in der Regel wegen Überholungsarbeiten geschlossen.
- **Preise** (mit Kurkarte): Erw. € 3, Kinder und Jugendliche € 1,60.

Tennis

Im **Gasthof Süden 7** (Tel. 8013) kann man auf einem Außen- und zwei Innenplätzen Tennis spielen.

Reiten

Das Glück der Erde findet man bei **Hans-Otto Petersen** (Moordeich 38, Tel. 8513) und im **Reiterhof Nordstrand** (Osterkoogstr. 46, Tel. 8447). Beide Unternehmen sind auf Kinder spezialisiert *(Petersen* unternimmt ständig Touren), haben aber auch diverse andere Programme im Angebot, so Ausritte ins Wattenmeer. Der Reiterhof Nordstrand betreibt eine Haflingerzucht mit allein 15 Pferden dieser Rasse auf dem Gestüt.

011nf Foto: rh

Krabbennetze

Unterhaltung

„Was ist los auf Nordstrand" heißt der **Veranstaltungskalender** der Gemeinde. Viel nicht. Viermal in der Woche an einem „Hardanger-Stickkursus" teilzunehmen, dürfte die geduldigste Seele schließlich erschöpfen, und auch die Töpferei bei der Mühle ist irgendwann mal *déjà vu.* Mitunter gibt es **Diavorträge** im Kurhaus (Thema: Nordstrand und Umgebung) – kleine Lichtblicke. Auf Nordstrand geht es halt bescheiden zu; man darf keine Kurkonzerte erwarten.

Touren

Schiffsausflüge

Außer in den Wintermonaten unternehmen die so genannten **Adler-Schiffe** fast täglich Schnellfahrten durch die Insel- und Halligwelt Nordfrieslands. Abfahrtshafen ist Strucklahnungshörn. Ein Querschnitt:

	Dauer ca. Std.	Erw. €	Kinder €
Hallig Hooge	7 1/2	14,50	9,50
Amrum	7	17,00	11,50
Amrum und Hooge	7	19,50	12,00
Sylt	9	21,50	12,00

- Auskunft: Adler-Schiffe, 25845 Nordstrand (Tel. 90000-0, www.adler-schiffe.de).
- Die **NPDG** (Tel. 04844-222/430) fährt in der Saison jeden Di um 10 Uhr nach **Hooge** (insgesamt 7½ Std., € 14,50).

Wattfahrten nach Südfall

Wattfahrten **mit Pferd und Wagen** bietet *Werner Andresen* (Tel. 300) und zwar bis zur Halligkante Südfall und bis zur Halligmitte. Abfahrt von Fulehörn zu tidenabhängigen Zeiten.

Wattwandern

- Zu Fuß nach **Südfall** geht's ebenfalls ab Fulehörn. Die Tour dauert ca. 5 Std., 15 km werden zurückgelegt. Etwas Kondition ist also schon erforderlich. Auskunft. Tel. 8360.
- Eine Wattwanderung zur **Hallig Nordstrandischmoor** mit 2 Std. Aufenthalt und zurück per Schiff kostet € 14,50 für Erwachsene und € 12 für Kinder. Info: Tel. 268.
- Auch die Schutzstation Wattenmeer unternimmt häufig **Exkursionen** ins Watt und Radtouren, die man mit einer Spende unterstützen sollte. Auskunft: Tel. 519.
- Weitere Einzelheiten zu diesen Touren im monatlichen Veranstaltungskalender.

010nf Foto: rh

Bustour Wer Nordstrand auf einer Bustour unter Führung erkunden möchte, rufe die Nummer 344 an.

An- und Weiterreise

Anreise Über den Festlandsdamm kann man bequem im eigenen **Auto** nach Nordstrand fahren. Oder aber man nimmt den **Bus,** der mehrere Male am Tag ab Husum-Bahnhof/ZOB nach Strucklahnungshörn verkehrt und an mehreren Stellen auf der Insel Halt macht. Di und Do fährt auch ein Fahrradbus, der das Rad mittransportiert.

● **Gratis-Info:** Service-Telefon 0130-845300.

Nach Pellworm Weiterfahrt von Strucklahnungshörn nach Pellworm: siehe „Abfahrtshäfen und Fähren".

Mit dem eigenen Boot

Geringer Tiefgang ist hier, wie überall auf Nordstrand, das A und O. Zwar ist Nordstrands **Süderhafen** in mühsamer Eigeninitiative zu einem ansehnlichen **Jachtbassin** ausgebaut worden. Aber anreisende Segler sind wenig begeistert davon und noch weniger vom Schlickloch **Strucklahnungshörn.** *Jan Werner,* ein alter Hase in diesen Revieren, empfiehlt deshalb auch, lieber im Bus anzureisen.

Marktplatz in Husum

Pellworm
– wo der Wind immer von vorn weht

Geschichte

Der Name

Mit einem Wurm hat der Name nichts gemein, das scheint gesichert. Die genaue Bedeutung liegt allerdings im Dunkeln. *Pill* oder *Pyll* mag im damaligen Friesischen „Riedgras" bedeutet haben, *werum*, und hier klingt das -um wieder nach, das „Heim der Wehr". Andere Interpreten sehen in der Vorsilbe Pell- einen kirchlichen Bezug, der sich auf das Glockenläuten (englisch: *to peal*) zurückführen lässt.

Der Blanke Hans

Die Geschichte Pellworms geht unmittelbar mit der eben geschilderten Nordstrands einher. Da Pellworm jedoch der offenen See ein beachtliches Stück näher gelegen ist, hatte diese Insel auch stets mehr einzustecken.

Das Jahr **1362** änderte die gesamte Küstenlinie von Grund auf, und Pellworm fand sich jetzt an **vorderster Front** dem Blanken Hans ausgesetzt. „Gewiss kein Ort der ganzen schleswigschen Westküste ist durch Gottes unerforschliche Ratschlüsse so schwer heimgesucht worden wie die Insel Pellworm", heißt es in einer zeitgenössischen Schrift. Fatal erinnert auch die Totenkopfform der (von Norden gesehenen) Inselkontur an diese Prüfungen, deren schwerste bei der gewaltigen Flut des Jahres **1634** erfolgte. Die Verbindung mit Nordstrand, reiches, blühendes Bauernland, versank in der See, und Pellworm hätte um ein Haar dieses Schicksal geteilt. Heute tauchen im Watt um die Insel immer wieder **Artefakte** aus dem Katastrophenjahr auf und haben zum Teil Eingang in die originellen kleinen Museen gefunden.

Deichbau

Im Gegensatz zu den Nordstrandern, die sich nie ganz von diesem Schlag erholten, begannen die Pellwormer ohne Verzug und unter schwierigsten Bedingungen, das Verbliebene mittels neuer Deiche zu retten. Sie erhielten dabei Hilfe aus **Holland,** wo man im Deichbau sachkundiger war als anderswo, und sie schaufelten dreiundfünfzig Jahre lang drauflos, bevor sie sich eine erste Ruhepause gönnten. Ein Jahrhundert später ging das Graben weiter, und es hat seither nie so ganz aufgehört. Der jüngste Teil Pellworms, der Buphever-Koog, wurde erst **1938** eingedeicht, und die ständige **Verstärkung und Sicherung** der bestehenden Deiche hält bis heute an. Riesige **Neukonstruktionen,** zum Teil von reinem Experimentalstatus und verzweifelt unabsehbaren Ausgangs, standen eine Zeit lang in der Planung, doch gottlob wurde nichts aus ihnen.

Pellworm
Nationalpark Schleswig-Holsteinisches Wattenmeer
Alte Mühle
Hooger Fähre
FKK
Waldhus
Joh.-Heinrich-Koog
Kleiner Koog
Westermühle
Mittelster Koog
Großer
Alte Kirche
Gurde
Alter Koog
Oster-schütting
Tammwarft
Wattenmuseum
Westerschütting
Wester-koog
Schmerhö
Untjehörn

Buphever-
koog
Pellworm-
plate
Großer Norderkoog
Nordermitteldeich
Üter-
marker-
koogs-
mittel-
deich
Windpark,
Solarfeld
Flugfeld
Alter Hafen
Kurhaus,
Schwimmbad,
Information
Tammensiel
Ostersiel
Fähranleger
Neue Kirche
Junkers-
mitteldeich
Ostertilli
Süderkoog
Südermitteldeich
Leuchtturm
0
1 km

Trutz, Blanke Hans

Höhepunkte gab es in der Geschichte Pellworms nie so recht, eher nur Tiefpunkte, verursacht durch den Blanken Hans. Die Kultur war bäuerlich, aber ohne Fron und Lehen, denn man saß auf selbsterrungenem Land. Äußere Einflüsse fanden folglich wenig Eingang in diese enge Kultur. Da war es dann schon etwas Besonderes, als ein schneidiger Offiziersveteran aus dem deutsch-französischen Krieg auf der Insel aufkreuzte, um (1882–83) das Amt des Vogtes auszuüben. *Detlev von Liliencron*, einem Bonvivant von altem Schrot und Korn, muss es unter den Schafen und Kühen jedoch bald sehr fad geworden sein, denn er verlegte sich vom Verwalten lieber aufs Dichten und versuchte auch schon mal, den Pellwormer Jungfrauen unter die Röcke zu greifen. Übel genommen hat man ihm das aber nicht, denn im **Liliencron-Hof** (nahe der Neuen Kirche) wird ihm ein ehrendes Andenken bewahrt. Außerdem konnte er auch wirklich schön dichten, wie sein bekanntestes Werk aus der Pellwormer Zeit unter Beweis stellt – „Trutz, Blanke Hans“:

„Heut bin ich über Rungholt gefahren,
die Stadt ging unter vor fünfhundert Jahren.
Noch schlagen die Wellen da wild und empört,
wie damals, als sie die Marschen zerstört.
Die Maschine des Dampfers erzitterte, stöhnte,
aus den Wassern rief es unheimlich und höhnte:
Trutz, Blanke Hans.
Von der Nordsee, der Mordsee, vom Festland geschieden
liegen die friesischen Inseln in Frieden.
Und Zeugen weltenvernichtender Wut,
taucht Hallig auf Hallig aus fliehender Flut.“

Pellworm heute

Laut offizieller Broschüre ist Pellworm „37 m^2“ groß. Aber um den 25 km langen **Seedeich** und die 80 km befahrbaren Straßen der Insel unterbringen zu können, muss man dieser Zahl doch wohl schon ein paar Nullen anhängen ... Innerhalb dieses bis zu 8 m hohen und an der Sohle 80 m breiten Schutzwalles erstreckt sich topfebenes, sattgrünes Land mit stattlichen Bauernhöfen, allesamt auf hohen Warften gelegen.

Die **Warften,** 156 in der Gesamtzahl, haben ihre Berechtigung. Pellworm liegt einen Meter **unter normalem Tidenhochwasser.** Schon wenn der Pegel draußen geringfügig klettert, steigt auch der Grundwasserspiegel im Innern, und die Weiden werden nass und matschig. Regenwasser muss aus dieser Schüssel mühsam „außenbords" geschleust oder gepumpt werden, sonst läuft der Pott Pellworm irgendwann mal voll. Gespenstisch ist es, wenn der Blanke Hans vor dem Deich tobt und man Schiffsmasten über der Deichkrone tanzen sieht. Bei der Megaflut des Jahres **1962** hielten die Bollwerke zwar, doch die Pellwormer machten zwei angsterfüllte Tage und Nächte durch, bevor die Nordsee sich wieder beruhigte.

Es gibt eine Insel und ein „Amt" Pellworm, doch ein Ort dieses Namens existiert nicht. Zentrum des Inselgeschehens ist das Städtchen **Tammensiel,** wo auch angelegt wird, und die bescheidene Bebauung setzt sich am **Junkermitteldeich** bis zum Dörfchen **Tilli** fort. Fast der gesamte Rest der Insel setzt sich ansonsten aus frei stehenden **Einzelgehöften** zusammen. Dazwischen dehnen sich Weiden und Äcker, und immer wieder stößt der Blick in der Ferne an einen Deich.

046nf Foto: ch

Der Leuchtturm von Pellworm

012nf Foto: rh

Innerhalb dieser planen Schüssel, von wenig Baumbestand unterbrochen, nimmt der Nordseewind seltsame Verwirbelungen an, die dem Wanderer oder Radfahrer den Eindruck vermitteln, es wehe ständig von vorn. Da mag was dran sein. Die Nase im Wind zu haben, das ist eben Pellwormer Eigenart – sonst wäre die Insel schon längst nicht mehr da.

Sehenswertes

Inselmuseum

An der ersten Sehenswürdigkeit Pellworms kommt der Inselbesucher kaum vorbei. Es handelt sich um das Inselmuseum im Obergeschoss der Kurver-

In der Kirche St. Salvator

waltung – ein eindrucksvolles Gebäude –, und wer noch nicht weiß, dass es sich dort befindet, wird aus dem Parterre dorthin verwiesen.

Das Museum, hübsch angelegt, zeigt auf 150 m² einen Querschnitt durch **die kulturelle Entwicklungsgeschichte** der Insel. So erfährt man staunend, dass der Fischfang außer für die Eigenversorgung auf Pellworm nie eine nennenswerte Rolle spielte und mit welch raffinierten Methoden man früher auf der Insel Wasser gewann. Ein interessantes Novum: Viel Material ist, um Platz zu sparen, in Schubladen untergebracht, in denen der Besucher selbst „wühlen" kann.

● Das Museum ist zu normalen Bürozeiten geöffnet. Der Eintritt ist frei.

Watten-museen

Zwei kleine „Wattenmuseen" befinden sich am Schütting im Westen der Insel.

In einem, von einer Art Container beherbergt, wird ausgestellt, was der Halligpostbote *Heinrich Liermann* im Laufe seines langen Dienstes alles im Watt fand und hier zusammentrug. Das ist einiges, denn der Briefträger wurde 92 Jahre alt, und eine Menge krauses Zeug ist dabei. Der Container hat keine regelmäßigen Öffnungszeiten (Tel. 285).

Ein Stückchen weiter stellt *Helmut Bahnsen*, ein treuherziges Inseloriginal, seine Funde aus, die zum Teil sehr interessanter Natur und kundig geordnet sind. Leider ist Helmut aber werktätig und zudem häufig im Watt „zu graben", so dass auch hier kein regulärer Öffnungsplan gegeben werden kann. Am besten erst einmal mit der Kurverwaltung abklären, denn der Schütting liegt weit gegenüber von Tammensiel.

Kirche St. Salvator

Etwas nördlich von diesen beiden musealen Juwelen erhebt sich **Pellworms Wahrzeichen,** die alte Kirche St. Salvator. Eine wahre Fülle **kirchengeschichtlicher Raritäten** ist hier auf engem Raum konzentriert, beginnend mit der Ruine des monströsen **Turms,** dessen Grundstein im Jahre 1095 gelegt wurde – die Kirche stand zu dem Zeitpunkt bereits – und der ursprünglich 56 m hoch gewesen sein soll. 1611 stürzte der „Finger Gottes" auf seine heutigen 25 m zusammen. Doch das urige Bauwerk, eher an eine buddhistische Stele erinnernd, bleibt das unverkennbare Merkmal Pellworms und ist überall aus dem umgebenden Wattenmeer zu sehen.

In der Kirche steht ein herrlicher holzgeschnitzter **Ringaltar** aus der Mitte des 15. Jahrhunderts, dazu ein bronzenes **Taufbecken** aus dem Jahre 1475, verziert mit kostbaren Reliefs aus der Christusgeschichte und gerettet aus der Kirche des 1634 untergegangenen Ortes Buphever nordöstlich der heutigen Insel. Sogar einen **Beichtstuhl** (1691 eingebaut) gibt es in dieser (heute) protestantischen Kirche!

Und damit nicht genug. Herzstück von St. Salvator ist die 1711 von dem berühmten Meister *Arp Schnitger* erbaute **Orgel,** 1989 gründlich restauriert und seither wieder in klangvollem Betrieb.

- Die sommerlichen Konzerte – jeweils Mi um 20.30 Uhr – bekannter Organisten gehören zu den exquisitesten Kulturdarbietungen, die der nordelbische Raum aufzuweisen hat.
- In der Saison finden Mo Führungen statt.

Friedhof der Namenlosen

Hinter der Turmruine liegt der „Friedhof der Namenlosen". Hier steht auch eine Gedenktafel für 15 junge Schweden, die 1950 mit ihrem Wikingerschiffnachbau „Ormen Friske" bei Helgoland untergingen. Wrackteile trieben auf Pellworm an und wurden mehrere Jahre lang ausgestellt; sie existieren heute nicht mehr.

Neue Kirche

Pellworms Neue Kirche (von 1528) befindet sich etwa in der geografischen Mitte der Insel inmitten einer Parkanlage aus schönen, alten Bäumen. Sehenswert ist vor allem der mit reicher Goldfarbe geschmückte **Altar** aus spätgotischer Zeit (ca. 1520), auch dieser (zusammen mit der Kanzel) ein

Bergungsobjekt aus einer untergehenden Kirche (Illgroff, 1634).

Leuchtturm Ein weiteres Wahrzeichen Pellworms ist der rot-weiß-rot gestreifte Leuchtturm im Südosten der Insel, der den „Finger Gottes" noch um 12 m überragt. Das Seezeichen bewacht seit 1907 die Einfahrt in den Heverstrom. Eine Besteigung und Besichtigung des (seit 1977 automatisierten) Turmes kann über die Kurverwaltung arrangiert werden.

Nordermühle Die Nordermühle beherrscht die Silhouette der insularen Nordküste. Sie ist eine von vierzehn im 17. Jahrhundert erbauten Mühlen und wurde nach einem Brand 1777 neu errichtet. Neben einem alten Mühlentorso in Tilli ist die Nordermuhle das einzige überlebende Bauwerk dieser Art. Sie beherbergt heute ein Restaurant.

Westertilli In Westertilli, einem gemütlichen Örtchen im Inselinnern, gibt's schöne **alte Friesenhäuser** zu sehen. Mehrere kleine **Läden** haben sich hier angesiedelt. Nahebei leben Pellworms **Künstler** und stellen ihre Werke aus, die auch käuflich zu erwerben sind.

Solar- und Windkraftwerk Eine sehr neuzeitliche Sehenswürdigkeit auf Pellworm ist Europas größtes kombiniertes Solar- und Windkraftwerk in der Nähe von Tammensiel. Die Anlage pumpt – ökologisch sauber – bis zu 1,5 Mio. kWh pro Jahr ins Netz. Besichtigungen sind möglich.

Naturschutzgebiete

Vogelkoje Pellworm ist zur Gänze landwirtschaftlich genutzt. Eine winzige Ausnahme bildet die „Vogelkoje" etwa 2 km nördlich von Tammensiel. Es handelt sich um ein geducktes **Wäldchen,** in dem sich zahlreiches Federwild tummelt. In der ersten Hälfte dieses Jahrhunderts diente das Gelände dem

047nf Foto: rh

Entenfang. Damit ist es heute vorbei; das Areal genießt jetzt Schutzstatus. Behutsame Annäherung ist erlaubt. Keine Hunde!

Watten und Halligen

Die Pellworm umgebenden Watten gehören – außer im Nordosten der Insel – zur Pufferzone des Nationalparks und können z. B. für Wattwanderungen betreten werden. Die Mini-Halligen **Süderoog** und **Norderoog** samt den gleichnamigen Sänden und dem **Japsand** sind jedoch Teil der Schutzzone 1. Sie bilden das größte zusammenhängende Reservatgebiet des Parks. Betreten ist nur unter bestimmten Bedingungen möglich (siehe „Touren").

Insel-Info

Auskunft

- **PLZ:** 25846
- **Vorwahl:** 04844
- **Kurverwaltung und Zimmervermittlung:** Uthlandestr. 2, Tel. 18940, Fax 18944, E-Mail: info@pellworm.de. Renoviertes Friesenhaus nahe des alten Hafens. Das **Kurmittelhaus/Schwimmbad** liegt ein Stückchen südlich davon.
- **Schiffs- und Busauskunft:** NPDG, Tel. 753/755.
- **Flugauskunft:** *Marcussen,* Tel. 624/230.

Riesenpilze gibt es auf der Insel

Ärzte

● Praxis gegenüber vom Kurmittelhaus.

Kurtaxe

● Siehe „Anhang".

Strandkörbe

● Strandkörbe werden vom 1. Mai bis 30. September an allen „Stränden" aufgestellt. Die Gebühr beträgt bei Vorlage der Kurkarte für die 1. Woche € 21, 2. Woche € 18, 3. Woche € 14,50, 4. Woche € 10 und für jeden weiteren Tag € 1,50. Die Vermietung findet direkt vor Ort statt.

FKK

● Das FKK-Gelände ist in der Nähe der Nordermühle (siehe Inselkarte).

Hunde

● Hunde stellen in der ländlichen Umgebung Pellworms keine Probleme dar; Abklärung mit dem Vermieter ist jedoch empfehlenswert. Am Deich dürfen Hunde wegen der Schafe nur kurz angeleint geführt werden. Am Leuchtturm und an der Hooger Fähre gibt es auch „Hundestrände". Die anderen „Strände" sind Hunden verboten.

Kirchen

● Die **protestantischen Kirchen** Pellworms sind an früherer Stelle beschrieben. Zusätzlich existiert **das Momme-Nissen-Haus** für katholische Inselbesucher (Großer Norderkoog) mit Kapelle für sonntägliche Gottesdienste.

Presse

● Das kostenlose Info-Blatt **Pellworm-Heute** kommt in etwa monatlich heraus und gibt einen Überblick über die jeweils laufenden Veranstaltungen und Tourprogramme. Erhältlich bei der Kurverwaltung.

Kinder

Kinder werden von einer bäuerlichen Gesellschaft wie derjenigen Pellworms ohne viel Federlesens aufgenommen. Wer **Ferien auf dem Bauernhof** macht, wird seine Zwerge dort bestens aufgehoben finden.

● Zwar kann das Kleinvolk nicht im inseleigenen Kindergarten untergebracht werden. Doch kurende Eltern können ihren Anhang (an Werktagen) in einem **Hort im Kurmittelhaus** („Pellwormer Kinnerstür") abliefern, und das sogar zum Nulltarif. Gewünscht und erwartet wird allerdings, dass die Eltern sich ab und zu mal sehen lassen. Die Kurverwaltung hat auch einen **Babysitter- und Freizeithelferdienst** zu akzeptablen Preisen anzubieten.

● Hübsch für Kinder ist die **Sylker Ponyfarm,** Seegarten 1, Tel. 752. Allerlei lokales Getier gibt es dort zu begucken, und die Kleinen können sich auch schon mal auf ein Pony setzen.

● Siehe auch **Jugendheime** bei „Unterkunft".

Fortbewegung

Auto

Man kann sein Auto leicht mit nach Pellworm nehmen, doch die Verwaltung weist diskret darauf hin, dass man es auch **auf Nordstrand parken** und damit das grüne Image Pellworms unterstreichen kann. Und außerdem: Es wäre doch zu schade, die wunderbare Ruhe auf der Insel zu stören ... (Eine Tankstelle gibt es in Tammensiel).

Fahrrad

Auf der Insel stehen 500 Leihfahrräder zur Verfügung. Pellworm ist in der Tat – mit Ausnahme des immer von vorn wehenden Windes – ideal fürs Rad geeignet, eben weil es so flach ist und die 80 absolut verkehrsarmen Straßenkilometer jede Menge Touren zulassen. Acht Vermieter bieten Zweiräder (ab € 3 pro Tag) an; die meisten befinden sich in Tammensiel oder im nahen Umkreis.

Taxi

Es gibt auch ein Inseltaxi, einen Kleinbus, der dem Inselpolizisten gehört (Tel. 291).

Unterkunft

Hotels und Pensionen

Dem rustikalen Charakter Pellworms entsprechend, gibt es nur eine Hand voll von Hotels und Pensionen auf der Insel.

- Was Lage und schöne alte Architektur angeht, ist das **Hotel Nordseeblick**€ (Tel. 211) am Hafen vorbildlich. Außerdem hält der Name, was er verspricht – durchaus nicht immer selbstverständlich.
- Preisgünstig kann man ebenfalls übernachten im **Strandcafé Liermann**€ (Tel. 322) an der Tammwarft.
- Um den romantischen Leuchtturm haben sich zwei Gästehäuser gruppiert, und zwar das **Hotel Friesenhaus**€ (Tel. 9040) und die **Pension Meeresfrieden**€ (Tel. 472).
- Pellworms größtes Bettenangebot findet man im **Gasthof Kiek ut na't Schlut**€€ (Tel. 9090).
- Einige Hotels und Pensionen gewähren eine Kinderermäßigung, die vor Reisebeginn geklärt werden sollte.

Privatquartiere

Gut ein Dutzend Privatquartiere stellen wie überall das preislich günstigste Angebot mit Preisen ab € 11 und einem Mittelfeld um € 20 ÜF dar.

Bauernhöfe

Eine Anzahl von Bauernhöfen ist an der Beherbergungspalette beteiligt, alle als Ferienwohnung (ab € 35). Köstlich: die nächtliche Schwärze und die milde Geräuschkulisse eines Hofes in der Mitte von nirgendwo.

Friesenhaus auf Pellworm

013nf Foto: rh

Ferienwohnungen

Die **Preise** für Ferienwohnungen und Appartements sind durchweg zivil. Für € 10 pro Nase ist man fast überall dabei. In der NS gibt es in den meisten Fällen kräftige Ermäßigungen. Mitunter wird ein urgemütliches Reetdachhaus zum gleichen Preis angeboten wie eine „Wohnanlage".

Jugendhöfe

- Für Schulklassen und Kinderfreizeiten bietet Pellworm zwei Quartiermöglichkeiten. Der **Jugendhof Kaydeich**€ (Am Kaydeich 6, Tel. 357) ist bestimmt für Jungvolk bis 12 Jahre. Das Haus hat 45 Betten auf 10 Zimmern.
- Die **Jugendwarft Lindenhof**€ (Großer Koog, Tel. 323), ein stattliches Gebäude aus dem Jahre 1773, nimmt bei einer Bettenzahl von 65 auf 11 Zimmern Gruppen von 35–60 Schülern auf. Der Lindenhof ist ein gemeinnütziger Verein. Selbstverpflegung. Anmeldung unter Tel. 04106-4118.

Gastronomie

- In den eben genannten Hotels und Pensionen können auch Nichtgäste zu Mittag und zu Abend essen. Voranmeldung ist im Regelfall nicht erforderlich.
- Preiswert ist das täglich wechselnde Mittagsstammgericht mit Dessert im **Hotel Friesenhaus.** Zum Jahresende und im Februar geschlossen.

●Wechselnde Tagesgerichte, Gutbürgerliches und ein Pellwormer Spezialitäten-Buffet bietet das **Unter den Linden** in Westertilli. Mi (nicht im Sommer!) geschlossen.

●„Eine Pellwormer Abendbrotplatte" mit frischen Inselprodukten offeriert u. a. die **Café- und Bierstube am Nordermitteldeich** täglich (außer Mo im Winter) bis 22 Uhr.

●Das **Café-Restaurant Nordermühle** preist „Bürgerliches bis Exquisites" an und einen Schuss „Mühlenromantik" dazu. Von April bis Ende der Herbstferien durchgehend geöffnet.

●Im Kirchspielskrug **Zur Alten Kirche** kann man sich in der assoziierten Bundeskegelbahn zunächst hungrig kegeln, um dann über die gutbürgerliche Küche herzufallen. Außerdem gibt's selbst gebackenen Kuchen und Eisspezialitäten. Offen von April bis Oktober.

●Das Fischrestaurant **Nordseeblick** befindet sich im gleichnamigen Hotel am Hafen. Exzellente Seafood, geradewegs aus der Nordsee, wird täglich bis 21 Uhr serviert.

●Außerdem gibt es eine Anzahl von Imbissen, Minicafés und Kiosken, darunter allein nicht weniger als drei **Fischbuden** auf dem Südkai des Hafens, wo man sich im Vorbeigehen eindecken kann.

Sport

Angeln

Viel läuft nicht auf Pellworm, wenn man Wandern und Radfahren nicht als „Sport" ansehen will. Angeln gehen kann man zum Beispiel. Für das Angeln am **Außendeich** benötigt man einen **Jahresfischereischein,** den die Heimatgemeinde oder als Ausnahmegenehmigung das Ordnungsamt der Insel ausstellt. Um im **Baggerloch** angeln zu dürfen, braucht man einen weiteren Schein.

Tennis und Minigolf

Tennis spielt man in der **Freizeitanlage Kaydeich.** Zwei Plätze sind von Ostern bis Oktober täglich ab 9 Uhr geöffnet. Dem Komplex ist auch eine Minigolfanlage angeschlossen.

●**Info:** Tel. 559.

Hallenbad

Das Hallenbad (Tel. 18951/1240) befindet sich in der Nähe der Kurverwaltung in Tammensiel. Zu dem beheizten Hallenbad (26 °C) gehören ein Heißwassersprudelbad und ein Kaltwasserbecken.

●Öffnungszeiten: Das Schwimmbad ist außer von Mitte Januar bis Mitte Februar ganzjährig geöffnet, zumeist bis 20 Uhr.

●Eintritt (mit Kurkarte): Erw. € 2,50, Paar € 4,50, Kinder ab 6 Jahre € 1,25, Familienkarte (1 Kind) € 5,50, jedes weitere Kind € 0,50. Die Badezeit beträgt 1½ Stunden.

Unterhaltung

Remmidemmi ist auf Pellworm nicht zu erwarten. Das Programm ist anspruchslos, aber man bemüht sich immerhin, ein bisschen was in Gang zu bringen. So kann man bei **Maler Petersen** am Nordermitteldeich mit Wasserfarben hantieren oder in der Freizeithalle in Tammensiel dem einen oder anderen **Diavortrag** beiwohnen, vornehmlich zu lokalen Themen. In der **Schutzstation Wattenmeer** am Osterschütting lässt sich Wattgewürm unterm Mikroskop beobachten. Im **Anton-Heimreich-Haus** (nahe der neuen Kirche) betreiben die Naturschützer auch regelmäßig eine Ausstellung. Unterhaltsame Höhepunkte sind natürlich auch die vorerwähnten **Orgelkonzerte** in der Alten Kirche – Juli und August sind die Hauptvortragsmonate. Zum großen Entertainment gehört ebenfalls das jährliche **Hafenfest** Ende Juli.

●Das tägliche Unterhaltungsprogramm ist im **Veranstaltungskalender** Pellworm-Heute minutlös aufgelistet

Pellworm

Touren

Schiffsausflüge

Einen großen Teil des Jahres über organisiert man auf Pellworm verschiedene Touren, die allesamt rechtzeitig vorangekündigt werden.

●Den Löwenanteil der Schiffstouren bestreitet die so genannte **Hooger Fähre** (Tel. 320), eine Barkasse namens „Gebrüder", die u. a. folgende Fahrten unternimmt:

	Dauer ca. Std	Erw. €	Kinder 4–11
Wattfahrt und Seehundbänke	5	10,00	6,50
Hallig Hooge	4	8,50	6,00
Hallig Gröde	4	10,00	6,50

Die Wattfahrt findet unter Mitwirkung eines naturkundlichen Referenten statt.

●Weitere Touren anderer Reedereien werden im Sommer sporadisch anberaumt. Auskünfte erteilen Kurverwaltung und Veranstaltungskalender. Alle Abfahrten finden vom alten Hafen oder Tiefwasseranleger statt.

Wattwandern

Wattwanderungen sind reichlich im Programm. Beliebtes Ziel vieler Exkursionen ist die **Hallig Süderoog.** Diese Tour dauert insgesamt ca. 4 Stunden. Mehrere kürzere Touren (1,5 Stunden) werden auch angeboten, u.a. auch zu den Stätten lang versunkener Orte, wo immer noch Spuren an der Oberfläche zu erkennen sind (Tel. 569).

Exkursionen

Mit Wattführern der Schutzstation werden auch **naturkundliche Exkursionen** unternommen, für die ein Spendenentgelt erwartet wird (Tel. 760).

Radtouren

Fahrradtouren unter **geschichtskundiger** Leitung arrangiert *Erich Beese*. Eine Rundfahrt dauert ca. 4 Std. und kostet nicht viel. Der Verein Ökologisch Wirtschaften organisiert eine wöchentliche **„Öko-Radtour"** mit Besichtigung des Solarfeldes und eines biologisch arbeitenden Gehöfts (2½ Std.). „Maximal 50 Teilnehmer", heißt es optimistisch. Mit dem Naturschutzverein „Mittleres Nordfriesland" kann man sich auch kundig durch die **Vogelkoje** führen lassen. Die jeweiligen Kontakte und Preise lassen sich bei der Kurverwaltung erfragen.

Kutschfahrten

Für Inselkutschfahrten setze man sich mit *Helmut Niemann* (Tel. 1205) in Verbindung.

Rundflüge

Wer Pellworm von oben betrachten möchte, rufe *Julius Marcussen* an (Tel. 325). Wenn alles stimmt (mindestens 6 Personen, das richtige Wetter), hebt er Sa um 14 Uhr ab und ist ca. 15 Min. später wieder unten.

Fährverbindungen

Fähre von Nordstrand

Siehe „Abfahrtshäfen und Fähren".

Fähre nach Hooge

Für eine alternative Weiterreise kann man unter Umständen an einer Tagestour der **Hooger Fähre** im Nordwesten Pellworms teilnehmen und auf Hooge aussteigen, aber da muss der Schipper (*Hellmann*, Tel. 320) schon mitmachen. Ein Sondertrip mit der Barkasse kostet um € 75.

Flugverbindungen

Ein kleiner Flugplatz existiert auf Pellworm, der jedoch nur Versorgungs- und Notfunktion besitzt.

Mit dem eigenen Boot

Wer mit dem eigenen Boot anreist, findet im alten Hafenbecken, seit dort der Fährverkehr (außer Ausflugsfahrten) eingestellt ist, immer ein ruhiges Plätzchen. In der Fischbude auf dem Südkai kann man sein Liegegeld bezahlen; WC ein Stückchen weiter. Der Ort Tammensiel mit Geschäften, Post und Fahrradverleih liegt gleich hinterm Deich.

- **Jachtclub Pellworm:** *Heinz Clausen* (Tel. 329).

Öko-Eiland

Pellworm ist Deutschlands „grünste" Insel im modernen ökologischen Sinn. Das ist bei den paar Eilanden, die die Republik aufzuweisen hat, zwar kein besonderes Verdienst. Aber Pellworm steht auch landesweit als **ökologisch sinnvoll funktionierende Gemeinde** im Spitzenrang, und das will schon etwas heißen.

Das große **Solar/Wind-Kraftwerk** schießt insofern natürlich den Vogel ab. Aber auch in kleinerem Maßstab tut sich etwas auf der Insel. Der rührige Verein „Ökologisch" Wirtschaften (Alte Schmiede, Tel. 1212, offen Mo–Fr vormittags) setzt sich für die Förderung des **kontrollierten biologischen Landbaus,** der **regenerativen Energieerzeugung** und des **sanften Tourismus** erfolgreich ein und hat auch bereits diverse Bauern auf diese Schiene lotsen können. Pellworm ist auf biologisch-dynamischem Kurs.

An der Oberfläche hat das eher rührende Resultate. Den paar Anbietern, die jeden Freitagmorgen am Hafen Markt halten und diverse Bio-Gemüse, Säfte und Marmeladen (ziemlich teuer) feilbieten, haftet nach wie vor ein jutiges Image an, das zu der Frage verleitet: „Ist das alles?" Aber nein, das ist nicht alles. Auf vielen Bauernhöfen Pellworms erhält man weiteres Hausgemachtes, wozu zum Beispiel köstliche Sahne und Butter gehören, die vom gustatorischen Alltagstrott im Supermarkt stark abweichen.

Doch es muss nicht immer Kaviar sein. Der rotbackige Apfel, der über die Hecke hängt, ist mit keinem Killergift besprüht worden; man kann ihn sich „wie früher" in den Mund stopfen. Petersilie und Grünkohl sind benzyprenfrei. Riesige, köstliche Champignons wachsen im Herbst wild auf Pellworms Weiden (s. Foto unter „Naturschutzgebiete"). Nicht nur ausgebuffte Kulinarier, sondern auch Nahrungsmittelallergiker werden sich auf Pellworm „auf dem richtigen Dampfer" fühlen.

Dazu gesellt sich eine zunehmende Reduktion von Dosen und Plastikartikeln in den Geschäften. Pellworm lebt vor, „wie es auch geht". Schon das macht die Insel einen Besuch wert.

Weitere Informationen zu ökologischen Inselthemen sind im Internet unter www.pellworm-energy.org abrufbar.

Pellworm

Die Halligen
– Mini-Inseln im Wattenmeer

Leben mit der See

Früher, vor den ganz großen Fluten, gab es schon einmal mehr als dreißig, vielleicht fünfzig von ihnen. Zehn sind verblieben, und eines nicht allzu fernen Tages wird es auch sie nicht mehr geben.

Die Halligen Nordfrieslands sind einmalig in der Nordsee, womöglich auf der ganzen Welt. Wenn man die Ostfriesischen Inseln, was ihre Entstehungsgeschichte anbelangt, bessere Sandbänke nennen darf, so kann man einen analogen Begriff für die Halligen herbeibemühen: **bessere Schlickbänke,** die sich erst in neuerer Zeit einigermaßen verfestigten. Geologisch sind die verbliebenen Halligen müde tausend Jahre alt; viele Bäume werden älter.

Halligen sind keine Inseln. Auf diese Maxime versteifen sich zumindest die Halligbewohner, und das klingt ja auch hübsch althergebracht und folkloristisch fürs Touristenohr. Der Geograf, der zwischen Schlickbank und Insel zu wählen hätte, wür-

017nf Foto: rh

Hallig Südfall

de sich natürlich den letzteren Terminus aussuchen; die Halligen stecken ein gutes Stück aus dem Meer hervor, die meisten sind zudem bewohnt. Sicherlich sind die Halligen in diesem Sinne Inseln, gleich ob sie nun ein **Deich** umgibt – dessen Fehlen sie erst zur Hallig macht – oder nicht. Auch anderswo auf der Welt gibt es niedrige, unbedeichte Inseln, die keiner speziellen Benennung bedürfen.

Das Wort, was bedeutet es? Die Silbe *Hall-* lässt überall im deutschsprachigen Raum auf **Salzgewinnung** schließen, und diese Wortwurzel liegt wohl auch dem Begriff *Hallig* zu Grunde. Schon früh im Mittelalter wurde hier nämlich aus salzreichem **Torf** das damals ungeheuer begehrte weiße Gewürz gelaugt – mit beklagenswerten Folgen allerdings. Durch den Torfabbau senkte sich das Land in weiten Teilen des Archipels, so dass die Sturmfluten hinfort immer leichteres Spiel hatten. *Kaiser Karl V.*, ein früher Ökologe, hatte diese katastrophale Verkettung durchschaut und verbot im Jahre 1550 den insularen Raubbau, doch die friesischen Dickköppe hörten nicht auf ihn. Viel Not und Elend entlang der schleswigschen Küste ist hausgemacht. Wer aber wollte heute einen Schuldspruch fällen – und das in einer Zeit, in der mehr Natur denn je durch Menschenhand zerstört wird?

Plattes Land, nur ein paar Zoll über dem Meeresspiegel. Deshalb hört man alljährlich zuerst von den Halligen den Alarmruf „Landunter!", und im schlimmsten Fall müssen dann Seenotkreuzer und Hubschrauber her, um die Bewohner abzubergen – ein Aufwand, der offenbar als ganz selbstverständlich empfunden wird. Bereits im 19. Jahrhundert wurden Überlegungen angestellt, die Halligen zu evakuieren und endgültig aufzugeben. In einer beispiellosen Großaktion installierte der preußische Staat jedoch **massive Uferbefestigungen;** deutsches Land sollte nicht der See überlassen werden. Auch nach der Flut von 1962 zeichnete sich ab, dass die Halligleute mit ihrem bisschen Viehwirtschaft nicht überlebensfähig bleiben würden. Wiederum griff jetzt der Staat ein: Die gesamte Infrastruktur der Halligen wurde auf **Fremdenverkehr** umgepolt. Die Inselfriesen, die immer so stolz auf ihre Eigenständigkeit gewesen waren, protestierten weder gegen den preußischen noch den bundesdeutschen Eingriff.

Seither brummt das Geschäft mit dem Tourismus. Was aber macht diese „besseren Schlickbänke", wasserdurchsogene Grassoden im Schelfmeer, für den Besucher so faszinierend, was auch lässt ihre Bewohner in ständig dräuender Gefahr der Seenot auf ihrer einsamen Warte verharren?

Man ist unter sich, fast wie die Besatzung eines Schiffes; die da draußen sind „die anderen". Auch bei Seeleuten ist zu beobachten, dass sie nach langen Jahren auf See dem Leben an Land gegenüber ein wenig weltfremd werden. Und was anderes sind die Halligen als ruhende Schiffe im Meer? Der Morgendunst, die Abenddämmerung lässt die Warften und die Gebäude auf ihnen – besonders eindrucksvoll auf Langeneß – wie Schlachtkreuzer in Kiellinie erscheinen. Dann wieder sehen die menschengebauten Gebilde wie zerfallende Mayapyramiden oder Wehrburgen in Science-Fiction-Filmen aus: unwirklich und unirdisch.

Solche Perspektiven ziehen natürlich ein breites Publikum an. Dazu mischt sich weiteres Außergewöhnliches ins Bild: Grün, das nicht einmal in Irland seinesgleichen findet; kompromisslos flaches Land fast ohne Baum und Strauch, sickerndes Wasser, Symbiose mit der See auf engstem Raum.

Gröde

2,8 km^2 groß ist Gröde und mit 16 Einwohnern die **kleinste politische Gemeinde der Bundesrepublik.** Zwei Schüler besuchen zurzeit die Halligschule, nur noch unterboten von Oland mit einem Kind. Sehenswert ist die **Kirche** aus dem Jahre

1779, und ganz besonders reizvoll ist Gröde zur Zeit der Fliederblüte im Frühsommer.

Insel-Info

- **PLZ:** 25869
- **Vorwahl:** 04674

Unterkunft

- Es gibt auf Gröde nur zwei **Vermieter.** Einer ist der Bürgermeister (*Mommsen*, Tel. 302), mit dem man sich zwecks weiterer Auskünfte, auch die Anreise betreffend, in Verbindung setzen sollte.

Fährverbindungen

Grödes Festlandhafen ist **Schlüttsiel** (siehe auch dort), regelmäßige Abfahrten von dort finden jedoch nicht statt. Die Insel wird zwar auf **Tagestouren** angelaufen, aber auch nicht sehr oft.
- **Info:** Tel. 04667-367.

Habel

Mit gerade drei Hektar Fläche ist Habel die kleinste unter den Kleinen. Von weitem sieht die Hallig einem Wrack ähnlich und ist damit fast ein Symbol für die Vergänglichkeit dieser seltenen Landschaftsform im Wattenmeer. Habel entstand nur – niemand weiß genau wann –, um wieder zu verschwinden. 1877 war die Hallig noch 27, 1905 gut 18 Hektar groß. Vor hundert Jahren gab es auch noch stolze zwei Warften. Eine ist übrig geblieben, und **ein Haus** steht darauf: Es dient im Sommer dem **Vogelwärter** und den Arbeitern des Amtes für Wasserwirtschaft als Unterkunft. Touristisches Geschehen gibt es auf dem Eiland, kaum größer als ein Flugzeugträger, natürlich nicht. Außerdem ist sie Teil des Nationalparks und ihr Betreten verboten.

Hamburger Hallig

Seit dieses Inselchen 1859 durch einen Damm mit dem Festland verbunden wurde, kann man eigentlich kaum mehr von einer Hallig sprechen. Überdies ist durch Aufschlickung zu beiden Seiten des

Fahrdammes so viel neues Land entstanden, dass der Begriff „Halbinsel" korrekter wäre.

Die Hamburger Hallig und das ganze umgebende Terrain sind **Vogelschutzgebiet,** schon seit 1930. Das Eiland kann aber über den Damm mit dem **Auto** besucht werden - was ein rechtes Abenteuer ist (Gebühr: € 5). Der Damm ist nämlich **einspurig** und bietet auf zwei schmalen Betonbahnen gerade dem Radstand Platz. Alle paar hundert Meter muss man in einer „Weiche" Gegenkommer abwarten. Bei sturmflutträchtigem Wetter läuft gar nichts mehr.

Eine einzige Warft steht auf der Hamburger Hallig und darauf drei Gebäude, darunter ein Restaurant. Nein, es ist trotz des vielversprechenden Inselnamens nicht McDonald's, sondern der **Halligkrug,** und man reicht leckeres Krabbenbrot statt Frikadellen.

- **Info:** *Ketelsen* (Tel. 04671-2173).
- **Fahrräder:** *Ingwersen,* Tel. 3389.

Hooge

Geschichte

Wie bei allen anderen Inseln und Halligen im Nordseeraum ist die Historie Hooges eine Geschichte der Sturmfluten. **1362,** als Folge der **Groten Manndränke,** entstand auch dieses Eiland, und wenn es - worauf sein Name hindeutet - vielleicht ein wenig „hooger" (höher) als seine Umgebung gewesen sein mag, so hat ihm das wenig genutzt. Hooge hat bis auf den heutigen Tag ständig mit dem Blanken Hans kämpfen müssen.

Schon vor der Superflut soll hier der Überlieferung nach ein **Kirchlein** gestanden haben. Das jedenfalls war hinweggefegt worden, und die Neu-Hooger pilgerten jetzt übers Watt zur (heute noch existierenden) Alten Kirche auf Pellworm. Das ging bis etwa **1600** gut. Dann wurde der Priel zwischen den Inseln immer tiefer und der Kirchgang schließlich zu mühsam und gefährlich. Die Hooger legten sich jetzt einen Seelsorger zu, der von Haus zu Haus ging und später, *Petreus* war sein Name, als Chronist einigen Ruhm erlangte. Und immer noch hatte Hooge keine eigene Kirche.

Die zweite Superflut im Jahre **1634** ermöglichte ironischerweise den Bau des **ersten Hooger Gotteshauses.** Die Insel Strand verschwand großenteils von der Erdober-

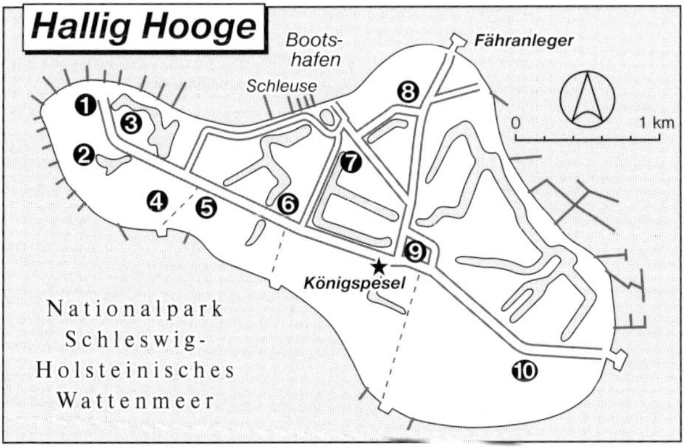

1 Westerwarft
2 Pohnswarft
3 Ipkenswarft
4 Volkertswarft
5 Lorenswarft
6 Ockelützwarft
7 Kirchwarft
8 Backenswarft
9 Hanswarft
10 Ockenswarft

fläche, und aus deren verwüstetem und später untergegangenem Ort Osterwohld konnten die Hooger eine komplette Kirche – Baumaterial und Interieur – bergen und auf ihre Hallig schaffen. Gott segne unseren Strand!

In den folgenden Jahren wurde die **Osterwohlder Kirche** auf Hooge neu erbaut. Und da steht sie heute noch, beeindruckend mit dem alten Inventar, das einst so bittere Not gesehen hatte. Beiträge aus der Seefahrt- und Walfangepoche der Hallig gesellen sich dazu. Die Flut von 1634 ging übrigens auch nicht spurlos an Hooge vorbei: 43 Menschen ertranken.

Spätere Fluten nagten ständig an der Substanz. Die **Weihnachtsflut von 1717** richtete schwere Schäden an, und im **Februar 1825** holte der Blanke Hans zu einem erneuten Keulenschlag aus, der viele Nordseeanrainer vernichtet zurückließ. Der Hooger Inselpastor *Schmidt*, der die Katastrophe mitmachte, schreibt darüber:

„In der Nacht zwischen dem 3ten und 4ten Febr. war eine Fluth, wie bei Menschengedenken nicht existiert hat. 3 Warften sind gänzlich mit ihren Wohnungen und Bewohnern untergegangen. Außerdem sind die 5 westlichen Warften größtenteils zertrümmert, und 7 Wohnungen außerdem gänzlich von Grund auf vernichtet. Von 85 Wohnungen sind 6 oder 7 ganz schadenfrey beblieben, und 20 sind höchstens bewohnbar. 25 Menschen haben in Einer Schreckensnacht das Leben eingebüßt, davon sind 5 im Bette ertrunken. Die Gemeinde ist nun zerrüttet. Viele, die wohlhabensten, entfliehen und manche gehen, so bald sie können. Die Folgen dieser Fluth sind traurig. Die Halligen gehen, wenn das so fortgeht, was Gott verhüte, ganz ein ...“

Viele der abgewanderten Hooger ließen sich in Wyk auf Föhr nieder. Andere hingegen nahmen das Ringen um einen Neubeginn mutig auf, bestärkt durch eine **Hilfsaktion,** die der dänische *König Frederik VI.* in die Wege geleitet hatte und die eine ansehnliche Kollekte zusammenbrachte. (Die gesamte Region gehörte damals zu Dänemark). Im Sommer nach der großen Flut erschien die Majestät persönlich auf der Hallig, um sich über den Stand der Dinge zu informieren und „herzliche Theilnahme" zu bezeugen. Ungünstiges Wetter hielt den König über Nacht auf Hooge fest; er nahm Quartier auf der Hanswarft im alten Haus des Kapitäns *Tade Hans Bendiks*, das seither als **Königspesel** (*Pesel* = „Stube") bekannt ist und unter Denkmalschutz steht. Heute ist der Königspesel, 1995 abgebrannt und originalgetreu wieder hergestellt, Hooges Vorzeigestück. Reich mit blauweißen Delfter Fliesen ausgeschmückt, erinnert er an ein möbliertes Badezimmer – aber das war halt der Geschmack der damaligen Zeit.

Die Flut des Jahres **1962** setzte Hooge noch einmal gewaltig zu, die von **1976** kaum weniger. Halligschicksal.

Hooge heute

Um Schlimmerem vorzubeugen, werden die Warften weiterhin erhöht, die Häuser mit Betonmauern umgeben. Das sieht nicht schön aus, aber gegenüber der Nordsee kann man keine Rücksicht nehmen. Auch umgürtet Hooge ein bis zu 1,5 m hoher **Sommerdeich,** um zumindest ständige, die Heuernte vernichtende Überflutungen zu unterbinden. Insofern darf sich das Eiland eigentlich gar nicht mehr Hallig nennen...

Doch wer will so pingelig sein. Sogar das Friesentum ist aufgeweicht auf Hooge, seit im 19. Jahrhundert ausländische Arbeiter dort am Deichbau beteiligt waren. Die Inselhierarchie führt heute italienische Familiennamen.

5,5 km^2 groß ist Hooge; zehn Warften stehen auf der Hallig. Etwa 130 Menschen leben auf ihr, höchstens 20 Autos kurven maßvoll herum. Herrlich ruhig könnte es sein, wenn nicht... Hooge ist nun aber auch die (selbst ernannte) „Königin der Halligen" und zieht deshalb über einen großen Teil des Jahres hinweg gewaltige Besucherscharen an. Denn Hooge trägt den krönenden Titel schon zu Recht. Keine Hallig ist so pittoresk, so fotogen wie diese.

Sehenswertes

Die Tagestouristenhorden steuern fast alle die **Hanswarft** an, denn dort gibt es auf engstem Raum am meisten zu sehen: den **Königspesel,** das **Naturschutzzentrum,** das **Heimatkundliche Museum** sowie auch die Gemeindeverwaltung.

Die **Salzwiesen** am Südufer Hooges mit reicher Vegetation (vor allem Queller) stehen unter Naturschutz.

Insel-Info

- **PLZ:** 25859
- **Vorwahl:** 04849
- **Info-Büro** und **Zimmervermittlung:** Fremdenverkehrsbüro Hanswarft 1, info@hooge.de, Tel. 9100, Fax 201, Mo–Fr 15–17 Uhr.
- **Strandkörbe** können im Touristikbüro (Hauswarft) gemietet werden. Tag € 3, Woche € 18 (jede weitere € 15) plus € 5 für den An- und Abtransport.
- **Kurtaxe:** siehe „Anhang".
- **Kinder:** Gästekinder können – wenn Platz ist – schon mal im (kleinen) **Halligkindergarten** untergebracht werden. Im Gemeindehaus gibt's auch öfters mal einen **Trickfilm** oder eine **Kindertheatershow.** Die etwas Größeren werden auch ans **Jollensegeln** herangeführt – ein lobenswerter Service der Verwaltung! Auskunft: Tel. 255.

Fortbewegung

- **Fahrräder** gibt es massenweise am Hafen, dazu auf der Hans- und Backenswarft. Ab € 3/Tag, ab € 15/Woche.
- **Kutschfahrten** kann man sogar gratis haben: Wenn Tagesausflügler die Restaurants überschwemmen, bieten die

014nf Foto: [illegible]

Priel auf Hallig Hooge

listigen Insulaner Freifahrten an, damit die Tische leer werden. Einfach mitfahren.

Unterkunft

- Zwei **Hotel-Pensionen** verzeichnet Hooge: Das Hus Halligblick€ (Tel. 222) und Frerk's Buernhus€€ (Tel. 254). Beide Häuser sind nicht ganzjährig offen.
- **Privatzimmer** (insgesamt 12) kosten ab € 16 ÜF. Die meisten sind nur in der Saison geöffnet.
- Alle **Ferienwohnungen** (18) sind ganzjährig in Betrieb und kosten bei einer durchschnittlichen Bettenzahl von 4 zwischen € 39 und 85.
- Ganz groß auf Hooge sind **Jugendheime.** Davon gibt's gleich mehrere:

  Das CVJM-Freizeitheim€ (Buchung: Tel. 07143-36881) mit 120 Betten auf 26 Zimmern. Selbstversorgung, HP möglich. Tel. vor Ort: 261. Zeltplatz: Tel. 234.

  Das Jugendheim Hallig Hooge€ auf der Backenswarft (Tel. 224, www.jugendwarft.de) hat 98 Betten in 19 Zimmern.
- **Wattenmeerhaus Hooge,** Seminar- und Bildungsstätte der Schutzstation Wattenmeer; Gruppen bis 19 Personen, (Hanswarft, Tel. 229, Anmeldungen: 04331-23622).
- **Jugendzeltlager Volkertswarft€**: Tel. 234

Gastronomie

An der **Hanswarft** drängen sich die Bewirtungsbetriebe (Museums-Kroog, Seewind, T-Stube, Imbiss Klabautermann), der Inselladen (teuer) und noch einiges mehr, und alles, scheint's, gibt ebenfalls etwas von sich, denn die umgebenden Gräben stinken zum Himmel, solange sich keine Sturmflut gnädig dieses insularen Webfehlers annimmt. Wem die Restaurants auf der Hanswarft zu voll erscheinen, kann übrigens auch auf den **Friesenpesel** (Bakkenswarft) oder **Frerk's Buernhus** (Lorenzwarft) ausweichen.

Aktivitäten und Unterhaltung

- **Angeln:** Info erteilt der Vermieter.
- Der Naturschutzverein Hooge unternimmt **Lehrexkursionen** auf der Hallig und (im Sommer) **Wattwanderungen** nach Japsand und Norderoog, ebenso die Schutzstation Wattenmeer.
- **Diavorträge** und **Filmvorführungen** finden häufig im Gemeindehaus statt.
- Ein wöchentlicher **Veranstaltungskalender** wird ausgehängt.

Fährverbindungen

- Hooge wird auf der Route **Schlüttsiel-Halligen-Amrum** in der Saison zweimal und ansonsten einmal täglich von einer großen **Autofähre** angelaufen (siehe „Schlüttsiel").
- Das Mitbringen von **Privatautos** auf die Insel ist unerwünscht; für Behinderte kann u. U. eine Ausnahme gemacht werden.
- Außerdem bewegt sich allsommerlich ein gewaltiges „Filzlausgeschwader" von Fahrzeugen aus allen Richtun-

gen für **Tagestouren** auf Hooge zu. Einzelheiten unter den jeweiligen Abfahrtshäfen.

Mit dem eigenen Boot

Für das eigene Boot ist Hooge ein lohnendes Ziel, denn die Hallig hat (im Norden) einen ausgezeichneten **Jachthafen,** der Fahrzeuge bis zu 1,60 m Tiefgang aufnehmen kann. Gastboote legen am westlichen Steg an, ggf. auch beim Halligsegelclub Hooge weiter drinnen. Dusche und WC am Kopfende des Beckens.

● **Info:** Segelwart *Diedrichsen* (Tel. 247).

Langeneß

Der Name

Auf Karten und in Büchern kann man heute noch vielfach die Bezeichnung „Nordmarsch-Langeneß" finden. Das hat darin seine Bewandtnis, dass die heutige Hallig früher aus drei Teilen bestand: Butwehl, Nordmarsch und eben die „lange Nase". Die drei Eilande waren durch breite Wasserläufe getrennt, wuchsen im Lauf der Zeit jedoch allmählich zusammen; der Mensch half nach. Bis 1941 war Nordmarsch noch eine selbstständige politische Gemeinde. Die Gewohnheit, diesen Namen auch weiterhin zu verwenden, blieb daher noch lange am Leben.

015nf Foto: rh

Weites Land

Geschichte und Sehenswertes

Der erste Pastor kam **1666** nach Langeneß, bis dahin gingen die Langeneßer nach Oland zur Kirche, die Butwehler nach Gröde. Die Nordmarscher bauten sich bereits 1599 eine eigene Kirche, nachdem sie es leid waren, zum Gottesdienst jedes Mal nach Föhr zu reisen. Diese Kirche, sowie auch ihre Nachfolgerinnen aus den Jahren 1684 und 1732, ist heute verschwunden. Der Taufstein aus

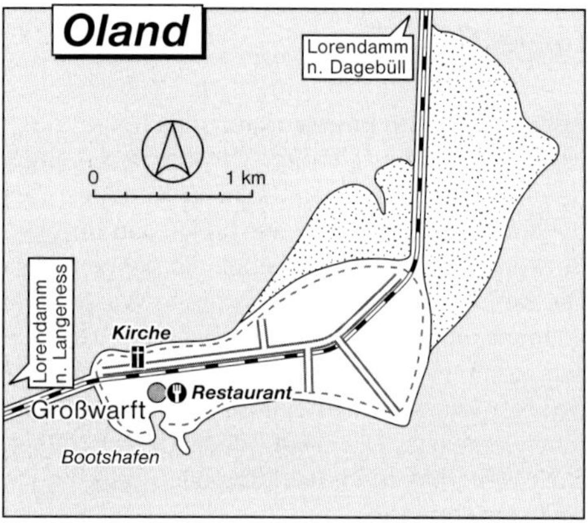

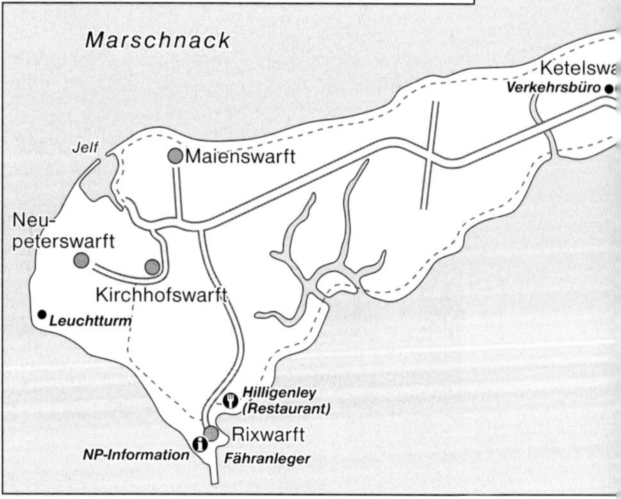

dem 13. und das Kruzifix aus dem 17. Jahrhundert wurden Teil der **Langenesser Kirche.** Diese wurde 1894 neu erbaut, nachdem auch ihre Vorgängerinnen von 1666 und 1725 zu Staub zerbröselt waren.

In der neuen Kirche findet man allerlei **Kurioses** aus fünf Jahrhunderten. In der Blütezeit des Walfangs um die Wende ins 18. Jahrhundert überbo-

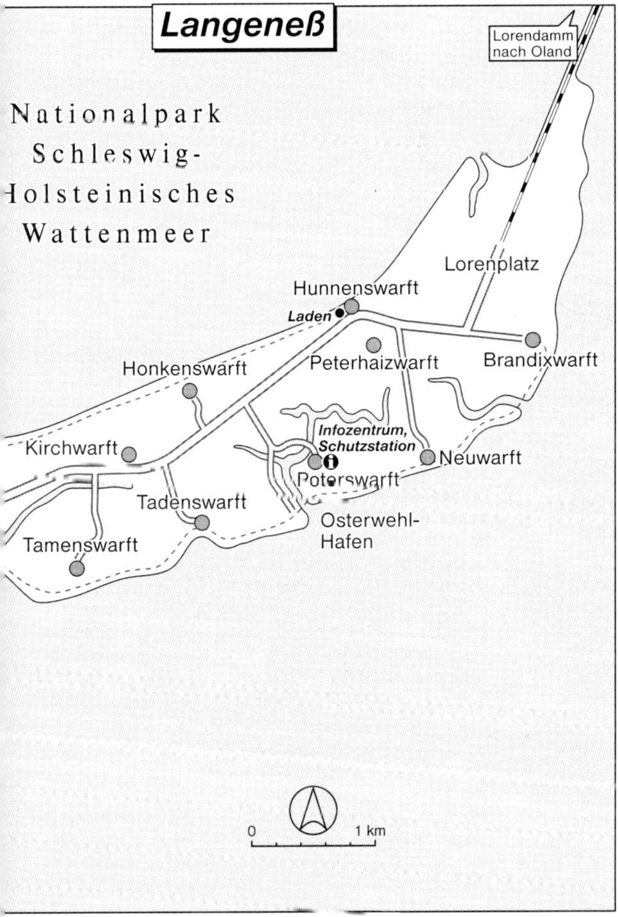

ten sich Langenesser Kapitäne im Bemühen, das Innere der Kirche möglichst prunkvoll auszustatten. Erhalten aus dieser Zeit ist u. a. das schöne **Deckengemälde.** Andere **Votivgaben** aus diesem Jahrhundert wurden ebenfalls in der Kirche untergebracht. Die Kirche befindet sich - wo sonst - auf der Kirchwarft ungefähr in der Inselmitte.

Sehenswert auch: Das **Kapitän Tadsen Museum** auf der Ketelswarft (offen von Ostern bis 31.10. Mo–Sa 10–11.30 Uhr) mit Einblicken in das ursprüngliche Halligleben.

Ein weiteres Halligmuseum ist die **Friesenstube** auf der Honkenswarft, die Mitbringsel von Walfängern und Segelschiffskapitänen ausstellt. Offen täglich von 10.30 bis 11.30 Uhr.

Die **Schutzstation Wattenmeer** unterhält auf der Rixwarft am Anleger eine permanente Ausstellung; Eintritt frei.

Insel-Info

- **PLZ:** 25863
- **Vorwahl:** 04684
- **Fremdenverkehrsbüro** und **Zimmervermittlung:** Ketelswarft, Tel. 217, Fax 289, info@langeness.de, www.langeness.de
- **Kurtaxe:** siehe „Anhang".

Fortbewegung

Man kann das **Auto** mit nach Langeneß nehmen, doch sehr gern sieht man das dort nicht. Lieber in Schlüttsiel abstellen. **Fahrräder** gibt's mehr als genug. Sie stehen auf der Rixwarft und kosten € 3 pro Tag.

Allerdings: Langeneß ist 10 km lang. Das einzige Restaurant (Hilligenley) liegt ganz im Westen (nahe des Anlegers), der einzige Laden ganz im Osten. Dazwischen muss man ganz schön strampeln. (Man kann sich aber auch Waren anliefern lassen). Oder man nimmt den urigen **Hilligenley-Express** (Unimog mit Anhänger), um sich für € 3 durch die Insel kutschieren zu lassen.

Unterkunft

- Nur ein einziges **Privatzimmer** hat Langeneß anzubieten (Tel. 263). Es kostet mit Küchenbenutzung € 13 pro Person. Offen 15.5.-1.10.
- **Ferienwohnungen,** insgesamt 17, können umgerechnet sogar noch etwas billiger sein; € 40 für fünf Betten klingt sehr vernünftig. Seit der Sturmflut von 1962 sind die Häuser auf Langeneß übrigens im Obergeschoss mit einem

stahlbetonverankerten Schutzraum versehen. Keine Angst also vor Landunter!

- **Hotel-Restaurant Hilligenley**€, Hilligenley 4, Tel. 223. Gruppen bis 55 Personen möglich.
- In zwei **Jugendlagern** kann auf Langeneß auch Jungvolk aufgenommen werden. *Traute Schnor* (Tamenswarft, Tel. 252) betreibt vom 15.4. bis 15.10. ein Freizeitlager; Einzelheiten und Preise auf direkte Anfrage. Auch mal beim Wattenmeerhaus (Peterswarft, Tel. 216) checken, Anmeldung bei Schutzstation Wattenmeer, Rendsburg, Tel. 04331-23622. Der Ponyhof Ingwersen (Tel. 226) nimmt ebenfalls Jugendgruppen auf.

Gastronomie

In der Sommersaison bietet das **Gasthaus Hilligenley,** einziges Restaurant der Hallig und im Westen gelegen, täglich einen vorzüglichen und preiswerten **Eintopf** an. Henkelmann mitbringen! Sa um 19 Uhr wird dort gegrillt, normal essen kann man natürlich auch. Vorbestellung für **Kutterkrabben:** *Borrs* (Tel. 272).

Aktivitäten

Viel gibt's nicht. Man kann auf dem **Lorendamm,** der die beiden Inseln verbindet, nach **Oland** hinübermarschieren oder eine **Ausflugsfahrt** nach Wyk auf Föhr machen (jeden Di). **Wattwanderungen** und **vogelkundliche Exkursionen** unternimmt die Schutzstation gegen eine Spendenbeteiligung. Im Watt an der Südküste kann man auch selbst nach Kulturspuren forschen. Sogar **Theater** gibt es ein-, zweimal die Woche (Tamenswarft) und **Diavorträge** im Gemeinderaum auf der Kirchwarft. Einzelheiten im monatlichen **Veranstaltungskalender** und in der Info-Broschüre **Flaschenpost,** die während der Saison erscheint.

Oldtimer

Fährverbindungen

Langeneß' Abfahrtshafen auf dem Festland ist **Schlüttsiel** (siehe dort), die Fahrt geht weiter nach Amrum. In der Saison finden zudem jede Menge **Ausflugsfahrten** von allen Häfen der Region nach der Hallig statt. Siehe die jeweiligen „Touren".

Mit dem eigenen Boot

Wer mit dem eigenen Boot anreist, wird den **Fähranleger** ungemütlich exponiert finden. Der kleine **Jelf-Hafen** im Nordwesten ist da schon besser, lässt aber nur sehr flachgehende Boote zu. Der neue Sportboothafen **Osterwehl** im Südosten stellt in etwa die goldene Mitte dar.

Norderoog

Die aus einer Sicheldüne entstandene Hallig Norderoog (5 km SSW von Hooge) genießt gleich **doppelten Schutz:** Sie liegt in der Zone 1 des Nationalparks und gehört überdies dem Verein Jordsand, einer sehr engagierten Gruppe Hamburger Vogelschützer. Durch systematisch betriebene Uferbefestigungsarbeiten konnte die Hallig in den letzten Jahren sogar vergrößert werden. Während der Brutzeit wird das Inselchen von Tausenden von **Seeschwalben und anderen Seevögeln** bevölkert.

Nach der Brutzeit (ab Juli) kann die Hallig besucht werden, aber **nur unter fachkundiger**

Stichwort Jordsand

Der *Verein Jordsand* wurde bereits im Jahre 1907 gegründet und 1986 um das Institut für Naturschutz- und Umweltschutzforschung erweitert. Die Aufgaben, die sich der Verein gestellt hat, sind die Schaffung und Betreuung von Naturschutzgebieten auf wissenschaftlicher Basis, Öffentlichkeits-, Informations-, Jugend- und Bildungsarbeit. Besonders groß geschrieben ist der Vogelschutz.

Heute betreut der Verein Jordsand 17 Reservate, davon 10 im Bereich der Nordfriesischen Inseln mit Einschluss von Helgoland. Wer mehr über Jordsand wissen oder sich sogar anschließen möchte, wende sich an die Geschäftsstelle: Bornkampsweg 35, 22926 Ahrensburg (Tel. 04102-32656).

Leitung der Hooger Schutzstation oder in Begleitung von Jordsandern.

Nordstrandischmoor

Geschichte

Die nahe am NSG Beltringharderkoog gelegene Hallig ist ein kleiner Überrest der großen Insel **Strand,** die 1634 zerrissen wurde. Das „Wüste Moor", ein **Hochmoorgebiet** mit einiger zusätzlicher Hebung gegenüber der umgebenden Marsch, diente den damaligen Flüchtlingen als rettender Unterschlupf. Mehrere Strander blieben auf der moorigen Hallig und wurden ihre ersten Siedler.

Die Hallig heute

Nordstrandischmoor (örtlich auch *Lütt-Moor* genannt) ist heute etwa 175 Hektar groß und hat 19 Einwohner. Fünf Häuser stehen auf dem Eiland, darunter eine Schule, in der der Inselnachwuchs unterrichtet wird.

Die paar Zentimeter, die Nordstrandischmoor über dem üblichen Niveau liegt, bewahren die Hallig nicht davor, durchschnittlich **fünfzigmal im Jahr Landunter** zu melden. Dieser nasse und salzige Status macht das Eiland zu einem kleinen **Vogelparadies.** Zahlreiches Federwild nistet hier oder legt auf der Durchreise längere Station ein. Auch die **Salzwiesenvegetation** ist ungewöhnlich üppig.

Insel-Info

- **PLZ:** 25845
- **Vorwahl:** 04842

Unterkunft

Unterkünfte gibt es nur zwei: *H. Hartwig*€€ (Tel. 373) hat eine Ferienwohnung für 2–5 Personen und *G. Siefert*€€ (Tel. 486) eine für 2–4 Personen. Man informiere sich auch über die aktuelle Versorgungslage. **Gaststätte** auf der Osterwarft.

Anreise

- Die Hallig ist über einen **Lorendamm** mit dem Festland verbunden. Gäste, die auf Nordstrandischmoor Quartier gebucht haben, können von der Motorlore abgeholt und zur Insel gefahren werden.
- Von März bis Oktober finden auch häufig **Ausflugsfahrten** per Schiff von Nordstrand statt (siehe dort), so dass man auch von da anreisen kann. Auskunft erteilen die Vermieter.

Oland

Geschichte und Sehenswertes

Die etwa 1 km^2 große Hallig Oland (= „Insel“) existiert als solche erst seit der **großen Flut von 1362,** als der Brocken aus dem Inselverband herausgerissen und von der Nordsee liegen gelassen wurde. Schon wenig später war das Eiland besiedelt; bereits **1430** wird eine Holzkirche erwähnt. **1709** entstand ein solides Gotteshaus aus Backstein, doch auch dieses überstand die Zeitläufte nicht und ist längst verschwunden. **1824** wurde eine neue Kirche gebaut, heute efeuumrankt und Olands bestes Stück. **Taufe** und **Kruzifix** im romanischen Stil stammen noch aus dem 13., die **Apostelfiguren** und **Altarleuchter** aus dem 15. Jahrhundert, die ansehnliche **Renaissancekanzel** aus dem Jahre 1620. Auf dem **Halligfriedhof** künden verwitterte Grabsteine Botschaften aus alter Zeit. Jüngeren Datums ist der des Heimatdichters *Wilhelm Lobsien,* der hier 1947 die letzte Ruhe fand.

Oland heute

Ein **Lorendamm** für Frachtverkehr verbindet die Hallig mit **Dagebüll** auf dem Festland und weiter mit **Langeneß.** Auf einer fast kreisrunden Großwarft im Westteil stehen etwa 20 Häuser. Das idyllische **Häfchen** unterhalb der Warft ist Ziel für Ausflugsfahrten ab Schlüttsiel und kann auch von kleinen Jachten angelaufen werden, eine regelmäßige Fährverbindung gibt es jedoch nicht. Wer sich auf Oland einquartieren möchte, nehme deshalb zuerst Kontakt mit dem Vermieter auf und lasse sich in Sachen Anreise beraten. **Autos** gibt es keine auf Oland, man kann auch keine dorthin mitnehmen.

Insel-Info

- **PLZ:** 25869
- **Vorwahl:** 04667
- **Auskunft** und **Zimmervermittlung:** siehe „Langeneß“.
- Die **Kurtaxe** ist die gleiche wie auf Langeneß und wird im Gemeindehaus kassiert. Dafür darf man dort auch einem gelegentlichen Diavortrag beiwohnen.

Unterkunft

Auf Oland gibt es fünf **Ferienwohnungen,** die ab € 40 kosten. **Haustiere** sind generell unerwünscht.

Gastronomie

Ein Gasthaus fürs leibliche Wohl gibt es auch. Das **Kiek in** ist von 10–22 Uhr geöffnet; die warme Küche nimmt Sonderwünsche entgegen, und man reicht Hausgemachtes.

Touren

Man kann Oland im Uhrzeigersinn umwandern, dann wieder entgegengesetzt. Früher oder später wird sich der Besucher wahrscheinlich auf Langeneß wieder finden.

Anreise

Ein **Lorendamm** verbindet Oland mit Langeneß und dem Festland.

Süderoog

Dieser Brocken Land, etwa 6 km nordwestlich von Pellworm gelegen, ist eine der vordersten Bastionen Nordfrieslands gegen die See. 62 Hektar groß ist Süderoog heutzutage, gar so klein also immer noch nicht.

Geschichte

Anno **1711,** vor der ganz großen Flut also, maß die Hallig noch 200 Hektar. Schützende Sände waren ihr vorgelagert, die zu ihrem Überleben beitrugen, andererseits auch für viele Schiffe das Verderben bedeuteten. Im **16. Jahrhundert** hatte der Vogt auf Süderoog alle Hände voll zu tun, um ständig Beute zusammenzuraffen, denn immer wieder trieb wertvolles Strandgut an. So viel Reichtum befand sich mitunter auf der kargen Insel, dass **Seerauber** sich angelockt fühlten und manches davon schleppen konnten.

1870 strandete hier die spanische Bark „Ulpiano“. Von diesem Schiff blieb die alte Heckfigur übrig, die dem Paulsen-Haus als doppelteilige Eingangstür einverleibt wurde und noch heute existiert. Süderoog mit diesem Haus diente *Theodor Storm* als Schauplatz für seine Novelle „Eine Halligfahrt“, in der das Eiland in liebevollem Detail beschrieben ist.

Süderoog zog auch danach stets die tiefe Hingabe von Inselliebhabern auf sich. Von **1924 bis 1950** galt das Eiland als **Hallig der Jungs,** nachdem ein alter Verdun-Kämpfer sich die Völkerverständigung zum Ziel und das kleine Eiland dafür zum Schauplatz erkoren hatte. Eine **internationale Begegnungsstätte** wurde hier ins Leben gerufen, die bis 1977 Bestand hatte. Dann wurde Süderoog zur Gänze NSG.

Süderoog heute

Heute liegt das Inselchen in der Schutzzone des Nationalparks und ist **Vogelreservat,** kann jedoch von Gästen unter Leitung von zugelassenen Watt- und Naturführern von Pellworm zu bestimmten Zeiten besucht werden. Das alte Haus hat mittlerweile ein schönes Reetdach und ist umgeben von Gärten und dem größten Fething – Süßwasserbrunnen – aller Halligen. Ein Dieselgenerator knattert ab und zu, und auch das Telefon funktioniert. Trotzdem wäre Herr *Storm* wahrscheinlich nach wie vor von Süderoog entzückt.

● **Info:** *Matthiesen,* Tel. 04844-244.

Südfall

Früher wurde dieses Eiland, das 5 km westlich von Nordstrand liegt, auch **Rungholt-Hallig** genannt. Eine unmittelbare Verbindung zu Rungholt bestand aber nie. Das legendäre Rungholt, das 1362 bei einer Sturmflut in der See verschwand, lag zwar nicht weit entfernt, doch seine Bebauung dehnte sich keineswegs bis Südfall aus.

In jüngeren Zeiten gehörte die Insel einer Figur wie aus einem Theodor-Fontane-Roman: der Gräfin *Reventlow-Criminil.* Nach ihrem Tod 1954 kaufte das Land Schleswig-Holstein die Hallig für 20.000 DM und verpachtete sie an einen Nordstrander Großbauern.

Obwohl kaum mehr als eine große Sand- und Schlickbank mit einigem Bewuchs, ist Südfall recht stabil. Die Halligkanten sind durch Steinpackungen geschützt, Buhnen stechen ins Wattenmeer vor. Ein solitäres Haus steht auf dem Eiland, das von einem **Vogelwärter** bewohnt wird, der sich der Naturschutzbelange annimmt.

Südfall wird im Zuge von Wattwanderungen, z.T. auch mit Pferd und Wagen, regelmäßig von Nordstrand aus besucht.

● **Info:** *Andresen,* Tel. 04842-300.

Amrum
– die Schönste von allen

Geschichte

Der Name

Sprachforscher sind der Ansicht, dass der Name *Amrum* von *Am Rem* (= Rand) stammt, was aber nicht unbedingt zutreffen muss. Wenn an der ganzen Küste die Nachsilbe *-um* auf „-heim" hindeutet, braucht Amrum da keine Ausnahme zu machen. Könnte hier nicht eher das Heim der germanischen Ambronen gewesen sein, zumal das „b" in *Ambrum* erst zu einem späten Zeitpunkt verloren ging? Vielleicht ist hier auch die Frage, was zuerst da war: Das Huhn oder das Ei ...

Frühe Besiedlung

Überall auf Amrum finden sich noch Spuren einer frühen Besiedlung. Früh heißt in diesem Falle **Jungsteinzeit** (3000–1600 v.Chr.) und wahrscheinlich sogar schon davor. Damals war Amrum noch wesentlich ausgedehnter gewesen, doch der hohe Geestrücken im Innern bestand bereits seit der letzten Eiszeit. In diesem unfruchtbaren Gelände legten die frühen Amrumer ihre **Gräber** an. Das größte, mit zehn Tonnen schweren Decksteinen, liegt beim so genannten Quermarkenfeuer in der Inselmitte, andere, aus der **Bronze-** und **Wikingerzeit,** sind über das ganze Eiland verteilt.

Zur **Völkerwanderungszeit** (150–400 n.Chr.) war ein Großteil der damaligen Bevölkerung nach England emigriert. Danach erfolgte ein Auffüllprozess von Norden, **Wi-**

Amrum

018nf Foto: rh

Dünen auf Amrum

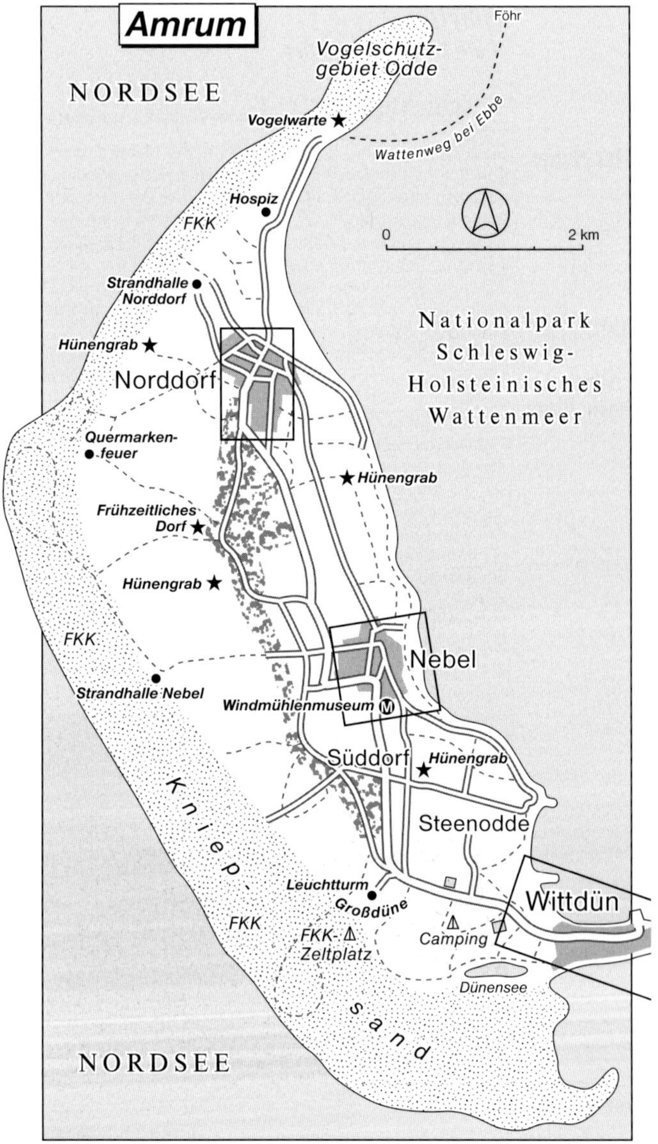
Amrum
Föhr
Vogelschutz-gebiet Odde
NORDSEE
Vogelwarte
Wattenweg bei Ebbe
Hospiz
FKK
0
2 km
Strandhalle Norddorf
Nationalpark Schleswig-Holsteinisches Wattenmeer
Hünengrab
Norddorf
Quermarken-feuer
Hünengrab
Frühzeitliches Dorf
Hünengrab
FKK
Nebel
Strandhalle Nebel
Windmühlenmuseum
Süddorf
Hünengrab
Steenodde
Kniep-sand
Leuchtturm
Großdüne
Wittdün
FKK
FKK-Zeltplatz
Camping
Dünensee
NORDSEE

kinger vor allem fielen auf der Insel ein. Skandinavien, ihre Heimat, lag ja gleich „um die Ecke“, und Amrum war offenbar ein idealer Stützpunkt für Beutezüge in den Süden.

Als nächste kamen vor der Jahrtausendwende die **Friesen,** doch längst nicht mehr als Pioniere. Im Gegensatz zu den südlicheren Inseln und der schleswigschen Küste war Amrum bei Ankunft der Friesen ja bereits besiedelt, und die Bevölkerungen dürften ineinander übergegangen sein. Eine reine „Frieseninsel“ ist Amrum jedenfalls nie gewesen.

Erste Erwähnung

Anno **1231** wird Amrum in dänischen Dokumenten erstmalig urkundlich erwähnt. Schon vorher jedoch, um **1200,** war Amrums erste und größte **Kirche, St. Clemens** in Nebel, als Außenposten von Föhr erbaut worden. Auch die Orte Süddorf und Norddorf dürfte es bereits gegeben haben, allerdings anderen Namens und etwas abseits der heutigen Ortschaften gelegen. Politisch gehörte Amrum seit spätestens dieser Zeit zum **Großkönigreich Dänemark,** und man war wohl ganz zufrieden damit, denn das Verhältnis wurde erst 1864 aufgekündigt. Der ferne Dänenkönig mischte sich offenbar nicht allzu störend in die Belange der Inselbevölkerung ein, die sich mit **Salzsiederei** und **Landwirtschaft** mehr schlecht als recht über die Runden brachte.

Walfang

Lange Zeit hörte man von Amrum überhaupt nichts mehr, bis dann um die **Mitte des 17. Jahrhunderts** die goldene Zeit des Walfangs begann, die indes nicht lange anhalten sollte. Als man nämlich dem Wal den Garaus gemacht hatte und Bilanz zog, erwies sich, dass zwar mancher glücklicher „Kommandeur“ zu Ruhm und Reichtum gekommen war. Doch der Zoll der Männer, die auf See geblieben waren und Witwen und Waisen hinterlassen hatten, war erschreckend hoch. Auch die prächtigsten Reetdachhäuser der erfolgreichen Trankocher konnten über dieses Elend nicht hinwegtäuschen.

Walfangszene

„Strandjen"

Magere Jahre folgten deshalb. Einigen Nebenverdienst brachte wie überall auf den deutschen Nordseeinseln das „Strandjen" ein. Dem Zug der Zeit folgend, verlegte man sich jedoch auch auf Amrum in der zweiten Hälfte des vorigen Jahrhunderts lobenswerterweise vom Strandraub aufs Retten. Was indes der Tatsache keinen Abbruch tut, dass man vorher fleißig um einen gesegneten Strand gebetet hatte. Die Gebete wurden erhört. Die viel befahrene Route vom Englischen Kanal nach Skandinavien führt nämlich außerhalb Amrums vorbei, und bei schwerem Wetter aus westlichen Richtungen gerieten hier stets Schiffe in Not. Der **Strandvogt** hatte alle Hände voll zu tun, die Plünderer von den Wracks fern zu halten. **1816** soll fast die gesamte männliche Bevölkerung Amrums wegen Strandräuberei im Inselknast gesessen haben ... Auch in jüngerer Zeit, so die „Pallas" im Herbst 1998, trieben immer wieder Schiffe auf die Amrumer Sände, in denen die meisten binnen kurzer Zeit spurlos verschwanden. Andere konnten geborgen werden. Auf diese Tätigkeit hatten sich die Insulaner schon im 19. Jh. spezialisiert, und manche brachten es dadurch höchst legal zu erheblichem Wohlstand.

Trotzdem war der insulare Lebensstandard im Jahre **1864,** als Amrum nach dem Krieg gegen Dänemark **an Preußen** geriet, eher bescheiden. Vielen Amrumern, geborenen Seefahrern, passten auch die behördlichen Auflagen nicht, die Preußen der Erlangung von Steuermanns- und Kapitänspatenten in den Weg legte, viele wanderten aus. Schon vorher hatte ein Exodus nach Australien und Amerika stattgefunden; jetzt folgte noch einmal eine heftige **Welle der Emigration.** Heute leben mehr Amrumer in der Diaspora, vor allem in Amerika, als auf der Insel selbst.

Nordseebad

Die nachfolgende Entwicklung, wie sonst, war die zum Nordseebad. Anderswo war man ja schon seit langem so weit. Ein Hannoveraner Architekt und Landschaftsmaler namens *Schulze-Waldhausen* hatte im Jahre **1885** Amrum „entdeckt" und war begeistert von dem weltfernen Eiland. Hier musste etwas organisiert werden! Flugs kam er um eine **Konzession für ein Seebad** ein, doch er wurde von den stockkonservativen Insulanern – Bauern, Fischern, Seefahrern – abschlägig beschieden. Der Gemeinderat entschied sich am 1. September 1885 einstimmig (!) gegen die Eingabe. Die Amrumer befürchteten eine Aufweichung der Sitten, Profitmacherei durch Außenseiter, Bevormundung durch schnoddrige Großstädter.

Der Maler setzte sich trotzdem durch, indem er einen **Fremdenverkehrsverein** gründete – dem mehrere Amrumer beitraten – und den Rat vor vollendete Tatsachen stellte. Der Tourismus geriet in Gang.

In ihrer Not riefen die aufrechten Insulaner den Pastor *Friedrich von Bodelschwingh* zu Hilfe. Er sollte „gegen das weltliche Badeleben ein christliches Gleichgewicht schaffen". Der Gerufene brachte Verständnis für die Sorgen der Amrumer auf, verliebte sich aber offenbar auch in die Insel und begann im Jahre **1890** mit der Errichtung eines **„Seehospizes"** bei Norddorf. Dies war das Gründungsjahr Amrums als Nordseebad.

Die Einheimischen zogen allmählich nach. Unwillen regte sich zwar noch, als 1890 ein völlig **neuer Badeort** am Südzipfel der Insel entstand: **Wittdün.** Der Name – „weiße Düne" – klang zwar sehr traditionsschwanger, doch der Ort wurde buchstäblich aus dem Boden gestampft. Kapitalisten aus der Ferne – wie befürchtet –, aber auch einheimische Finanziers, so der Bergungsmann *Quedens*, beteiligten sich an dem Bauherrenmodell, das alsbald von der damaligen Schickeria besucht wurde. Auch diese „feinen Pinkel" erregten eingängliche Feindseligkeit bei den Einheimischen. Doch der „Fortschritt" ließ sich nicht aufhalten. Hier gab es Geld zu verdienen, und selbst die Hartnäckigsten gaben letztlich ihren Stolz auf und wurden Wirte. Heute lebt fast jeder Amrumer vom Fremdenverkehr.

Amrum heute

An der zutiefst **konservativen Grundhaltung** der Amrumer hat sich trotz vieler Konzessionen bis heute wenig geändert. Rechtzeitig war erkannt worden, welchen Geist man da aus der Flasche gelassen hatte, und manchem Bemühen, die Insel weiter zu „entwickeln", wurde ein Riegel vorgeschoben. Einen Flugplatz gibt es auf Amrum bis heute nicht, und es wird auch keinen geben. Stattdessen hat man sich in Wyk beschwert, dass Kleinflugzeuge von dort auf Besichtigungstour allzu oft und zu dicht an Amrum vorbeibrummen. Auch für einen Golfplatz hat man nichts übrig. Die typische Amrumer Klientel setzt sich nicht aus Golfern zusammen. „Wehret den Anfängen", ist die insulare Devise.

Ende der sechziger Jahre wurde das **Straßennetz** der Insel erheblich ausgebaut. Heute freut man sich nicht mehr darüber. Die Autofähren, auch damals als Segen begrüßt, karren in der Saison derart viele Mobile an, dass der Verkehr zu einem bösen Problem geworden ist. Man versucht ihm mit diversen Ge- und Verboten beizukommen, primär aber mit der Bitte, das Gefährt möglichst zu Hause zu lassen. Wirtschaftliche Überlegungen erlauben gegenwärtig noch kein totales Autoverbot, denkbar ist aber, dass es in nicht allzu ferner Zukunft dazu kommt.

Amrum ist viel zu schön, als dass es durch Autos verstänkert werden dürfte. Zwar streiten sich Norderney und Sylt heftig um den Titel „Königin der Nordsee". Doch wenn Schönheit in diesem Wettbewerb zugrundegelegt wird, so gebührt Amrum bei weitem die Krone. Auf keiner anderen Insel findet man eine derart harmonische Anordnung von Strand, Dünen, Wald, Geest und Marsch wie auf Amrum. Keine andere Insel hat auch einen derart gloriosen Strand wie den Kniepsand.

Der Kniepsand

15 km lang und bis zu 1,5 km breit, 12 km² groß in allem und von einem Ende zum anderen aus feinster weißer Materie bestehend: Das ist Amrums „Kniepsand", der einzige Strand mit dicken fünf Sternen im gesamten Bereich der deutschen Nordseeinseln. Dieser einzigartige Strand liegt durchschnittlich 1 m über Normalnull, bleibt also bei „normalem" Hochwasser trocken; nur bei Sturmfluten erreicht die See den Dünensaum. Eine riesige Sandkiste, die seewärts von Wittdün zudem eine perfekte **flache Badelagune** bildet, in der sich selbst Kleinkinder gefahrlos vergnügen können.

Amrums größter Aktivposten ist ein **Geschenk der See,** hat keine geologische Verbindung mit dem Land. Vor zweihundert Jahren noch war der Kniepsand eine hakenförmige Bank weit vor der Küste, die nach und nach auf die Insel zuwuchs und sie schließlich, erst zu Beginn des 20. Jahrhunderts, erreichte. Nicht nur zieht der Kniepsand heute Touristenscharen an, er dient auch als höchst funktioneller **Wellenbrecher,** der den Syltern das Wasser des Neides in die Augen treibt. Mehrere weitere natürliche „Buhnen" liegen noch vor der Küste und geben der Insel Schutz: Jungnamensand, Hörnumknobs und Theeknobs, alle drei beliebte **Seehunddomizile.** Wenn der Blanke Hans an Amrum nagt, dann durch die Hintertür. Hier, im Lee der Insel, ist es an der flachen Marschenküste immer wieder zu **Landverlusten** gekommen, auch in neuerer Zeit. Gefährdet sind vor allem Wittdün und die Odde im Norden, die beide wie spitze Finger in die See ragen.

Dünen und Wald

Ein breiter **Dünengürtel,** ein richtiges kleines „Gebirge", schließt sich an den Kniepsand an. Über weite Distanzen hinweg hat man hier **Bohlenwege** konstruiert, um Besuchern diese exotische Welt zu erschließen und gleichzeitig ein Zertrampeln zu verhindern – vorbildlich! Der attraktivste und längste dieser Bohlenwege führt von Wittdün zum Leuchtturm, andere stechen von Nebel und Norddorf zum Strand vor.

Der **Wind** weht auf Amrum vorwiegend aus westlichen Richtungen. Wenn es hart bläst, ähnelt der Kniepsand einem arktischen Gefilde voll von bodennah treibendem Schnee, in dem sich Rad- und Bollerwagenfahrer wie mit Schlitten vorwärts kämpfen. Kleine Dünen bilden sich im Lauf des Jahres in diesem Bereich, doch die nächste Sturmflut wischt sie wieder weg. Der Sand, der ins Innere weht, hat viel mehr Gewicht. Er nämlich weht die Äcker, das fruchtbare Land zu – ein uraltes Problem auf den Inseln. Auf Amrum begann man deshalb in den fünfziger Jahren mit dem Anbau eines **inselweiten Schutzgürtels von Kiefern,** der inzwischen zu einem Wald herangewachsen ist, der auf den Eilanden der Nordsee seinesgleichen sucht. Im windgeschützten Bereich dieses Waldes gedeiht die **Heide** und hat in den letzten Jahren eine Art Macchia entwickelt, deren pflanzliche Fülle das Herz des Naturliebhabers erfreut. Diesem trockenen Gebiet schließt sich die **Marsch** an, etwa ein Drittel des Gesamtkomplexes einnehmend. Hier auch liegen die Inselorte: Steenodde, Süddorf, Nebel und Norddorf. Wittdün hält, wie bereits erwähnt, eine Sonderstellung.

Insel-Info

Auskunft

- **PLZ:** 25946
- **Vorwahl:** 04682 (ganze Insel)
- Das Büro **Amrum-Touristik** (Am Fähranleger, Tel. 94030, Fax 940320, www.amrum.de, amrumrd@t-online.de) ist für

allgemeine Information, Prospektversand und Zimmernachweis für ganz Amrum zuständig.
● Die **Kurverwaltungen** in Wittdün, Nebel und Norddorf sind bei den jeweiligen Orten aufgelistet.
● **Schiffsauskunft:** WDR, Tel. 94920.

Hunde

● Hunde müssen ständig an der Leine geführt werden. Die Mitnahme an Badestrände ist grundsätzlich verboten (außer zum Hundestrand am Südhang, westliches Ende Richtung Kniepsand und zum nördlichen Strandbereich in Norddorf). Haufen sind vom Hundehalter zu beseitigen.

Presse

● Der Veranstaltungskalender **Amrum aktuell** erscheint wöchentlich und gibt einen Überblick über die jeweiligen Tagesprogramme auf inselweiter Basis.

Ärzte

● In allen drei Gemeinden gibt es mindestens je einen **Arzt,** eine **Zahnarztpraxis** aber nur in Wittdün (Möwenweg 8).

Saison

● Die Saison auf Amrum ist dreigeteilt. HS ist 15.6.–15.9., NS 8.1.–23.3. und 4.11.–20.12., Zwischensaison 23.3.–14.6., 16.9.–3.11. und 21.12.–7.1., jeweils vom teuersten zum billigsten Ende. Vor allem Ferienwohnungen sind außerhalb der HS fühlbar billiger.

Winter

● Im Winter schließen viele Insel-Restaurants, mitunter Knall auf Fall. Die Amrumer lassen dann ihren schönen, aber kalten Strand zurück und vergnügen sich lieber auf Zypern und den Malediven. Man verständigt sich jedoch dahingehend, dass in jeder Gemeinde das eine oder andere Restaurant immer geöffnet ist, damit es keinen Engpass gibt.

Kinder

● Außer Europas größter Sandkiste hat Amrum den Kleinen ein rundes Programm zu bieten. Jede Gemeinde, versteht sich, hat **Spielplätze.** Besonders schön: Wittdüns „Piratenspielplatz“ am Strand.
● Amrum aktuell gibt u. a. wöchentlich bekannt, welche **Veranstaltungen** es speziell für Kinder gibt. Der Miniclub auf der Wittdüner Strandpromenade, der Norddorfer Spiel- und Spaßladen und das Haus des Gastes in Nebel bieten fast täglich lustige Programme und Spiele, Kinderfeten, Bastelstunden und dergleichen. Es gibt sogar Kinder-Discos, Teenie-Clubs und einen Jugendtreff für die etwas Größeren; die etwas Kleineren werden, je nach Jahreszeit, zu Laternenumzügen und zum Ostereiersuchen rekrutiert.
● Amrum ist auch die Insel der **Kinderkurheime,** seit Pastor *Bodelschwingh* 1890 hier sein Seehospiz errichtete. Daraus ist inzwischen das Wiking Kurhaus für Mutter und Kind geworden (Norddorf, Tel. 370); ein weiteres Kurheim dieser

Kategorie befindet sich in Wittdün (Münsterhaus, Tel. 2331). Die Kinderfachklinik Satteldüne (Nebel, Tel. 340) ist ein umfangreicher Komplex; hier werden Kinder von 1 bis 16 Jahren einschließlich einer Begleitperson aufgenommen. Die Aufenthalte von Mutter und Kind können durch die Kassen finanziert werden.

Fortbewegung

Auto

Das eigene Mobil mit nach Amrum zu nehmen ist eine leichte Übung, wenn auch, wie erwähnt, inselseitig darum gebeten wird, es lieber zu Hause (oder zumindest auf dem Festland) zu lassen. Dabei hilft das sog. **Mobil-Ticket,** das vor allem die Gepäckbeförderung erleichtert.

- **Info:** Wittdün, Tel. 19433.

Bus

Eine Buslinie entlang des insularen Rückgrats vom Fähranleger bis Norddorf ersetzt das Auto perfekt. In der HS fahren die Busse tagsüber im **Halbstundentakt.**

Taxi

Für Eilige und für Notfälle: Tel. 2228/9.

Fahrrad

Überall gibt es Verleihe: Sechs in Wittdün, zwei in Süddorf, je einen in Steenodde und Nebel, zwei in Norddorf. Räder kosten ab € 6 pro Tag. Das Netz der Radwege ist gut ausgebaut, doch Radfahren auf Promenaden und Bohlenwegen ist verboten.

Sport

Gymnastik

Alle drei Gemeinden setzen im Sommer organisierte Strandgymnastik an (jeweils morgens am DLRG-Wagen).

Tennis

Für Tennisfreaks ist **Norddorf** die richtige Adresse. Die Kurverwaltung vermittelt dort zwei Außenplätze zu € 12 vor 16 Uhr und € 13 danach. Das Hotel Seeblick (Tel. 9210) ist für die Anmeldung zuständig. Der Freiplatz des Hotels Wellkimmen (Tel. 94600) kostet € 8/Std.

Minigolf

Norddorfs Minigolfplatz, schön gelegen zwischen Wald und Dünen, ist vom 15.3. bis Ende Oktober geöffnet, in der HS täglich bis 22 Uhr.

Reiten

Reiten kann man, von März bis Oktober, bei **Boy Jensen** (Tel. 2030) in Nebel und im **Ponyhof Zimmermann** (Tel. 1585) in Süddorf. Beide bieten auch für Kinder Unternehmungen an.

Bäder

- **Norddorf:** Neben der Strandhalle befinden sich die Einschwimmhalle (Tel. 735) und das Freibad. Die Einschwimmhalle ist 8 mal 12 m groß, mit temperiertem Meerwasser von 30°C (Sa und So 24°C); das angegliederte Außenbecken hat eine Wassertemperatur von 24°C. Eine Sauna ist angeschlossen.

Öffnungszeiten: Halle Mitte März bis Mitte Oktober, Freibad Mai bis Ende September, tägl. 10–17 Uhr, Mo/Mi bis 20 Uhr. Preis: € 3 für 2 Std.

•**Wittdün:** Das AmrumBadeland (Dünenweg) ist ein Meerwasserwellenbad mit vielen Extras, insbesondere gibt es auch Einrichtungen für Kinder. Täglich außer Sa 14–20 Uhr, Di/Fr 22 Uhr geöffnet. Preis: € 12 für 3 Std., Kinder € 1,50.

Unterhaltung

Veranstaltungen

Die jeweiligen Kurhäuser veranstalten für die Gäste einiges an Entertainment – Diavorträge, Konzerte, Gesprächsabende und dergleichen, – doch der Löwenanteil des Unterhaltungsprogramms besteht aus organisierten Touren und Wanderungen (s. u.). **Programm** wöchentlich in **Amrum aktuell.**

Discos

In der Sommersaison, wenn in den drei Gemeinden die Strandkorbschuppen leer stehen, werden diese von der Inseljugend zu improvisierten Discos umfunktioniert. Das spielt sich natürlich nicht nach festem Muster ab. Mal bei den Verwaltungen fragen, was da so läuft.

Touren

Schiffsausflüge

•In der Saison werden ständig Fahrten ab Wittdün nach verschiedenen Destinationen unternommen. Organisatorin ist die WDR (Wittdün, Tel. 949213).

	Dauer ca. Std.	Erw. €	Kinder 4–11
Hooge oder Langeneß	6	8,70	4,40
Föhr	–	6,70	3,40
Tagesfahrt nach Sylt	14	36,50	29,50
Hörnum	12	18,50	9,50
Tondern	10	22,50	15,50
Dänemark Rundfahrt	14	24,50	17,50
Nordfrieslandfahrt	14	28,50	21,50
Nordseerundreise	9	21,50	11,50

Diese Touren beinhalten z. T. natürlich Überlandfahrten mit Bus oder Bahn.

● Das MS „Eilun“ (Nebel, Tel. 2333, 2345) ist auf **Halligfahrten** spezialisiert:

	Dauer Std.	Erw. €	Kinder €
Seehundbänke	2	9,00	4,50
Hooge	5	9,00	4,50
Kleine Halligmeerfahrt	6	13,00	6,50
Große Halligmeerfahrt	6½	13,00	6,50
Rund um Amrum	4	11,00	5,50
Krabbenfangfahrt	2	9,00	4,50

Wattwanderungen und Exkursionen

Wattwanderungen und naturkundliche Strand- und Dünenführungen unternehmen: Die Schutzstation Wattenmeer (Wittdün, Tel. 2718), der Heimatverein Öömrang Ferian (Norddorf, Tel. 1635), der Verein Jordsand (Norddorf, Tel. 2332) und *Andreas Herber* (Norddorf, Tel. 2175). Eine Wattwanderung von Norddorf **nach Föhr** einschließlich Busfahrt nach Wyk und Rückkehr per Fähre kostet € 11, Kinder (4–11) die Hälfte. Diese Tour sollte nie auf eigene Faust unternommen werden. In der dokumentierten Geschichte Amrums ist immer wieder von tragischen Unglücksfällen entlang dieser Route zu lesen.

Fährverbindungen

Die großen Autofähren der WDR fahren von **Schlüttsiel** (siehe dort) auf dem Weg über die **Halligen** nach Amrum. Die alternative Route ist ab **Dagebüll** (siehe dort).

Mit dem eigenen Boot

Die **Bootsanleger** liegen unmittelbar unterhalb des bunten Seezeichenhafens etwa 1 km westlich des Fährterminals. An zwei Stegen kann man festmachen, einigermaßen geschützt, aber nicht übermäßig komfortabel. Platz ist für 36 Gastlieger, mehr soll hinzukommen. Gleich an Land das **Clubhaus** des AYC; dort gibt's WCs, Duschen und etwas zu essen, und dort wird auch das **Liegegeld** entrichtet. In den Ort sind's ein paar Schritte auf dem Deich.

● **Auskunft:** *Peter Paulsen*, Tel. 2054.

● Der alte Hafen **Steenodde** ist heute zu verschlickt, um Boote sicher aufnehmen zu können.

Wittdün

Nach den viel versprechenden Anfängen der Aktionsgesellschaft Wittdün und Besuchen eines feudalen Publikums hatte der Ort einen guten Ruf erworben und fast dem mondänen Westerland den Rang streitig gemacht. Anno 1906 war, als Folge zweier verregneter Sommer, alles wieder Sack und Asche. *Sic transit gloria mundi:* So hängt – auch heute noch – alles am seidenen Faden des Wettergeschehens. Erst in den fünfziger Jahren zeichnete sich ein Aufschwung ab, und seit daher ist Amrum eigentlich jedes Jahr ausgebucht.

Das hat gute Gründe. Amrum ist rustikal, auch weiterhin misstrauisch gegenüber auswärtigen „Entwicklern" geblieben. Großbauprojekte wie auf Sylt wurden hier nie realisiert. Deswegen stört heute auch kein Betonklotz Wittdüns bescheidene Skyline – ganz zu schweigen von den anderen Orten. Nur das poppige Appartement-Hotel „Zur Alten Post", im Volksmund „Die Keksdose" ge-

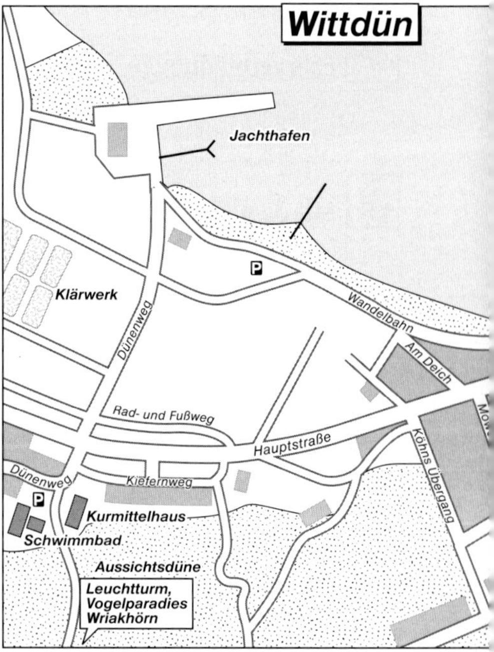

nannt, sticht schon vom Anleger etwas schmerzvoll ins Auge. Man hat's vor Ort humorig genommen; jetzt gibt's sogar ein Café dieses Namens.

Sehenswertes

Wittdün hat auf Grund seiner relativ jungen Geschichte wenig Interessantes zu bieten. Was man sich nicht entgehen lassen sollte, ist ein Besuch im **Naturschutzzentrum** (hinter der Kurverwaltung) mit Aquarien, Landschaftsmodellen und Dioramen.

- Offen: Mo–Mi 10–13 Uhr und Do–Sa 14–17 Uhr.

Amrums unübersehbares Wahrzeichen, der berühmte **Leuchtturm auf Groß-Dün,** erhebt sich etwa 4 km westlich von Wittdün zu stolzen 64 m Höhe (einschließlich Düne). Das am 1.1.1875 in Betrieb genommene Bauwerk ist der höchste

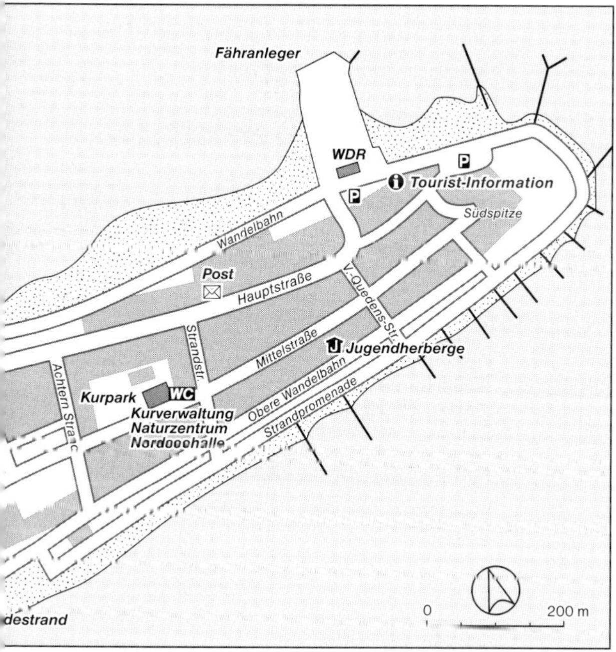

(aber nicht lt. Eigenwerbung „einzig besteigbarer") Leuchtturm an der deutschen Nordseeküste. Für ebenfalls stolze € 2,50 darf man von oben auf das prächtige Panorama hinunterblicken.

- Offen Mo–Fr 8.30–12.30 Uhr.

Wittdün-Info

- **Kurverwaltung Wittdün:** Mittelstr. 34, Tel. 19433, Fax 943444, E-Mail: amrumrd@t-online.de.
- **Reisebüro:** Fernweh, Tel. 2505.
- **Kurtaxe:** siehe „Anhang".
- **Strandkorbvermietung:** durch die Kurverwaltung oder direkt am Strand. Die **Preise** variieren je nach Saison. Sie liegen bei durchschnitlich € 27 pro Woche.
- **FKK:** siehe „Camping".
- **Kirchen:** Es gibt je eine evangelische, katholische und neuapostolische Kirche in Wittdün, Letztere ist nur im Sommer geöffnet.

Unterkunft

- **Hotels und Hotel-Pensionen:** Das Strandhotel Vierjahreszeiten€€ (Tel. 350) ist das größte Haus am Platze. „Ruhige Lage mit Meerblick" und „zentrale Ortslage" sind nicht unbedingt preissteigernd; das hat man fast überall in Wittdün. Die Hotel-Pension Treffpunkt€€ (Tel. 2087) kostet

Leuchtturm auf Groß-Dün

ganzjährig dasselbe; im Hotel Weiße Düne€€€ (Tel. 940000) kostet es ein paar Prozent mehr, allerdings auch für soliden Komfort. Beide Häuser bieten HP. In der Pension Südstrand€€ (Tel. 2708) ist man am billigsten dran.

● **Privatzimmer,** 8 an der Zahl, kosten um € 15 ÜF. Auch für ab € 13 gibt's schon etwas, wenn auch ohne Frühstück.

● **Ferienwohnungen** gibt es dermaßen viele, dass man sich wundert, wo sie alle in dem kleinen Ort unterkommen. Die bewusste Keksdose€€ (Appartement-Hotel Zur Alten Post) führt hier die Liste an. Andere Offerten für Ferienwohnungen bewegen sich innerhalb des €€-Rahmens.

● Die **Jugendherberge Wittdün**€ (Mittelstr. 1, Tel. 2010, Fax 1747) liegt 300 m vom Fähranleger direkt am Strand. Das Haus hat 212 Betten, 8 Tagesräume, 10 Familienzimmer und ist außer im Dezember ganzjährig offen. Eine Anmeldung ist vom 1.1. bis 15.3. und 15. bis 30.11. nötig, ansonsten aber immer zu empfehlen.

Camping

Kampieren kann man in Wittdün an zwei Stellen

● Erstens unterhalb des Leuchtturms, wo man allerdings **textilfrei** auftreten muss: Das Gelände ist FKKlern vorbehalten. 175 Stellplätze, vom 1.4. bis 30.9. Preisgruppe D. Info: Tel. 2408.

● Zweitens offeriert der **Campingplatz Schade** (Tel. 2254) just außerhalb Wittdüns 2,5 ha für Zelte und Wohnwagen plus diversen Luxus vom Frühstücksbrötchen bis zur professionellen Animation. Restaurant/Kneipe angeschlossen. Saison: 15.3.–31.10. Preisgruppe D.

Gastronomie

● Im **Klabautermann** gibt's täglich (außer Di) bis 22.30 Uhr Steaks vom Grill und frische Fischspezialitäten. Kegeln kann man auch.

● Der **Spokenkieker** („Institut für Bierologie und Hektoliteratur") hält „Seminare" bis 1 Uhr ab. Natürlich werden kräftige Unterlagen dazu gereicht. Di geschlossen.

● Das **Restaurant Südstrand** gönnt sich keinen Ruhetag. Bis 22 Uhr serviert man hier Fisch-, Fleisch-, Muschel- und Krabbengerichte und dazu „hausgemachte (!) Bratkartoffeln".

● In der **Weißen Düne** isst man mit Meeresblick, am besten Muscheln. Mo geschlossen.

● Einer feinen Küche rühmt man ebenfalls das **Hotel-Restaurant Treffpunkt**. Di geschlossen.

● **Il Padrino** ist Wittdüns Italiener, mit einem reichhaltigen Angebot.

● Die **Blaue Maus**, etwas außerhalb gelegen, ist so etwas wie ein **Nachtlokal.** Musik, Snacks und jede Menge Drinks von 20.30 bis 3 Uhr, außer Do.

● Außerdem gibt es **zahlreiche Imbisse und Cafés** für den nicht ganz so großen Hunger.

020nf Foto: rh

Nebel

Mit dicker Luft hat der Name nichts zu tun; er ist aus „neues Bohl" hervorgegangen. Hier steht die alte Amrumer **St.-Clemens-Kirche,** der man leider zu Beginn dieses Jahrhunderts einen recht überproportionierten Turm verpasst hat, hier auch findet man die größte Anzahl schöner alter **Friesenhäuser** auf ganz Amrum.

Nebel ist nicht so alt wie die Kirche, sondern entstand erst im 16. Jahrhundert. Später, vor allem in der Walfangära, setzten sich hier viele Seefahrer zur Ruhe; der Ort wuchs. Zu jener Zeit war auch das Dorf Steenodde, jetzt zur Gemeinde Nebel gehörig, Amrums bedeutendster Hafen und wäre vielleicht zu einer Bastion des Walfangs geworden, wenn die holländische Konkurrenz diese Pläne nicht hintertrieben hätte. Auch das alte Süddorf ist heute Teil von Nebel.

Sehenswertes

Das Innere der **alten Kirche** sollte man gesehen haben. Das Taufbecken stammt aus dem 13., die geschnitzte Apostelreihe an der Südwand der Kirche aus dem 14. Jahrhundert. Anderes Inventar wurde im 17. Jahrhundert von Seefahrern gestiftet.

022nf Foto: rh

Die alten **Grabsteine auf dem Kirchhof,** etwa 80 insgesamt, vermitteln einmalige Einblicke in die Geschichte Amrums. Unter fast allen liegen Seefahrer. Die gar nicht so stummen Steine geben die abenteuerlichen Lebensläufe dieser Menschen wieder, darunter auch jenem des legendären *Hark Olufs,* der es im Gewahrsam moslemischer Seeräuber zu Ruhm und Ehren brachte und als reicher Mann auf die Insel zurückkehrte (siehe Exkurs).

Die **Mühle** am südlichen Ortsrand wurde 1771 erbaut und war noch bis 1964 in Betrieb. Heute enthält sie ein kleines **Heimatmuseum.**

- Offen: Mo–Mi 10–12 Uhr und Do–So 15–18 Uhr.

Alte Mühle in Nebel

So genannter sprechender Grabstein

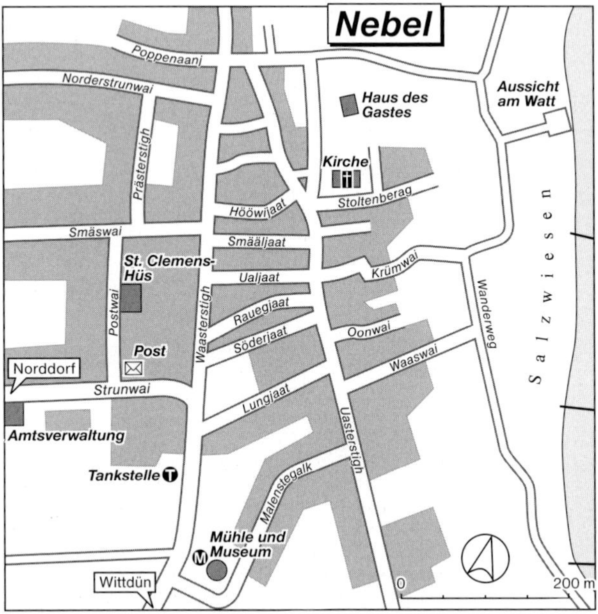

Mittlerweile ist eines der schönsten und ältesten Friesenhäuser der Insel – das **Landsmannhaus** aus dem Jahre 1736 – in ein Museum verwandelt worden. Das liebevoll instandgehaltene und von keinen Sanierungsplasten verschandelte Haus (Waaswai 1) ist ein lohnendes Ziel für alle, die sich für die alte Inselkultur interessieren.

- Offen: Mo–Fr 10–12 Uhr, Sa 15–17 Uhr, Eintritt auf Spendenbasis.

Nebel-Info

- **Kurverwaltung:** Kirchenweg 1a, Tel. 94300, Fax 943030. Hier ist auch das Haus des Gastes, ein Treffpunkt für allgemeine Veranstaltungen.
- **Kurtaxe:** siehe „Anhang".
- **Strandkorbvermietung:** durch die Kurverwaltung. Für Süddorf und Steenodde ist *Uwe Jessen* zuständig (Tel. 2069). Preise etwa wie Wittdün.
- **Kirche:** St. Clemens (ev.). Jeden Mi um 17 Uhr führt der Pastor durch die Kirche und über den historischen Friedhof.

Unterkunft

● **Hotels:** Früher verkehrte auf Amrum noch eine Bimmelbahn. Aus jener Zeit stammt das Alte Amrumer Bahnhofshotel€€ (Tel. 2338), ein gemütliches Haus am Strunwai. Zünftig unterm Reetdach logiert man im Hotel Steenodde€€ (Tel. 94240). Das Hotel Garni Tanja€-€€ in Süddorf (Tel. 785) bietet ruhige Familienatmosphäre zu moderaten Preisen.

● **Privatzimmer:** 15 Einheiten gibt es in Nebel. Sie kosten ab € 13 Ü (*Arnold*, Tel. 2281) und liegen im Durchschnitt bei etwas über € 15.

● **Ferienwohnungen:** Weder Hotels noch Privatquartiere gewähren außerhalb der HS Rabatte. Anders ist die Situation bei Ferienwohnungen. Im Winter gibt es hier z. T. ganz ansehnliche Nachlässe. In der HS liegen die Pro-Kopf-Preise zwischen € 15 und 25.

● **Jugendheim:** Das Schullandheim Honig-Paradies € (Tel. 2349) verfügt über 72 Betten in 14 Räumen, einen Sportplatz und diverse andere Einrichtungen und nimmt Jugendgruppen auf VP-Basis auf.

Gastronomie

● Im **Bahnhofshotel** kann man sich auch als Außenseiter an den Fisch- und Fleischgerichten der gutbürgerlichen Küche dieses Hauses delektieren, allerdings nur bis 20 Uhr.

● Wer später noch Hunger hat, kann sich im **Fischrestaurant Friedrichs** eine leckere Fischplatte vorlegen lassen, denn dort wird erst um 23 Uhr dichtgemacht.

● Eines vorzüglichen Rufes auf kulinarischem Gebiet erfreuen sich der **Inselkrug,** der **Gasthof Nautilus** und das **Restaurant Ekke Nekkepenn**. Ruhetage jeweils Di, Mi, Do.

● *Haute cuisine* ist nicht Sache der **Kombüse,** aber dafür geht's dort fixer: Bis 22 Uhr gibt es dort täglich außer Do Schnellgerichte.

● Auf Vegetarisches spezialisiert ist das Restaurant **Likedeeler** in Steenodde, täglich bis 23 Uhr. Do Ruhetag.

● In der **Seekiste** kann man ab 17.30 Uhr bis spät in die Nacht nach Ess- und Trinkbarem herumrumoren. Mo bleibt die Kiste zu.

● Im **Friesen-Café** werden vorzügliche Waffeln serviert, aber nur bis 18 Uhr.

Norddorf

Seit der gute Pastor *Bodelschwingh* dort vor rund hundert Jahren den ersten Spatenstich tat, hat sich Norddorf zum größten und betriebsamsten Seebad der Insel Amrum gemausert.

Bevor dies alles begann, war Norddorf ein eher ärmliches Dörfchen gewesen. Mehrere Male war der Ort völlig niedergebrannt – 1925 kokelte es noch einmal gewaltig –, und was man neu aufgebaut hat, entspricht nicht immer schöner alter Friesentradition.

Trotzdem hat Norddorf seinen **dörflichen Charakter** bewahren können. Heute ist der Ort zu hundert Prozent auf den Fremdenverkehr ausgerichtet, was vor allem einer **reizvollen Geografie** zu verdanken ist: Links die Dünen und der Strand, rechts das Watt, oben das NSG Odde (= Vorland) aus reinem Sand und voller Federwild, „unten" die Anbindung an die Zivilisation.

Sehenswertes

Außer der gesunden Natur und der bewussten **Odde,** zu der in der Saison täglich (außer Mo) um 10 Uhr ab **Vogelwarthaus** Führungen unternommen werden (Anmeldung: Tel. 2332), hat Norddorf keine Sehenswürdigkeiten zu bieten. Einen Blick ins **Naturzentrum** (beim Schwimmbad) sollte man sich nicht versagen: Dort werden auf 130 m² Dioramen, Aquarien und Umweltmodelle zur Schau gestellt.

- Offen 9.30–11.30 und 14–17 Uhr, Do geschlossen.

Norddorf-Info

- **Kurverwaltung** und **Zimmernachweis:** Postfach 3120, Tel. 94700, Fax 947094.
- **Kurtaxe:** siehe „Anhang".
- **Strandkörbe** werden privat vermietet von: *Boyens* (Tel. 545), *Jannen* (Tel. 2947, Fax 4607) und *Martinen* (Tel. 2440). Preise in etwa wie in Wittdün.
- **Kirchen:** Gemeindehaus (ev.); katholische Kirche St. Elisabeth.

Unterkunft

- **Hotels und Pensionen:** 21 Hotels und Pensionen gibt es in Norddorf – zu viele, um sie einzeln aufzuzählen. Die Pension Friesenheim € (Tel. 728) ist relativ bezahlbar; das Hotel Seeblick€€€€ (Tel. 9210) teurer. Die Preise der restlichen Herbergen dieser Kategorie liegen in etwa mittig dazwischen.
- **Privatzimmer** (just 9) beginnen bei € 16,50 Ü (Fallen-Anker, Tel. 762) und pendeln sich bei etwa € 35 zu einem Maximum ein. Die saisonalen Preisunterschiede bei Hotels und Privatzimmern sind, wo immer überhaupt existent, minimal.
- **Ferienwohnungen** füllen viele Seiten im Gastgeberverzeichnis. Je nach Art des Hauses gibt es große Preisdiffe-

renzen. Schon für € 15 und weniger kann ein Haupt hier und dort ruhen, anderswo muss man € 50 anlegen, dafür logiert man dann aber in einem schmucken Friesenhaus. In der NS sind manche Ferienwohnungen bis um die Hälfte billiger.

● **Jugendheim:** ADS-Schullandheim Ban-Horn. Anmeldung: Tel. 0461-869319.

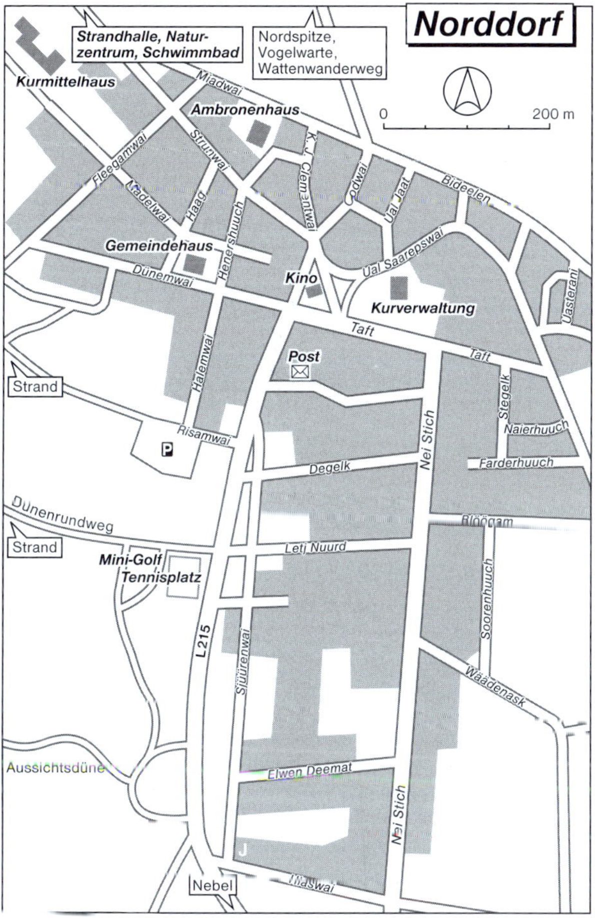

Gastronomie

- Im Hotelkomplex Hüttmann hat man gleich vier Oasen unter einem Dach: **Hüttmanns Restaurant** und **Zum Alten Heinrich** mit Fisch und Wild, Vollwertkost und vegetarischen Gerichten, das Café-Bistro **Das kleine Hüttmann** mit eigener Konditorei und die Bar **Entenschnack** mit gepflegten Drinks.
- Auch in anderen Hotel-Restaurants – **Ual Öömrang Wiartshüs** (das sich mühelos als „Altes Amrumer Wirtshaus" übersetzt), – im **Neptun, Graf Luckner, Seeblick/Je-**

Hark Olufs' unglaubliche Abenteuer

Am 19. Juli 1708 wurde *Hark Olufs* in Süddorf geboren. Schon als Vierzehnjähriger war er mit seinem Vater auf Walfangreise in Spitzbergen und Grönland gewesen. Im März 1724 heuerte er auf der „Hoffnung" an, die nach Westindien bestimmt war, um dort Zuckerrohr zu holen. Es sollte zwölf Jahre dauern, bis er Amrum wiedersah ...

Auf der Höhe der Scilly-Inseln wurde die „Hoffnung" von einem maurischen Korsaren gekapert, gegen den die wenig kampferprobten Seeleute keine Chance hatten. Die Besatzung wurde gefangen genommen, das Schiff einkassiert. Die weitere Reise ging nach Algier.

Dort wurden die friesischen Matrosen auf dem Markt als Sklaven verkauft. Der *Bey von Algier* erschien selbst und wählte den strammen Hark aus, veräußerte ihn aber später im Zorn an den *Bey von Constantine,* weil der Matrose nicht dem christlichen Glauben entsagen wollte.

Mittlerweile waren mehrere Monate vergangen, und die Kunde der Gefangennahme hatte Amrum erreicht. Ein Lösegeld wurde bereitgestellt, und tatsächlich wurde auch ein deutscher Seemann freigekauft – nur handelte es sich um einen Bremer mit ähnlichem Namen...

Obwohl dem Vater des vermissten Jungen fast das Herz brach, lehnte er es ab, an dessen Tod zu glauben und hielt jeden Tag Ausguck von Amrums höchster Düne, in der Hoffnung, der Sohn möge herangesegelt kommen. Hark Olufs' Werdegang hatte in der Zwischenzeit eine erstaunliche Wendung genommen. Es war ihm gelungen, die arabische und andere Sprachen zu lernen und sich überhaupt in Algerien Liebkind zu machen. Der einstige Sklave stieg unaufhaltsam in der maurischen Palasthierarchie auf, wurde zum gefeierten Feldherrn und sogar zum Hadji, der mit

ver-Deel und **Wellkimmen** kann man sich mit feiner Küche und gediegener Atmosphäre verwöhnen lassen.

- Exquisites aus dem Meer, so eine Fondue in Brühe mit Fisch und Scampis, gibt es im **Restaurant Zum Fischbäcker** gegenüber der Post. So geschlossen.
- Der **Pesel** ist das Abendlokal Norddorfs. Allerdings macht die Küche um 22 Uhr Schluss. Mo Ruhetag.
- Außerdem **Cafés, Eisdielen, Bistros** und **Pizzerias.**

einem riesigen Gefolge nach Mekka pilgerte. War er zum Islam übergetreten? Das wird in den Amrumer Annalen heftig bestritten, aber die Mekka-Reise lässt eine Konvertierung plausibel erscheinen. Auch die Möglichkeit einer Liaison mit einer einheimischen Frau weisen die Insulaner (und der Held selbst) entsetzt von sich, als ob es sich dabei um einen unnatürlichen Akt gehandelt hätte. Vielleicht wollte der Protagonist später aber einen solchen Sachverhalt einfach nicht wahrhaben, denn erstens wäre ihm eine Ehe mit einer „Türkin" auf Amrum schwer angekreidet worden, und zweitens trug er sich mit frischen Heiratswünschen.

Denn ein paar Jahre darauf, 1736, war der Abenteurer zurück auf Amrum. Der Bey von Constantine hatte kurz vor dem Ableben gestanden und den einstigen Sklaven in die Freiheit entlassen, in allen Ehren und mit reichen Gaben überhäuft. Entsprechend verhielt sich der große „Kriegsheld" (so seine Grabinschrift) auf der heimatlichen Insel, wo er in prächtiger „türkischer" Generalsuniform einherstolzierte – sogar, sehr zum Ärger der Pastoren, in der Kirche. Später brachte es der Heimkehrer immerhin zum Strandvogt. 1737 heiratete er eine Insulanerin, die ihm fünf Kinder gebar, doch Hark Olufs starb bereits 1754, 46-jährig, an einem Schlaganfall. Seine wetterfeste friesische Frau überlebte ihn um 44 Jahre.

Heute kündet ein alter Grabstein auf dem Nebeler Friedhof von diesem unverzagten Mann, der auch in der fernen Fremde das Leben zu meistern verstand.

Sein Geburtshaus in Süddorf existiert auch noch, leider völlig umgemodelt. Das Haus, in dem er bis zu seinem Ende lebte, ist aber weiterhin in weitgehendem Original erhalten. Es steht ebenfalls in Süddorf, am Hark-Olufs-Wal und wird bis auf den heutigen Tag von direkten Nachfahren des Protagonisten bewohnt. Von Besuchen bittet man abzusehen.

Föhr
– Insel des „Dosenschwurs"

Geschichte

Der Name

Deutschsprachige werden versucht sein, das Wort *Föhre* zugrunde zu legen. Ursprünglich stammt der Inselname vom friesischen *Feerlunn,* was „trockenes Land" heißt. Da hier jedoch wieder eine Assoziation mit der Föhre (dän. *fyr)* besteht, bewegt man sich vielleicht im Kreis und kommt letztlich wieder beim Baum an. Gemeint ist auf alle Fälle Föhrs Geestrücken, denn anderorten ist es weder trocken noch gibt es Föhren.

Dänischer Einfluss

Die frühe Geschichte Föhrs läuft mit derjenigen Amrums völlig parallel, so dass eine separate Beschreibung müßig wäre. Auch die **erste urkundliche Erwähnung** Föhrs im „Erdbuch" *Waldemar II. von Dänemark* stimmt mit Amrums Datum **(1231)** überein.

Anno **1252** gab es das erste und einzige Mal Krach auf Föhr. Der *Dänenkönig Abel* wollte eine Steuererhöhung durchsetzen und versuchte es mit Gewalt. Abels Heer wurde auf dem Königskamp bei Oldenswort vernichtend geschlagen, er selbst fand den Tod. Seither arrangierte sich das Dänenreich mit den bockigen Insulanern auf der Basis widerwilligen Respekts, und wie die Amrumer war mancher Föhrer gar nicht so glücklich, als die Insel **1864** endgültig an das Deutsche Reich überging. Noch heute stimmen viele Inselbewohner für die so genannte **Dänenpartei,** ein Anachronismus, der im Bindestrichland weiterhin Bestand hat. Ost-Föhr geriet seit **Ende des 14. Jahrhunderts** allerdings zunehmend unter „deutschen" Einfluss, denn das Herrschaftsgebiet der *Grafen von Holstein* dehnte sich bis dorthin aus. Entsprechend vollzog sich die Entwicklung der beiden Inselhälften unterschiedlich – wenn auch nicht sehr. Mehr dänisches Vokabular floss in den friesischen Wortschatz der „Wessis", mehr deutsches in den der Ostler, ohne dass man sich indes mit einem der fremden Herren identifiziert hätte.

Deichbau

Nur wenn es ans **Deichen** ging, ließ man sich schon mal organisiert ins Feld führen. Von **1572** an wurden zwei Jahrhunderte lang diverse Verordnungen auf diesem Gebiet erlassen, und die Föhrer fügten sich willig in das Unabänderliche.

Denn die schrecklichen Erinnerungen an die **„Grote Manndränke"** von **1362** wirkten noch lange nach. Zwar war Föhr dabei relativ glimpflich davongekommen. Doch die Insel hatte an **Substanz verloren.** Wattfunde im Umfeld Föhrs deuten darauf hin, dass sich Kulturland einst weit

049nf Foto: rh

Altes Friesenhaus

über die Grenzen der heutigen Insel erstreckte, wahrscheinlich sogar bis nach Amrum.

Reformation

Auch die Reformation zu **Beginn des 16. Jahrhunderts** ging weitgehend problemlos über die Runden. Nur aus Utersum wird berichtet, es habe bei einer Kindtaufe Streit zwischen den Anhängern der beiden Glaubensrichtungen gegeben. Der Nieblumer Mönch *Pake* ritt darauf nach Amrum, um die dortigen Insulaner der Treue gegenüber der alten Kirche zu verpflichten. Er soll zuvor geschworen haben, „nicht lebendig wiederzukommen, wenn er nicht die wahre Lehre verträte". Zurück auf Föhr wurde der fromme Pater vom Pferd geworfen und brach sich das Genick. Das „Gottesurteil" besiegelte den Einzug des Luthertums nach Föhr endgültig.

Walfang

Borkum, Amrum, Föhr. Hier kamen die Seefahrer her, die, beginnend im **17. Jahrhundert**, ins ferne Eismeer aufbrachen, um den Wal zu jagen. „Ihrer viel ernehren sich mit

Föhr
Nationalpark Schleswig
Liienssand
Vogelschutz-
gebiet
Vogel-
koje
Oldsum-
Klintum
Wattenweg bei Ebbe
Amrum
Dunsum
Toftum
Windmühle
Süderende
Utersum
St.-Laurentius-
Kirche
Westerland
Lembecksburg
Vogel-
koje
Borgsum
Hedehusum
Witsum
Windmühle
Badestrand
St.-Johannis-
Kirche
Goting
FKK
Goting-Kliff
Niebl
0
2 km
Nordmannsgrund

Holsteinisches Wattenmeer
Föhrer Schulter
Naturschutzgebiet
Vogel-
koje
Ackerum
Vogel-
koje
Vogel-
koje
Osterland
Midlum
Vogel-
koje
Oevenum
Wrixum
Alkersum
Windmühle
Boldixum
St.-Nicolai-Kirche
Hafen, Fähranleger
einnieblum
Wyk
auf Föhr
FKK
Badestrand

050nf Foto: rh

dem Wallfischfange", beschreibt der Husumer Chronist *Danckwerth* die Abenteurer jener Zeit, „denn sie fahren jaehrlich hinüber hinter Eisland und Norwegen, an Grönland und Spitzberge, auf sothan Wallfischfang, welche sonst unsaubere Handtierung ihnen gut Geld in den Beutel trägt..."

Die „unsaubere Handtierung", als die man sie heute endgültig abqualifiziert hat, erlahmte mit der Dezimierung der Wale, und auf Föhr war bald alles wieder beim Alten. Schlimmer noch. Während die Männer – oft jahrelang – auf See waren, konnte auf der Insel nur sehr beschränkt Landwirtschaft betrieben werden. Als Folge musste man Nahrung importieren. Daran änderte sich nichts, als die Seeleute zurückkehrten. Was hält schon einen jungen Mann mit dem Glanz der Ferne in den Augen auf dem Bauernhof? Die **Föhrer Seefahrer** wanderten nach und nach in alle Welt ab. Unter allen Flaggen waren sie zu finden, auf jedem Kontinent. Selbst auf der legendären *Mary Celeste* waren zwei Föhrer Jungs, die mit der Crew spurlos verschwanden.

Emigration

Den endgültigen Ausschlag gab die mörderische **Flut von 1825.** Nicht nur die flache Marsch ging in den Wassern unter, selbst die Geestküste geriet in Bedrängnis; bei Nieblum drohte die Insel entzweizureißen. Die Deiche wurden nach dieser Katastrophe zwar weiter erhöht, aber nichts war mehr so recht wie vorher. Eine große Auswanderungswelle setzte ein.

Die meisten Emigranten gingen in die **Vereinigten Staaten.** Viele Föhrer Familien haben heute „drüben" Verwandte, vornehmlich in New York und Kalifornien. „Unsere Be-

Friesendom in Nieblum

ziehungen mit den USA sind intensiver als mit Deutschland", sagte mir ein Alteingesessener allen Ernstes und wies auch – nicht minder ernst – auf exzellente Relationen mit China hin, zu denen frühere Föhrer Handelsschiffer den Grundstein gelegt hatten.

Die Bande mit den „deutschen Nachbarn" wurden allerdings bereits **1819** enger geknüpft, als Wyk **Seebad** wurde – Nordfrieslands ältestes – und der Tourismus in Gang geriet. Aber die Weltanschauung von Leuten, die, frei nach Alexander von Humboldt, die Welt auch tatsächlich angeschaut hatten und deshalb in breiteren Bahnen zu denken vermochten, war von den Föhrern in das neue Zeitalter transponiert worden. Und da findet man sie heute noch.

Föhr heute

Mehr als jede andere nordfriesische Insel hat sich Föhr der **Erhaltung der Umwelt** verschrieben, und das mit vorzeigbaren Resultaten. Umweltschutz ist nach Föhrer Verständnis auch Eigennutz; sind die Lebensgrundlagen einmal zerstört, kann man genauso gut auswandern. Da hat man schmerzhafte Erfahrungen gemacht.

Der **Wind** produziert fast die Hälfte des Föhrer Energiebedarfs; Heizwärme kommt aus einem ultramodernen **Blockkraftwerk,** das wiederum mit Gas aus der nicht minder neuzeitlichen **Kläranlage** betrieben wird. Busse fahren z. T. mit **Rapsöl; Reduktion des Individualverkehrs** ist ein sehr ernst genommenes Thema. Schon jetzt können viele Autofahrer bewegt werden, ihr eigentlich nur der Gepäckbeförderung dienendes Gefährt im Quartier stehen zu lassen und aufs Fahrrad umzusteigen. Die Zukunft wird weitere, stringentere Konzepte fordern.

Berühmt, schon wegen der witzigen Formulierung, ist der **„Föhrer Düsenschwur"**, in dem sich der Einzelhandel von allem Einweggut lossagt. Richtungweisend auch ist, dass die Gemeinde Wyk als Ganzes Mitglied der Umweltorganisation Greenpeace werden konnte. Die Stadt unterhält zwei **Umweltzentren,** eines im Rathaus und eines am Sandwall; dort sind auch die Schutzleute vom BUND vertreten.

Föhr ist keine touristische Fassade, da ist alles echt. Friesische Ebenerdigkeit, kosmopolitischer Weitblick, moderne Erkenntnisse finden sich hier zu einer gelungenen Mischung zusammen.

Überblick

Die Topografie Föhrs, mit 82 km² Fläche die zweitgrößte deutsche Nordseeinsel nach Sylt, ist ziemlich einfach. Grob gesagt, wird der Süd- und Westteil von der **Geest** eingenommen, der Rest von der **Marsch.** Dazu gesellt sich mit Wyk und dem eingemeindeten Boldixum ein gehöriges Stück Stadtgebiet.

Die gesamte **Südküste,** beginnend am Wyker Hafen, wird von einem **Strand** umzogen. Das Watt davor ist sandig, das Wasser mithin klar. Unmittelbar dahinter erhebt sich die Geestabbruchkante, nirgendwo höher als ein paar Meter, aber am **Goting-Kliff** in der Mitte der Südküste von beeindruckender **Steilheit.** Hier ist auch die einzige Stelle, wo die Küste kiesig ist; einige massive Felsbrocken liegen herum. In der Mitte dieses Areals mündet Föhrs einziger Fluss, die Godel, ins Watt. Links und rechts folgen jedoch schon bald wieder Strände.

Verstreut am nördlichen Geestrand gegen die Marsch liegen Föhrs **„Friesendörfer“,** sechzehn an der Zahl und eines hübscher als das andere. Nirgendwo sonst auf den Inseln sieht man so viele **Reetdächer** auf dem Haufen; mancher Versicherungsdirektor würde angesichts dieser Vielzahl von „Weichbedachungen“ unruhig schlafen, wüsste er nicht, dass eine von Deutschlands strammsten Feuerwehren in Oevenum ständig auf dem Sprung ist. Vor den Dörfern dehnt sich die Marsch, weit über die Hälfte der Insel ausmachend und von einem bis zu 7 m hohen **Deich** geschützt. Innerhalb des Flachlands liegen nur Einzelgehöfte, gut geschützt auf **Warften.** Vor dem mächtigen Deich stößt die Schutzzone 1 des Nationalparks – ausnahmsweise – bis an die Nordküste heran.

Die Marsch wird von schmalen Straßen, Wegen und Wasserläufen durchzogen, an deren Rändern Holunder, Weißdorn und Silberahorn stehen. Ein wenig sieht's aus wie auf Pellworm, nur dass der Wind dort härter weht – doch im Nordosten Föhrs künden Windkraftanlagen davon, dass der Boreas auch hier seine Pflicht tut.

Insel-Info

Auskunft

- **PLZ:** 25938 (ganz Föhr)
- **Vorwahl:** Alkersum, Midlum, Nieblum, Oevenum, Wrixum, Wyk: 04681. Borgsum, Dunsum, Oldsum, Süderende, Utersum, Witsum: 04683
- Fremdenverkehrstechnisch ist Föhr in drei Bezirke eingeteilt: **Wyk, Nieblum** und **Utersum,** die Letzteren auch zuständig für die Friesendörfer. urlaub@foehr.de, www.foehr.de
- Der **Zentrale Zimmernachweis** für die gesamte Insel Föhr befindet sich in Wyk, Am Hafen, Tel. 04681-3040, Fax 3068. Für die Bereiche Nieblum und Untersum (s.u.) rufe man die dortigen Büros an, um das in Wyk zu entlasten.
- **Schiffsauskunft:** WDR, Wyk, Tel. 8046/7.
- **Flugauskunft:** Westküstenflug, Wyk, Tel. 8139.

Saison

Die Saison wird auf Föhr folgendermaßen aufgeteilt:

- **A** (Hauptsaison) 15.6.–15.9.
- **B** (Zwischensaison) 29.3.–14.6.;16.9.–31.10.; 21.12.–7.1.
- **C** (Sparsaison) 8.1.–28.3.;1.11.–20.12.

Kleinere Verschiebungen im Datum sind auf Seite 27 der Gastgeberliste zu finden.

Presse

- Der Föhrer **Veranstaltungskalender** – kein bestimmter Titel – erscheint einmal im Monat und ist bei allen Kurverwaltungen erhältlich. Von Mai bis Oktober gibt's auch (gratis) das **Föhrer Sommer-Journal** mit allerlei Wissenswertem.

Hunde

- **Hundestrände** gibt es nahe dem Flugplatz (Wyk), in Nieblum und Utersum.

Kinder

- Kurgastkinder von 2–6 Jahren werden im Sommer von Mo bis Fr 14–17.45 Uhr im **Kinderbetreuungsraum des Umweltzentrums** (Sandwall 38, Tel. 677) in Obhut genommen. Der Service ist für Kurkarteninhaber kostenlos. Wer seine Sprösslinge erst nach Ladenschluss abholt, riskiert allerdings eine empfindliche „Konventionalstrafe".
- Im selben Haus befindet sich ein (kirchlich gesponserter) **Freizeithelferladen,** in dem die Kleinen sporadisch unter-

023nf Foto: rh

halten werden können, und der Kurgartensaal mit dem **Kindertheater,** das in der Saison täglich von 16 bis 18 Uhr Vorstellungen gibt. Wyk hat sogar eine **Kinderbücherei,** und zwar im Kleinen Kulturzentrum in der Süderstraße.

- Auch in mehreren **Gästekindergärten** können die Kinder unterkommen oder von **Babysitterdiensten** beaufsichtigt werden. Einzelheiten dazu durch die Kurverwaltungen.
- **Kinderspielplätze** – der Strand ist natürlich der schönste – findet man in Wyk an sieben Stellen: Vorbeilaufen unmöglich.
- **Jugendliche** haben die Gelegenheit, beim **Föhrer Katamaranclub** (Tel. 1455) kostenlos mitzumachen oder sich Fr 17–20 Uhr im **ev. Gemeindehaus** (St.-Nicolai-Str. 10) beim Tee zusammenzufinden.
- Im **Nordseesanatorium Marienhof** (Tel. 400) können Kinder ab 3 Jahren mit Mama und Papa kuren, außerdem im **Hamburger Kinderkurheim** (Tel. 5002-0), im **Haus Kiel** (Tel. 4492) und im **Schloss am Meer** der Barmer Ersatzkasse (Tel. 734), alles auf Kosten der Versicherung.

Fortbewegung

Auto

Wer das Auto unbedingt mit nach Föhr nehmen muss, bedenke Folgendes: Die Kurpromenade Sandwall und die Straßen unmittelbar westlich davon sind **Fußgängerzone.** In den Straßen südlich dieses Bereichs (bis zum Rebbelstieg) gilt ein **generelles Nachtfahrverbot** von 23 bis 5 Uhr. Weiterhin ist im gesamten Ortsgebiet Wyk (und Ortsdurchfahrt Nieblum) **Tempo 30** einzuhalten.

Taxi

Jede Menge, Wyk hat fünf Taxiunternehmen.

Bus

Im Sommer sind Busse im **Stundentakt** auf den Routen Wyk (Hafen) – Oldsum – Utersum – Nieblum – Wyk (Linie 1) und Wyk – Nieblum – Utersum – Wyk (Linie 2) in Betrieb; im Winter ist die Frequenz geringer. Außerdem befahren Busse mit **Fahrradanhänger** („bus & bike") die Route Wyk – Nieblum – Utersum – Toftum und zurück, sommers im **Halbstundentakt.** Auf allen Bussen kann man mit einem **Tagesticket** (mit Kurkarte € 4,50) die ganze Insel mit beliebigen Unterbrechungen bereisen.

Fahrrad

Fast alle Inselorte haben **Fahrradverleihe,** sechs allein Wyk. Typische Preise: Hollandrad € 6/Tag, € 20/Woche, Kinderrad € 3 bzw. € 10. **Radwege** und wenig befahrene Straßen gibt es mehr als genug.

Kutschen

Kutschfahrten werden von den Dörfern aus unternommen: *Arften* (Tel. 2181) und *Nickelsen* (Tel. 8168) in Alkersum, *Rasmussen* (Tel. 8169) in Oevenum und *Naeve* (Tel. 3751) in Wrixum.

Sport

Angeln

Das sportliche ABC beginnt mit dem Angeln. Außer am Badestrand und Hafen darf man's überall. Man muss nur den **Bundesfischereischein** in der Tasche haben; Ausnahmegenehmigungen gibt es aber durch die **Ordnungsämter** in Wyk und Midlum.

Bäder

Das **Meerwasser-Wellen-Hallenbad aqua WYK-FÖHR** (am Kurmittelhaus) ist 30 °C warm und verheißt Plantschspaß für die ganze Familie. Von Mitte Jan. bis Anf. Feb. geschlossen. Eintritt: Erw. (3 Std.) € 6,15, Kinder € 3,60.

Golf

Die Anlage des **Föhrer Golfclubs** befindet sich in der Nähe des Flugplatzes. Das Green ist eines der ältesten Deutschlands und gilt unter Profis als das gepflegteste der Republik. Seit 1991 ist die Anlage von 9 auf 18 Löcher erweitert worden; Standard ist jedoch weiterhin Par 72 aus der Zeit davor.

Veranstaltungsplakate am Hafen

024nf Foto: rh

„Mitglieder jedes Golfclubs mit anerkannter Platzreife können den Abschlag wagen", heißt es etwas abgehoben. Wer diese kühne Qualifikation aufbringt, kann pauschal 3 Tage (einschl. 2 x ÜF in einem Hotel der gehobenen Klasse) für ca. € 220 buchen und in der Zeit satt golfen. Auskünfte: Tel. 580455, E-Mail: golfclub-foehr@t-online.de.

Reiten

- Die flächige Insel bietet sich vorzüglich für den Reitsport an. In Alkersum unterhält der **Reit- und Fahrverein Föhr** (Tel. 3394) eine Reithalle mit Springgarten und bietet ganzjährig ein weitgefächertes Programm: Unterricht (auch für Kinder), Ausritte (auch mehrtägig), Geländereiten, Wattexkursionen; vieles mehr. Ebenfalls in Alkersum stationiert ist die **Pferdepension Jacobs** (Tel. 2284).
- **Siggis Reitstall** in Oevenum (Tel. 4567) bietet in etwa dasselbe wie der o.g. Verein.
- In der **Reiterpension Lerchenhof/Regenpfeifer** in Wyk-Südstrand (Tel. 4433) können Jugendliche ab 9 Jahre ohne Elternbegleitung kostenpflichtig ans Pferd geführt werden. Unterricht kostet ab € 12/Std., ein 2-stündiger Ausritt ab € 23.

Segeln

Die **Hobiecats** liegen gleich am Hafen auf dem Strand. Wer eines mieten möchte, rufe Tel. 1455 *(Goritz)* an.

Tennis

- Der **Wyker Turnerbund** (Rundstieg, Tel. 3747) hat 6 Außen- und 2 Hallenplätze anzubieten. Preise: durchschnittlich € 13/Std. Zwei weitere Plätze an der Feldstraße (Tel. 2783) und Waldstraße (Tel. 3747) haben in etwa die gleichen Tarife.
- In **Nieblum** (Heidweg, Tel. 3554) ist es etwas billiger.
- Gleiches gilt für den **TSV Süderende** (Tel. 450), der noch ein wenig preiswerter ist.

Tischtennis

Tischtennis kann man im Sommer in der Mehrzweckhalle am Wellenbad spielen.

Windsurfing

In Wyk gibt's zwei Adressen:

- **Windsurfing Föhr** (Tel. 747812) das zweimal am Strand von Wyk und einmal in Utersum vertreten ist.
- In **Nieblum-Strand** surft man bei *Christian* (Tel. 3566). Ein Board kostet durch die Bank € 12/Std., ein Surfkursus ab € 140 aufwärts.

Unterhaltung

Das eine oder andere ist ständig angesagt im **Wyker Kurgartensaal** am Sandwall, in der **Mehrzweckhalle** am Stockmannsweg, am Südstrand mit seinem **Musikpavillon** und im **Haus des Gastes** in Utersum, alles jeweils vorangekündigt im Veranstaltungskalender oder durch Plakate.

Fischmarkt

Lustig ist immer der sonntägliche Fischmarkt am Alten Hafen in Wyk. Eigentlich geht es weniger um Fisch als um die **Gaudi,** vor allem wenn eine Blaskapelle dazu aufspielt oder der Föhrer Shantychor Die Wattenheuler loslegt. Kaufzwang herrscht eh nicht.

Musik

Kurmusik, durchweg von exquisiter Qualität, lässt sich im Sommer auch täglich (außer Mo) an der **Konzertmuschel am Sandwall** genießen. Es lohnt sich ebenfalls, den Kalender nach Solistendarbietungen in den Föhrer Kirchen zu durchforsten, denn oft ist ein ausgesprochenes Juwel dabei.

Trachtentänze

Auf den Dörfern finden sporadisch Trachtenvorführungen und -tänze statt; den traditionsreichen Darbietungen wird man gerne beiwohnen.

Kunst

Föhr hat auch zahlreiche Künstler angezogen. Manche zeigen ihre Werke in ambulanten Ausstellungen, andere sind in Wyk und den Dörfern mehr oder weniger ständig vertreten.

Disco

Wer nicht allzu viel Kultur sucht, sondern umso mehr Dezibel, findet selbige in der **Disco Olympic** (Koogskuhl; Gewerbegebiet). Im gleichen Hause befindet sich das **Billard-Café** mit Dart und Snooker. Dort kann man sein Ohr schon gleich mal wieder auf den gewohnten niedrigen Föhrer Geräuschpegel zurücktunen.

Touren

Schiffsausflüge, Wattwanderungen

In der Saison unternimmt die WDR ab Wyk die unten stehenden Touren (Änderungen vorbehalten, Preise in Euro):

	Erw.	Kinder 4–11	Fam.
Halligen	10,50	5,30	
Wittdün	6,80	3,40	
Busrundfahrt Föhr	6,90	4,50	
Busrundfahrt Amrum	6,90	4,50	
Rundfahrt Tondern/Nolde	19,00	14,00	
Rundfahrt Nordfriesland	25,00	20,00	
Rundfahrt Dänemark	21,00	16,00	
Rundfahrt Sylt	33,00	28,00	
Hallig Norderoog	19,00	11,50	
Seehundbänke	8,50	4,30	
Seetierfang	8,50	4,30	
„Piratenfahrt“	10,00	13,00	
Helgoland („Funny Girl“)	26,00	13,00	61,00
Helgoland (CAT No. 1)	42,50	21,50	100,00

● **Auskünfte:** WDR (Tel. 80146/7) und der monatliche Veranstaltungskalender.
● Die Schutzstation Wattenmeer organisiert diverse **Exkursionen** ins Watt, nach Amrum sowie 1½-stündige **Kutterfahrten.** Info: Tel. 1313.

Rundflüge ●Im Sommer kann man mit der Firma **Westküstenflug Lange** (Tel. in Wyk 04681-8139, privat 04683-309) Rundtouren über die nordfriesische Insel- und Halligwelt (ohne Landungen) unternehmen, die je nach Distanz ca. € 35–85 kosten. Die Maschinen sind geräuschreduziert, denn in Wyk auf Föhr, ganz besonders aber auf Amrum, ist man sehr lärmempfindlich.

Fährverbindungen

Einzelheiten unter **Dagebüll** (siehe „Abfahrtshäfen und Fähren").

Flugverbindungen

In der Sommersaison wird Föhr auf **Charter- und Bedarfsbasis** von Hamburg und Westerland angeflogen. Info: Westküstenflug Lange (Tel. 8139) oder Friesenflug (Tel. 3266). Der Flugplatz (Tel. 5504) befindet sich am Südstrand, dort auch Rundflüge (s. „Touren").

Mit dem eigenen Boot

Wyk hat einen ausgezeichneten und geräumigen **Jachthafen** unmittelbar nördlich des Fähranlegers. Drei Schwimmstege mit Boxen nehmen jede Menge Boote auf. Gastlieger sollten am östlichen Steg festmachen. Dort ist zwar am wenigsten Wasser, aber der Grund weich und unproblematisch.

●Direkt am Deich findet man im Restaurant **Klein-Helgoland** WCs, Duschen und Verpflegung. Zum Bunkern muss man allerdings in den Alten Hafen verholen.

●Wyk sollte tunlichst **nicht bei Nacht** angesteuert werden, und in Hafennähe muss man den klobigen Fähren weit aus dem Weg gehen.

●Auskünfte über den Belegungsstatus: **Hafenamt** (Tel. 500430).

Föhr

Wyk

Der Name, skandinavischen Ursprungs, bedeutet „Bucht". Eine solche gibt es in der Inselküste zwar nicht, aber ein Fahrwasser im Watt, das Föhr ansonsten zur Gänze umgibt. Wyk ist deshalb der **einzige Inselhafen.**

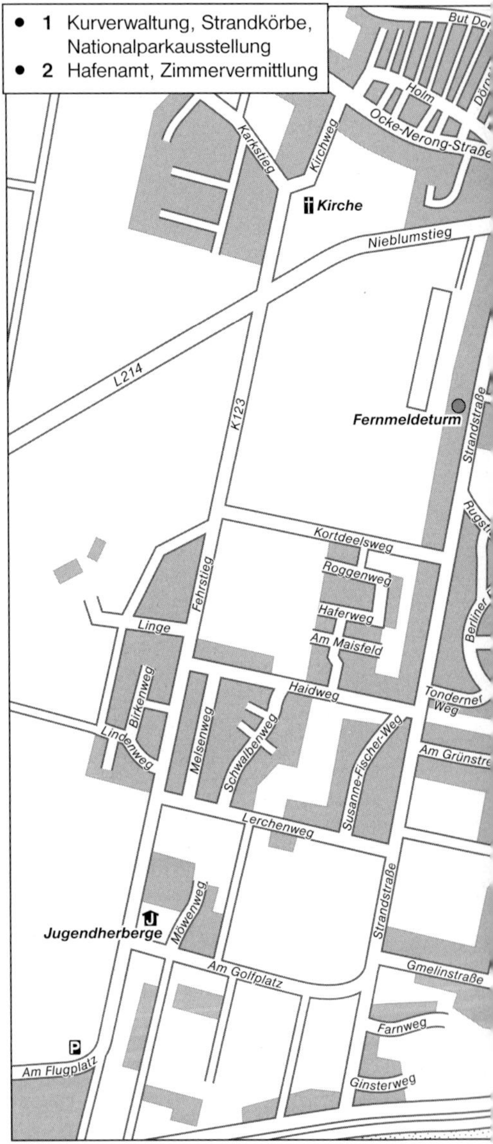
1 Kurverwaltung, Strandkörbe, Nationalparkausstellung
2 Hafenamt, Zimmervermittlung
But Dor
Holm
Ocke-Nerong-Straße
Karkstieg
Kirchweg
Kirche
Nieblumstieg
L214
K123
Fernmeldeturm
Strandstraße
Kortdeelsweg
Roggenweg
Haferweg
Am Maisfeld
Fehrstieg
Linge
Haidweg
Tonderner Weg
Birkenweg
Lindenweg
Melsenweg
Schwalbenweg
Susanne-Fischer-Weg
Am Grünstre
Lerchenweg
Möwenweg
Jugendherberge
Strandstraße
Am Golfplatz
Gmelinstraße
Farnweg
Am Flugplatz
Ginsterweg

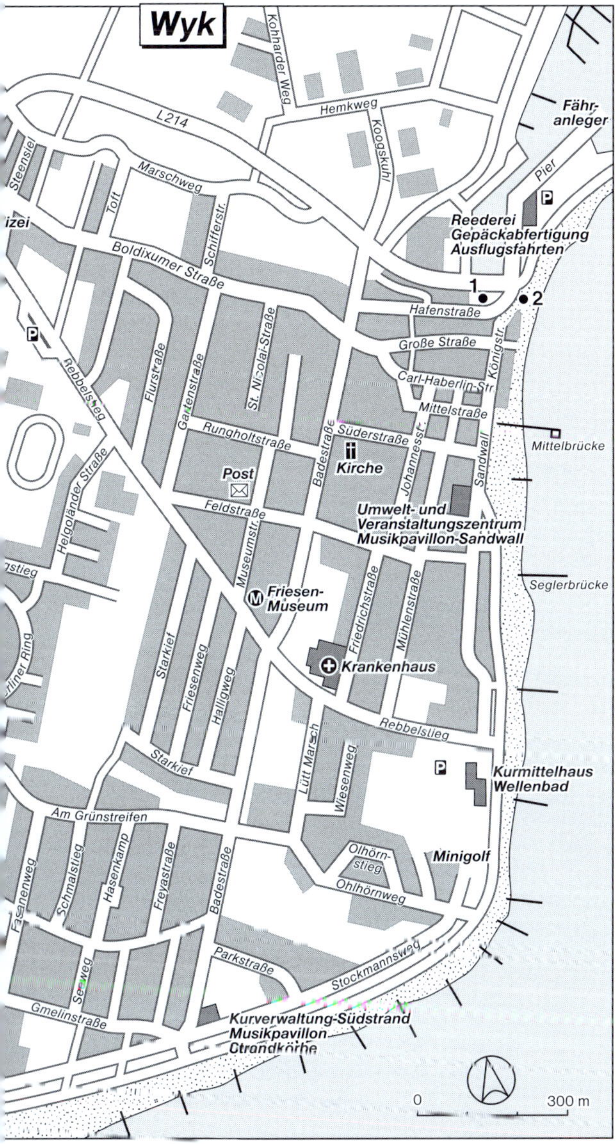
Wyk
Kohlharder Weg
Hemkweg
L214
Koogskuhl
Fähr-
anleger
Pier
Steensiel
Marschweg
Tolft
Schifferstr.
izei
Reederei
Gepäckabfertigung
Ausflugsfahrten
Boldixumer Straße
1
2
Hafenstraße
Große Straße
Königstr.
Carl-Haberlin-Str.
Mittelstraße
Rebbelstieg
Flurstraße
Gartenstraße
St. Nicolai-Straße
Rungholtstraße
Süderstraße
Badestraße
Johannesstr.
Sandwall
Mittelbrücke
Kirche
Post
Helgoländer Straße
Feldstraße
Umwelt- und
Veranstaltungszentrum
Musikpavillon-Sandwall
stieg
Museumstr.
Friesen-
Museum
Friedrichstraße
Mühlenstraße
Seglerbrücke
rliner Ring
Starkief
Friesenweg
Halligweg
Krankenhaus
Rebbelstieg
Starkief
Lütt Marsch
Wiesenweg
Kurmittelhaus
Wellenbad
Am Grünstreifen
Minigolf
Olhörn-
stieg
Ohlhörnweg
Fasanenweg
Schmalstieg
Hasenkamp
Freyastraße
Badestraße
Parkstraße
Stockmannsweg
Seeweg
Gmelinstraße
Kurverwaltung-Südstrand
Musikpavillon
0
300 m

Der Ort entstand erst **gegen 1600** und gelangte in der Zeit des **Walfangs** zu einiger Blüte, fiel dann aber, als es damit vorbei war, wieder an „Schläfrig-Holstein" zurück. Im Jahre **1819** brachte der **Seebadstatus** neuen Schwung, angekurbelt u.a. durch *König Christian VIII. von Dänemark*, der zwischen **1842** und **1847** in Wyk demonstrativ Badebesuche einlegte, um das Geschäft zu fördern. Auch der Märchendichter *Hans Christian Andersen* weilte im Gefolge des Königs 1844 auf der Insel.

Wyk ist seither auf Erfolgskurs, der **Fremdenverkehr** boomt. Erfreulicherweise ist trotzdem alles in Proportion geblieben. Ein paar wenig schöne Hochhäuser, nahe des Wyker Hafens beginnend, erheben sich an Föhrs südlicher Küstenlinie, doch man kann an ihnen vorbeisehen. Wyks **Vorzeigepromenade Sandwall** ist wohl die reizvollste der ganzen Deutschen Bucht, und den längs des Strandes verlaufenden Spazierweg möchte man ewig weiterwandern. Hübsch auch ist ein Parallelpfad oberhalb dieses Weges, der durch dichtes Grün führt.

Viel Grün, ansehnlicher Baumbestand – das macht überhaupt die Attraktivität Wyks (und anderer Inselteile) aus. Vielerorts sollte man sich davon eine Scheibe abschneiden.

Sehenswertes

Die Gässchen im alten Teil Wyks mit ihren kleinen **Seefahrerhäusern** geben ein buntes Bild ab, sind aber leider oft mit Autos vollgestellt. Schön ist's am **Alten Hafen,** vor allem wenn die Krabbenkutter einlaufen und die Fänge auf der Pier öffentlich verkauft werden.

Im Sommer ist am Hafen jeden Sonntag von 10 bis 15 Uhr **großer Markt** und viel Betrieb.

Am Hafeneingang steht ein **Pfosten,** auf dem die Wasserstände früherer Sturmfluten markiert sind. Ganz oben ist die Superflut von 1825. Man kann sich eines Grusels nicht erwehren, wenn man das umgebende Gelände mit dieser Markierung vergleicht.

Im **Friesenmuseum** am Rebbelstieg (gegründet von einem Schwaben) kann man sich einen vorzüglichen Einblick in die Inselgeschichte und -kultur verschaffen.

- Geöffnet Di–So 10–17 Uhr. Eintritt € 2,56.

Auch das **Infozentrum des Nationalparks Wattenmeer** im Rathaus sollte man unbedingt besuchen, wenn man sich über See und Watt kundig machen möchte.

- Von April bis Oktober täglich 9.30–16.30 Uhr offen, Eintritt frei.

Mehr noch – Aquarien, Dioramen, individuelle Beratung – wird im **Umweltzentrum** (Sandwall 38) geboten, und zwar

- Mi–Mo 10–12 und 15–17 Uhr, ebenfalls kostenlos.

Wyk-Info

- **Vorwahl:** 04681
- **Kurverwaltung Wyk:** Hafenstr. 23 (Rathaus), Tel. 3053, Fax 3066, E-Mail: Foehr-Wyk@t-online.de.
- **Reisebüro:** DER, Tel. 3129.
- **Ärzte:** Außer im Kreiskrankenhaus (Rebbelstieg) praktizieren in Wyk 8 Ärzte, dazu 5 Zahn- und 2 Tierärzte.
- **Kurtaxe:** siehe „Anhang“.
- **Strandkörbe:** Zuständig ist der Städtische Hafenbetrieb (Tel. 5004-831, E-Mail: hafenamt-wyk@t-online.de). Preise: 15.6.–14.9. € 6/Tag, € 35/Woche; 15.4.–14.6. und 15.9.–14.10. € 5/Tag, € 25/Woche; übrige Zeit € 4 bzw. 20. Schriftliche Vorbestellung empfehlenswert. (Eine Bestellkarte ist dem Gastgeberverzeichnis beigeheftet). Strandzonen 4 und 17 sind ausschließlich Nichtrauchern vorbehalten.
- **FKK-Strand:** in der Nähe des Flugplatzes.
- **Kirchen:** St. Nicolai (ev.), Mo 17 Uhr Orgelkonzert und Führung; St. Marien (kath., Rebbelstieg); Neuapostolische Kirche (Süderstr.) und Zeugen Jehovas (Strandstr.).
- **Hunde:** sind auf der Promenade anzuleinen. In der Nähe des Flugplatzes befindet sich ein „Hundestrand“. An allen anderen Stränden sind Hunde nicht erlaubt.

Unterkunft

- **Hotels/Pensionen:** Die besseren Häuser dieser Kategorie stehen natürlich alle am Wasser. Dafür kosten sie auch mehr – aber nicht alle. Das Strandhotel€€ (Tel. 58700), gleich vorn am Hafen, ist eigentlich ganz zivil bepreist. Sogar am vornehmen Sandwall übt man preisliche Zurückhaltung. Das Kurhaus-Hotel€€€ (Tel. 792) bietet viel Hotel fürs Geld. Im Schloss am Meer€€€ (Tel. 58670) liegen die Preise ein paar Prozentpunkte höher, aber dafür logiert man auch im Schloss.

- **Privatzimmer:** Einige Häuser liegen deutlich unter € 10, so *Thomsen* (Tel. 8206), allerdings ohne Frühstück. Das Gros liegt jedoch um € 20.
- **Ferienwohnungen:** Hier heißt es aufpassen, denn die Preisunterschiede („von/bis") sind in allen Fällen erheblich. Eine recht preiswerte Ecke ist – weil etwas abgelegen – der Fehrstieg im Westen Wyks; dort gibt es mitunter schon 4 Betten für € 30. Nirgendwo sollte man aber ohne vorherige Klärung des Saisonpreises eine Ferienwohnung buchen.
- **Jugendheim:** Das Ernst-Schlee-Schullandheim€ (Bi de Süd, Tel. 468) bietet 212 Betten auf 54 Zimmern an, dazu jede Menge Extras von der Bocciabahn bis zum Musikzimmer und nimmt auch Jugendgruppen auf. Anmeldung: *Dr. K. Witt*, Tel. 04193-5114.
- Die **Jugendherberge Föhr**€ (Fehrstieg 41, Tel. 2355, Fax 5527) liegt in der Nähe des Südstrandes. , 178 Betten, 6 Tagesräume, 7 Familienzimmer. ÜF und VP möglich.

Gastronomie

Weit über fünfzig Restaurants, Gaststätten, Cafés und Kneipen gibt es in Wyk. Wer zählt die Völker? Da kommen in der Tat einige zusammen.

- Da haben wir den Föhrer Chinesen mit dem Restaurant **Peking-Ente** (Waldstraße), mehrere Pizzerias und Gelaterias, **Zorbas den Griechen** (Große Straße) und den **Scheheresad-Imbiss** am Sandwall, wo man Nahöstliches genießen kann.
- Heimischere Kost darf man erwarten im **Friesenkeller** (Mühlenstraße), in der **Friesenstube** (Süderstraße) und ganz bestimmt in **Klatt's Guten Stuben** (Mühlenstraße).
- Viel kulinarisches Geschehen konzentriert sich auf der geschäftigen **Sandwall-Promenade.** Vorzüglich essen kann man in den großen **Hotels,** doch es gibt auch jede Menge **Snackbars, Cafés und Kneipen.** Bei schönem Sommerwetter verlagert sich ein Großteil der Action ins Freie; mitten auf der „Flaniermeile" kann man dann Friesenwaffeln, Crepes und hausgemachten Apfelkuchen zu sich nehmen.
- Auf die Schnelle gibt es fast an jeder zweiten Straßenecke etwas. Hübsch der Name **„Wyk-End"** (Mittelstraße), wo sich Eilige verköstigen können. Zu Fast-Food fand ich mich am Minigolfplatz (Südstrand) geladen. Gottlob half mir eine Ladung Krabben, frisch vom Kutter, über das traumatische Esserlebnis hinweg. Drei Euro versorgen zwei Personen locker, nur das Brot muss man sich hinzukaufen.

● Und nach der 50. Einkehr in jeweils eine andere Gaststätte kann man dann noch auf Nieblum, Utersum und die Friesendörfer ausweichen, wo es auch überall etwas zu essen gibt.

Nieblum

Zusammen mit Goting an der Südküste ist Nieblum das **hübscheste Friesendorf** Föhrs und wohl ganz Schleswig-Holsteins. Beherrscht wird das Örtchen von der wuchtigen **St.-Johannis-Kirche** („Friesendom") aus dem 12.–13. Jahrhundert. Im Innern zu betrachten: Taufstein aus den Entstehungsjahren, Holzstatue „Johannes" von 1487 und die Kanzel (1618). Draußen: zahlreiche **„sprechende Grabsteine"** auf dem Friedhof mit Botschaften aus der Zeit des Walfangs und der welt-

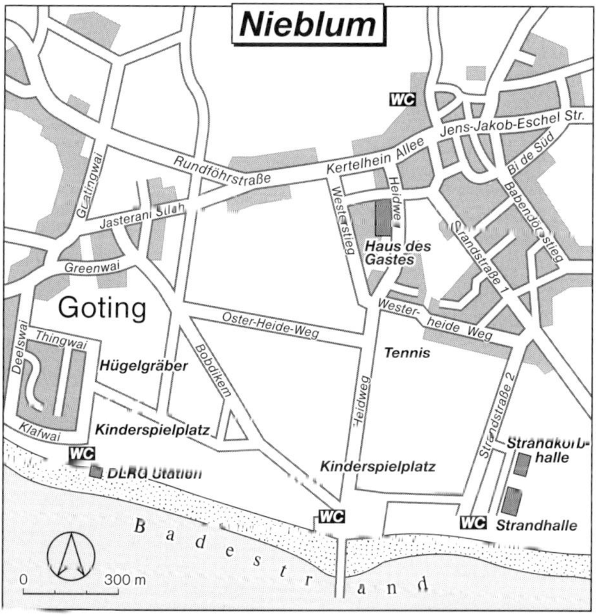

025nf Foto: rh

weiten Schifffahrt. Ein Gang durch den Ort ist in einer halben Stunde erledigt, aber an jeder Ecke gibt es etwas Reizvolles zu sehen.

Nieblum-Info

- **Vorwahl:** 04681
- **Kurverwaltung:** Poststraat 2, Tel. 2559, Fax 3411, www.nieblum.de, E-Mail: info@nieblum.de.
- **Arzt:** Kertelhainallee 12.
- **Kurtaxe:** siehe „Anhang".
- **Strandkörbe:** bei der Kurverwaltung und in Goting am Strand, nur gegen Vorlage der Kurkarte; keine Vorbestellung. Preise: in der HS um € 4,50/Tag, € 25,50/Woche, in der übrigen Zeit ca. € 3/Tag, € 16/Woche.
- **FKK:** beim Goting-Kliff.
- **Kirche:** s. o.

Auch auf Föhr: Sprechender Grabstein

Unterkunft

- **Hotels:** Vier Hotels gibt's in Nieblum: Haus Weimar€€, (Namine Witt Wai 22, Tel. 2361, Fax 570273); Landhotel Witt€€ (Tel. 58770); Hotel garni Osterheide€ (Tel. 2895) und das Hotel garni Timpe Te€ (Tel. 1631).
- **Zimmer:** nur zwei: *Christiansen*€€ (Tel. 2330), und *Poll*€ (Tel. 2182).
- **Ferienwohnungen:** Die schönen Friesenhäuser sind bei diesem Herbergenkomplex leider in der Minderheit. Auffällig ist auch, dass die wenigen aufgeführten zumeist auswärtigen Eigentümern gehören. Einige sind happig teuer (über 150 Euro pro Tag), bei anderen kommt man, zumindest außerhalb der HS, auf wesentlich günstigere Preise.

Gastronomie

- Das **Hotel Osterheide** ist nicht nur garni; es gibt auch warme Küche, aber nur abends. „Exquisites, auch im Einfachen", hat **Witt's Gasthof** (mitten im Ort) auf seinem Menü, und die Restaurants **Altes Landhaus**, **Lohdeel** und **Zum Schlachter** stehen da nicht nach.
- Italienisches, vor allem Pizzen, reicht man in **La Gondola.**
- Das **Steakhouse am Heidweg** ist die richtige Adresse für kräftige fleischliche Genüsse.
- In Goting speist man in der **Webstube** mit Amrumblick, und im **Legruum-Hor** ist das Ambiente ausgesprochen rustikal. Dazu zahlreiche Cafés und Imbisse im Ort und am Strand.

Utersum

Der kleine Badeort Utersum liegt am Südwestende Föhrs, unmittelbar der Amrumer Odde gegenüber. Ein gemütlicher **Dorfkern, urzeitliche Grabhügel** dahinter, 2 km Sandstrand davor, und das wär's auch schon.

Utersum-Info

- **Vorwahl:** 04683
- **Kurverwaltung:** Klaf 2, Tel. 346, Fax 1361, www.utersum.de, E-Mail: kv-utersum@t-online.de.
- **Arzt:** Lungjaat 11.
- **Kurtaxe:** siehe „Anhang".
- **Strandkörbe:** bei der Kurverwaltung, nur gegen Vorlage der Kurkarte; keine Vorbestellung. Preise: in der HS um € 4,50/Tag, € 25,50/Woche, in der übrigen Zeit ca. € 3/Tag, € 16/Woche.

Unterkunft

- Vier kleinere **Hotels/Pensionen** teilen sich in der ersten Kategorie den Kuchen. Am billigsten ist das **Eckhüüs**€ (Tel. 358) ÜF, dicht gefolgt vom Hotel garni **Zur Post**€€ (Tel. 330), einem mit 17 Doppelzimmern recht stattlichem An-

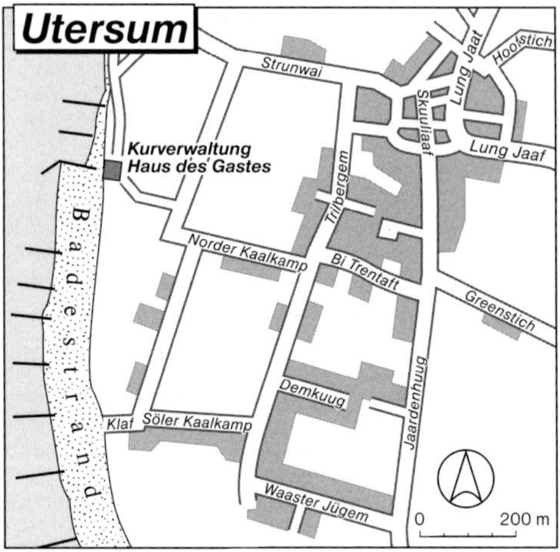

wesen . Die anderen beiden sind **Hansen**€ (Tel. 1088) und **Knudsen**€/€€ (Tel. 308).

- **Zimmer:** Gästehaus Hannchen€€ (Tel. 1396), der Preis schließt die Kurtaxe ein.
- **Ferienwohnungen:** Wie überall variieren die Preise hier sehr stark. 2 Betten werden schon mal für € 38 angeboten, doch in allen Fällen ist ein Steigerungsfaktor dabei, der wie auf ganz Föhr weiteres Kundigmachen erfordert.

Gastronomie

- In einem kleinen Ort wie Utersum braucht man keinen Wegweiser, um binnen kurzer Zeit eine Oase zu finden. Im **Eckhüüs** kann man nicht nur wohnen, sondern auch speisen; das Gleiche gilt fürs **Hannchen**, dem die **Utersumer Stuben** angeschlossen sind. Auch das **Hotel zur Post** unterhält ein Café-Restaurant.
- Auf die Schnelle kann man im **Haus des Kurgastes** einen Snack verzehren; für substanziellere Mahlzeiten bieten sich das **Gasthaus Knudsen,** der **Ual Pesel, Stal Huk** und das **Alte Zollhaus** an.

Die Friesendörfer

Alkersum, Midlum, Oevenum, Wrixum. Borgsum, Dunsum, Oldsum (zusammen mit Klintum und Toftum), Witsum. Das „-ummt“ sich ganz schön.

Für die ersten vier Dörfer ist die Kurverwaltung Nieblum zuständig, für die anderen, zu denen sich Süderende gesellt, ist es die Kurverwaltung von Utersum.

Etwa die Hälfte der Föhrer, rund 5000 Seelen, wohnen in diesen gemütlichen Dörfchen, die großenteils aus früher friesischer Besiedlung der Insel stammen. Keines dieser Dörfer hat Sensationelles vorzuweisen. Dass man in Oevenum die **zentrale Inselmeierei** besichtigen kann, „wo die Milch von 5000 Kühen verarbeitet wird", wird nur wenige Föhrbesucher zu Begeisterungsstürmen hinreißen. Dasselbe gilt auch wohl für das **Schöpfwerk** im koreanisch klingenden Dunsum. Doch die friedliche Rustikalität, die allen Dörfern gemein ist, die schönen **alten Reetdachhäuser** und die **prächtigen Windmühlen** – das alles ist schon eine Reise, vielleicht auch einen Aufenthalt wert.

Info

- **Vorwahl:** Alkersum, Midlum, Oevenum und Wrixum: 04681; Boldixum, Borgsum, Dunsum, Oldsum, Süderende und Witsum: 04683
- **Kurverwaltung:** Nieblum/Utersum, s.o.
- **Kirche:** St. Laurentii (ev.) mit spektakulären Gewölbemalereien.

Unterkunft

- **Pensionen:** sind dünn gesät. In Oevenum gibt's das Landhaus Laura€€ (Tel. 59790) sowie Kroger's Dörpskroog€ (Tel. 2103) und in Wrixum die Pension Artsten€ (Tel. 2331).
- **Privatzimmer:** auch nur eine Hand voll, und zwar in Midlum (2), Oldsum (1) und Wrixum (2). Ab € 15 ÜF.
- **Ferienwohnungen:** Hier lässt sich erneut das Phänomen beobachten, dass die schönsten Friesenhäuser Nichtföhrern gehören. Die meisten Preise sind allerdings moderat. Wer sein Budget etwas auf Taille halten möchte, ist auf den Dörfern gut aufgehoben. Für etwa € 15 pro Kopf kommt man vielerorts unter.

Gastronomie

Jedes der genannten Dörfer hat wenigstens eine Speisestätte, Dunsum allerdings nur eine **„Theestube"**. Kein Malheur. Gibt's in einem Dorf gerade mal nichts, dann garantiert im nächsten. Wie wär's denn mit Spanferkel (Mi und Fr) in der **Wrixumer Mühle** oder einem urigen Inseldinner in der **Scheune** in Süderende?

Öömrang, Fering und Söl'ring

„Amringisch" und „Föhrisch", zwei oft totgesagte **Dialekte** aus alter Zeit, sind auf Amrum und Föhr noch sehr lebendig. Man kann sogar sagen: lebendiger denn je. Beide Inselsprachen haben gerade in jüngster Zeit großen Auftrieb erhalten; just kam das erste **Wörterbuch** heraus. Sie werden auch in den **Schulen** gelehrt und von Kindern und Jugendlichen nicht ohne gewissen Stolz gesprochen, denn man hebt sich dadurch von der Masse ab, die sich für den größten Teil des Jahres aus „Deutschen" zusammensetzt.

In der Landeshauptstadt Kiel nimmt man den sprachlichen Bonsai-Separatismus mit gelassenem Schmunzeln hin. Es ist nicht damit zu rechnen, dass die Sprecher von Öömrang und Fering, insgesamt etwa 0,01% der Bundesbevölkerung, auf die Vorzüge der deutschen Sozialsysteme verzichten werden, indem sie sich politisch selbstständig machen. Tatsächlich aber versteifen sich manche Insulaner darauf, **keine Deutschen** zu sein – denn das sind die Touristen. Nicht einmal als Friese möchte man gelten: einigen Betonköpfen schwebt ein dumpfes „nordisches" Image vor, wie wir es schon einmal hatten.

„Da Nordfrasche – en manerhäid" (Die Nordfriesen – eine Minderheit) heißt der Titel einer lokalen Videokassette. Das klingt verdächtig nach Schwyzerdütsch, ist aber ein paar Breitengrade nördlicher anzusiedeln. Wer Englisch (vor allem altes), Holländisch und Dänisch beherrscht, wird die Inseldialekte ohne viel Mühe entziffern können, ein bisschen Eingewöhnung, bitteschön, vorausgesetzt.

Sind sie nun Friesen oder nicht, die da oben? Zumindest müssen sie eng mit ihnen verwandt sein. Auch hier erhielt der Autor, genau wie auf den Ostfriesischen Inseln, bei seinem Besuch (einer Sprachkoryphäe) nicht die bewusste Tasse Tee.

Söl'ring letztlich ist die alte Sprache der Sylter, die gleich als Nächstes an die Reihe kommen. Die aus friesischen Urelementen sowie Zusätzen aus dem Deutschen und Dänischen hervorgegangene Inselsprache ist im Gegensatz zu jenen Amrums und Föhrs nicht sehr verbreitet. Sie erfährt aber Belebung und unterstützende Pflege durch den **Sylter Heimatverein Söl'ring Foriining** und traditionsbewusste Insulaner. Eine Beispielvokabel, der das Wort „kurz" unterliegt: *Sjürt* (Söl'ring) = *skjorte* (dän.) = *shirt* (engl.) = Hemd.

606dn Foto: rh

Ganz Sylt

Geschichte

Der Name

Sild, syld, sylt – das heißt „in Deutschland ganz oben", – wo man auf diesen wirklich klugen Werbeslogan gekommen ist – überall dasselbe: Hering. Als *Sild* fand die Insel auch erstmalig **urkundliche Erwähnung,** und zwar anno **1141** in den Steuerbüchern *des Dänenkönigs Erik III.*

Frühe Geschichte

Frühe Besiedlung und **Hünengräber** – der Denghoog in Wenningstedt ist das größte und bekannteste –; nach England abwandernde **Angeln** und **Sachsen; Wikinger** und dann, um **700,** die ersten **Friesen:** Sylts Geschichte bis zur ersten Jahrtausendwende entspricht weitgehend jener Föhrs und Amrums, bereits geschildert.

Möglicherweise gehörten alle drei Inseln zu jener Zeit noch zum gleichen Landkomplex. Eine Karte von Sylt um das Jahr **1240** zeigt die heutige spillerige Insel von einem riesigen Pfannkuchen festen Landes umgeben. Wenn auch dem Kartografen *Johannes Meyer,* wie schon an anderer Stelle vermerkt, nicht so recht getraut werden kann, so geben doch die zahlreichen Ortsnamen Zeugnis für reale Überlieferungen ab. Dass die Insel damals **wesentlich größer** gewesen sein muss, in welcher Form auch immer, steht außer Zweifel. Die heutige Entwicklung zeigt ja eindrücklich genug den ständig fortschreitenden **Landverlust.**

Rückschritte

Um **1300** wurde die Insel alten Berichten zufolge „verwüstet und erträncket". In der **Allerheiligenflut von 1436** brachen wiederum gewaltige Brocken Land ab. Unter anderem ging das reiche Dorf **Eidum** seeseitig des heutigen Westerland unter, das daraufhin von überlebenden Eidumern gegründet wurde – immer wieder einen Schritt voraus, zwei zurück. List allein verlor elf Ortschaften; fünfmal verschwand das Dorf Rantum – jedes Mal ein anderes – unter Wanderdünen.

Der **Sand** ließ sich nicht festnageln. Er versetzte im **15. und 16. Jahrhundert** zusammen mit Sturmfluten der ohnehin kümmerlichen **Landwirtschaft** der Insel den Todesstoß. Der **Heringsfang** bildete von nun an die Haupterwerbsquelle der Sylter, die ihrem alten Namen mit dieser Tätigkeit wahrhaft gerecht werden konnten.

Walfang und Seefahrt

Neue Landverluste, Überschwemmungen, Sand – und jetzt, um die **Mitte des 17. Jahrhunderts,** blieb auch noch der Hering aus! Der Walfang schloss sich als Nächstes der Sylter Geschichte an, wenn auch, wie überall, nicht sehr lange. Das eigentliche „goldene Zeitalter" Sylts kam erst in den Jahren **1775 bis 1807,** als mehr als die Hälfte der männlichen Bevölkerung zur See fuhr und gutes Geld verdiente. Die Qualitäten Sylter **Seeleute** waren bei allen handelstreibenden Nationen geschätzt.

Die **Risiken** der damaligen Seefahrt waren enorm: Drei Fünftel aller Sylter gingen mit ihren Schiffen verloren. Andere gerieten in die Gefangenschaft moslemischer Korsaren, wo es ihnen weniger gut ging als dem Amrumer Hark Olufs. Die meisten kehrten, falls überhaupt, erst nach langen Jahren und gegen Zahlung von Lösegeld „uth der Schlawerye" zurück.

Strandraub

Nicht, dass man auf Sylt zartfühlender gewesen wäre! Die gleichen rauen Sitten wie an den wilden Maurenküsten herrschten hier, und vielleicht noch schlimmere. Die Strandräuberei war eine Art Volkssport, denn immer wieder trieben manövrierunfähige Schiffe auf die exponierte „Energieküste", wie es heute heißt. Wehe dem **Vogt,** der das Gesetz allzu eifrig zu vertreten suchte! Anno **1694** hatte *Niss Bohn*, der Strandvogt von Rantum, sieben Personen wegen Strandraubs angezeigt; wenig später wurde er auf einem Fest erstochen. Die Täter wurden nie zur Verantwortung gezogen. Fünf Jahre danach standen gleich 19 Rantumer vor Gericht, weil sie ein angetriebenes Fass mit 200 Litern französischen Weines kurzerhand ausgesoffen hatten – wer wollte ihnen das verdenken! Kurz darauf konnte sich eine junge Sylterin, im Begriff, ein Butterfass aufs Trockene zu ziehen, des Strandvogts nur dadurch erwehren, dass sie sich entkleidete. Der tugendsame Küstenwächter suchte entsetzt das Weite. **1713** wurde ein Archsumer Schiffer, der sich mit seiner Geldkatze an Land gerettet hatte, erschlagen und verscharrt.

101sy Foto: FR

Krabbenkutter

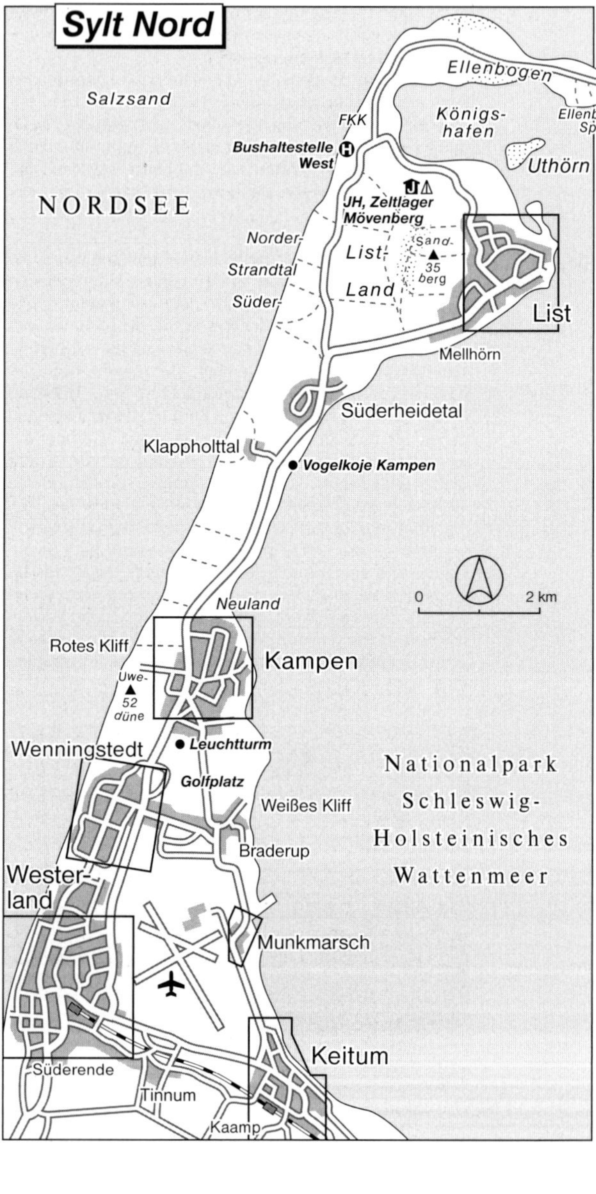

Sylt Nord
Salzsand
NORDSEE
Ellenbogen
Königs-
hafen
Ellenboge
Spitze
Uthörn
FKK
Bushaltestelle
West
JH, Zeltlager
Mövenberg
Norder-
Strandtal
Süder-
List-
Land
Sand-
35
berg
List
Mellhörn
Süderheidetal
Klappholttal
Vogelkoje Kampen
Neuland
0
2 km
Rotes Kliff
Kampen
Uwe-
52
düne
Wenningstedt
Leuchtturm
Golfplatz
Weißes Kliff
Braderup
Nationalpark
Schleswig-
Holsteinisches
Wattenmeer
Wester-
land
Munkmarsch
Keitum
Süderende
Tinnum
Kaamp

Mit den Vögten, die die Belange der **dänischen Krone** vertraten, standen die Insulaner schon immer auf dem Kriegsfuß. Die **Burg Borig** bei Tinnum war wahrscheinlich bereits im **9. Jahrhundert** gegen säumige Zinszahler angelegt worden, und der Fischer **Pidder Lyng,** der einen Steuereinnehmer umbrachte, ist als Volksheld in die Inselgeschichte eingegangen. Anno **1799** war man indes schon etwas zivilisierter geworden – oder der Vogt war schneller als die Strandhyänen. Als die Leiche von *Daniel Wienholt* antrieb, Sohn eines Hamburger Kaufmanns und ertrunken beim Schiffbruch der berühmten „Lutine" vor Terschelling, wurden die sterblichen Reste in aller Form beigesetzt und die Effekten nach Hamburg geschickt. Heute erinnert eine englischsprachige Tafel an der Tür der Westerländer Kirche an diese Begebenheit.

Seebad

Ein halbes Jahrhundert später begann die Zeit des Seebades **1851** hatte *Theodor Mügge* in seinem Roman „Der Vogt von Sylt" die Insel in den Himmel gelobt. Ein Jahr später „kurte" *König Christian VIII.* bereits dort, **1855** wurde Westerland **Seebad.** Peu à peu zogen die anderen Inselorte nach. Dann wurde Sylt in rascher Folge erschlossen: **1888 Dampfspurbahn** Munkmarsch-Westerland, bald darauf **Sylter Inselbahn** von Hörnum bis List (1970 leider, leider eingestellt), **Hindenburgdamm 1927.** Und damit kam die ganz große Flut – die touristische. Hoffentlich erweist sie sich auf lange Sicht als segensreicher als diejenigen der Nordsee.

Sylt heute

110 km Küstenlinie, fast **40 km lückenloser Sandstrand** allein an der Westseite – das kann sich sehen lassen. Die Frage ist nur, wie lange noch. An keiner Nordseeinsel nagt der Blanke Hans mit derartiger Verbissenheit wie an Sylt, keine verliert jährlich mehr Substanz, unwiederbringlich. Und der **Abbau** geht immer schneller vor sich: Waren es bis 1950 noch 90 Zentimeter im Jahr, sind es jetzt bereits anderthalb Meter, Tendenz steigend.

Wie lange noch?

Auf acht Meter Höhe türmen sich die Seen in schweren Stürmen einen Kilometer vor der Küste, vier Meter krachen noch an den Strand. 1,5 Mio m³

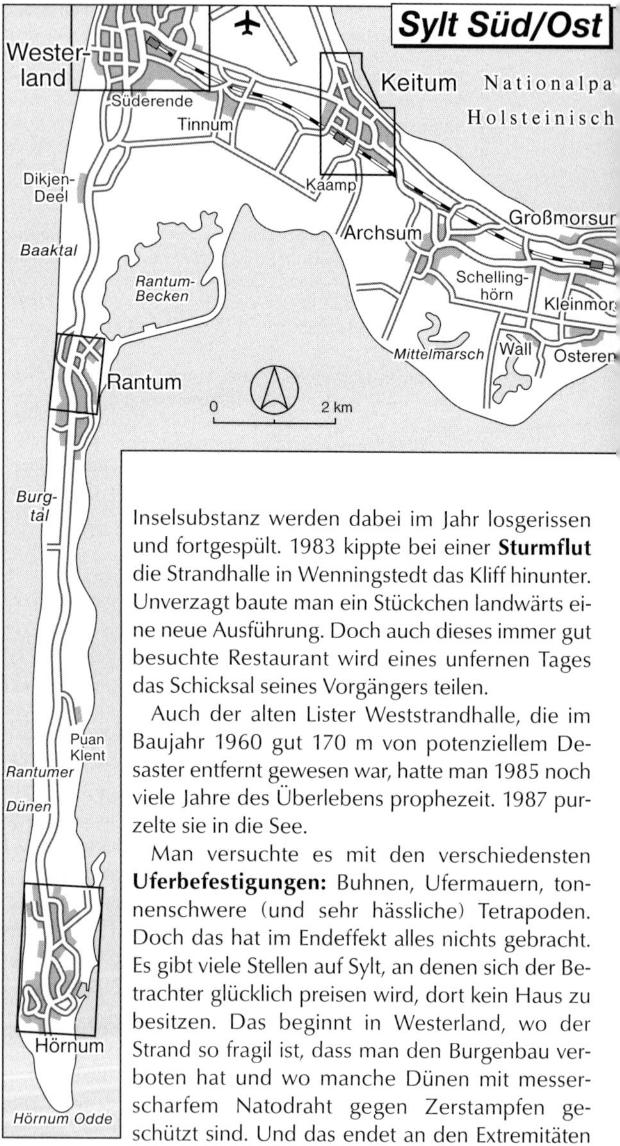

Inselsubstanz werden dabei im Jahr losgerissen und fortgespült. 1983 kippte bei einer **Sturmflut** die Strandhalle in Wenningstedt das Kliff hinunter. Unverzagt baute man ein Stückchen landwärts eine neue Ausführung. Doch auch dieses immer gut besuchte Restaurant wird eines unfernen Tages das Schicksal seines Vorgängers teilen.

Auch der alten Lister Weststrandhalle, die im Baujahr 1960 gut 170 m von potenziellem Desaster entfernt gewesen war, hatte man 1985 noch viele Jahre des Überlebens prophezeit. 1987 purzelte sie in die See.

Man versuchte es mit den verschiedensten **Uferbefestigungen:** Buhnen, Ufermauern, tonnenschwere (und sehr hässliche) Tetrapoden. Doch das hat im Endeffekt alles nichts gebracht. Es gibt viele Stellen auf Sylt, an denen sich der Betrachter glücklich preisen wird, dort kein Haus zu besitzen. Das beginnt in Westerland, wo der Strand so fragil ist, dass man den Burgenbau verboten hat und wo manche Dünen mit messerscharfem Natodraht gegen Zerstampfen geschützt sind. Und das endet an den Extremitäten

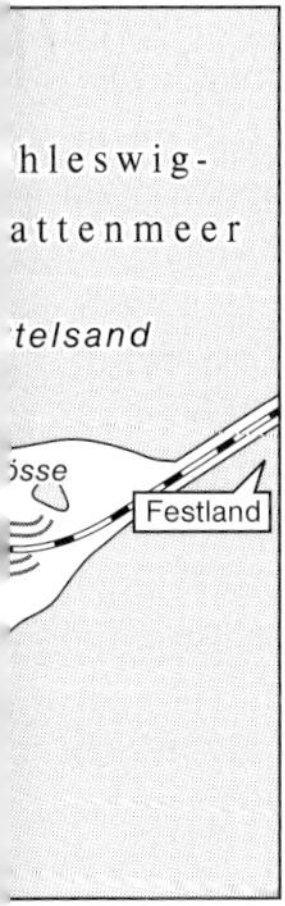

der Insel. Der Lister Ellenbogen war schon einmal abgetrennt, und die Hörnumer Odde ist derzeit Sylts heißestes Pflaster. Vor ein paar Jahren auch, als an der Westfront alles glimpflich auszugehen schien, kam die Nordsee durch die Hintertür gekrochen. Bis zum Westerländer Bahnhof bekam man nasse Füße. Der Hindenburgdamm ist nämlich nicht nur ein Segen für Sylt. Bei hartem Nordwest wird durch ihn enormer Rückstau bewirkt, der das Wattenmeer buchstäblich zum Überlaufen bringt.

Seit 1984 hilft man sich mit **Sandvorspülungen:** Im Sommer wird wieder aufgeschüttet, was im Winter verloren gegangen war. Das ist zwar enorm teuer (über 10 Mio. Euro pro Jahr), aber die einzige Methode, die einigermaßen Erfolg hat. Bis auf weiteres jedenfalls. Ein höherer Meeresspiegel, mehr Power in der Brandung – dann ist es auch damit vorbei.

Schickimicki Island?

Sylt, das war einmal die Hochburg der sexuellen Entklemmung der aufstrebenden, nachholbedürftigen Republik, eine Insel umwoben vom Mythos einer nie enden wollenden Orgie. Das ist passé. Breit gemacht hat sich stattdessen eine „Art kollektiver postkoitaler Katerstimmung," schrieb *Benno Kroll* einst im Playboy. „Sylt ist längst zum Symbol einer einfältigen, einfallslosen sexuellen Reaktion geworden. Ein Gehirn, das unverändert von Standesdünkel, Karriereneid, Vorsorgementalität, Schicksalsangst, von den Zwängen der Biederkeit, den Geboten der Förmlichkeit und den Statuten der Etikette versklavt ist, kann die Wollust nicht entfesseln. Vom Mythos Sylt ist nur die Nichtigkeit einer Schicht um Schicht abgeschälten Zwiebel übrig geblieben."

Die Schickeria, die da vornehmlich in Kampen allsommerlich zusammentrifft, nennt Kroll verächtlich „Saisonadel". Vorbei auch die Zeiten, in denen das gemeine Volk angesichts schimmernder Aufmärsche in spitzes Geschrei ausbrach. Den Playboy (eigenen Verständnisses), der sich mit einer Miene gedämpften Ekels in die Niederungen der Öffentlichkeit verirrt, nimmt es gar nicht zur Kenntnis, weil es nichts mit ihm anzufangen weiß.

Das Schöne am heutigen Sylt ist ja, dass der Inselbesucher keine Reklamefigur wie den *Butler John* benötigt, um das Eiland zu genießen. (Der Mann schenkt gegen klotzige Gage im steifen Cut am Strand Getränke ein und macht sich auch sonst beim „champagnerdösigen" Saisonadel nützlich). Man kommt, im Gegenteil, prächtig ohne Brillis aus, kann auch aufs Renommierblech, überhaupt aufs Mobil verzichten und ganz bestimmt aufs eigene Reetdach. Außerhalb der „Szene", die keineswegs, wie oft geglaubt wird, ganz Sylt in sich einschließt, kann man ein durchaus urwüchsiges und nicht überall teures Eiland erleben. Solange die Nordsee mitspielt natürlich.

Naturschutzgebiete

Große Areale der Insel Sylt sind NSG, und zwar nicht als Teile des Nationalparks, sondern als Betreuungsobjekte verschiedener privater Naturschutzverbände im Auftrag der Landesregierung.

Listland

Das NSG Nordsylt mit den eindrucksvollen **Wanderdünen** des Listlandes und einer allgemein schutzwürdigen Fauna und Flora wurde bereits 1923 ins Leben gerufen und 1980 noch erweitert. Mit Ausnahme einiger Ortsteile von List umfasst dieses NSG heute den gesamten Norden Sylts oberhalb von Kampen und Wenningstedt.

Nielönn

Inkorporiert, doch anderen Verbänden unterstellt ist das NSG Nielönn am Wattenmeer. Das 64 ha große Biotop Nielönn wurde 1979 unter Naturschutz gestellt und dient vor allem als **Vogelreservat.** Die Bekassine ist hier heimisch, und im

026nf Foto: rh

Herbst rasten im Nielönn Tausende von Ringelgänsen, Pfeif- und Stockenten. Betreten des Gebiets ist nicht erlaubt, doch die Vogelwelt lässt sich vom Wanderweg neben der Landstraße ausgezeichnet beobachten.

Rotes Kliff Das Rote Kliff nördlich von Wenningstedt, ebenfalls ins NSG Nordsylt integriert, ist insbesondere geologisch interessant. Viele **Fossilienfunde** sind hier getätigt worden, und versteinerte Schwämme und Seeigel werden am Strand zu Füßen des Kliffs immer wieder aufgesammelt. Im Oberteil durchziehen Wanderwege das Gelände, auf dem im Sommer eine schöne Heide blüht.

Braderuper Heide Gegenüber liegt das NSG Braderuper Heide mit dem zum Watt abfallenden **Weißen Kliff** und mit **Schluchten,** die sich zur Ostküste hin öffnen und in grünes Vorland übergehen. Diese höchst **reizvolle Landschaft** geriet dermaßen unter touristischen Druck, dass im Jahre 1979 der Schutzstatus erklärt werden musste. Heute kann man die Braderuper Heide auf einem ausgewiesenen

Wegenetz erschließen, und die Natur erholt sich langsam.

Morsum-Kliff

Ein gleiches gilt für das NSG Morsum-Kliff im Osten. Auch hier drohte ein landschaftlich besonders schönes und **geologisch wertvolles** Areal unter dem Ansturm von „Naturliebhabern" zur Schutthalde zu verkommen, obwohl es schon seit 1923 unter Schutz stand. Rigorosere Bestimmungen wurden in den siebziger Jahren eingeführt, und seither ist am Morsum-Kliff ebenfalls Erholung zu verzeichnen.

Rantum becken

Das NSG Rantumbecken war zu Kriegszeiten eine Wasserflugzeugbasis. 1962 wurde das 568 ha große **Brackwasserareal** unter Schutz gestellt. Es hat sich seither zum lebendigsten Biotop Sylts entwickelt. Mindestens **50 verschiedene Brutvogelarten,** darunter sehr seltene, sind hier zu Hause und verleihen dem NSG den elitären Status eines **Europareservats** – und das einen Katzensprung vom Flughafen und der boomenden Metropole Westerland entfernt! Die Vogelwelt lässt sich gut von dem Damm beobachten, der das Becken zum Wattenmeer hin umgibt.

028nf Foto: rh

Typische Insel-Architektur

Rantumer Dünen, Hörnum-Odde

Zwischen Rantum und Hörnum nimmt das NSG **Rantumer Dünen** 397 ha Fläche ein, und an Sylts Südspitze bildet das NSG **Hörnum-Odde** das Schlusslicht. Hier hämmert der Blanke Hans mit besonderer Gewalt. Mehrmals schon brach die Nordsee zum Wattenmeer durch und machte die Odde zur Insel. Das NSG kann auf einem speziellen Pfad erwandert werden, strikte Einhaltung der Schutzbestimmungen ist geboten.

Nationalpark

Zum Nationalpark Wattenmeer gehört das Watt zu beiden Seiten des **Hindenburgdammes** und der größte Teil des **Königshafens** bei List.

Insel-Info

Auskunft

- Allgemeine **Auskünfte** und **Prospekte:** Bädergemeinschaft Sylt, Stephanstr. 6, 25980 Westerland, Tel. 04651-19433, Fax 820222, www.sylt-news.de., E-Mail: info@bgsylt.allcon.com

Vorwahl

- **04651** (ganz Sylt)

Veranstaltungshinweise

- Der Veranstaltungskalender **Sylter Urlaubstipps** erscheint monatlich und gibt Auskunft über die jeweiligen Tagesprogramme aller Inselgemeinden; dazu Informationen von generellem Interesse. Gratis bei allen Kurverwaltungen.
- Über das **aktuelle Sylt-Telefon** (Tel. 04651-6465) kann man täglich Programmhinweise und -änderungen sowie Tipps für die Tagesgestaltung in Erfahrung bringen.
- Aktueller **Faxabruf:** 0190-510113.

Wetterbericht

- Die Telefonnummer 04652-1098 liefert den neuesten lokalen Wetterbericht mit aktuellen **Hinweisen für Segler und Surfer** (diese nur von Mai bis Oktober).

Brauchtum

- *Söl'ring Foriining* – Sylter Verein – ist zuständig für die Erhaltung des Inselbrauchtums, Schutz von Küste, Landschaft und Denkmälern der Insel Sylt. Der Verein unterhält das Sylter Heimatmuseum und das Altfriesische Haus in Keitum, die Kampener Vogelkoje und das Hünengrab „Denghoog" in Wenningstedt. Über Tel. 04651-32805 können Sylt-Fans mehr erfahren.

Telefonseelsorge

- Menschen in seelischen Nöten können täglich 19–24 Uhr folgende Telefonnummer konsultieren: 25500.

027nf Foto: rh

Wohnmobil

●Wer mit dem Wohnmobil anreist, aber keinen Platz gebucht hat und öffentlich parkt, wird mit größter Unnachsichtigkeit zu € 30 Strafe verknackt. Weitere Zuwiderhandlungen können bis zu € 2500 kosten. Auch Entsorgungsmöglichkeiten müssen vor der Anreise abgeklärt werden.
●Außer den Campingplätzen der verschiedenen Orte bietet **Campi's Center** in Westerland (Trift 5, Tel. 04651-6041) die Abwasserentsorgung an – sogar rund um die Uhr (Münzstation). Auf den Campingplätzen von Westerland, Rantum und Morsum können **Chemietoiletten** allerdings nicht entsorgt werden.

Hunde

●„Liebe Hundehalter, herzlich willkommen auf der Insel Sylt." So heißt es im amtlichen Text. Die Hunde sieht man allerdings weniger gern. Deshalb gibt es deutlich hinweisend in den jeweiligen Kurhäusern kostenlos eine Schaufel und den dazugehörigen Entsorgungsbeutel.

Presse

●Der **Sylter Spiegel** und **der Neue Sylt Anzeiger,** zwei flachbrüstige Reklameblättchen, erscheinen wöchentlich, die **Sylter Rundschau** täglich.

Unterkunft

●Das **Sylter Beherbergungssystem** (alle Gemeinden) weist eine Besonderheit auf, die es auf den anderen Inseln in diesem Umfang nicht gibt. Und zwar haben die einzelnen Betriebe das jeweilige Preisgefüge in verschiedene **Zeitsektionen** eingeteilt, die mit den amtlichen Festlegungen der Haupt- und Nebensaison nichts gemein haben. Seit kurzem erst haben präzise Angaben zu diesen individuellen Preisklassen überhaupt erst Eingang in die Listen gefunden – immerhin hat man jetzt feste Anhaltspunkte.

Kurmittelhaus

(Zuvor war viel Ratespiel und Nachfragerei nötig). Der Kolumne „Saisonzeiten" im Gastgeberverzeichnis ist deshalb sorgfältige Beachtung zu schenken. Im nachstehenden Text wird von Fall zu Fall daran erinnert, diese Besonderheit nicht zu übersehen, denn es gibt bei fast allen Beherbergungskategorien erhebliche preisliche Unterschiede, mitunter bis zu 100%!

● Bei Ferienwohnungen ist auch überall auf (in den Listen vermerkte) Extrakosten für Bettwäsche zu achten.

Fortbewegung

Auto

Schon wegen seiner Dimensionen, nicht zuletzt auch wegen der günstigen Anreisemöglichkeiten, ist Sylt die einzige wirkliche „Auto-Insel" der Nordsee. Vielfach wird die Nobelkarosse allerdings nur mitgeschleppt, um damit anzugeben. So ganz glücklich ist man auf Sylt nicht mehr über die ausgeuferte Entwicklung und beginnt darüber nachzudenken, wie sich Abhilfe schaffen lassen könnte.

Leihwagen

Mehrere Vermieter bieten Autos an. Schon am Bahnhof Westerland kann man sich (bei Inter Rent/Europcar) ein Gefährt mieten.

Taxi

Am einfachsten zu merken sind die Telefonnummern 5555 und 7777.

Bus

● Drei Linien verkehren **ab Westerland ZOB:** nach List, nach Hörnum und nach Munkmarsch/Morsum, jeweils mit zahlreichen Haltestellen dazwischen. (In der Karte sind nur die Hauptstops aufgeführt). Die drei Linien werden im etwa halb- bis einstündigen Takt bedient.

● Ein **Nahverkehrsbus** pendelt von Mai bis September zwischen List-Ort und West-/FKK-Strand. Info: Tel. 04651-8361029 und www.scout.de

Fahrrad

In jedem Ort auf Sylt gibt es mehrere Verleihe, so viele insgesamt, dass auf eine Einzelaufzählung verzichtet werden muss. Sogar die DB vermietet am Bahnhof Westerland Fahrräder! In den letzten Jahren hat man auch das Radwegsystem inselweit stark ausgebaut. Es gibt keine bessere Art, Sylt zu bereisen!

Sport

Angeln

● Von Aal über Makrele, Scholle und Hornhecht bis zu Dorsch und Hai kann in Wattenmeer und Nordsee allerlei Leckeres gefangen werden. Grundsätzlich ist hierfür der **Bundesfischereischein** erforderlich. Fehlt dieser, kann für Sylter Gäste eine 40 Tage gültige **Ausnahmegenehmi-**

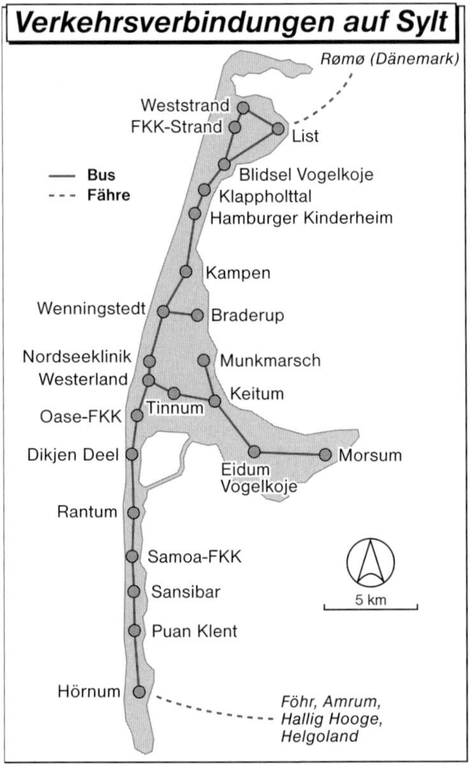

gung erstellt werden. In Westerland und List gibt es dieselbe auf dem **Rathaus;** für alle anderen Orte ist das **Amt Landschaft Sylt** in Keitum (C.P.-Hansen-Allee, Tel. 3300) zuständig.

- Für eine zusätzliche Zahlung kann in den gemeindeeigenen Gewässern von Morsum und in den Gewässern der Sylter-Sportfischer-Vereinigung auch nach **Süßwasserfisch** geangelt werden.
- Auskünfte zum Thema Angeln auch im **Eisenwarengeschäft Bockelmann** gegenüber dem Bahnhof Westerland.

Fliegen

- In der **Flugschule Sylt** (Tel. 04651-7877) kann man sich von April bis Oktober auf Cessnas zum **Piloten** ausbilden lassen: PPL-Lehrgang, Sprechfunkzeugnis, Individualschulungen, CVFR, Nachtflug.

●Wer schon immer davon geträumt hat, einmal im **Segelflugzeug** mitzufliegen, hat dazu jeden Sonntag ab 9 Uhr beim **Aero-Club Sylt** (Tel. 04651-42651 und 42660) Gelegenheit. Der Segelflugplatz befindet sich in der Nähe der Keitumer Kirche St. Severin.

Regattasegeln

Sylter Regatta Gemeinschaft (Hamburg, Tel. 040-563044).

Golf

Drei Golfclubs mit ebenso vielen Plätzen gibt es auf Sylt.

●Die größte Anlage gehört dem **Golfclub Sylt** (Sekretariat Tel. 04651-45311, Clubhaus Tel. 45185) und liegt etwas außerhalb von Wenningstedt in der Nähe des Leuchtturms Rotes Kliff. (Die Kampener geben den Golfplatz gern als den ihren aus; er gehört aber zu Wenningstedt). Der **18-Loch-Platz** ist für jedermann bespielbar, der einen Clubausweis mit eingetragenem Handicap bis 34 vorweisen kann. Driving-Range und Trainer stehen auch zur Verfügung, Trainerstunden müssen jedoch unbedingt telefonisch vorgebucht werden (Tel. 45522). Während der Saison ist ein vorheriger Anruf ohnehin nötig, weil auf dem Platz dann immer eine Menge Action ist.

●Gastspieler mit Greenfee sind ebenfalls willkommen beim **Golfclub Morsum** (Zum Wäldchen, Tel. 04651-387) und auf dem Platz des **Marinefliegerhorstes Ost-Sylt** (Tel. 04651-7037, App. 329, täglich 10–17 Uhr). Beide Plätze sind **9-Loch-Anlagen.**

●**Schnupperkurse** ab € 50 bietet die **Syltsurfer-Sport und Golfschule** in Munkmarsch an (Tel. 04651-31911, Winter 22839), außerdem Grund-, Platzreife- und Handicapkurse sowie wöchentliche Golf-Tagesreisen nach Dänemark.

Bahnverbindung

Noch zu Beginn des 20. Jahrhunderts war es sehr beschwerlich, nach Sylt zu reisen. Anfangs bestand Bedarfsverkehr mit Seglern, dann konnte man von Hoyer im heutigen Dänemark nach Munkmarsch per Dampfschiff fahren, ab 1901 auch von Hamburg nach Hörnum. Anno 1920 entschieden sich die Sylter bei einer Volksabstimmung über den deutsch-dänischen Grenzverlauf für das gebeutelte Reich, und dafür gab's drei Jahre später ein Bonbon zur Belohnung: einen Eisenbahndamm zwischen der Insel und dem Festland.

●Heute wird der 1927 nach gewaltigen Mühen eingeweihte Hindenburgdamm zweigleisig von der DB befahren, **24-mal täglich** in jeder Richtung. Von einem Großteil von Hauptbahnhöfen kann man **bis Westerland** durchfahren; letzte Zusteigestation ist **Klanxbull** unmittelbar vor dem Damm.

Sylt

Autoreisezug

Sylt ist insofern einmalig, als man per Autoreisezug anrollen kann. Bis zu 4000 Automobilisten machen in der Hauptsaison täglich Gebrauch von dieser Möglichkeit, 100.000 im Monat. Die Bahn verdient glänzend daran, aber ist das System auch gut für Sylt? Gäbe es den Seewind nicht, würde die Insel im Automief ersticken. Schon war sogar von einer parallelen Straße entlang des Dammes die Rede, aber die Bahn hat etwas dagegen, und ein paar vernunftbegabte Sylter haben auch erkannt, dass noch mehr Autos dem insularen Image wohl schaden könnten. Also bleibt's vorerst bei der Planung.

- Schon im tiefen Süden der Bundesrepublik kann man sein Auto der Bahn anvertrauen. Die meisten Autobesitzer lassen ihr Fahrzeug in **Niebüll** huckepack nehmen, denn ab dort kann man in ihm sitzen bleiben, ohne dafür bezahlen zu müssen. Nur der PKW kostet, je nach Autotyp unterschiedlich viel. Reservierung nicht erforderlich

Auskunft

- **Shuttle ab Niebüll,** www.syltshuttle.de, Tel. 04651-9950565.
- **Mit der DB:** www.dbautozug.de, Tel. 01805-241224 oder jede DB-Dienststelle.

Fährverbindungen

Manche Fahrgäste werden auf dem schaukelnden Autozug seekrank, gefördert noch durch das Wasser zu beiden Seiten des Dammes. Paradoxerweise ist eine solche Wahrscheinlichkeit wesentlich geringer, wenn man das Schiff nimmt. Hier bietet sich die Fährverbindung **Röm-List** an, und man spart sogar noch ein bisschen dabei. Röm (DK) ist über einen Autodamm mit dem Festland verbunden, und die Fähre verkehrt ab Inselhafen **Havneby** bis zu 12-mal täglich (im Sommer) mit List.

Preise

Einfache Fahrt € 37, Rückfahrkarte € 55,50, Tageskarte € 49,90, für einen Pkw bis 2500 kg einschl. Insassen. Personenrückfahrkarte: Erwachsene € 4,75, Kinder € 3,50, im Sommer € 6,50 bzw. € 4,50.

Auskunft

Römö-Sylt Linie, Tel. 0180-3103030, Fax 0461-86430, www.frs.de/rsl und www.sylt-faehre.de

Flugverbindungen

Nicht weniger als sieben Fluglinien fliegen Sylt ganzjährig an, verstärkt natürlich während der wärmeren Monate.

029nf Foto: rh

Non-Stop-Flüge gibt es ab Berlin-Tempelhof, Düsseldorf, Frankfurt a. M., Hamburg, München, Dortmund, Karlsruhe, Köln-Bonn und Mönchengladbach.

Zentrale Buchung

Außer über ein Reisebüro kann man auch direkt über den **Zentral-Counter Sylt** buchen (Tel. 04651-6669, Fax 7855), geöffnet Mo–Fr 10–18, Sa 8–15, So 12–20 Uhr.

Flughafen-Info

Tel. 9206/2, www.flugplan-sylt.de

Mit dem eigenen Flugzeug

Der Flughafen Sylt nimmt Verkehrs- und Privatmaschinen bis zur Gewichtsklasse LCN 38 auf. Alle Maschinen müssen mit einem Funkgerät für die Hauptfrequenz 119,75 MHz und die Ausweichfrequenz 122,00 MHz ausgerüstet sein. Flugbetrieb ganzjährig, Sommerhalbjahr 8–19 Uhr, im Winter 8 Uhr bis Sonnenuntergang plus 30 Minuten.

Mit dem eigenen Boot

Vier Häfen kommen dafür in Frage: Hörnum, Rantum, Munkmarsch und List.

Hörnum

Hörnum hat einen ausgezeichneten, großen und geschützten Jachthafen auf der Wattenmeerseite der Insel. Gastboote machen im Nordteil des Beckens an Schwimmstegen fest. Auf der Pier ist das Clubhaus mit Duschen und WCs.
● **Auskünfte:** Sylter Jachtclub Hörnum (Tel. 04653-274), Hafenmeister (Tel. 881027).

Im Hallenbad

Rantum

Rantum kann von kleineren Booten bis etwa 1,20 m Tiefgang angelaufen werden. Der Hafen, ein Häfchen eher, liegt unmittelbar unterhalb des NSG Rantumer Becken und wird vom **Nordfriesischen Segelverein** Sylt unterhalten (Tel. 04651-25767 oder 04653-881280). Die Steganlage ist tidenabhängig. Hinterm Deich das kleine Clubhaus mit Duschen und WCs.

Munkmarsch

Munkmarsch ist das Domizil des **Sylter Seglerclubs** (Tel. 04651-31871). Der Hafen besteht aus zwei engen Becken; das südliche nimmt etwas größere Boote auf. Clubhaus mit allem Drum und Dran gleich davor. Da Munkmarsch das

Inselfeste

Zwar haben neuzeitliche Umweltbestimmungen vor dem uralten Brauch des Sylter **Biikebrennens** nicht Halt gemacht. Kunststoffhaltige Materialien wie ausrangierte Strandkörbe dürfen nicht mehr verbrannt werden. Umso besser für die frische Luft. Aber kräftig gefackelt wird nach wie vor; den Riesenspaß lassen sich die Sylter nicht nehmen ...

Biike ist ein altes friesisches Wort mit der Bedeutung „Feuermale"; in der „Bake", einem Leuchtfeuer also, ist es heute noch zu finden. Der Brauch des Biikebrennens geht wahrscheinlich bis auf einen Fruchtbarkeitskult in der Steinzeit zurück. Es handelte sich ursprünglich um ein Brandopfer, um die Götter gnädig zu stimmen und angesichts des nahenden Frühlings eine gute Ernte herbeizubeschwören. Traditionell wurde mit dem Feuer gegen Ende Februar jeden Jahres auch „der Winter vertrieben".

Die Christianisierung der Region tat dem Brauch keinen Abbruch. Später, im 17. und 18. Jahrhundert., gesellte sich eine weitere Bedeutung hinzu: Die stets um diese Zeit aussegelnden Walfänger wurden mit dem feurigen Zeremoniell verabschiedet. Auch hier ging es natürlich vor allem um göttliches Wohlwollen, denn viele Seefahrer waren in der Vergangenheit von den gefährlichen Reisen nicht wiedergekehrt, und die jetzigen brauchten allen Beistand des Himmels.

An weiterer Bedeutungsschwere gewann das Biikebrennen im Zeichen eines feurigen Patriotismus im letzten Jahrhundert. Anno 1908 vermerkte der Chronist *Hanns Koch:* „Nationale Begeisterung hat die Flammenstöße der Biiken gen Himmel lodern lassen, als die Österreicher im Jahre 1864 auf die Insel kamen, im Verein mit den Preußen die Nordmark vom Dänenjoch zu befreien, und mehr noch, als einige Jahre später im deutschen Einheits-

Segel- und Surferzentrum Sylts ist, kann man im Sommer ganz schön Andrang vergegenwärtigen.

List

List hat einen Bootshafen, der auf den ersten Blick vorzüglich geschützt aussieht, in dem es jedoch durch hineinsetzende See und Dünung arg kabbelig werden kann. Jachten kommen an Schwimmstegen im Südteil unter; ist dort alles voll, kann man im Einvernehmen mit dem Hafenmeister ggf. auch an anderen Plätzen festmachen.

- Das **Hafenamt** (Tel. 04652-870374) ist direkt auf der Pier. Weitere Informationen auch durch den **Lister Jachtclub** (Tel. 04652-870383).

krieg die Würfel bei Sedan gefallen waren und Napoleon, der Franzosenkaiser, Gefangener des Königs vom Preußen wurde ..."

Bis in die zweite Hälfte des 19. Jh. stellten die brennenden Biiken auch eine Aufforderung an die Sylter Bürgerschaft dar, sich zu einer Art Thing zu versammeln, auf dem die Probleme der Insel diskutiert wurden. Heute wird diese Tradition jeweils bei Einbruch der Dunkelheit am 21. Februar fortgesetzt. Im Strandbereich der verschiedenen Sylter Ortschaften flammen dann mächtig die Scheiterhaufen auf, Reden werden geschwungen, und es wird zünftig gefeiert. Vor allem für die Kinderwelt ist das Geschehen von größtem Interesse – zumal es schulfrei gibt –, und die Größeren legen mit dem so genannten „Feuersprung" Mutproben ab. Die Feuerwehr steht ja immer Gewehr bei Fuß.

Nicht minder populär sind der **Eierwerfen-Wettkampf** in den Marschwiesen Ost-Sylts während der Osterfeiertage und der **Rummelpott** zu Silvester, eine Art Halloween. Im Sommer (Juni/Juli) findet dann das in ganz Nordfriesland beliebte **Ringreiten** statt, bei dem schmuck uniformierte Reitersleut im Schweinsgalopp einen Ring mittels Lanze zu durchbohren versuchen. Gar nicht mal so leicht, vor allem wenn man sich vorher kräftig einen gegönnt hat und die Sicht deswegen etwas verschwimmt. Aber dadurch gewinnt die Sache ja nur an Spaß.

Der vorgenannte Sylter Heimatverein **Söl'ring Foriining** setzt sich kräftig dafür ein, dass die traditionellen Inselfeste nicht an ihrer angestammten Bedeutung verlieren. So kann, vorausgesetzt dass die Nordsee mitspielt, auf Sylt noch mit vielen Jahren solch fröhlicher Sausen gerechnet werden. Auch der Massentourismus auf der Insel, soviel hat sich gezeigt, hat den alten Gebräuchen nicht geschadet. Eher im Gegenteil; Tausende von Gästen nehmen alljährlich mit großer Begeisterung an den Geschehnissen, zu Deutsch: Events, teil.

Westerland
– die Inselhauptstadt

Wer aus einer bundesdeutschen Metropole in Westerland anreist, womöglich hoch auf dem Wagen der DB, wird alles fast wie daheim finden: das laute Schienennetz des Bahnhofs, erdrückenden Autoverkehr, Menschenmassen, Bauten von geradezu schmerzhafter Geschmack- und Einfallslosigkeit. Also alles ganz normal.

Wer von den Inseln südlich Sylts kommt, für den hat Westerland einen argen **Kulturschock** auf Lager. Die Baudenkmäler der Neuzeit, ganz zuvörderst der monströse Spargel des Fernsehturms mitten in der Stadt, erwecken spontan den Eindruck, dass das Schiff hier irgendwie aus dem Ruder gelaufen ist. Das etagenträchtige Kurzentrum, dem Palast der Republik nicht unähnlich, gilt als städtisches Wahrzeichen. Das Kurmittelhaus ähnelt einem Industriegebäude. Das neue Freizeitbad, mehr als 13 Millionen Euro schwer, zeigt ähnlich bedenkliche Tendenzen.

Dies alles sind absolut funktionelle und auch funktionierende Anlagen. Aber das ist auch das Wort: „Anlagen". Da gibt es nichts Inselspezifisches (selbst wenn das neue Bad in Schiffsform gebaut ist), nichts Liebenswertes. Auf anderen Inseln hätte man diese fehlplatzierten Auswüchse vielleicht schon längst in die Luft gesprengt. Auf Sylt ist man da fatalistischer. Man weiß: Die Nordsee, die nur ein paar Meter unterhalb dieser Baulichkeiten schäumt, wird sich früher oder später des Problems annehmen.

Inselverbundene Sylter haben schon immer etwas gegen den Trend gehabt, hier in die Höhe zu bauen. Nach dem Rausch der fünfziger, der Subventionswut der sechziger Jahre, war es mit der Liebesbeziehung zum Beton vorbei. Das Großprojekt Atlantis wurde von einer Bürgerinitiative zu Fall gebracht, und die Republik applaudierte. Seit-

057sy Foto: fr

her hat die Großmannssucht in Westerland insofern kein Bein mehr an Deck gekriegt.

Denn um wie vieles schöner sind doch „die herzigen Friesenhäuser, die sich in die Landschaft schmiegen. Drinnen sitzen die Insulaner und zählen ihr Geld. Der Mensch vom Festland geht im Orkan spazieren und meint, das müsse so sein auf Sylt.“ So lästert das Zeit-Magazin, und da ist schon etwas dran. Nirgendwo auf Sylt wird „O, Kohle mio“ inbrünstiger gesungen als in Westerland. Gleichzeitig ist Sylts „Metropole“ eine **Studie in Kontrasten.**

In Bahnhofsnähe hockt die **Wilhelmine,** ein üppiges nacktes Frauenzimmer, steinern und putzig im Brunnen. Vor dem Kurmittelhaus hat man Kunstwerke platziert, die wie Schleichwerbung für Air France aussehen. Seiner Einwohnerzahl und Ausdehnung nach ist Westerland kaum mehr als ein Dorf. Dennoch drängen sich fast zu jeder Jah-

Wilhelmine

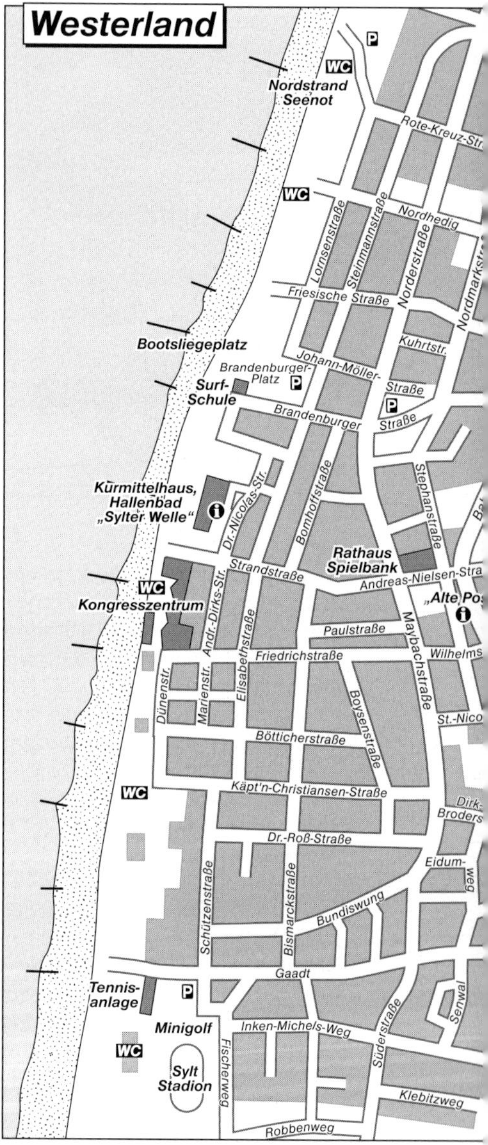
Westerland
Nordstrand Seenot
Rote-Kreuz-Str.
Nordhedig
Lornsenstraße
Steinmannstraße
Norderstraße
Friesische Straße
Kuhrtstr.
Bootsliegeplatz
Brandenburger Platz
Johann-Möller-Straße
Surf-Schule
Brandenburger Straße
Kurmittelhaus, Hallenbad „Sylter Welle“
Dr.-Nicolas-Str.
Bomhoffstraße
Stephanstraße
Rathaus Spielbank
Strandstraße
Andreas-Nielsen-Stra
Kongresszentrum
Andr.-Dirks-Str.
Elisabethstraße
Paulstraße
Maybachstraße
Friedrichstraße
Wilhelms
Dünenstr.
Marienstr.
Boysenstraße
St.-Nico
Bötticherstraße
Käpt'n-Christiansen-Straße
Dirk-Broders
Dr.-Roß-Straße
Eidumweg
Schützenstraße
Bismarckstraße
Bundiswung
Gaadt
Tennis-anlage
Minigolf
Inken-Michels-Weg
Süderstraße
Senwai
Sylt Stadion
Fischerweg
Klebitzweg
Robbenweg

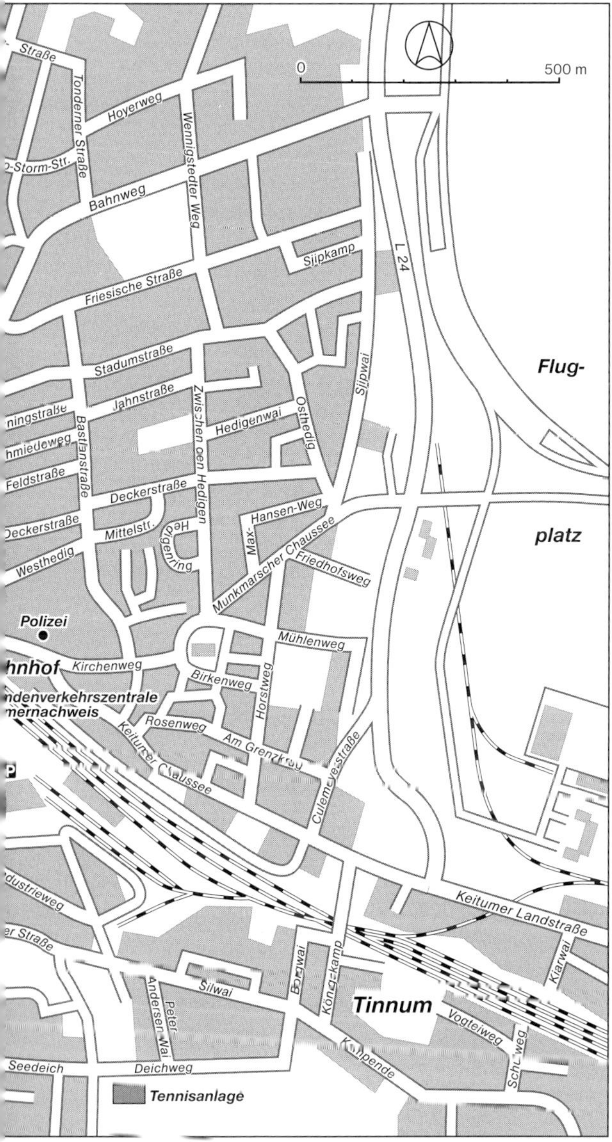
0
500 m
Straße
Tonderner Straße
Hoyerweg
Wennigstedter Weg
-Storm-Str.
Bahnweg
Sjipkamp
L 24
Friesische Straße
Stadumstraße
Sjipwai
Flug-
platz
Jahnstraße
Zwischen oen Hedigen
Hedigenwai
Osthedig
ningstraße
hmiedeweg
Bastianstraße
Feldstraße
Deckerstraße
Deckerstraße
Mittelstr.
Hedigenring
Max-Hansen-Weg
Munkmarscher Chaussee
Friedhofsweg
Westhedig
Polizei
Mühlenweg
hnhof
Kirchenweg
Birkenweg
Horstweg
ndenverkehrszentrale
mernachweis
Rosenweg
Keitumer Chaussee
Am Grenzkrug
Culemeyerstraße
P
dustrieweg
Keitumer Landstraße
er Straße
Borgwai
Königskamp
Kiarwai
Silwai
Andersen-Wai
Peter-
Tinnum
Vogteiweg
Schulweg
Seedeich
Deichweg
Tennisanlage

Sylt

reszeit Tausende in der zentralen Fußgängerzone, vornehmlich der **Friedrichstraße,** um zu sehen und gesehen zu werden, Letzteres schwierig im Gewühl. Übertrieben Flippiges ist hier jedoch nicht erwünscht; Pflastermalerei und Flötenklang rufen die Ordnungsmacht auf den Plan. Wer allzu auffällig vom touristischen Klischee abweicht, kann im Extremfall der Insel verwiesen werden.

Hinter dieser heilen Fassade, dem servilen Gehabe der zahllosen Herbergseltern, der permanenten Urlaubsstimmung, verbirgt sich eine Menge **Frust.** In nicht wenigen Fällen wird das Inseljungvolk tags an den Strand, nachts in die Besenkammer verbannt, um den werten Kurgästen Platz zu machen. Westerland lebt eben fast zu hundert Prozent vom Tourismus. So entstehen Konflikte, die sich nicht selten in Suff, Drogen und Randale entladen. Jugendliche aus Gastfamilien, nicht minder frustriert und genervt von Sightseeing und Kurkonzert, machen nur allzu gern bei diesen Ritualen mit. Die Jugendverbände sprechen von so genannter Saisonverwahrlosung. Private Wachdienste sind stark im Kommen; die Hilfssheriffs sollen das Treiben in Schranken halten, das durch das Billigticket der Bahn, großes Sylter Ärgernis, in letzter Zeit mehr denn je ausgeufert ist.

Alles ganz normal. Wer sich den Großstadtschuh anzieht, muss halt damit fertig werden. Und die Kurgäste, sofern sie überhaupt etwas davon bemerken, haben auch nichts dagegen. Westerlands urbanes Image, so scheint es, hat Zugkraft inmitten all der rustikalen Herzigkeit Nordfrieslands. 2,5 Millionen Übernachtungen pro Jahr stehen dafür.

Sehenswertes

Nicht viel. Gewiss ist die **Friedrichstraße** mit ihrem Menschengewimmel und den vielen eleganten und schrillen Shops, deren Inhaber dem Normalverbraucher oft wie Psychopathen vorkommen mögen, sehr sehenswert. Doch sie ist nicht inselspezifisch, eher genau das Gegenteil. Dass man dort viele Sachen kaufen kann, die man im Grunde nicht benötigt, hebt sie von den Shopping-Meilen anderer Städte nicht ab, und wenn dort Brillanten für „nur" ein paar zehntausend Euro feilgeboten werden, klingt das fast schon ein wenig obszön.

Still dagegen ist die alte **Dorfkirche St. Niels** aus dem Jahre 1637, wuchtig und über all das Gewusel erhaben. Nicht minder würdig ist die 1908 restaurierte **St.-Nicolai-Kirche.** Regelmäßige Führungen finden statt, außerdem im Sommer jeden zweiten Mo von 18.15–19.30 Uhr Orgelkonzerte. Aus gegebener Veranlassung werden Kurgäste gebeten, nicht in Gottesdienste und andere kirchliche Handlungen hineinzuplatzen und schon gar nicht im Stranddress.

Bunt und sehenswert ist auch der an jedem Samstagmorgen vor dem Rathaus stattfindende **Wochenmarkt.**

Westerland-Info

Auskunft

- **PLZ:** 25980
- **Vorwahl:** 04651
- **Allgemeine Auskünfte, Prospektmaterial**: Tourismus-Service Westerland, Strandstr. 35, 25980 Westerland, Tel. 0180-5009980, Fax 9986000, www.westerland.de
- **Info-Hotline:** 998340 und -351.
- **Kurbelange:** Städtischer Kurbetrieb, Strandstr. 33 (Tel. 81224, Fax 81234).
- **Zimmervermittlung:** Fremdenverkehrszentrale, Am Bahnhof, Tel. 9988, Fax 998555.
- **TIS:** ein Service für Spontanreisende, **24h-Zimmernachweis**, Tel. 19412
- **Bahnauskunft:** Bhf Westerland, Tel. 24057; Autoverladung: Tel. 9950565.
- **Flugauskunft:** Flughafenzentrale, Tel. 920612, Mo–Fr 10–18, Sa 8–15, So 12–20 Uhr.

Reisebüros

- Hapag-Lloyd (Tel. 82110); Haus der Reise (Tel. 23064).

030nf Foto: rh

Kranken-haus

- Nordseeklinik (Norderstr. 81, Tel. 840).

Ärzte

- Mehr als zwei Dutzend, acht Zahnärzte, zwei Heilpraktiker, ein Tierarzt, DRK-Wache, fünf Apotheken, Krankenwagen (Tel. 6666) – da kann gar nichts schief gehen!

Kurtaxe

- Siehe „Anhang".

Strand-körbe

Strandkörbe können beim **Tourismus-Servics** (s. o.) vorbestellt werden, und zwar spätestens bis zum 30.6. und unter gleichzeitiger Bezahlung der Kurtaxe. Vor Ort, d. h. direkt am Strand, sind Körbe auch erhältlich, doch es kann in der HS zu Engpässen kommen.

- **Preise:** 1.7.–31.8.: tägl. € 9,20 für 1–4 Tage, danach € 7,15/Tag für Strandabschnitte 4.40, 4.41 und 4.42; andere Abschnitte € 1 billiger. 1.5.–30.6. und 1.9.–30.9.: analog € 7,15/5,10 (alle Strände). Übrige Zeit: € 5,60/4,60. Frühbucher (bis 30.4.) ca. 30 % billiger.

Strände

- Die **Zugänge** zu den Stränden sind von grimmigen Wächtern behütet, die die Kurkarte oder Cash sehen wollen. Wer beides nicht hat, findet aber auch jede Menge unbewachte Löcher.

Friesisches Motiv

Hunde

● Hunde dürfen nur an die speziell **zugeteilten Strandabschnitte** (Nordstrand: Abschnitt 4.11, Südstrand: Abschnitt 4.90) mitgenommen werden. In der Praxis schert sich allerdings kaum jemand darum.

FKK

● Einige Strandabschnitte sind als FKK-Badestrände ausgewiesen.

Kirchen

● St. Nicolai (ev., Maybachstraße), St. Niels (ev., Kirchenweg), St. Christophorus (kath., Elisabethstraße), Neuapost. Kirche (D.-Brodersen-Straße).

Kinder

Von allen Sylter Gemeinden schießt Westerland in Bezug auf Kinderbetreuung bei weitem den Vogel ab. Dazu trägt in erster Linie das **Haus des kleinen Kurgastes** bei (Kurpromenade, Tel. 81275), in dem man sich Kurgastkindern ab 3 Jahren annimmt. Für Eltern, die im danebengelegenen Kurmittelhaus behandelt werden, ist dieser Service (bis zu 3 Stunden) kostenlos. Andere Gastkinder werden aber auch aufgenommen, sofern die Eltern eine Kurkarte vorweisen können. Ausgeschlossen ist jedoch eine tägliche oder ganztägige Betreuung. Auch bei „full house" kann keine Aufnahme mehr stattfinden. Das Haus hat massenhaft **Spielmöglichkeiten** und bietet zudem **diverse Programme,** manche kostenpflichtig. Offen Mo–Fr 8.30–17, Sa 9–12 Uhr.

● Mit 12 weiteren **Spielplätzen** im Stadtgebiet steht Westerland auf den Inseln an ziemlich einsamer Spitze.

● In der Alten Post, einer **Spielstube** in der Stephanstraße (Tel. 81340), können sich vor allem Zwerge unter 3 Jahren Mo–Fr 14–18 Uhr mit ihren Eltern vergnügen.

● **Gewickelt** werden kann in beiden Häusern, dazu in der 1. Etage des Kurmittelhauses. Dort gibt's (in der HS) auch des öfteren **Kindertheater,** und dort findet man auch Informationen zum Thema **Babysitter.** Selbiges wird in Westerland sehr ernst genommen; die Anbieter haben sogar ein spezielles Seminar absolviert.

● Ein **Kinder- und Jugendtreff** befindet sich in der Alten Realschule (J.-Möller-Straße, Tel. 23282). Offen täglich außer So ab 14 Uhr. Das **Jugendzentrum** am Geschw.-Scholl-Weg (Tel. 21497) ist täglich außer Do und So von 16 bis 22 Uhr geöffnet.

● So genannte **„Freizeitagenturen"** haben jetzt auch in Kindern eine Marktlücke entdeckt. Die Firma Confetti (Tel. 850151) bietet während der Hauptferienzeit von Mo bis Fr „Kinder-Erlebnis-Betreuung" für Kinder zwischen 3 und 13 an – kostet natürlich eine Kleinigkeit.

● **Kinderfreundliche Restaurants** sind unter „Gastronomie" aufgeführt.

Unterkunft

Westerland, Hochburg des deutschen Inseltourismus, ist teuer, aber nicht *sehr* teuer. In vielen Fällen lassen sich durchaus preiswerte Lagerstätten finden.

Hotels

Für Hotelpreise gilt allerdings: „The sky is the limit".

Kein Versuch soll hier gemacht werden, die lange Liste von Hotels und Hotels garni Haus für Haus aufzuschlüsseln. Da gibt es Nobelherbergen wie das **Miramar**€€€€€ (Tel. 8550) in allererster Lage und mit satten Tarifen, alle aber, Gott sei Dank „mit Frühstück".

Doch hier bezahlt man immerhin für Stil und Dekor. Andere als Hotel verbuchte Etablissements sind unschöne Hochhäuser, in den Katalogen in berechtigt verschämter Teilansicht präsentiert, aber gar nicht so verschämt billig.

Überhaupt ist kaum ein Westerländer Hotel unterhalb der Fünf-Euro-Kategorie dabei. Eine bemerkenswerte Ausnahme bildet das Gästehaus **Uthörn**€€ (Tel. 22826) – es geht also doch. Der größte Teil der Hotels hat aber auch interessante Sonderangebote für die NS im Programm, so dass zumindest in dieser Zeit eine ganz attraktive Preisstruktur besteht.

Pensionen garni

Diese Art von Unterkünften ist in den letzten Jahren dahingeschmolzen wie Schnee an der Sonne – möchte man das Fußvolk außen vor halten? Jedenfalls ist nur eine Hand voll solcher Einheiten in den offiziellen Listen vertreten, die mit etwa € 40 pro Person beginnen und sich dann rasch in höheren Sphären verlieren.

Privatunterkünfte

Ohne Frühstück gibt es ganzjährig ein preisgünstiges Zimmer im Haus **Fermate**€ (Tel. 5510). Kultivierter Rahmen: „Musizieren möglich, nur Nichtraucher erwünscht, Esperanto parolata" – auch das ist Westerland. Favoritin des Autors ist weiterhin **Villa Lydia**€ (Tel. 6214), geschmackvollen Baustils und akzeptabel bepreist.

Ferienwohnungen

Ein Großteil der Westerländer Unterkünfte sind Ferienwohnungen. Bei der Umrechnung auf den Pro-Kopf-Preis ergeben sich oft günstige Raten. Manche Häuser sind von beklemmender Hässlichkeit, andere ausgesprochen einladend.

Heime

• Das **Jugendheim und -zeltlager Dikjen-Deel**€ (Tel. 4378) liegt 2 km südlich von Westerland in die Landschaft eingebettet und ist nur durch eine Dünenkette vom Strand getrennt. Auf zwei großen Plätzen können mehrere Gruppen (auch Einzelwanderer, alle bis zu 18 Jahren) in stabilen (vom Gemeinnützigen Verein für Jugendlager gestellten) Zelten zu 8–10 Personen untergebracht werden. Sogar ei-

031nf Foto: rh

ne lagereigene Disco gibt es. Lagerkapazität: 100 Betten im Heim, 600 in den Zelten. Offen von Mitte Mai bis Mitte September. Nur VP. Falls besetzt, mal beim **TSV Westerland** anklingeln: Tel. 21550.

● Außerdem gibt es in Westerland die **Kinderkurheime** Haus Quickborn (Norderstr. 53, Tel. 98730) und die LVA-Fachklinik (Steinmannstr. 52, Tel. 8520).

Camping

Der **Campingplatz Westerland** (Tel. 994499) befindet sich unmittelbar südlich des Ortes zwischen der See und der Straße nach Rantum. Offen vom 1.4. bis 31.10.; zwischenzeitlich telefonisch erreichbar über Ostseeimmobilien Kiel (Tel. 0431-81011). Ein riesiges Gelände für 450 Wohnwagen oder Zelte und 75 Reisemobile. Perfekt durchorganisiert bis zur Babywickelstation. Sanitärhäuser, Bistro und natürlich der unvermeidliche „Abenteuerspielplatz". Preisgruppe D.

Schöne Aussicht

Gastronomie

Etwa 265 Restaurants, Gaststätten, Cafés und andere kulinarische Oasen gibt es auf Sylt. Die meisten davon befinden sich in Westerland. In der Fußgängerzone der Stadt hat man mitunter den Eindruck, dass mindestens jedes zweite Haus um das leibliche Wohl des Kurgastes besorgt ist.

Diese gigantische Fülle von Speisepalästen bis hin zum letzten Frittenschuppen hier im Einzelnen vorzustellen, ist verständlicherweise nicht möglich. Wir wollen uns darauf beschränken, lediglich ein paar Rosinen aus dem großen Kuchen herauszubohren und die Erkundung des Rests dem abenteuernden Westerland-Besucher zu überlassen.

Nach einem hartnäckigen Vorurteil ist Speis und Trank auf Sylt viel zu teuer. Partiell stimmt das. Wer mit einem limitierten Budget nach Sylt reist, sollte den Gourmet-Tempeln lieber fernbleiben. Aber gerade in Westerland gibt es auch zahllose Imbisse, Bistros und Snackbars, in denen man sich recht preiswert verpflegen kann, so mit einer strammen Portion Eintopf für weniger als € 5.

Gourmet-Restaurants

- Etwas mehr anlegen muss man im Restaurant **Jörg Müller** (Süderstr.8), das unter Kennern als Nummer 1 auf der Insel gilt: fast € 100 für ein mehrgängiges Menü. Dafür speist man aber auch unter Reet und in „apricotfarbenem Ambiente". Und nur vom Feinsten, denn hinter dem schlichten Namen verbirgt sich ein vielbesternter Meister. Offen bis 22.30 Uhr, Ferien Anfang Dezember und von Mitte Januar bis Mitte Februar.
- Das **Seenot-Café** (Lornsenstr. 31, auf der Düne) liegt direkt am Meer. Die frischen Zutaten für die vorzügliche Seafoodpalette dieses Restaurants kommen auch aus selbigem, zwar nicht direkt vor der Tür, aber fast.
- Im **Stadt Hamburg** (Strandstr. 2) vereinigen sich regionale Produkte wie Sylter Lamm und Nordseefische mit mediterranen und asiatischen Einflüssen zu einem gelungenen Ganzen, das 16 der begehrten Gault-Milleau-Punkte eingebracht hat – nur zwei weniger als Jörg Müller.
- Die **Sylter Bürgerstuben** (Bismarckstr.11a) sind keineswegs so steifleinen, wie der Name klingt. Im Gegenteil: Es herrscht eine ausgesprochen lockere Atmosphäre. Feine Sachen zu essen gibt es auch, und zwar Mi–Mo ab 17 Uhr.
- Im **Wirtshaus Glöck'l** (Friedrichstr. 37) werden Sehnsüchte nach dem deutschen Süden befriedigt, und zwar mit Deftigem von jenseits des Weißwurst-Äquators.
- So weit nur ein Teil der nobleren Speisestätten, es gibt viele mehr. Vorzüglich essen kann man auch in den Restaurants aller **größeren Hotels,** nicht billig, versteht sich.

Internationale Küche

Amüsant, aber nicht unbedingt furchtbar teuer ist ein Streifzug durch die internationale Küche. Westerland ist genau das richtige Pflaster dafür.

- Im **Achilleon** (Elisabethstr.) residiert „der Grieche", in **Jianni's Taverna Zypern** (Strandstr.) ein weiterer, in der **Taverna Rhodos** (A.-Dirks-Str.) ein dritter. Im **Bangkok** (Fischerweg) und **Chengtu** (Stephanstr.) gibt es Fernöstliches. „Zum Italiener" kann man mehrmals gehen: Ins **Bella Italia** (Wilhelmstr.), **Casa Bianca** (Norderstr.), ins quirlige **Piazzetta** (Boysenstr., keine Pizza!) oder in den **Pizza Garten** (Keitumer Landstr., dort jede Menge).

Lokale Küche

- Insulares Lokalkolorit wiederum findet man in der (wirklich, 1648) **Alten Friesenstube** (Gaadt), wo sogar die Speisekarte plattdeutsch ist, oder im **Kluntje** (Maybachstr.).

Kinderfreundliche Restaurants

Es gibt in Westerland eine Anzahl von Gaststätten, auch der gehobenen Klasse, die als besonders kinderfreundlich gelten. Sie verfügen über Kinderhochstühle, Spielzeug ist vorhanden, und ein Kinderteller steht auf der Karte.

- Es sind die Restaurants **Bratwurstglöckl** (Friedrichstr.), **Captain's Corner** (Gaadt), **Hardy auf Sylt** (Norderstr.), **Kronen-Stuben** (L.-de-Hahn-Str.), **Münchner Hahn** (Friedrichstr.), **Seegarten** (A.-Dirks-Str.), **Steak- & Haxenhäuschen** (Keitumer Chaussee) und **Störtebeker** (Norderstr.).

Sport

Angeln, Fliegen, Golf: siehe „Die ganze Insel/Insel-Info/Sport".

Freizeitbad

Das neu eröffnete **Freizeitbad Sylter Welle** (Tel. 9980) befindet sich im Kurviertel am Strand. Das beheizte Wellenbecken ist 450 m² groß; dazu gehören eine 45 m lange Wasserrutsche, eine Wasserkaskade, ein „Wildwasserkanal", Sprudelbecken (250 m²), Saunas und Bistro sowie eine „Kinderlandschaft" mit Leuchtturm, Spieldeck, Wärmebank und Wickelstube.

- **Öffnungszeiten:** So–Mo 10–21 Uhr, Di–Sa 10–22 Uhr; Di, Do und Sa Frühschwimmen im Sportbecken 8–10 Uhr.
- **Preise:** Erw. (ohne Sauna) € 9, mit Sauna € 15. Kinder 3–18 Jahre € 4,50 bzw. € 10, Rabatt für Familien.

Gymnastik

Täglich um 8.30 Uhr von Mo bis Sa ist am Hauptstrand Gymnastik angesagt. Wem das noch nicht genügt, kann sich im Sportcenter an der unteren Kurpromenade den größten Teil des Tages diversen anderen Bewegungen hingeben.

Kegeln

Gekegelt wird im **Bowling-Center** am Industrieweg (Tel. 20759).

032nf Foto: rh

Surfen

Westerland hat sich in den letzten Jahren zum **Mekka der deutschen Windsurfer** emporgeschwungen. Seit dort alljährlich Ende September der **Worldcup** ausgetragen wird, hat der Ort zusätzlichen Aufwind bekommen. Leider nicht immer aus der gewünschten Richtung. Wenn es aus Osten weht, ist in Westerland tote Hose, und das war ausgerechnet beim Cup mehrmals hintereinander der Fall. Das Westerländer Revier, „Deutschlands bestes", zeichnet sich leider auch durch Unbeständigkeit aus. Sicher kann man lediglich sein, dass es meistens kalt ist. „Ich wäre jetzt fast an jedem anderen Ort der Welt lieber als hier", stöhnte einst beim Cup der klammgefrorene Champion *Robbie Naish* aus Hawaii.

- Wem das nichts ausmacht – und es lässt sich ja etwas dagegen unternehmen – kann sich von der **Surfschule Westerland** (Brandenburger Straße, Tel. 27172) zum prospektiven Weltmeister ausbilden lassen. Die Schule ist von Ostern bis zum 30.10. geöffnet. Neopren-Anzüge (auch für Kinder) werden zur Verfügung gestellt.
- Surfen lernen kann man auch beim **Surf Shop Sylt** (Wilhelmstr. 5, Tel. 7734). Schnupperkurse gibt es dort schon ab € 50.

Tennis

- Dem weißen Sport huldigt man in der **Tennis-Insel** (Schützenstraße/Fischerweg, Tel. 21433). Dort gibt es 6 Außen- und 2 Hallenplätze, ein Bistro, Umkleidekabinen und Duschen. Schläger, Schuhe und Ballmaschine können gemietet werden.

●Der **Tennis Club Westerland** (Am Seedeich 38, Tel. 6729) verfügt über 10 Außen- und 3 Hallenplätze, ein Restaurant, Umkleideräume und Duschen. Schläger und Schuhe kann man mieten.

Unterhaltung

Veranstaltungen

Etwa 500 Veranstaltungen pro Jahr zählt der Westerländer Veranstaltungskalender **Sylter Urlaubstipps.**
●Aktuelle **Infos:** Tel. 6465.

Surf World Cup

Zum jährlichen Top-Ereignis hat man den Surf World Cup empor gestylt, der allerdings wiederholt wegen widrigen Wetters zum „Flop-Ereignis" geriet, aber trotzdem immerhin an die 100.000 Zuschauer anzieht.

Kulturelle Darbietungen

Auch an Kultur ist kein Mangel. Darbietungen gibt es im Kursaal und der Kongresshalle in der Friedrichstraße, im Alten Kursaal am Rathausplatz oder im Vortragssaal an der oberen Kurpromenade (neben dem Café Seegarten). Hier finden hochkarätige Gastspiele von **Orchestern** und **Solisten** statt, folgen **Musicals** und **Operetten** dicht aufeinander. Dann wieder wird es volksnah mit Beiträgen des berühmten **Ohnsorg-Theaters** oder seinem örtlichen Pendant, der **Westerländer Speeldeel.** Tanzabende und Chorsingen (Shanties) runden diese Palette ab. Auch für Kinder ist fast täglich etwas dabei.
●Viele dieser Veranstaltungen sind kostenpflichtig. Sie können an der **Abendkasse** oder (im Sommer) im **Kurmittelhaus** bezahlt werden.

Kurorchester

Die **Musikmuschel** auf der Kurpromenade erfreut von Mai bis Oktober täglich außer Mo mit schmissigen Rhythmen aus alter und neuer Zeit, und niemand geht mit dem Hut reihum – alles in der Kurtaxe enthalten.

Kunstausstellungen

Gratis und franko auch ist ein Besuch der ständig wechselnden Kunst-, insbesondere Gemäldeausstellungen in der **Stadtgalerie** und **Alten Post** (Stephanstraße).

Sylt

Spielcasino

Und schließlich das berühmte **Westerländer Spielcasino** – im Rathaus, ausgerechnet! In der Tat. Frack und Abendkleid sind längst out, doch wer sich der persönlichen Pleite entgegenzockt, sollte zu diesem Anlass zumindest anständig gekleidet sein. Roulette, Blackjack („mit amerikanischem Drive"), einarmige Banditen – alles ist da. Sogar eine Verlängerung dieser Arme gibt es, und zwar bis ins **Strand-Casino.** Dort finden Gäste, die der Nordsee nichts abgewinnen können, „täglich von 11–19 Uhr Unterhaltung bei Automatenspielen".

Nachtleben

Wer jetzt noch etwas Geld übrig – oder sogar dazugewonnen – hat, möge sich ins Westerländer Nachtleben stürzen. Zwanzig Gaststätten stehen im Telefonbuch, fünfzehn Bars und ein rundes Dutzend Discos und Tanzschuppen. Teenies vor allem zieht es ins **American** (Paulstr. 3), denn dort gibt's den härtesten Sound. Das **KC** (kurz für Kleist Casino, Elisabethstr. 1a) ist der Szenetreff in Westerland – sofern man dem strengen Blick der Türsteher standhält. Im Basement, zu deutsch „Keller", vormals „Life-Club", ex „Ciro-Tanzbar", genießt man die mächtigste Dröhnung der Friedrichstraße. Bis wann, fragt sich. Namen sind Schall und Rauch in der Westerländer Amüsierszene. Ist es nun das **Bogart's** in der Strandstraße 8 oder noch/schon das **Z1?** Ein cooler Laden auf alle Fälle, und das gilt auch für das **Why not** beim Kurzentrum. Etwas ältere Semester treffen sich im **Tivoli-Tanzpalast** gleich daneben. Why not? Hier spielen Spitzenbands ab 20 Uhr – und der Eintritt ist frei!

Heiraten

Oder wie wär's mit einer unterhaltsamen Eheschließung? Las Vegas ist mega-out, die Nordseeinseln sind dagegen in und insofern ganz besonders Sylt und dort wiederum Westerland. Prozedere: Beim heimatlichen Standesamt Papiere und Aufgebot bestellen, nach Westerland schicken lassen.

● **Info** dort: Tel. 85135.

Touren

Wattwandern

Von April bis Oktober veranstaltet die Kurverwaltung Westerland in unregelmäßigen Intervallen (Aushang/Veranstaltungskalender) Wanderungen im Kampener und Munkmarscher Watt. Dauer: 1½–2 Std.

033nf Foto: rh

Bustouren

- Täglich um 14 Uhr geht ein Bus auf 3-stündige **Inselrundfahrt** (mit Führung). Abfahrt: Stephanstraße (neben der Spielbank).
- Jeden Di um 14 Uhr findet eine Bustour nach **Esbjerg** und **Ribe** in Dänemark statt (via List/Röm).
- Vom 1.5. bis Mitte September geht es jeden Do einmal nach **Legoland** (Miniaturstadt) in Billund/DK. Abfahrt vom 28.5. bis 12.9. um 7.20, sonst um 8 Uhr, Rückkehr ca. 19 Uhr.
- Für die Fahrten nach DK sind (auch für Kinder) **Ausweise** erforderlich.
- **Auskünfte und Fahrkarten:** ZOB (Tel. 7027/8).

Schiffstouren

- Siehe „List“ und „Hörnum“.

Hörnum

Glücklich der, wer Sylts südlichsten Hafen von See her anläuft! Jede Menge Sandstrand sieht man, den stattlichen rot-weiß-roten Leuchtturm, erst später taucht der Ort selber auf, viel weniger beeindruckend.

Minder glücklich der, wer von Norden, also per Straße, in Hörnum ankommt. Nach Kilometern kahler Dünen grüßen ihn die Kasernen am Ortsrand. Das Städtchen als solches sieht eher so aus, als sei es von Bodenspekulanten hingestellt, nicht von alten Friesen erbaut worden.

Doch ringsum gibt es viel Natur, vornehmlich in Form von Sand. Noch. Nirgendwo auf Sylt ist die Abrasion, die Abtragung des Strandes, spektakulärer als an der Hörnum-Odde, dem Südzipfel der Insel. Gewaltig rennt hier die Nordsee gegen die dünne Sandspitze an, saugen Strömungen von zwei Seiten. Hörnum-„Town“ ist ein gutes Stück entfernt von dieser Zerstörung, der man bislang durch Anhäufung von Tetrapoden und durch diverse andere Maßnahmen Herr zu werden versucht hat. Ominös heißt es bereits im Hörnumer ABC: „Die im Ortsplan gekennzeichneten Strandabschnitte können sich evtl. etwas nach Norden verschieben...“

Das bedeutet aber noch lange nicht, dass dem Ort irgendwelche greifbaren Gefahren drohen. Bis auf weiteres ist Hörnum höchst intakt und zehrt von seinem Ruf, „auf drei Seiten Meer anbieten zu können“. Hörnum ist übrigens nicht unbedingt – so die Eigenwerbung – „Sylts sonniger Süden“: Wenn es in Westerland pladdert, ist auch in Hörnum Schirm angesagt.

Was den wirklichen Reiz Hörnums ausmacht, fühlen viele Besucher vielleicht nur instinktiv: Von drei Seiten können keine Autos kommen ...

Hörnum-Info

Auskunft

- **PLZ:** 25997
- **Vorwahl:** 04651
- **Kurverwaltung** und **Zimmervermittlung:** Strandweg 2, www.hoernum.de, E-Mail: info@hoernum.de, Tel. 96260, Fax 962666.

Ärzte

- Mittelweg 4.

Kurtaxe

- Siehe „Anhang“.

Strandkörbe

- Die Strandkorbvermietung erfolgt durch die **Kurverwaltung.** In der Hauptsaison (vom 15.5. bis 30.9.) kostet der Tageskorb je nach Typ € 5–10 für die ersten acht Tage. Ab dem neunten Tag und in der Nebensaison werden Rabatte gegeben.

FKK

- Strand nördlich des Ortes an der Nordseeseite.

Hunde

- Hunde „sollen“ an der Leine geführt werden und „dürfen“ nicht an den Strand. Lockere Handhabung. **Spezielle Hundestrände:** Südlich der Station Wattenmeer und im südlichen FKK-Gelände.

Kirchen

- Die ev., kath. und neuapostolische Kirche sind in Hörnum vertreten.

Kinder

- Es gibt zwei **Kinderspielplätze** (Steintal und Berliner Ring), und damit hat sich's auch schon.
- Siehe auch **Jugendheime** (nachstehend).

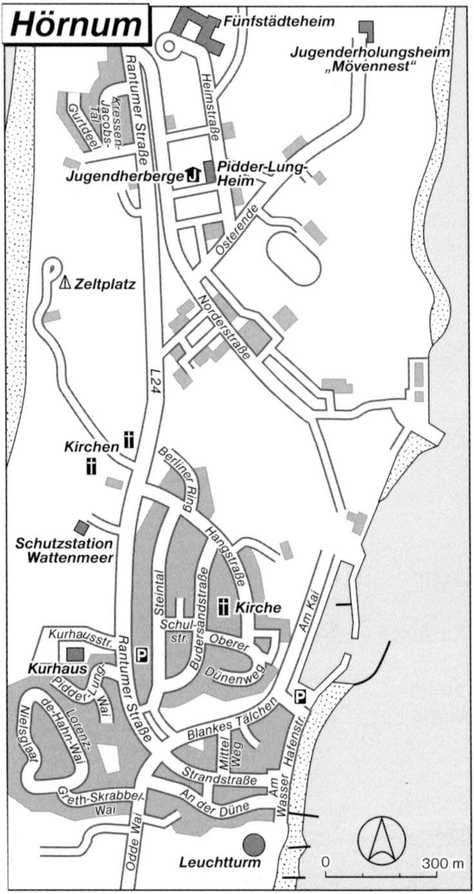

Unterkunft

Preise

Die Hörnumer Gastgeberlisten enthielten bis vor kurzem viel Kleingedrucktes, das die Rechnung erhöhte. Damit hat man dankenswerterweise aufgeräumt; das Verzeichnis nennt nunmehr klipp und klar die reellen Übernachtungspreise. Keineswegs darf man aber „Strandnähe“ als preistreibendes Kriterium ansehen. Der Strand ist in Hörnum nie weit – gelegentlich eher sogar zu nah.

Hotels

●**Am Leuchtturm**€€€€ (Tel. 96100), liegt idyllisch und ruhig im Ortssüden. Appartements werden ebenfalls angeboten.

●Das **Seepferdchen**€€€€ (Tel. 96300) grenzt direkt an Hörnums südliches Naturschutzgebiet. Auch dieses Hotel verfügt über separate Appartements.

Pensionen

Pensionen, neun an der Zahl (mit Einschluss von Privatzimmern), gibt es ab € 28 pro DZ.

Ferienhäuser

Privathäuser gibt es nur ein paar, manche bös teuer (bis € 215 in der HS), andere preiswert, z. B. € 45 für 4 Betten in der NS.

Ferienwohnungen

Ferienwohnungen sind zum großen Teil recht preisgünstig. Für € 10 lässt sich hier und da in der NS ein Kissen finden, sofern man in genügender Zahl anreist. Das **Reisebüro Schuster** (Tel. 881001) fällt durch besonders kundenfreundliche Angebote auf.

Jugendheime

Im Bereich Hörnum-Nord gibt es mehrere Jugend- und Erholungsheime.

●Repräsentativ in etwa ist das **Heim an der Düne**€ (Rantumer Str. 49, Tel. 881009): 2 Häuser einfacher Ausführung mit 173 Betten auf 15 Zimmern und „heimeigenem Strand". Anmeldung: Tel. 0511-455598.

●**Weitere Jugend- und Erholungsheime:** Gottlieb Raloff Heim (Tel. 880484), Möwennest/Pidder-Lüng-Haus (Tel. 881096), Fünf-Städte-Heim (Tel. 881043), Haus Leuchtfeuer (Tel. 880254), Haus Dünenblick (Tel. 881547), Jugendaufbauwerk Sylt (Tel. 96330).

Jugendherberge

Die **JH Hörnum**€ (Friesenplatz 2, Tel. 880294, Fax 881392) liegt, wie die Heime, im Nordteil des Ortes (Haltestelle „Hörnum-Nord", von dort ein paar Minuten zu Fuß). ÜF und VP möglich. 69 Betten auf 22 Zimmern, 5 Tagesräume. Geschlossen vom 15.12. bis 15.1.

Camping

●Der **Campingplatz Hörnum** (Tel. 881278, Buchungen im Winter: Tel. 04672-1881) befindet sich unmittelbar hinter der Dünenküste nordwestlich des Ortes. Er bietet Raum für 270 Zelte oder Wohnwagen. Offen vom 1.4. bis 31.10., Camping-Kategorie D.

●Außerdem gibt es das **Jugendzeltlager Strandläufernest** (Anmeldung Tel. 040-6020165) und den **Jugendzeltplatz Möskendeel** (Tel. 880311).

Gastronomie

● Die **Hörnumer Fischreuse** (Strandstr. 2) ist die gute kulinarische Adresse des Ortes. Fisch kommt in allen Variationen, und eine pralle Mittagskarte bietet Gerichte zu zivilen Preisen.
● Gegenüber liegt die **der Blue Marlin,** natürlich auch auf Meeresgetier spezialisiert.
● **Theeknob** (Norderstr. 7) ist maritim eingerichtet und offeriert eine gutbürgerliche Küche, ohne die Brieftasche über Gebühr zu belasten.
● In der **Pizzeria Ciao Ciao** (Rantumer Str.2) residiert, klar, „Hörnums Italiener".
● Das Restaurant **Rostiger Anker** (Blankes Tälchen 8) ist, kaum überraschend, auf Seafood spezialisiert.
● Am Abend trifft man sich im **Café Lund** (Rantumer Str. 1) bei gepflegten Getränken und kleinen Snacks.
● Außerdem Restaurants in den Hotels plus mehrere weitere Cafés und Snackbars. Lohnend ist auch der Kauf fangfrischer Krabben direkt vom Kutter.

Sport

Gymnastik

In der HS wird am Oststrand morgens organisierte Gymnastik betrieben, abends wird im Tischtennisraum der Kurverwaltung die Wirbelsäule eingerenkt. Tischtennis kann man dort natürlich auch spielen.

Segeln

Segeln ist der wichtigste Sport in Hörnum. Am besten, man reist im eigenen Boot an, klar. Am Oststrand südlich der Leuchtturmdüne werden in der **Sylter Catamaran-Schule** (Tel. 1390) aber auch Kurse im Hobie-Cat gegeben (ca. € 250 für den 10-stündigen Grundkurs inkl. Segelkleidung). Liegeplätze für Cats kann man hier ebenfalls mieten.

Unterhaltung

Die **Schutzstation Wattenmeer** (siehe „Touren") bestreitet den Löwenanteil in der Hörnumer Unterhaltungsszene, praktischerweise mit Zivis. Auch die Kleinen werden mitunter „auf die Spuren des Wattwurms" angesetzt. Ansonsten gibt's im Saal der Kurverwaltung ab und zu mal einen **Diavortrag.**

Touren

Schiffsausflüge

Hörnum hat einen betriebigen Hafen. Während großer Teile des Jahres unternehmen die Reedereien WDR und Adler (in Hörnum vertreten durch das Reisebüro Schuster, Tel.

881001) sowie die Reederei Paulsen (Westerland, Tel. 04651-98700) mit verschiedenen Schiffstypen Reisen zu den Inseln südlich Sylts, die WDR auch nach Helgoland.

	Erw. €	Kind (4–11) €	Familie €	Fahrrad €
Hooge und Amrum				
Föhr und Amrum	20,00	10,50	45,50	6,00
Gröde				
nur Hooge				
nur Amrum	18,50	10,00	43,50	5,00
Nordstrand	21,50	12,00	63,50	5,50
Helgoland („Funny Girl")	30,00	15,00	61,00	–
Helgoland (CAT)	42,50	21,50	100,00	–

Jeden Fr (10.15 Uhr ab Hörnum) auch wissenschaftlich geführte Exkursionsfahrten ins Wattenmeer mit Hallig-Aufenthalt, 6 Std., € 20,50, Kinder € 11. 14 Uhr zweistündige Fahrt zu den Seehundbänken, € 11,50, Kinder € 8,50. Täglich außer Fr 4-mal Kurztrips zur Hörnum-Odde.

Wattwanderungen und Exkursionen

Wattwanderungen und Exkursionen zur Odde finden von April bis Oktober wöchentlich unter kundiger Führung von Zivis der **Schutzstation Wattenmeer** statt. Dauer: 2,5–3,5 Std. Unentgeltlich (Spende für den Umweltschutz). Auskunft: Tel. 881093.

Rantum

Sylts kleinste Gemeinde (knapp 500 „Ständige") bildet einen ruhigen Gegenpol zum unfernen quirligen Westerland. Links die Nordsee, rechts das Wattenmeer, knapp 600 Meter liegen dazwischen; hier ist Sylt am schmalsten. Kein Wunder, dass der Ort nach Raan, der alten friesischen Meeresgöttin benannt ist, die jetzt immer wieder an Land zu klettern droht.

Jede Menge Friesenhäuser und Reetdächer gibt es in Rantum, fast durch die Bank Imitate, nur sehr wenig ist aus alter Zeit. Deshalb sieht der ganze Ort etwas künstlich aus, und dadurch ergeben sich auch wohl die „großen Kontraste", derer sich Rantum rühmt. Andere sind jedenfalls nicht zu entdecken.

Jubel herrschte in Rantum, als vor einiger Zeit ein **Mineralwasserreservoir** angezapft wurde, das nicht nur das Nass kräftig sprudeln lässt. Das Wasser wird jetzt als „Sylt-Quelle“ vermarktet bzw. kann im Quellenhaus am Rantumer Becken genossen werden. Man sagt ihm diverse Heilkräfte nach; alles heilt es jedoch nicht.

Rantum-Info

Auskunft

- **PLZ:** 25980
- **Vorwahl:** 04651
- **Kurverwaltung** und **Zimmervermittlung:** Strandstr. 7, E-Mail: info@rantum.de, www.rantum.de, Tel. 8070, Fax 80766. Offen zu normalen Bürozeiten (und So morgens) vom 1.5. bis 31.10., in der übrigen Zeit eingeschränkt (laut Aushang).

Ärzte

- Der nächste (auch Zahnarzt) ist in Westerland. In Notfällen: **DRK-Station** (Tel. 33379).
- **Tierarzt:** Hörnumer Str. 29.

Kurtaxe

- Siehe „Anhang“.

Hunde

- Ausgeschilderter Hundestrand Nähe Samoa und zwischen Textil- und FKK-Strand.

Strandkörbe

- Strandkörbe vermietet die **Kurverwaltung.** Dort kostet der Strandkorb vom 15.5. bis 30.9. € 7,20/Tag (bis 3 Tage), ab 4 Tagen € 6,20/Tag. In der übrigen Zeit zahlt man bis 3 Tage € 5,70/Tag, ab 4 Tage € 4,60/Tag. **Private** Strandkorbvermietungen gibt es an den FKK-Stränden „Samoa“ und „Sansibar“ weit südlich des Ortes.

Kirchen

St. Peter (ev.) und Stella Maris (kath.).

Unterkunft

Preise

Die Vermieter definieren die Saison alle unterschiedlich; mit der offiziellen HS z.B. besteht keine Übereinstimmung. Die entsprechenden Angaben sind jedoch in den Listen aufgeführt; man muss nur darauf achten.

- **Achtung:** Vermerk unter „Ganz Sylt/Insel-Info/Unterkunft“ beachten! Preise gelten pro Person.

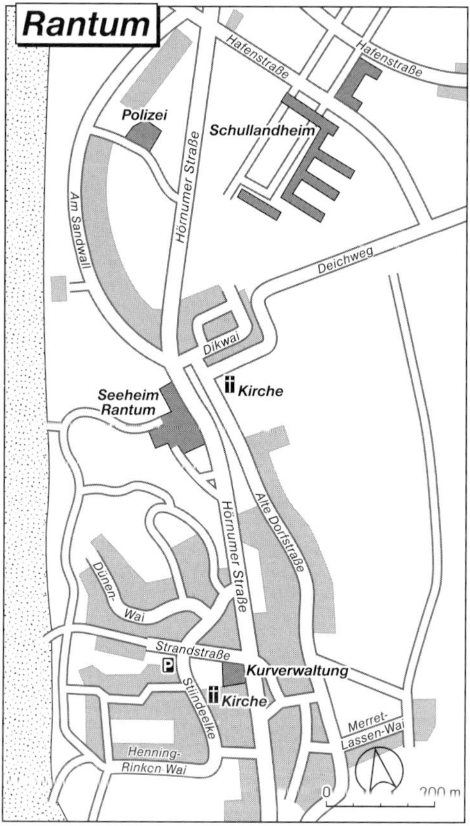

Sylt

Hotels

Die Rantumer Hotels sind sich alle ein bisschen ähnlich; nur die Preise differieren stark. Lediglich drei Betriebe tragen zwei Eurosymbole, die anderen gelangen rasch bei vier und fünf an.

- Der **Rantumer Hof**€€ (Tel. 23242) bleibt – für Rantum – preislich gut auf dem Teppich und bietet auch solide Hotellerie für das Geld.
- Ein Ähnliches gilt für das **Bourne**€€ (Tel. 23256), das nur ein paar Prozentpunkte teurer ist.
- Das **Haus Hanseat** gehört mit zu diesem Komplex und hat ähnliche Preise.

034nf Foto: rh

Privatzimmer

Leider gibt es nur sechs Einheiten in dieser Kategorie.
- *Irma Scholtz* (Tel. 040-4223001) bietet in ihrem Reetdachhaus Ü für € 13 an. Wie macht sie das nur?
- *G. Schubert* (Tel. 5524) vermietet ganzjährig für € 17.

Häuser und Ferienwohnungen

- Im Durchschnitt liegen die Preise für Rantumer **Ferienwohnungen** bei € 75.
- Sündteure **Häuser** – die teuersten in der Regel – verlangen auch das Mitbringen eigener Bettwäsche oder stellen bis zu € 15 pro Person dafür in Rechnung.

Heime

Das **ADS-Schullandheim** (Tel. 85330) befindet sich nahe des Rantumbeckens. Betreiber ist die AG Deutsches Schleswig in Flensburg (Tel. 0461-869319). Mehrere andere Erholungsheime für verschiedene Berufsgruppen sind in diesem Bereich angesiedelt.

Camping

- Der **Campingplatz Rantum** (Tel. 80755) liegt dicht am Rantumbecken. Auf dem großen Areal können bis zu 420 Zelte oder Wohnwagen untergebracht werden. Geöffnet vom 1.4. bis 15.10. Platzbestellungen für die HS nur schriftlich ab 1. Januar an die Kurverwaltung Rantum, Eigentümerin des Platzes. Preisgruppe C.
- **Zeltlager Weiße Zeltstadt:** Tel. 22576.

Gastronomie

Der Ort ist zwar klein, aber fein, ganz besonders seine Gastronomie betreffend.

- Das **Landhaus Rantum** (Stiindeelke) ist unter Gourmets weit über Sylt hinaus bekannt. Der Chef de cuisine präsentiert Inselspezialitäten „nach den Richtlinien der neuen regionalen Küche", aber auch Stocksolides wie Bratheringe, Sülze und Ente mit Rotkohl. Nachmittags gibt's Kuchen aus dem eigenen Backofen. Ganzjährig offen 11.30–24 Uhr.
- Gleich gegenüber liegt das **Ual Raantem Hüs** (zu Deutsch „Altes Rantumer Haus"), nur wenig kleiner und mit einem kaum minder leckeren Angebot. Café anbei.
- Im **Ankerlicht** am Campingplatz verpflegen sich vor allem die Camper, oder auch in der nahe gelegenen **Pappschachtel** mit Kiosk und Gaststätte.
- Das Restaurant **Kinka** in der Strandstraße serviert Gutbürgerliches und betreibt auch einen Imbiss.
- Auf dem Weg nach Süden kann man im **Todjem Deel** beim FKK-Strand einkehren (es besteht kein Ablegezwang). Von 12 bis 20 Uhr gibt es täglich wechselnde Gerichte, auch Fisch frisch aus der Pfanne und hausgebackenen Kuchen.
- Einsam zwischen den Dünen am Strandabschnitt Samoa liegt das Restaurant **Seepferdchen,** ein unaufdringliches Holzgebäude mit lockerem Ambiente und erstaunlich guter Küche.
- Noch ein Stück weiter in Richtung Hörnum findet man eine ähnliche Oase in der Dünenwüste, das **Sansibar.** Auch hier geht's tagsüber, mit Eintöpfen und schnellen Happen, leger zu. Abends wird bei Kerzenschein geschlemmt: Allein 500 klangvolle Namen stehen auf der Weinkarte.

Sport

Segeln

Siehe „Mit dem eigenen Boot".

Gymnastik

Strandgymnastik unter Anleitung wird von ca. Mitte Juni bis Mitte September betrieben. Einzelheiten durch die Kurverwaltung.

Surfen

Surfen ist ganz groß in Rantum, weil Sylt an seiner engsten Stelle Anfänger auf der Watt- und Fortgeschrittene gleich gegenüber auf der Seeseite zulässt. Der **Surfschule** in der Hafenstraße nimmt Anmeldungen entgegen für Kurse am Strandabschnitt „Sansibar", wo man aber gottlob nicht nackt antreten muss, sondern einen kompletten Neoprenanzug gestellt bekommt.

Tennis

1 Hallenplatz und 2 Außenplätze stehen zur Verfügung. Vorausbuchungen sind empfehlenswert.
• **Info:** Tel. 22584 (Bourne).

Unterhaltung

Gelegentliche Dia-Vorträge, Filme oder Puppenspiele im großen Kursaal.

Touren

Im April und Mai 14-tägig und von Juni bis Mitte Oktober einmal pro Woche trifft man sich für **Wattwanderungen** vor der Kurverwaltung, die diese Trips arrangiert (Aushang). Ca. 1½ Std. Tour im Rantumer Watt.

Sylt-Ost

Der Komplex Sylt-Ost ist der Zusammenschluss von vier Kurorten der Insel: Archsum, Keitum (mit Ortsteil Munkmarsch), Morsum und Tinnum. Hier, im Ostzipfel Sylts, schlägt das „grüne Herz" des Eilands, hier dehnt sich weithin die **fruchtbare Marsch.** Nur im äußersten Osten, wo der Bahndamm Sylt erreicht, tritt wieder ein Stück Geestrücken zutage.

Im Kontrast zur kahlen Westküste erfreut sich das Auge in diesem Landstrich sommers an wogenden Korn- und farbenfrohen Rapsfeldern, auf den Weiden tummelt sich das Vieh, und sogar Bäume sieht man hier, richtige, wuchtige Kastanien, Linden und Buchen aus alter Zeit!

Während die Orte entlang des Nordseestrandes, auf Sand gebaut, eher temporären Charakter hatten, waren im Grünstreifen schon um die erste

Jahrtausendwende trutzige Bauten entstanden, so die **Tinnumborg,** auch **Burg Borig** genannt, die aus dem 9. oder 10. Jahrhundert stammt und in ihren Anfängen gar bis Christi Geburt zurückverfolgt werden kann. In diesem „Zinsheim" saßen die Inselvögte und trieben die Steuern ein, und mitunter fiel mal einer von ihnen den Mini-Revolten zum Opfer, die die Geschichte der Insel um manchen Volkshelden bereicherten. Von der Tinnumer Burg ist heute nur noch ein mächtiger Ringwall geblieben.

Sylt-Ost-Info

Auskunft
- **PLZ:** 25980
- **Vorwahl:** 04651
- www.sylt-ost.de, E-Mail: tourismus@sylt-ost.de

Bahnhöfe
- In Morsum und Keitum; der IC hält hier jedoch nicht.

Ärzte
- **Keitum:** C.P.-Hansen-Allee 5; Munkmarscher Chaussee 15. Zahnarzt: Gurtstig 33. **Tinnum:** Kiarwai 1; Bahnstr. 1. Zahnarzt: Vogteiweg 18. Außerdem gibt es in Keitum und Morsum je einen Psychotherapeuten.

Kirchen
- St. Severin in Keitum; St. Martin in Morsum; Gemeindehaus in Tinnum, alle ev. luth.; Neuapostol. Gemeinde in Tinnum (Dirksstr. 1).

Kurtaxe
- Siehe „Anhang".

Kinder
- **Kinderspielplätze:** Keitum (Am Pastorat), Tinnum (Bahnstraße; B.P.-Eben-Weg), Archsum (bei der Kurverwaltung), Morsum (Freizeitpark).
- Besonders kinderfreundlich ist auch der **Tierpark** in Tinnum, wo die Wichtel nicht nur Getier bestaunen, sondern auch mit Minidampfern ihre Runden auf dem Teich drehen können. Gegen Zahlung von Passage, versteht sich.
- **Jugendtreffs** im Haus des Kurgastes in Tinnum und Morsum.

Sport

Angeln

Die **Nösse- und kleine Baggerkuhle** sowie das **kleine Rantum-Becken** sind Fischgewässer der Sylter Sportfischer-Vereinigung. Gäste können sich an der Waid auf Aal,

Regenbogenforelle, Karpfen, Schlei, Barsch, Brasse, Hecht, Weißfisch und Zander beteiligen, aber nur mit Angelkarte. Selbige erteilen die Tourist-Büros und der Sparmarkt Tinnum (€ 8/Tag).

Sylt Lauf

Alljährlich rennen gegen Mitte März Scharen wackerer Mannen und Frauen die 33,3 km von Hörnum nach List. Die **Anmeldung,** jeweils bis zum Jahreswechsel, findet beim TSV Tinnum statt. Formulare über folgende Adresse: Sylt Lauf, Postfach 1641, 25969 Sylt-Ost.

Freibad

Ein Meerwasser-Freibad (Tel. 31493) befindet sich beim Kurhaus in Keitum. Es hat eine Wassertemperatur von über 26° C.

- **Öffnungszeiten:** Von Mai bis Mitte Oktober tägl. außer So 8.30–18 Uhr.
- **Preise:** Erw. € 5, Kinder (4–14) € 3, Kinder bis 3 J. € 1,50.

Bogenschießen

Im **Freizeitpark Morsum** (Tel. 890319) können Kurgäste in den Sommermonaten die hohe Kunst des Bogenschießens erlernen, und zwar Mi ab 19 Uhr, Fr 17–19 Uhr und So 10–12 Uhr.

Reitsport

Groß in der flachen Marsch ist der Reitsport.

- Der **Reithof Lorenz Hoffmann** in Keitum (Gurtstig 46, 41376) ist ganzjährig geöffnet, verfügt über 20 Pferde und „1 Kutsche" und erteilt Reitunterricht für Anfänger und Fortgeschrittene, ganz speziell auch für Kinder. Im Programm sind Ausritte ins Wattenmeer und in die Heide, Tagestouren und „Jagd mit Meute". Unterbringung auf dem Anwesen ist möglich.
- Annähernd identisch sind die Angebote des **Reitstalls Wiesengrund** in Tinnum (Tel. 31600) und des **Reiterhofs Morsum** (Tel. 890239).

Windsurfen

Keitum-Munkmarsch ist der Standort der größten **Windsurfschule.** Eine breite Palette von Kursen wird geboten.

- **Auskunft:** Syltsurfer Sport (Tel. 31911, im Winter 22839).

Tennis

In Tinnum kann man ganzjährig dem Ball nachjagen, im Extrem sogar eine Woche lang mit 15 Stunden Intensiv-Training oder an einem Tennis-Weekend mit sechs Trainingsstunden (2 Personen). Zahlreiche weitere Programme, darunter auch Squash.

- **Reservierungen und Preise:** auf Anfrage beim Tennis-Center Sylt (Tel. 31188).

035nf Foto: rh

Unterhaltung

Dürftig im Vergleich zu Westerland. In Keitums **Friesensaal** finden sporadisch Veranstaltungen statt, mitunter auch im **Kurhaus** in Morsum. Großer Beliebtheit erfreuen sich die **Dorffeste** der Einzelgemeinden und die traditionellen **Ringreiter-Turniere.** Diese Sausen finden von ca. Ende Mai bis Mitte August statt; genaue Daten im Sylter Veranstaltungskalender.

Touren

Wattwanderungen

Die Kurverwaltungen veranstalten von April bis Oktober in wöchentlichen Abständen Wattwanderungen in das Gebiet der Sandinseln östlich des Rantumbeckens. Termine und Treffpunkte werden nach Anmeldung bekannt gegeben. Dauer 1,5–2,5 Std.

Planwagen- und Kutschfahrten

Im Sommerhalbjahr finden zweimal wöchentlich Planwagenfahrten durch und um Keitum statt, organisiert durch das Kurbüro des Ortes. Außerdem werden Kutschfahrten von *Lobach* in Morsum (Tel. 890239) und *Christiansen* in Tinnum (Tel. 31601) angeboten.

Wandern im Watt

Nolde-Museum in Seebüll

Wer auf eigene Faust eine interessante Tour machen möchte, setze sich in Morsum in den Zug und fahre nach **Klanxbüll,** miete sich dort am Bahnhof ein Rad und strample ein paar Kilometer nach **Seebüll** an der dänischen Grenze, um dort das Nolde-Museum zu besuchen (große **Gemäldeausstellung** mit jährlich wechselnden Bildern, insgesamt über 200 Werke). Das Haus ist vom 1.3. bis 30.11. täglich von 10 bis 18 Uhr (Nov. 17 Uhr) geöffnet. Eintritt: € 2.

Keitum

Keitum an der Wattküste ist der größte und betriebigste Ort in Sylt-Ost. Schon vor über 200 Jahren wurde Keitum „der Schlüssel zur Insel" genannt; es war lange der Hauptort und -hafen Sylts. In Keitum richteten sich mit Vorliebe **Walfänger** und **Seefahrer** ihre gemütlichen Altersruhesitze ein. Neureiche Wohlstandsbürger zogen später nach; sie stellen heute, zumindest im Sommer, fast die Hälfte der Keitumer Bevölkerung.

Viele der **alten Häuser** sind noch erhalten und machen Keitum zum „schönsten Friesendorf Deutschlands", jedenfalls nach Eigendarstellung. Die Föhrer hätten da bestimmt etwas zu monieren. Aber nachdem der historische Ortskern Keitums endlich für Autos dichtgemacht wurde – im vorhergehenden Sommer drohte der totale Verkehrskollaps – kann man vielleicht noch mal über die Titelzuteilung sprechen. Sehens- und besuchenswert: Das **Sylter Heimatmuseum** (Am Kliff 19) und, ein Stückchen weiter, das **Altfriesische Haus,** beide täglich geöffnet 10–17 Uhr. Auch die romanische **Kirche St. Severin,** 1190 erbaut, sollte man sich unbedingt ansehen und vor allem die darin gegebenen Konzerte genießen.

Auskunft

- **Kurverwaltung** (einschl. Munkmarsch): Am Tipkenhoog 5, Tel. 33732, Fax 33737.

Unterkunft

Keitum, versteht sich, hat das größte Angebot in Sylt-Ost.

- Die **Hotels** des Ortes, sieben an der Zahl, sind nicht ganz billig, liegen aber zumeist immerhin noch im vierstelligen

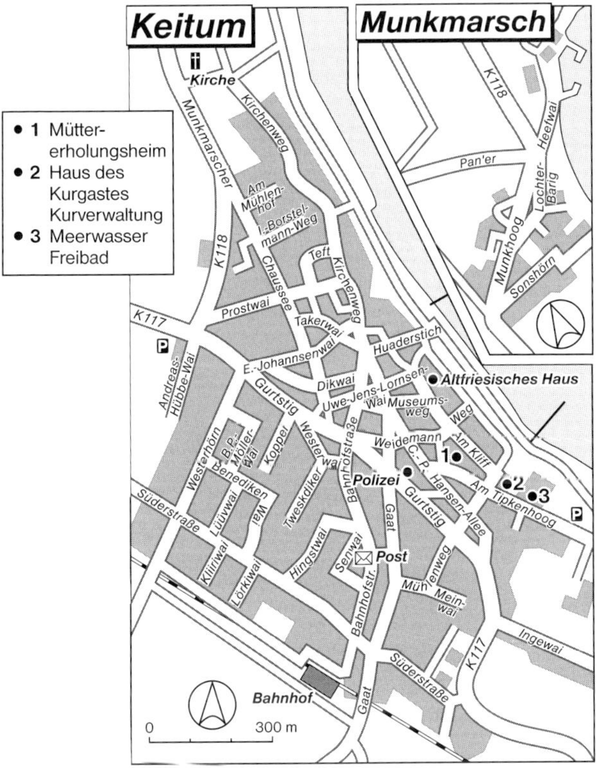

Eurosymbolbereich. Kamp's €€€ (Tel. 98390) macht ein gutes Angebot und hat sogar eigene Strandkörbe dabei – aber die haben die anderen auch.

• **Pensionen,** leider nur sechs, sind bereits mit € 16 vertreten, und das sogar mit Frühstück. Ohne Frühstück ist's aber auch nicht billiger.

• **Ferienwohnungen** sind z. T. recht günstig. Man muss die Liste mal durchgehen und das Preis-Leistungsverhältnis im Einzelnen studieren, um das eine oder andere Schnäppchen zu finden.

Gastronomie

Als größter Ort in Sylt-Ost führt Keitum auch die gastronomische Liste an.

• **Sünhair** (Erich-Johannsen-Wai 2): Kleines Lokal mit großer Terrasse und witzigen Eigenkreationen auf regionaler und italienischer Basis. Besonders gelobt wird „der lange Tresen".

- **Fisch Fiete** (Weidemannweg 3) ist schon fast eine Institution: Ein alter Friesenhof mit schönem Baumbestand und traditioneller Küche, vor allem natürlich Fisch. Offen von März bis November mittags, abends von 18 bis 24 Uhr.
- Ein ebenfalls traditionsreiches Restaurant ist **Landschaftliches Haus** (Gurtstig) aus dem Jahre 1764. Dem Namen gerecht, gibt es hier vor allem Wildspezialitäten. Offen mittags, abends 18–22 Uhr.
- **Watt'n Blick** (am Schwimmbad) serviert ganzjährig „norddeutsche Spezialitäten von Land und Meer", zudem Vegetarisches und Trennkost. Offen mittags, abends 18–21.30 Uhr.
- Keitums mitten im Ort gelegener Dorfkrug heißt **Anuschka.** Betonung auf heimischer Küche und gepflegten Getränken. Offen mittags, abends bis 24, Küche bis 22 Uhr. Do Ruhetag.
- Der Abendtreff Keitums ist der **Salon 1900** (Süderstr. 40), wo man bei Speis und Trank zusammenkommt und bis 2, an Wochenenden bis 3 Uhr durchtanzen kann.

Munkmarsch

Das Dörfchen Munkmarsch liegt einen knappen Kilometer nördlich von Keitum an der Küste. Der Ort, obwohl im Grund ein ruhiges Pflaster, ist das Sylter **Strandsportzentrum** mit erheblichem Betrieb zu Stoßzeiten. Viele neue Ferienhäuser künden auch davon, dass Munkmarsch nicht ewig ein Dörfchen bleiben wird.

Auskunft

- Siehe „Keitum".

Unterkunft

- In Munkmarsch gibt es nur Ferienwohnungen und -häuser – alle nicht so ganz billig, zumal nur einige wenige Einheiten, zumeist edler Architektur, existieren.

Gastronomie

- Im Ortsteil Munkmarsch lockt das Restaurant **Zur Blaumuschel** mit feinen Gerichten aus Meerestieren, darunter die berühmten Austern der Wattensee. Offen mittags, abends bis 22 Uhr. Mo Ruhetag.
- **Moby Dick** (Munkhoog 14) ist für gewichtsbewusste Esser vielleicht etwas unglücklich benannt, aber ein Starkoch hat hier das Regime – wer kann da widerstehen? Café anbei. Offen von mittags bis 24 Uhr. Mi Ruhetag.

036nf Foto: rh

Ausritt am Watt

Tinnum

Tinnum ist praktisch mit Westerland verwachsen. Trotz **Burgruine** und herzigen Friesenhäuschen überwiegt hier eine durch den nahen Flugplatz, Supermärkte und Gewerbegebiete geprägte **Vorort-Atmosphäre,** die nicht jedermanns Sache sein mag.

Sehenswert ist allerdings der **Tierpark** im Süden des Ortes mit etwa 400 Tieren. Offen von Mai bis November täglich von 9 bis 19 Uhr.

Auskunft

- **Kurverwaltung** und **Zimmervermittlung:** Dirksstraße 11, Tel. 33711, Fax 33717.

Unterkunft

Tinnum muss die nahe Westerländer Konkurrenz im Auge behalten, außerdem das Vorort-Image. Deshalb halten sich die Preise im erträglichen Rahmen.

- Zwei **Hotels** gibt es in Tinnum. Das Christiansen€€€ (Tel. 9300) ist für Sylt gar nicht mal teuer.
- **Zimmer** sind – aus welchen Gründen auch immer – ein paar Prozentpunkte teurer als in Keitum.
- **Ferienwohnungen,** sehr zahlreich, haben in etwa dasselbe Preisniveau.

●Ein **Jugendgästehaus** des TSV Westerland (Info: Tel. 21550) nimmt auch auswärtige Gäste auf.
●Der **Campingplatz Südhörn** (Tel. 3607) in Tinnum hat Raum für 160 Zelte und Wohnwagen. Ganzjährig geöffnet. Keine Hunde. Preisgruppe C.

Gastronomie

●Die erste Adresse in Tinnum ist das „Romantik-Restaurant" **Landhaus Stricker** (B.-Nielsen-Straße), ein alter Friesenhof und Familienbetrieb von noblem Ambiente. Gutbürgerliches zu Mittag, abends kulinarische Highlights. Ganzjährig mittags, abends von 18 bis 22.30 Uhr geöffnet.
●„Tinnums Chinese" ist das **Restaurant Peking** (Kiarwai). Offen mittags, abends 18–22.30 Uhr.
●„Wer uns noch nicht kennt, sollte uns kennen lernen!" fordert der **Gasthof Zur Eiche** (daselbst) auf. Wechselnde Tageskarte mit norddeutschen Gerichten. Offen mittags, abends ab 17 Uhr. Sa Ruhetag.
●**Gaststube Janke's** (neben dem Campingplatz Südhorn) bietet vom 21.2.–31.10., tägl. außer Di, Fisch und andere Seafood satt, auch Lamm und Steaks. Im Sommer Grillfeste. Offen 11–14 Uhr im Sommer, 17–24 Uhr ganzjährig.

Archsum

Archsum ist die kleinste Gemeinde in Sylt-Ost. Hier geht es **sehr ruhig** und friesisch zu, sogar Eier und Milch vom Bauern sind keine Besonderheit. Zahlreiche **Wander- und Radtour-Möglichkeiten** machen den speziellen Reiz Archsums aus.

Falls jemand auf die **„Archsum Burg"** neugierig sein sollte: Es handelt sich nicht um ein ragendes Gemäuer, sondern um die Ausgrabungsstätte einer vorzeitlichen Siedlung – außer fürs trainierte Archäologenauge wenig zu sehen!

Auskunft

●**Kurverwaltung** und **Zimmervermittlung:** Alte Dorfstraße Tel. 33744, Fax 33747.

Unterkunft

●Das **Hotel Christian VIII**€€€€€ (Tel. 97070) ist die einzige Nobelherberge am Platze und bietet nur Suiten an. Alles andere sind Fewos (und 2 Ferienhäuser) in den üblichen Preiskategorien.

Gastronomie

●Der **Archsumer Pesel** hat schleswig-holsteinische Küchenspezialitäten auf der Speisekarte, und im Sommer ein „nordisches Frühstücksbüffet". Abends ab 18 Uhr, Mo Ruhetag.

Morsum

Sylts östlichster Ort ist nicht minder ruhig als Archsum, außer dass ein paar Mal am Tag die Bahn durch den Ort dröhnt. Auch hier Wiesen und Felder, Friesenhäuser und das schöne **Morsum-Kliff** (siehe „Naturschutzgebiete"), das nur auf der dänischen Ostseeinsel Mön seinesgleichen hat. Da ist es nicht verwunderlich, dass sich in diesem naturbelassenen Erdenflecken **Künstler und Kunsthandwerker** niedergelassen haben.

Sehenswert ist auch die **Wehrkirche St. Martin,** ein spätromanischer Bau aus dem 13. Jahrhundert, eine Stätte niveauvoller Orgelkonzerte.

Auskunft

- **Kurverwaltung** und **Zimmervermittlung:** Bahnhofstraße, Tel. 33755, Fax 33757.

Unterkunft

- Morsums Filetstück ist das **Landhaus Nösse**€€€€ (Tel. 97220) mit „Alleinlage direkt am Kliff" und allen Zimmern mit Wattenmeerblick. Das darf schon etwas mehr kosten.
- Etwas billiger sind Morsums **Privatunterkünfte,** deren es leider nur zwei gibt. Den besten Preis hat *M. Maron* (Tel. 890324) mit € 30. Der Rest der Unterkünfte besteht aus Ferienwohnungen und -häusern, zum Teil mit recht günstigen Tarifen.
- Der **Campingplatz Am Mühlenhof** (Tel. 890444) nimmt 50 Wohnwagen oder Zelte auf. Ganzjährig geöffnet, keine Entsorgung von Chemietoiletten. Biotop! Preisgruppe D.

Gastronomie

- **Bei Uwe** heißt das „Restaurant für Fisch" am Terpstig, aber auch menschliche Gäste sind willkommen. Uwes Küche bietet Leckeres wie z.B. Zander mit Apfelschaum, bei schönem Wetter sogar draußen unter Schattenbäumen! Offen vom 1.2. bis 25.10., Di Ruhetag.
- Die **Fränkischen Weinstuben** (Terpstig) sind auf Wildgerichte spezialisiert. Dazu gibt es, wie man erwarten darf, vorzügliche Frankenweine. Offen Ostern bis Mitte Januar mittags, abends 18–22 Uhr. Di Ruhetag.
- Im „fernen Osten" bildet das **Landhaus Nösse** den Sylter Abschluss, ein elegantes Restaurant mit angeschlossenem Bistro für preiswerte Tellergerichte. Offen mittags, abends 18–22 Uhr. Im Winter Mo Ruhetag.

Wenningstedt

Geschichte

Der Name

Offiziell heißt es „Wenningstedt-Braderup", denn die beiden Orte – Braderup an der Wattenküste gelegen und weitaus kleiner – bilden eine politische Einheit. Der Kürze halber wollen wir es aber bei Wenningstedt belassen.

Wynne = „tiefer Hafen", *stedt* = „Stätte". Die Existenz eines größeren Hafens zu vormittelalterlichen Zeiten in der Nähe des heutigen Ortes ist von Legenden und Spekulationen umwoben. Wissenschaftlich erwiesen ist nichts dergleichen.

Seebad Wenningstedt

1859 taucht der Name Wenningstedt in einer Liste von Sylter Badeorten auf. Doch lange hört man dann gar nichts mehr. Westerland hatte sich 1855 als Seebad etabliert, und 1893 wurde Wenningstedt „übernommen". In beiden Bädern ließ man sich zu jenem Zeitpunkt noch keusch mit der Karre ans Meer chauffieren, ließ höchstens fünf Wellen über sich hinwegspülen und zahlte dann 50 Reichspfennige für den Genuss.

Wenningstedt heute

1927 wurde Wenningstedt separates Seebad. Seither ist der Ort annähernd nahtlos mit Westerland zusammengewachsen. Breite – viel zu breite – Straßen und eine gemeinsame Leidensgeschichte des **Strandabbruchs** verbinden die beiden touristischen Zentren. Wenningstedts **steiler Kliffküste,** die einen Großteil der Attraktion des Ortes ausmacht, ist dabei in besonderem Maße übel mitgespielt worden. Von ihr wird man in den nächsten Jahren bestimmt noch einiges hören.

Trotzdem unterscheiden sich die beiden Orte schon insofern, als es in Wenningstedt **kein einziges Hochhaus** gibt. Unschön sind zwar die überwiegenden Dachbedeckungen aus Schiefer und schwarzblauen Ziegeln, die von ferne wie Eisen aussehen und dem Ort ein kaltes Image vermitteln. Doch allein der idyllische **Dorfteich** mitten im Ort macht solche Defizite wieder wett. Die

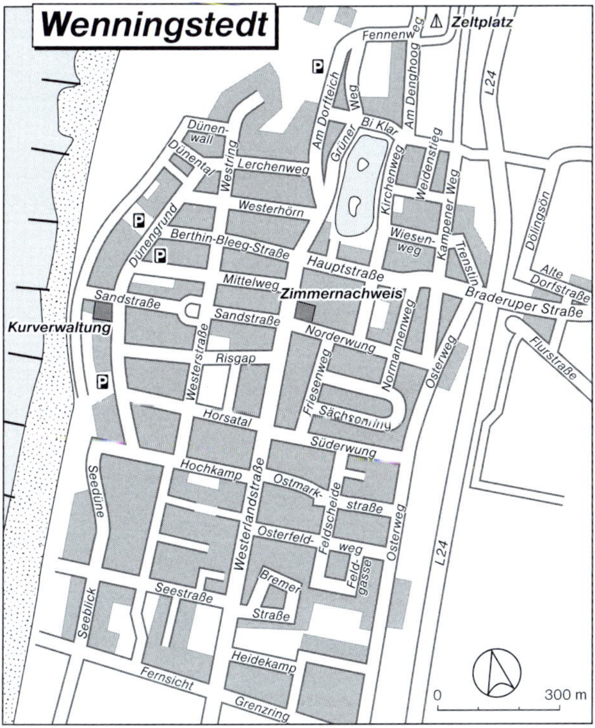

Nachbarn im Norden und Süden mögen als Snobs verrufen sein. Wenningstedt ist bieder, kreuzbrav, fast ein bisschen spießig.

Sehenswertes

Hünengrab Denghoog

Das Hünengrab Denghoog („Thinghügel"), an die 5000 Jahre alt, gilt als einer der Anziehungspunkte des Ortes, seit die Grabkammer 1868 geöffnet wurde. Die darin gemachten Funde sind im Heimatmuseum in Keitum ausgestellt, nichts Pharaonisches, aber doch ganz interessant.

• **Führungen** werden von der Söl'ring Foriining veranstaltet, die als Kurator der Stätte fungiert. Man sollte mindestens einen Tag im Voraus anrufen (Tel. 32805), um einen Termin zu vereinbaren. Offen Apr. bis Sept. Mo–Sa 10–16.30 Uhr.

Fossilien aus dem Roten Kliff

Schön ist das Rote Kliff nördlich des Ortes mit seiner reichen geologischen Geschichte. Dort gefundene Fossilien sind im Wenningstedter Kurmittelhaus zu bewundern und auch im Naturzentrum Braderup. Das Zentrum als solches ist eine Sehenswürdigkeit, denn eine ständige naturkundliche Ausstellung gibt dort Einblick in viele aktuelle Nordseethemen.

• **Geöffnet** vom 1.4. bis 31.10 Mo–Sa 10–12 und 14.30–18 Uhr; der Eintritt ist frei. Außerdem jeden Do um 20 Uhr Veranstaltungen und Vorträge.

Wenningstedts feinstes Stück

Sehen – und in Anspruch nehmen – sollte man auch unbedingt „Wenningstedts feinstes Stück“: Das öffentliche WC am Dorfteich, reetgedeckt und mit Sylter Fliesen gekachelt – ein bess're find'st du nicht, in ganz Deutschland.

Wenningstedt-Info

Auskunft

• **PLZ:** 25996
• **Vorwahl:** 04651
• **Allgemeine Auskunft:** Kurverwaltung, Strandstr. 25, Tel. 4470, Fax 44740.
• **Zimmernachweis:** Fremdenverkehrsverein, Westerlandstr. 1, Tel. 98900, Fax 45772. In diesem Gebäude steht den Kurgästen ein Computer zur Verfügung. Er informiert nicht nur über freie Unterkünfte, sondern auch über Restaurants, Unterhaltung, Einkaufs- und Ausflugsmöglichkeiten und beinhaltet den aktuellen Veranstaltungskalender. Alle Informationen können auch ausgedruckt werden.

Ärzte

• **Arzt:** Hauptstr. 5.
• **Zahnarzt:** Heidekamp 6.
• Siehe auch Westerland.

Kurtaxe

• Siehe „Anhang“.

Strandkörbe

• Strandkörbe können nur gegen Vorlage einer für die gleiche Zeit gültigen Kurkarte gemietet werden. Preise: pro Tag € 6 (Minimum 2 Tage), eine Woche € 35,50, zwei Wo-

037nf Foto: rh

chen € 67. Eine Vorbestellung bei der Kurverwaltung ist möglich und zu empfehlen.

FKK

●Das FKK-Gelände befindet sich nördlich des Hauptstrandes.

Hunde

●Auch der „Hundestrand" liegt nördlich des Hauptstrandes.

Kirche

●„Friesenkapelle" (ev.) am Dorfteich. Katholische Kirche in Westerland.

Veranstaltungen

●Die Kurzeitung erscheint ein- bis zweimonatlich.

Kinder

Wenningstedt gilt als besonders kinderfreundlich.

●Den größten Beitrag zu diesem Ruf leistet der **Kurkindergarten** in der Dünenstraße, direkt an den Strand grenzend. Kinder von 3–6 Jahren können hier aufgenommen und beschäftigt werden; allerdings wird ein ärztliches Gesundheitsattest verlangt, das nicht älter als 3 Tage ist.

Offen ganzjährig (außer einer Winterpause vom 24.12. bis 15.1.) Mo–Fr 8–12.30 und 14–17 Uhr. Aufsicht durch eine (schwer?) geprüfte Kindergärtnerin. Spielplatz und Trampoline vorhanden. **Auskünfte:** Tel. 44729.

Perfekter Sonnenschutz

●In der NS werden Kinder auch durch **Spiele und Turnen** am Strand betreut. Bei schlechtem Wetter weicht man ins Haus der **Kurverwaltung** aus.
●Ein **Kinderspielplatz** befindet sich am Dorfteich neben der Friesenkapelle. Ein weiterer ist am Osterweg.
●Beim Mini-Cross Sylt auf dem Sportplatz an der Norddörfer-Halle werden auch die ganz Jungen schon mit den Freuden der Motorisierung vertraut gemacht. Die **Kinder-Motorradbahn** ist von Mitte Juni bis Ende August täglich ab 11 Uhr in Betrieb.
●In Wenningstedt sind zudem ansässig: Das **Kinderkurheim am Kliff** (Tel. 42530), die **Syltklinik** (Tel. 4460) der AWO Hannover für Familien mit einem krebskranken Kind und das **Mutter-Kind-Kurheim „Ida Ehre"** (Tel. 23661) der AWO Hamburg.

Unterkunft

Preise

Achtung: Vermerk unter „Ganz Sylt/Insel-Info/Unterkunft" beachten! Wenningstedt führt Preise pro Zimmer und nicht pro Person auf.

Hotels

●Das Preisniveau für Wenningstedts feine Klausen liegt nur geringfügig unter jenem Westerlands und hat in den letzten zwei Jahren gar manchen Prozentpunkt dazu gewonnen. Von drei Euro-Symbolen muss man in fast allen Fällen ausgehen und im Endeffekt werden locker fünf erreicht. Auch ein Ausweichen in den Ortsteil Braderup an der Wattenseite hilft nicht. Das dortige **Hotel Weißes Kliff**€€€€ ist von der Größe her recht kuschlig (11 Betten), aber billiger ist es auch nicht. Die meisten anderen Hotels in Wenningstedt sind ebenfalls von moderaten Dimensionen. Mit Ausnahme des **Hotels Windrose**€€€€€ (Tel. 9400), in dem sich 220 Betten ballen.
●**Hotels garni** sind keineswegs billiger. In allen muss man in der HS mit mindestens einem Fünfziger pro Nase rechnen.

Pensionen

Das runde Dutzend Pensionen Wenningstedts liegt dicht am Preisniveau der Hotels garni. Erfreuliche Ausnahme: **Skala**€ (Tel. 41931).

Privat-zimmer

Privatunterkünfte liegen bei € 20 ÜF das ganze Jahr über, manche sind auch billiger.

Ferienwoh-nungen

In weit über der Hälfte aller Häuser wird Bettwäsche (bis zu € 15 pro Person!) extra berechnet bzw. deren Mitbringen vorausgesetzt. Wie üblich muss bei den Ferienwohnungen ein wenig Arithmetik getrieben werden. Bei einigen Einheiten kommt man schon auf € 10 pro Kopf, andere sind erheblich teurer.

Heime Siehe „Kinderbetreuung“.

Camping Der **Campingplatz Wenningstedt** untersteht der Kurverwaltung. Er liegt ruhig hinter den Dünen nördlich des Ortes, mit eigenem Weg zum Strand. Stellplätze für 180 Zelte oder Wohnwagen. Offen 15.4.–15.10. Preisgruppe C.

Gastronomie

● „Wein und Bier, das rat' ich dir“ – und zwar im **Bacchus-Keller** (Hochkamp). Gemütliche Atmosphäre. Offen ab 20 Uhr. November bis März (außer Weihnachten) Ferien.

● **Blum's Fischdelicatessen** (Neuestraße) serviert heiße Seafood Gerichte (auch zum Mitnehmen) bis hin zur Hummerplatte.

● Das **Café Lindow** (B.-Bleeg-Straße) bietet satt Frühstück, nachmittags Kuchen und dazwischen einen leckeren und sehr preiswerten Eintopf.

● In der **Dampfnudel** (Dünenstraße) gibt es nicht nur selbige, sondern eine gutbürgerliche Küche mit wechselnden Tagesgerichten, täglich bis 23 Uhr. Bierbar anbei.

● In der **Fischpfanne** gibt es – nun, das soll hier nicht verraten werden, aber von vorzüglicher Qualität. Mittags und ab 17 Uhr, in der NS Mo geschlossen.

● Die **Grüne Zwiebel** (Westerlandstraße) bietet Gutbürgerliches täglich ab 17 Uhr. Bierbar und Weinstube anbei.

● Das **Hinkfuss** (Am Dorfteich) reicht nach einem kräftigen Frühstück mittags Rustikales, abends gefolgt – gekrönt eher – von der festlichen „Grande Parade“, lukullische Höhepunkte mit exquisiten Weinen. Di mittags und Mo geschlossen.

● **Kiose** (kein Druckfehler) ist eine gemütliche Bierbar mit Restaurant (B.-Bleeg-Straße). Offen ab 18 Uhr, Mo Ruhetag. Im Winter außer Weihnachten geschlossen.

● Den **Kliffkieker** (Strandstraße) wird man wohl eines Tages in „Kliffhänger“ umtaufen müssen. Der alte Kliffkieker ging hier über Bord, der jetzige ist mehr ein Provisorium. Eben deshalb ist die Bude so populär und immer voll. Offen ab 11 Uhr. Abends Maritimes, auch mit Tanz. Bitte nicht zu hart auftreten.

● Gleich daneben liegt das **Meeresblick**, jedoch klugerweise etwas weiter inland. Am Tage tummeln sich hier die Strandläufer; abends wird's stimmungsvoll, vor allem „wenn die rote Sonne im Meer versinkt“. Ganzjährig offen.

● Das **Strandhörn** (Dünenstraße) gehört zum Hotel gleichen Namens und zu den führenden Restaurants Wen-

053nf Foto: rh

ningstedts. 50 Euro für ein exquisites Menü kommen allerdings schnell zusammen. Winterpause vom 20.11. bis Mitte März (außer Weihnachten); Mi Ruhetag.

- Die gleichen Ruhepausen gelten für den **Gasthof Weißes Kliff** in Braderup. Solide Küche, zivile Preise.
- Im **Witthüs** (Alte Dorfstraße) gibt es hauptsächlich Tee und Kuchen, aber auch wechselnde Tagesgerichte mit stark vegetarischer Betonung. Im Winter geschlossen.
- Außerdem zahlreiche Imbisse, Snackbars und Kioske.

Sport

Gymnastik

Während der HS findet am Badestrand vor dem Ort täglich Gymnastik für Erwachsene und Kinder statt. Kostenlos, Zeiten im Aushang.

Kegeln

Kegeln kann man in der Dampfnudel (Dünenstraße).

Reiten

Für Freunde des Reitsports ist der Ortsteil Braderup zuständig. Dort können auf Bodil's Ponyfarm (Tel. 42444) vor allem Kinder (ab 8 Jahren) an Unterricht, Kursen und Ausritten teilnehmen. Aufnahme von bis zu 15 Kindern ohne Begleitung der Eltern auf der Farm ist möglich.

Tennis

Dem weißen Sport huldigt man im Tenniscenter an der Norddörfer Heide. 4 Freiplätze, offen 1.4.–30.9. Anmeldung, weil immer stark belegt, unbedingt erforderlich (Tel. 42710, 42076).

Unterhaltung

Veranstaltungskalender

Wenningstedts Veranstaltungskalender (Kurzeitung) weist zwar nicht ein derart geballtes Programm wie Westerland auf, doch es steht ständig etwas auf dem Zettel.

Veranstaltungen

Der Großteil der Veranstaltungen findet im Kursaal statt, oft geht es morgens schon los. Wie wär's mit einem „Schützenfrühschoppen mit dem Norddörfer Musikverein"? Nachmittags laufen meistens Kinderprogramme, überwiegend Videofilme, manchmal auch Kindertheater. Die Abendunterhaltung beginnt generell um 20 Uhr: Diavorträge, Filmvorführungen, Konzerte, Shantychöre, Tänze, Volkstheater, sogar Skatturniere – das wechselt sich in bunter Folge ab, so dass für jeden etwas dabei ist.

Naturzentrum Braderup

Auch das Naturzentrum Braderup hat ein rundes Programm. Für Gartenfreunde übrigens: Jeden Di um 10 Uhr findet dort ein Dialog über ökologisch sinnvolle Gartenpflege statt. Zum Abschluss gibt's eine Tasse Kräutertee aus eigenem Anbau – die einzige kostenlose auf Sylt.

Touren

Wattwanderungen und Exkursionen

Von April bis September organisiert die Kurverwaltung in 14-tägigen Abständen Wattwanderungen im Bereich der Blidselbucht an der Ostküste. Der Treffpunkt wird nach der Anmeldung bekannt gegeben. Dauer: 1,5 – 2,5 Std. Einmal wöchentlich unternehmen auch Helfer des Naturzentrums Strandwanderungen. Mit Hermann Butenschön kann man Exkursionen rund um den Leuchtturm unternehmen (ca. 8 km).

● Einzelheiten jeweils in der **Kurzeitung.**

Rundfahrt

Siehe „Westerland". Zustieg in Wenningstedt möglich.

Kampen
– das St. Tropez Deutschlands

Nachdem man einen Bummel durch Kampen gemacht hat, möchte man eine Zeit lang mal kein Reetdachhaus mehr sehen. Vielleicht sehnt man sich in das Jahr **1613** zurück, als Kampen aus 7 Häusern – „6 Bauern und 1 Kätner" – bestand und alles noch unschuldig war.

Die „begünstigte Lage", derer sich Kampen heute in seinen Prospekten rühmt, ist vor allem für die Gemeinde insofern favorabel, als sich allerlei **Geldadel** dort teuer angesiedelt hat. Kampen liegt mitten im Land und nicht etwa an der See. Bohlenwege Amrumschen Zuschnitts führen ans Nordmeer; die Wattenseite ist eh nicht sehr aufregend. Schön ist indes die **Heidelandschaft,** die den Ort umgibt.

Trotz seiner zentralen Lage ist Kampen nicht minder von der Nordsee bedroht als exponiertere Inselorte. Das **Rote Kliff** im Westen ist beileibe kein trutziges Bollwerk gegen die Fluten, sondern verletzlicher als ein niedriger Deich. Millionen von Kubikmetern Sand sind seit 1985 zu immensen Kosten vor diesen Küstenstrich gespült worden. Die Bottroper Zahnärzte und Münchner Fleischfabrikanten werden der öffentlichen Hand dafür dankbar sein, denn das schutzwürdige Zweitdomizil hat viel Geld gekostet.

Die Inselchronik gibt keinen Aufschluss, zu welchem exakten Datum Kampen von der bundesdeutschen **Schickeria** „entdeckt" wurde. Plötzlich war es in den sechziger Jahren „in", sich dort zwischen Sand und Schlick anzusiedeln und an der Buhne 16 das Genital im herben Nordseewind baumeln zu lassen. Dieser legendäre Strandabschnitt, Szene des kollektiven Netto-Looks und seinerzeit schwellend vor libidinöser Aura, ist heute wenig mehr als das, was er anno 1613 einmal war: ein Stück Strand. „Man" trifft sich zwar immer noch im Nobel-Kiosk dieses Namens, doch der Lack ist ab. Lustig das Po-Gärtchen des Pissoir-Pächters, so genannt in maliziösem Seitenblick auf das ähnlich benannte Restaurant im Ort.

Der **Strönwai,** auch als Whiskystraße bekannt, ist heute Kampens „Main Drag“, wo sich froschäugige Porsches und andere Renommierbleche aneinander drängen wie Sortimente im Supermarkt. „Dröhnweg“ wäre ein passender Spitzname. Das Paradies, scheint's, kann nur im Suff ertragen werden. Wo immer von Kampen die Rede ist, stehen Flaschen stets im ersten Rang. Kampen ist das St. Tropez Deutschlands. Deshalb muss man auch eine ganze Hand voll Euro hinlegen, nur um den Strand betreten zu dürfen.

Kampen-Info

Auskunft

- **PLZ:** 25999
- **Vorwahl:** 04651
- **Kurverwaltung:** Hauptstr. 12, Tel. 46980, Fax 4698-40. www.kampen.de, E-Mail: info@kampen.de
- **Zimmervermittlung** im gleichen Kaamp-Hüs, Tel. 469833; automatische Ansage freier Unterkünfte: 46520.

Ärzte

- **Arzt:** Hoogenkampweg.
- Nächster **Zahnarzt** in Wenningstedt, **Augenarzt** in Westerland.

Kurtaxe

- Siehe „Anhang“.

Strandbenutzung

- Strandbenutzung für Tagesgäste pro Person € 2,80.

Strandkörbe

- Strandkörbe kann man vom 2.1. bis 15.5. „bei vorzeitiger Entrichtung der Kurabgabe“ reservieren lassen. Preise pro Tag: 1 Tag € 7,50, 2–7 Tage € 6,50, 8–21 Tage € 5,50, ab 22 Tagen € 4,50.

FKK

- FKK-Strände im Norden Kampens und vor dem Roten Kliff.

Hunde

- Hunde sind im Orts- und Dünenbereich an der Leine zu führen. Am Strand ist das Mitführen nur im Hundeabschnitt gestattet (ausgeschildert).

Unterkunft

Preise

Drei diskrete Wörtchen beherrschen das ganze Kampener Geschäftsgeschehen: „Preis auf Anfrage“. Man sieht sie in den Schaufenstern von Juwelieren und Botiquen, doch aus den Gastgeberlisten sind sie endlich verschwunden. Man kann aber trotzdem (nach einem Preisnachlass) anfragen.

Hotels

Kampens lange abgehobene Hotelpreise haben auf den Boden der Realität zurückgefunden und unterscheiden sich kaum noch vom allgemeinen Sylter Niveau.

- Beliebt ist der **Ahnenhof**€€€€€ (Tel. 42645) „mit traumhaftem Blick über die Heide und das offene Meer, Kühlschrank und Safe“.
- Preiswert ist das **Rechel**€€ (Tel. 98490), von dem man auch über die Heide blicken kann.
- Die weiteren Kampener Hotels liegen zumeist im vier- bis fünfstelligen Euro-Symbol-Bereich.

Gäste-häuser

Es gibt nur ein Dutzend. Preiswert ist **Rackow**€ (Tel. 42549).

Ferienwohnungen

Die Kampener Ferienwohnungen sind ziemlich teuer. Wer im Mehrwohnungshaus **Smilino** in der HS bis zu € 680 pro Tag hinblättern muss, wird nicht mehr lächeln. Auch wenn man unter Reet logiert und bis zu 10 Personen untergebracht werden können, schmerzt eine Monatsmiete von rund € 20.000 doch ganz schön. In vielen anderen Fällen kommt man jedoch sogar in der HS mit umgerechnet € 25 pro Kopf davon; in der NS mit noch weniger. Annähernd alle Ferienwohnungen sind ganzjährig geöffnet. .

Heim

Das Schulland- und Kindererholungsheim **Haus Vogelkoje** in Kampen wird von der AG Hamburger Schullandheime betrieben. Kontakt: Tel. 040-224183 oder -225444.

Camping

● Der **Campingplatz Möwenweg** (Tel. 42086) liegt am südlichen Ortseingang ein paar Minuten vom (über eine Treppe erreichbaren) Strand. 130 Stellplätze. Offen von Ostern bis 15.10. In der HS sind Hunde nicht erlaubt. Preisgruppe C.

Gastronomie

Gewisse ungeschriebene Gesetze diktieren, wo „man" sich in der gastronomischen Szene Kampens zu einem Mahl niederzulassen hat. „Man" frühstückt natürlich in diesem Restaurant, luncht in jenem, „muss" in einem weiteren zu Abend essen. Wer es nicht schätzt, derart herumgeschubst zu werden, nehme seine Mahlzeiten lieber in Westerland oder Wenningstedt ein.

Was für ganz Deutschland Gültigkeit hat, ist in Kampen ganz besonders wahr: Der Diminutiv auf der Speisekarte („Klößchen") zieht auch immer einen Superlativ auf der Rechnung nach sich ...

Am Strönwai

● Das **Gogärtchen** – kein Bezug auf das eben Gesagte – wartet mit einer neudeutschen Küche auf, lässt aber auch Traditionelles wie das berühmte Sylter Deichlamm nicht außer acht. Restaurant, Terrassencafé und Bar. Offen von Ostern bis Ende Oktober. Auch Weihnachten und Silvester geöffnet.

● **Tappe's** ist teuer, des „Stellenwerts" wegen, heißt es. Tagsüber wird Regionales berücksichtigt, abends geht es dann mit internationaler Spitzenküche in die Vollen. Fabelhafte Weinkarte. Offen täglich ab 11.30 Uhr.

● Der **Rauchfang** klingt sehr syltisch, doch hier wird vornehmlich Alpenländisches gereicht: Kaiserschmarrn und

099sy Foto: fr

Tafelspitz, küss d' Hand. Es geht locker zu, vor allem So beim Mittagsschoppen. Täglich ab 13, So ab 12 Uhr.

● Im **Pony** trifft „man" sich schon seit über dreißig Jahren, aber nur in der Saison und erst ab 20 Uhr, denn nur dann ist der Laden offen. Täglich wechselnde Speisekarte mit „hauseigenen Kreationen". Ab 23 Uhr **Disco.**

● Das **Odin** reicht kleine leckere Happen, wie es sich für ein Bistro gehört. Ganzjährig offen.

Abseits des Strönwai

● Im **Dorfkrug** (Alte Dorfstraße) geht es beschaulicher zu. Hier wird Deftiges serviert, vor Sauerfleisch und Bratkartoffeln wird nicht zurückgescheut. Der Krug ist entsprechend beliebt. Ganzjährig geöffnet von 12 bis 1 Uhr, im Winter ab 17 Uhr.

● Ein Stückchen weiter findet man das **Leuchtfeuer** mit gutbürgerlicher Küche, dann das **Strünker's** mit „schwäbischen Akzenten". Ganzjährig 12–1 Uhr, Küche winters 17–1 Uhr.

● Die **Kupferkanne** (Stapelhooger Wai) ist ein Café, und die **Kupferpfanne** ein Restaurant; beide Etablissements hängen unmittelbar zusammen. In dem einen werden feine hausgebackene Leckereien gereicht, abends auch harte Sachen an der Bar, im anderen dominiert eine niveauvolle Küche. Offen ab 18 Uhr.

Beliebtes Lokal

● Im **Manne Pahl** (Hauptstraße) sitzt „man" beim Brunch oder schweizerisch-biederen Lunch, erfreut sich nachmittäglicher Tortenpracht und geht abends bei Kerzenschein zum Hauptgang über. Offen 10–1 Uhr rund ums Jahr.

● Das Café-Restaurant **Vogelkoje** liegt neben dem gleichnamigen Mini-NSG nördlich des Ortes und serviert Speisen im Einklang mit seiner natürlichen Umgebung: Vollwertiges, Biologisches, Dynamisches. Frühstück, Kampen-Style, ab 12, Abendrestaurant ab 19 Uhr.

Unterhaltung

Veranstaltungen

Kampen zehrt, was Sport und Veranstaltungen angeht, von seinen betriebsamen Nachbarn. Es fehlt wohl auch an Zuspruch. Das Kampener Publikum hat vielleicht andere Erwartungen in Bezug auf Amüsement als Diavorträge und Storm-Lesungen im Kaamp-Hüs der Kurverwaltung. Solche mageren Highlights sind mit ein- oder zweimal in der Woche auch entsprechend dünn angesetzt. Ab und zu wird ein Klavier- oder anderes Abendkonzert veranstaltet, dann aber auch vom Feinsten.

Discos und Bars

Die nach ganz anderer Unterhaltung dürstenden Zugereisten treffen sich am Abend in den Bars und Discos des Ortes, als da sind: Die Kupferkanne (Stapelhooger Wai), der Club Rotes Kliff (Alte Dorfstraße) und das Pony am Strönwai, die beiden letzteren mit Disco-Dröhnung ab 23 Uhr. Türsteher kontrollieren, wer eingelassen werden darf. Wichtigstes Kriterium: nach Geld riechen. Schrillsein hilft, aber nur sekundär.

Touren

Wattwanderungen

Von Mai bis Oktober werden von der Kurverwaltung zu wechselnden Terminen Wattwanderungen in das Gebiet der Blidselbucht anberaumt. Genaue Zeiten und Treffpunkte werden erst bei Anmeldung bekannt gegeben. Dauer: 1½ – 2½ Std.

List

Der Ort

„Mit List Sylt entdecken. In List hat man Sylt zu Füßen" – so lauten die Reklamesprüche. Doch so berauschend ist Deutschlands nördlichster Ort nun auch wieder nicht. List ist schnell abgehakt. Schon im Ersten Weltkrieg war List Garnison und

Zeppelinhafen, das Dritte Reich fügte einige potthässliche Bauten dazu, die heute noch stehen und von der Bundesmarine belegt sind. Diese karge Aura teilt sich dem ansonsten traditionslosen Ort fühlbar mit und erweckt im Betrachter das Gefühl, sich eher an den Füßen Sylts zu befinden als umgekehrt.

Hafen

Die herbste Enttäuschung ist der Lister Hafen, „Deutschlands nördlichster", na klar. (In List ist alles „nördlichst"). Man erwartet hier vielleicht auch eine „nördliche" Atmosphäre: dümpelnde Fischkutter, Netze auf der Pier, ein Geruch von Fisch und Teer vielleicht. Nichts von alledem ist zu finden. Die Pier ist mit Jahrmarktbuden und Souvenirschuppen vollgebaut und ähnelt einem Kirmesgelände. „Eins, zwei, gsuffa!", schallt es aus diesen Etablissements – auf Dänisch, denn die Nachbarn kommen gerne mal zu Besuch, weil der „Sprit" daheim so teuer ist. So weit Deutschlands nördlichster Hafen.

Lists Umgebung

Dünen

Doch welch prächtige Natur umgibt den öden Ort und macht alles wieder wett! Die imponierenden Dünenbildungen, insbesondere der 35 m hohe Sandberg, sind nicht ohne Anklänge an die Sahara, zumal es sich hier um Wanderdünen handelt. Beträchtliche Vegetation, niedrig, aber gut ausgeprägt, soll die Dünen, wie man hofft, am Davonwandern hindern.

Der Ellenbogen

Schön insbesondere ist der Ellenbogen, Sylts – nun wirklich – nördlichster Zipfel. Das Gelände ist seit 250 Jahren in Privatbesitz, und die heutigen Bewohner knöpfen motorisierten Besuchern ganz legal eine Mautgebühr ab. Besser wäre es, wenn diese herrliche Landschaft ganz für Motorfahrzeuge gesperrt würde. Vielleicht hat man deshalb die Straße bewusst holperig gehalten.

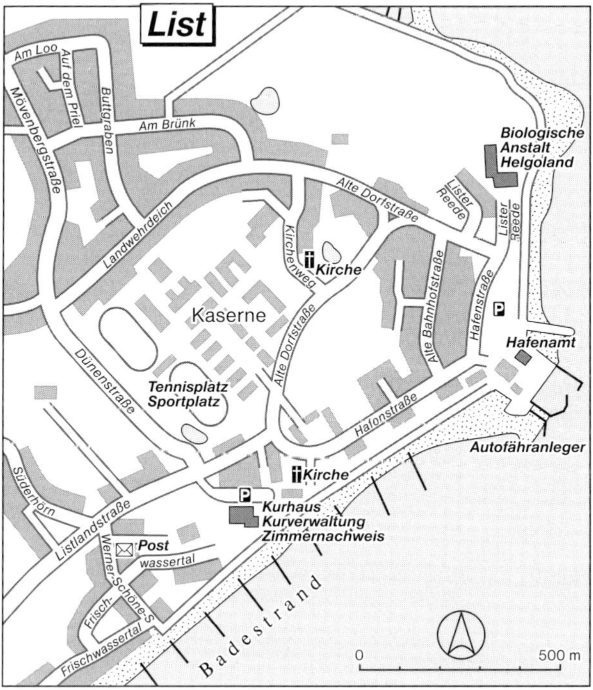

Königs-hafen Zwischen dem Ellenbogen und dem so genannten Listland liegt der Königshafen, eine heute weitgehend versandete Bucht und großenteils NSG. Das Inselchen Uthörn ist Vogelschutzgebiet; Betreten streng verboten!

Anno 1644 war der Königshafen noch so tief, dass Dänen, Schweden und Holländer mit Kriegsschiffen gegeneinander antreten konnten. Alte Stiche zeigen die Bucht von hohen „Bergen" umsäumt – eine geradezu romantische Gegend.

Der Wind hat die „Berge" bis auf geringe Reste flachgeplättet, aber romantisch ist es am Königshafen immer noch. Hier lassen sich noch immer einsame Eckchen finden, und hier hat man Sylt, einschließlich List, wahrhaft zu Füßen.

List-Info

Auskunft

- **PLZ:** 25992
- **Vorwahl:** 04651
- **Kurverwaltung** und **Zimmervermietung:** Am Brünk 1, Tel. 95200, Fax 871398, E-Mail: kvlist@t-online.de, www.list.de. Außerhalb der Bürozeiten übernimmt ein Computer im Eingang des Kurhauses den Zimmernachweis.
- **Schiffsauskunft:** Römö-Sylt Linie, Tel. 0180-3103030.

Ärzte

- **Arzt:** Am Brünk 1. **Zahnarzt:** Listlandstr. 25.

Kurtaxe

- Siehe „Anhang".

Strandkörbe

- In der Zeit vom 16. 5. bis 30. 9. zahlt man pro Tag € 6,10 und pro Woche € 33,20. Für drei Wochen zahlt man € 76,70. Vom 1. bis 15. Mai kostet der Korb € 4,10 pro Tag.

FKK

- Das FKK-Gelände befindet sich am Weststrand.

Kirchen

- Ev. am Kirchenweg, kath. Hafenstraße.

Hunde

- Hunde sind im Ort an der Leine zu führen. Am Textil- und FKK-Strand gibt es je ein ausgeschildertes **Hunderevier.**

Kinder

- Spielplätze für die Kleinen gibt es am Ost-, West- und FKK-Strand, am Hafen, am Kurhaus und bei der Grundschule List. Außerdem hat die Kurverwaltung keinen Geringeren als einen Diplompädagogen dazu abgestellt, am Oststrand Ballspiele und Mini-Olympiaden zu organisieren. Einmal in der Woche werden im Tischtennisraum des Kurhauses Geschichten erzählt, allerdings nur eine Stunde lang. Ein ganzer Tag ist dagegen für Basteleien reserviert.
- Mehr **Auskünfte** zum Thema Kinder bei der **Kurverwaltung** unter Tel. 95200.

Unterkunft

Hotels und Pensionen

- Das **Landhaus Silbermöwe**€€€ (Tel. 95220) ist „Deutschlands nördlichstes Hotel". Ungewöhnlich: Es sieht tatsächlich wie ein Landhaus aus, friesisch und mit Reetdach. Gemessen am Ambiente ist der Preis nicht schlecht.
- Die Pensionen **Im Mövengrund**€€ (Tel.870225) und **Seeschwalbe**€€ (Tel. 95040) liegen im preislichen Mittelfeld, die Pension garni **Schlang**€ (Tel. 470458) ist eine der preiswertesten in List.

Gäste-häuser

Ohne Frühstück kosten Privatunterkünfte ab € 18 (*Legsding*, Tel. 870403), mit Frühstück gibt es für den gleichen Preis aber auch schon etwas (*Kieswein*, Tel. 95400).

Ferienwohnungen

Hier kommen die saisonalen Preisunterschiede ganz besonders zum Tragen. In der billigsten Saison ist in vielen Fällen ein Bett unter € 10 drin. Doch Vorsicht: Oft schleichen sich Nebenkosten in Gestalt eines „Wäschepakets" (bis zu € 15 pro Person „bei Inanspruchnahme"!) durch die Hintertür wieder herein. Dieser Praxis sollte kein Vorschub geleistet werden, zumal andere Häuser ohne sie auskommen können.

Ferien-kolonie

Der **Gemeinnützige Verein für Jugenderholung auf Sylt** € (Tel. 04651-22883) unterhält in Mövenberg (am Königshafen, 2,5 km westlich von List) das **Jugendheim Tsingtau** € (Tel. 360). Offen von Mitte Mai bis Mitte September, 130 Betten auf 74 Zimmern. Angeschlossen ist ein großes Zeltlager (400 Plätze) mit allen modernen Einrichtungen

Jugend-herberge

Auf dem gleichen Gelände befindet sich die **JH Mövenberg**€ (Tel. 870397, Fax 1039). 399 Betten auf 74 Zimmern, 10 Tagesräume. Offen vom 15.3. bis 31.10. ÜF und VP möglich. Der gesamte Mövenberg-Komplex liegt in einer urigen Dünenlandschaft 800 m vom Strand. Jugendzeltplatz: Tel. 870360.

Gastronomie

- Man kann in den **Jahrmarktbuden am Hafen** nicht nur trinken, sondern auch ganz vorzüglich essen. Die Schuppen sehen zwar nach Currywurst aus, aber drinnen gibt's die feinsten **Fischgerichte** und eine ausgesprochene Köstlichkeit aus dem Blidselwatt südlich des Ortes, Sylt Royal, **Inselaustern** pazifischen Ursprungs. (Schon im Mittelalter waren Sylter Austern geschätzt, doch die Kulturen verschwanden nach und nach, und heimische Arten ließen sich nicht wieder ansiedeln. Erst die Pazifische Felsmuschel führte in jüngster Zeit zum Durchbruch. Die Exotin verkauft sich allerdings ausgesprochen teuer). Mehr zum Thema kann man erfahren in Dittmeyer's Austern-Compagnie in der Hafenstraße.
- Wer es – für Sylt – noch exotischer mag, sollte die **Strandhalle** am Weststrand ansteuern. Dort gibt es täglich bis 21.30 Uhr „österreichische Spezialitäten".
- Im **List-Hüs** (Hafenstraße) werden in gemütlicher Atmosphäre bis täglich 22 Uhr Lammspezialitäten und stramme Steaks serviert.

- Im **Jolanthe** (Süderhörn) isst man von „heißen Wikingersteinen“, was sich dann „Erlebnisgastronomie“ nennt. Jeden Do kann man auch Labskaus nach Seemannsart erleben.
- Traditionell geht es zu im **Restaurant Königshafen** (Alte Dorfstraße) mit über hundert Jahren auf dem Buckel. Täglich frischer Fisch und andere Seafood- plus Fleischgerichte.
- Noch betagter ist der **Alte Gasthof** ein Stückchen weiter, der schon seit 1804 existiert. Nostalgie-Interieur und Deftiges sowie exquisite Meeresfrüchte auf der Speisekarte. Bis 22 Uhr, in der NS Mo geschlossen.
- Gutbürgerlich ist der **Lister Hof** (Listlandstraße) mit täglich wechselndem Menü. Spezialität: Fisch, klar.
- Der **Buttgraben** (daselbst) ist Lists „Kneipe“, aber mit assoziierter prima Küche.
- In der **Alten Backstube** (Süderhörn) gibt's nicht nur Kaffee und Kuchen, sondern auch erlesene Speisen und Getränke und das täglich außer Mi bis 23 Uhr.
- **Zum Alten Seebär** (Mannemorsumtal): Deutsch schlecht, Küche gut. Allein 20 verschiedene Muschelgerichte stehen auf der Speisekarte, dazu jede Menge Fisch. Gut sortierter Weinkeller. Reservierung empfehlenswert (Tel. 950821).
- Außerdem zahlreiche Imbisse und Kioske.

Sport

Hallenbad

Das Hallenbad (Tel. 7416) befindet sich im Kurhaus. Das Bad hat eine Wassertemperatur von 30° C, dazu gehören Ruhezonen, eine Freifläche, ein Kleinkinderbecken und eine Sauna.

- **Öffnungszeiten:** Mo 10–18 Uhr, Di–So 10–19 Uhr.

Gymnastik

Strandgymnastik für Gäste findet über einen großen Teil des Jahres hinweg statt. Einzelheiten im Aushang.

Segeln

- Segeln hat in List den höchsten sportlichen Stellenwert, vor allem im Cat. Die **Segelschule Jordsand** (Tel. 7626) hält von Pfingsten bis September Kurse ab: Grundkurs, Meisterkurs und A-Schein-Binnen.
- Das Revier der Segelschule ist auch Standort der Sylter Regatta Gemeinschaft und Austragungsstätte international besetzter **Cat-Regatten.**

Tennis

Tennis kann man auf einem gemeindeeigenen Außenplatz (Mehrzweckfeld) spielen. Auskunft: Kurverwaltung.

Natur pur

038nf Foto: rh

Unterhaltung

- Gelegentliche Diavorführungen im **Kurhaus.**
- **Disco:** Insel (Dünenstraße), offen ab 20 Uhr, So Ruhetag.

Touren

Schiffstouren

Das Seetourangebot Lists ist vergleichsweise beschränkt, denn rechts von Sylt ist der Weg versperrt, und links schaukelt es meistens gewaltig. Die Reederei Paulsen (Tel. 04651-98700) macht das Beste aus dieser Situation, indem sie fast ganzjährig (und fast jeden Tag) die folgenden Nahzielfahrten mit ihrem Segelkutter „Gret Palucca" unternimmt: **Dänische Seehundbänke,** ca. 1½ Std., Erwachsene € 11,50, Kinder (4–11 J.) € 8,50. Beliebt ist die fast täglich stattfindende **„Piratenfahrt"** (€ 15,50, Kinder € 10,50). **Halligfahrten** (Amrum/Föhr/Hooge) € 19, Kinder € 10,50.

Billige Jahreskarten für beliebig viele Fahrten. Chartertouren auf Anfrage.

Wattwanderungen

Wattwanderungen werden von Mai bis September in 14-tägigen Intervallen durch die Kurverwaltung organisiert. Von Mai bis Oktober unternimmt die Biologische Station (nördl. des Hafens) fast täglich solche Touren. Diese Ausflüge sind kostenlos, doch um eine Spende für den Naturschutz wird schon gebeten. Beide Wanderungen dauern 2 bis 2½ Std.

607dn Foto: rh

Abfahrtshäfen und Fähren

Emden

Emden, der Abfahrtshafen nach **Borkum,** kann auf eine fast 1200-jährige Geschichte zurückblicken. Einst besaß die Stadt einen der bedeutendsten Handelshäfen Europas, heute macht sich die schwache wirtschaftliche Infrastruktur der Küstenregion bemerkbar.

Besichtigungstipps

Kunsthalle

Die von *Henri Nannen* gegründete Kunsthalle ist in ganz Deutschland bekannt und berühmt.

- Hinter dem Rahmen 13, Tel. 04921-975050. Offen Di 10–20, Mi–Fr 10–17, Sa–So 11–17 Uhr.

Museum

Das **Ostfriesische Landesmuseum** mit der Rüstkammer ist immer einen Besuch wert.

- Neutorstraße, Tel. 04921-22855 und 87478. Geöffnet 1.4.–30.9. Mo–Fr 10–13 und 14–17 Uhr, Sa und So 11–13 Uhr (15.6.–15.9. 11–17 Uhr); 1.10.–30.3. Mo–Fr 10–13 und 15–17 Uhr, Sa und So 11–13 Uhr.

Rundfahrt

Auch eine Rundfahrt auf den zahllosen **Wasserwegen,** die Emden malerisch durchziehen, sollte man sich vielleicht nicht entgehen lassen.

Emden-Info

Auskunft

Verkehrsverein Emden, Am Stadtgarten, 26721 Emden, Tel. 04921-97400, Öffnungszeiten zu den normalen Bürostunden.

Anreise

Der **Borkumkai** liegt im äußersten Südwesten der Stadt (Ortsteil Nesserland) vor der Seeschleuse. Einige **Züge** fahren bis zum Borkumkai, in anderen Fällen muss am Bahnhof in den **Bus** umgestiegen werden (Linie 3005). Bei reichlich Gepäck ist in diesem Fall ein **Taxi** vorzuziehen. Das Gleiche gilt für den **Flugplatz** im Norden Emdens (Ortsteil Harsweg): Da zwei Buslinien für die Anfahrt nötig sind, ist auch hier das Taxi empfehlenswert.

Parken

Nahe des Borkumkais kann man sein Auto in den **Borkumgaragen** unterstellen. Das kostet € 3 (Hof), € 3,50 (Halle) bzw. € 4 (Box) für jeden angefangenen Tag (AG Ems, Tel. 0180-5024367).

Fährverbindungen mit Borkum

Auskunft

Reiseauskunft für alle Routen und **Kfz-Zentralreservierung:** AG Ems, 26723 Emden-Außenhafen (Tel. 0180-5024367, Fax 8907405, info@ag-ems.de, www.ag-ems.de).

Fähre

Die Fahrzeit mit der Autofähre nach Borkum beträgt etwa 2 Stunden, während derer es eine Menge Küste und Wattenmeer zu sehen gibt.

- **Fahrplan:** Im Winter zweimal täglich, während des restlichen Jahres und in der Weihnachtssaison täglich vier Abfahrten.
- **Fahrpreise: einfache Fahrt:** Erwachsene € 13,70, Kinder (4–11 Jahre) € 6,85; **Tagesrückfahrkarte:** € 13,70, Kinder € 6,85; **Wochenendrückfahrkarte** (von Fr 17 Uhr bis So gültig): € 20,50, Kinder € 10,25; normale **Rückfahrkarte:** € 26, Kinder € 13. Die Rückfahrkarte für ein **Fahrrad** kostet € 10, für den **Hund** € 6. **Fahrzeuge** bis 2,5 t zul. Gesamtgewicht kosten bis 160 cm Höhe ab € 62, über 160 cm Höhe ab € 66 (Hin-/Rückfahrt zzgl. 2,5 % Kaigebühr).
- **Gepäck:** Emden – Borkum Bahnhof € 7,50; Emden – Unterkunft € 12,50 für das erste Gepäckstück, jedes weitere € 10,00.
- Das Verbundticket (Flugzeug/Fähre) kostet € 66.

Katamaran

Außerdem kann man per schnittigem Passagier-Katamaran mit 70 Sachen in einer knappen Stunde nach Borkum düsen. Das kostet nicht viel mehr **(€ 7,70 Zuschlag),** man hat, weil es sich nur um Personenverkehr handelt, keine miefenden Autos um sich herum, und manchem macht es gewiss Spaß, mit einem Affenzahn die Außenems entlangzujagen. Die Naturschützer sind allerdings nicht so begeistert von diesen Flitzern.

- **Fahrplan:** Von Emden nach Borkum und umgekehrt generell ein- oder zweimal täglich. Im Winter (21.10.–21.3.) Di und Mi und im Sommer (2.6.–1.9.) Mo sowie ganzjährig an den meisten Feiertagen keine Fahrt.

Achtung: Vom 1.1. bis Mitte Mai verkehrt kein Katamaran!

Nach Borkum ab Eemshaven

Auskunft

AG Ems, 26723 Emden-Außenhafen (Tel. 0180-5024367, Fax 8907405, E-Mail: info@ag-ems.de, www.ag-ems.de).

Parken

In Eemshaven kostet das Parken € 3 (Hof), € 3,50 (Halle) pro Tag.

Fähre

Eine weitere **Anreisemöglichkeit nach Borkum** ist, nach Eemshaven in den Niederlanden (etwa 20 km nördlich von Delfzijl) durchzurollen und dort die kürzere Route mit der Autofähre (ca. 50 Min.) nach der Insel zu nehmen. Diese Alternative ist allerdings eigentlich nur für eilige Automobilisten (und Holländer) von Interesse und dann etwas billiger. Für das Fußvolk heben sich etwaige Einsparungen durch die umständliche und teure Anreise mit öffentlichen Verkehrsmitteln jedoch wieder auf. Auch lohnt es sich nicht, über Eemshaven zu fahren, „um ein Stück Holland zu sehen". Der Terminal Eemshaven, das ganze Gelände überhaupt, ist eine potthässliche Zweckanlage, jede Menge eckiger Beton.

- **Fahrplan:** Im Winter zweimal tägl., in der Hauptsaison (24.5.–1.9.) tägl. drei, Fr und Sa vier Fähren. Während des restlichen Jahres und in der Ostersaison tägl. zwei, Di–Sa drei Fähren.
- **Fahrpreise: Tagesrückfahrkarte:** Erwachsene € 11,70, Kinder (4–11 Jahre) € 5,85; **Wochenendrückfahrkarte:** € 19, Kinder € 9,50; normale **Rückfahrkarte:** € 22,50, Kinder € 11,25. Ein Fahrrad kostet € 9,50 (Hin- und Rückfahrt). Komplizierter wird es bei **Fahrzeugen,** die je nach Länge zwischen € 57 und € 129 (Hin- und Rückfahrt) kosten.
- **Gepäck:** Eemshaven - Borkum Bahnhof € 5,75, Eemshaven - Borkum Unterkunft €10,75, jedes weitere Stück € 7,75.

Norddeich

Einst lebte Norddeich zu einem nicht geringen Prozentsatz von den Funkern des Radio Norddeich. Heute sind es Badegäste, die im Ort für Bewegung sorgen, die meisten auf der Durchreise nach **Norderney** und **Juist.**

Norddeich-Info

Auskunft

Verkehrsbüro Norddeich, Tel. 04931-98602 und 986200.

Parken

Wer seinen Wagen auf dem Festland lassen möchte (nach Juist kann man ein KFZ sowieso nicht mitnehmen), kann ihn der (sorgfältig ausgeschilderten) **Frisia-Großgarage** dicht beim Hafen anvertrauen und sich per Zubringerbus zur Fähre bringen lassen € 1.

●Tägliche **Gebühren** für einen Stellplatz: Im Freien oder unter Dach € 3,50, in der „Box" € 4,50. Weitere **Auskünfte:** Tel. 04931-9891166.

Bahnverbindungen

Norddeich-Mole, die Endstation der Züge (der Bahnhof Norddeich liegt etwa 500 m weiter ortswärts), ist ein ins Hafenbecken ragender Finger, an dem man direkt in die Fähre umsteigen kann. Links (am Westkai) geht's nach **Norderney,** rechts nach **Juist.** Dazwischen liegen die Büros und Abfertigungsgebäude der Reederei.

Fährverbindungen mit Juist

Die Fähren nach Juist gehen an der östlichen Molenseite ab.

Auskunft

DB und die Reederei **Norden Frisia** (Tel. 04931-9870 und 987124).

Fahrplan

●Die Route ist sehr stark von den **Gezeiten** abhängig, denn sie führt durch ein enges und zudem stark gewundenes Fahrwasser. Die **Abfahrtszeiten wechseln** daher fast täglich. Faxabruf: 04931-987131.

●Dies hat in der Praxis zur Folge, dass **Tagesfahrten** oft gar nicht möglich sind, weil die Fähre entweder schon nach sehr kurzem Aufenthalt im Juister Hafen oder aber erst mit der Tide des nächsten Tages zum Festland zurückkehrt, also eine Übernachtung einlegt. Tagesausflügler sind in der Regel besser beraten, Juist mit dem Flieger anzusteuern.

●Bei **außergewöhnlich niedrigen Wasserständen** (wie sie durch langanhaltenden Ostwind bewirkt werden können) läuft per Schiff gar nichts mehr. Wer unvorbereitet in diese Situation gerät, kann sich auf Abenteuerliches gefasst machen, wenn eine Schiffsladung Passagiere versorgt und verfrachtet werden muss!

●Die Abfahrtszeiten der Fähre für Norddeich und Juist können für das jeweilige Kalenderjahr dem **Kursbuch der DB** unter der Nr. 10001 entnommen werden.

Fahrtdauer und Fahrpreise

●Die **Fahrzeit** beträgt etwa 1¼ Stunden.

●Die **Preise:** Tageskarte € 16 (plus Kurtaxe), Zweimonatskarte € 24,50, Verbund € 37, Kinder 4–11 zahlen die Hälfte.

Gepäck

Wer mit der Bahn anreist, kann sein Gepäck im Heimatort für Haus-zu-Haus-Zustellung aufgeben. Andernfalls wird es in Norddeich gegen Gebühr in Container verladen. Auf Juist gibt die **Firma Kannegieter** (Flugplatzstr., Tel. 1235) Hilfestellung bei der Gepäckbeförderung (Heimzustellung: € 6).

102bor Foto: rh

Fährverbindungen mit Norderney

Auskunft

DB und die **Reederei Norden-Frisia** (Tel. 04931-9870 und 987124).

Fahrplan

Die Rinne zur Insel ist im Gegensatz zu jener nach Juist tief und **gezeitenunabhängig.** Die Fähren verkehren deshalb nach einem festen Fahrplan an Wochentagen zwischen 7 und 18 Uhr neunmal täglich. Freitagabend gibt es eine zusätzliche Fähre um 20 Uhr (ab Norderney 19 Uhr). Am **Wochenende** verkehren sechs bzw. sieben Fähren. In der **Osterzeit** sind es täglich zwischen 6.45 und 18 Uhr elf Fähren, und So wird eine zusätzliche Abendfähre um 20 Uhr (ab Norderney 19 Uhr) eingesetzt. In der **Hauptsaison,** von Juni bis Ende August, verkehren zwischen 6.45 und 20 Uhr (ab Norderney 6.40 bis 19 Uhr) 13 Fähren täglich, im Juli und August wird Di–Fr um 22 Uhr (ab Norderney 23 Uhr) eine zusätzliche Personenfähre eingesetzt.

- Wer die Abfahrtzeiten noch einmal checken möchte, findet sie im **Kursbuch** der DB unter Nr. 10002. Alle Schiffe sind **Ro/Ro-Autofähren.**

Fahrtdauer und Fahrpreise

- Die **Fahrtdauer** beträgt etwa 50 Minuten.
- **Fahrpreis:** Rückfahrkarte € 13,50; Kinder 4–11 zahlen € 6,80; Hund € 2,50; Fahrrad € 5; Motorrad € 12, jeweils retour. PKWs kosten zwischen € 58 und € 76 (Hin- und Rückfahrt) je nach Stellfläche.

Gepäck

Gepäck kann per DB durchgehend aufgegeben werden. Mitgeführtes Gepäck wird in Norddeich in Container umgeladen und kostet € 2,50 pro Stück und Strecke. Auf Norderney nimmt sich die **Spedition J. Fischer** auf Verlangen der Gepäckbeförderung an.

Neßmersiel

Wer nach Baltrum will, kommt an Neßmersiel nicht vorbei. Es sei denn, dass er an dem Ort aufgrund dürftiger Ausschilderung vorbeirollt ...

Besichtigungstipp

Echt friesisch ist das 1774 errichtete **Haykena-Haus** mitten im Ort, die einzige Sehenswürdigkeit Neßmersiels.

Neßmersiel-Info

Auskunft

Verkehrsbüro: 26553 Neßmersiel, Tel. 04933-1902 oder 736. Infosäule am Hafen: Quartier-Info Baltrum.

Parken

Der Fähranleger hat nur einen Kai; davor befindet sich ein großer (gebührenpflichtiger) **Parkplatz** – nicht sturmflutsicher! Die Neßmersieler **Garagenbetriebe** (Tel. 2223, 721, 2363) bieten Abstellmöglichkeiten im Ort an. Gebühren: ab € 3 pro Tag.

Bahnanreise

Bahnreisende müssen im Hauptbahnhof von **Norden** in den **Zubringerbus** nach Neßmersiel umsteigen. Die **Busfahrpläne** sind im Kursbuch unter der Nr. 2188/II verzeichnet. Achtung: Alle Ankünfte und Abfahrten müssen sorgfältig laut Fahrplan koordiniert werden!

Fährverbindungen mit Baltrum

Auskunft

Reederei **Baltrum-Linie** auf Baltrum (Tel. 04939-91300) oder durch die **DB.**

Fahrplan

Der Hafen von Neßmersiel ist **gezeitenabhängig** und der Fahrplan der Fähren stark unregelmäßig. Die **Abfahrtzeiten** (ab Neßmersiel und ab Baltrum) sind im Kursbuch der DB unter der Nr. 10004 zu finden. Wer eine **Tagesfahrt** nach Baltrum plant, sollte den Fahrplan schon vor der Anreise genau studieren, weil ein solcher Trip aufgrund der Tidenverhältnisse manchmal nicht stattfinden kann.

Fahrtdauer und Fahrpreise

- Die **Fahrzeit** nach Baltrum beträgt etwa 30 Minuten.
- **Fahrpreise:** Einfache Fahrt € 12; Tagesfahrt € 14; Zweimonatskarte € 20; Kinder von 4–11 zahlen die Hälfte; Fahrrad einf. € 6, retour € 10. Tickets werden während der Überfahrt an Bord verkauft.

Gepäck

Größeres Gepäck wird auf der Fähre wie üblich in Container verfrachtet, doch mit einem kleinen Unterschied gegenüber anderen Inseln: Der Service ist, ein fast unbekanntes Wort an der Küste, umsonst! Bei Anreise mit der **Bahn** kann das Gepäck bis zum Zielhaus durchgehend aufgegeben werden. Auf der Insel nimmt sich die **Spedition Bruns-Strenge** (Tel. 272) der Gepäckbeförderung an.

Bensersiel

Seit 1859 ist Bensersiel der Langeooger Fährhafen. Damals war es noch ein von Fischern und Seehundjägern bewohntes Nest. Das hat sich geändert: Heute bildet es zusammen mit dem landein gelegenen **Esens** einen Nordseebadkomplex, der 5500 Gästebetten bereithält.

Besichtigungstipp

Wer in Esens auf den Zubringerbus zum Hafen warten muss und etwas Zeit totzuschlagen hat, kann sich dort das **Holarium** ansehen, eine im Herzen Ostfrieslands wohl gänzlich unerwartete Ausstellung von Hologrammen.

Bensersiel-Info

Auskunft – **Kurverwaltung Esens-Bensersiel,** Tel. 04971-915-0.

Parken – In Bensersiel gibt es vier **Garagenbetriebe:** *Arians* (Tel. 04971-887), *Dübbel* (Tel. 912050), *Graefs* (Tel. 833) und den Inselparkplatz (Tel. 3100). Tarife: ab € 2,50 pro Tag. Ein großer offener **Parkplatz** befindet sich auch direkt neben dem Anleger. Er ist ebenfalls gebührenpflichtig, aber, weil vor dem Deich gelegen, nicht sturmflutsicher.

Bahnverbindung – Ein **Bahnhof** befindet sich in Esens, von dort gibt es einen **Zubringerbus** (siehe Fahrplan der Fähre). Eine weitere Busanbindung besteht mit dem Bahnhof **Norden.**

Fährverbindungen mit Langeoog

Auskunft – **Schifffahrt Langeoog** in Bensersiel (Tel. 04971-928911) oder bei der **DB.**

Fähre – Die **Fähre** legt am obersten Ende der östlichen (rechten) Hafenseite ab.

Fahrplan – Der Fährverkehr mit Langeoog ist **nicht tideabhängig.** Bis zu neunmal täglich verkehrt zwischen 6.45 (Mo–Fr) bzw. 8.15 und 17.30 bzw. 19 Uhr (Fr und So) eine Fähre von Bensersiel **nach Langeoog.** Ab 9 Uhr morgens gibt es auch die dazugehörige **Busverbindung** (Bus Nr. 393) ab Bahnhof Esens. Zurück **aufs Festland** verkehrt zwischen 7.10 (Mo–Fr) bzw. 8.15 Uhr und 17.30 bzw. 19 Uhr (So, kein Busanschluss!) insgesamt siebenmal täglich ein Schiff, jeweils mit Busanschluss nach Esens.

- Der Fahrplan ist unter der Nr. 10005 auch im **Kursbuch** der DB verzeichnet, der des Esens-Busses unter der Nr. 393.
- Die Fähren sind „rauchfrei“.

Fahrtdauer und Fahrpreise

- Die **Fahrzeit** nach Langeoog beträgt etwa eine Stunde einschließlich Inselbahn. **Fahrkarten** am Anleger.
- **Preise:** Tagesfahrt € 17; Zweimonatskarte € 19, Kinder von 4 bis 11 J. zahlen die Hälfte, Fahrrad € 15, Hund € 9,50, Surfbrett € 20, jeweils retour. Beförderung mit der Inselbahn ist im Preis enthalten.

Gepäck – Reisegepäck kann mit der Bahn bis ans Zielhaus aufgegeben werden. Mitgebrachtes Gepäck wird auf dem Schiff in Container umgestaut. Gebühr: € 2,50 pro Stück (einschl. Rückfahrt). Am anderen Ende nimmt sich die **Firma Heyken** (Tel. 6060/320) auf Verlangen der Gepäckbeförderung an. € 2,60 ab Bahnhof, € 6,50 ab Bensersiel.

Neuharlingersiel

Spiekeroogs festländisches Pendant ist ein hübsch gelegenes Städtchen mit einem ausgesprochen idyllischen Fischereihafen, als Reiseziel beliebt und entsprechend belebt. Wer zu Stoßzeiten keine Bleibe mehr findet, kann im weiteren Umfeld von Kleinholum über Werdum bis Altfunnixsiel mit Sicherheit ein Ausweichquartier auftreiben.

Besichtigungstipps

Sehenswert in Neuharlingersiel ist außer dem malerischen **Hafen,** dessen Siel *Friedrich der Große* 1785 bauen ließ, das **Schlösschen Sielhof,** in dem sich heute ein Restaurant befindet.

Verzichten sollte man auch nicht auf einen Besuch des **Buddelschiffmuseums**.

- Hafenwestseite, offen von März bis Oktober 10–13 und 14.30–18 Uhr, Di Ruhetag.

Auch ein kleines **Museum am Hafendeich,** in dem Seenotrettungsgeräte aus alter Zeit ausgestellt sind, ist recht interessant.

Neuharlingersiel-Info

Auskunft

Kurverwaltung, Tel. 04974-188-0.

Parken

Inselreisende, die per Auto anfahren, können ihre Mobile in den **Spiekeroog-Garagen** am östlichen Ortseingang einstellen (Cliener Straat 1 und 16, Tel. 284 und 386). Gebühren: ab € 3 pro Tag. Es gibt auch mehrere **Tagesstellplätze** (alle gebührenpflichtig) im Stadt- und Hafengebiet; diejenigen vor dem Deich sind jedoch nicht sturmflutsicher.

Bahnanreise

Bei Anreise mit der Bahn muss in **Esens** oder **Norden** auf den so genannten **Bäderbus** umgestiegen werden. Der Esens-Fahrplan ist im DB-Verzeichnis unter der Nr. 393 zu finden, die Anbindung an Norden unter 2187/II. Da die **Abfahrtszeiten der Fähre** tidenabhängig sind, ist es am besten, die gesamte Route vorab von der DB ausarbeiten zu lassen.

Fährverbindungen mit Spiekeroog

Auskunft Fahrkartenausgabe Neuharlingersiel, Tel. 04974-214.

Fähre Die Fähre nach Spiekeroog legt auf der westlichen (linken) Hafenseite ab.

Fahrplan Der Fahrplan ist **tidenabhängig** mit ständig wechselnden Abfahrtzeiten und sollte von Spiekeroogfahrern genau studiert werden, weil im Gegensatz zu anderen Inseln keinerlei Alternative mit dem Flugzeug existiert. **Tagesfahrten** sind daher manchmal nicht möglich.

- Der Fahrplan für das jeweilige Jahr ist im **Kursbuch** der DB unter der Nr. 10006 verzeichnet oder kann bei der Kurverwaltung in Spiekeroog angefordert werden.

Fahrtdauer und Fahrpreise

- **Preise:** Einfache Fahrt € 10; Kinder (4–11) € 5; Tagesrückfahrt € 16; Kinder die Hälfte; Hund (hin und zurück) € 20; Fahrrad (Rückfahrt) € 21. **Fahrkartenverkauf** Im Pavillon auf der Pier.
- **Fahrtdauer** ca. 45 Min.

Gepäck Reisegepäck kann bis zum Zielhaus per Bahn aufgegeben werden. Andernfalls erfolgt in Neuharlingersiel Umladung in Container. Auf der Insel handhabt die **Spedition Oltmanns** (Tel. 215) die Gepäckbeförderung, Preise ab € 2.

Harlesiel

Wangerooges Festlandshafen Harlesiel bildet eine Einheit mit dem etwas weiter inland gelegenen Carolinensiel, ist jedoch wesentlich jüngeren Entstehungsdatums. Bei der Hollandflut von 1953 hatten die Deiche an dieser Stelle mit knapper Not gehalten; danach wurden hier Küstenbefestigungen geschaffen, die den Bau eines neuen Hafens erforderlich machten. So entstand Harlesiel.

Besichtigungstipps in Carolinensiel

Carolinensiel wurde anno 1730 erbaut und war lange Zeit neben Emden Ostfrieslands betriebsamster Segelschiffhafen. Zeitzeugen aus der damaligen Ära sind heute noch am **alten Sielhafen** zu bewundern: Das **Sielmuseum** und das **Groot Mommens Hus,** ein ehemaliger Kornspeicher, jetzt auch Museum (beide im Winter außer zur Weihnachtssaison geschlossen).

Harlesiel-Info

Auskunft

Tourist-Information Wittmund, Tel. 04462-2181 und 983125.

Parken

Autogaragen in Harlesiel: *Heyken* (Tel. 307) und *Wachtendorf/Eilers* (Tel. 8002), ab € 3 pro Tag.

Bahnanreise

Mit der Bahn Anreisende müssen sich gründlich informieren. Anfahrtsstrecke ist Bremen-Oldenburg-Wilhelmshaven (Kursbuch-Tabelle 390/392). In **Sande** heißt es umsteigen in den so genannten **Tidebus,** der die Fahrgäste in 45 Min. zum Anleger befördert. Die Fähre legt dann wenig später ab. Da die Zugankunft in Sande mit der (fast täglich wechselnden) Abfahrt des Busses koordiniert werden muss, ist es am besten, sich einen Fahrplan von der DB erarbeiten zu lassen.

- Eine weitere **Busverbindung** existiert ab dem Hauptbahnhof in **Norden** (Kursbuch-Tabelle 2187/II).

Fährverbindungen mit Wangerooge

Auskunft

Fahrkartenausgabe Harlesiel, Tel. 04464-949411 oder durch die DB.

Fahrplan

Der Fährverkehr ist **gezeitenabhängig;** trotzdem werden bis zu vier Abfahrten pro Tag geboten, meistens jedoch drei und mitunter auch nur zwei.

- Die Fährabfahrten sind im **DB-Fahrplan** unter der Nummer 10007 verzeichnet.

Fahrtdauer und Fahrpreise

Die **Fahrzeit** nach Wangerooge beträgt ca. 1¼ Std. einschließlich Inselbahn vom Anleger zum Ort (4 km). **Fahrpreise:** einfache Fahrt € 15; Tagesfahrt € 16,50 (plus Kurtaxe); Monatsrückfahrkarte € 25,50; Kinder 4–11 zahlen die Hälfte.

Gepäck

Bahngepäck kann bis zum Zielhaus aufgegeben werden. Ansonsten erfolgt gebührenpflichtige **Umladung** in Container. Auf der Insel kann man den **Gepäckdienst Hundorf** (Tel. 04469-1426) mit der Beförderung beauftragen.

Cuxhaven

Die Stadt Cuxhaven ist die Basis für alle Touren nach **Neuwerk.** Sie ist auch der „klassische" Abfahrtshafen für **Helgoland,** denn das größte Kontingent an Reiselustigen, die den roten Felsen besuchen, kam stets aus Hamburg, dessen Flagge bereits seit dem 14. Jahrhundert über Cuxhaven flatterte.

Besichtigungstipps

Alte Liebe

Die Alte Liebe hat mit Zuneigung überhaupt nichts zu tun. Als diese Pier 1703 gebaut wurde, versenkte man ein steinbeladenes Schiff namens „Olivia" zur Stärkung der Fundamente. Daraus wurde später die „Olle Liefde", und bis zur „Alten Liebe" war es dann nur noch ein kleiner Schritt. An die 80.000 Schiffe ziehen hier alljährlich die Elbe entlang, Riesenkähne darunter.

Kugelbake

Ein Stück nördlich der Alten Liebe, jenseits der Grimmerhörn-Bucht, steht die Kugelbake, Cuxhavens Wahrzeichen. Das schlichte Gerüst entstand ursprünglich nach der schrecklichen Weihnachtsflut von 1717, die auch Cuxhaven nicht verschonte, und blieb, obwohl heute funktionslos, als Gruß für einlaufende und Mahnmal für auslaufende Seefahrer stehen.

Museen

Ein Dutzend Museen gibts in Cuxhaven, das spektakulärste vielleicht das **Wrackmuseum in Stickenbüttel** mit faszinierendem Bergungsgut aus dem Elbmündungsbereich. Ein **Marineluftschiffmuseum** existiert sowie ein **U-Boot-Archiv,** und selbst ein **Deichmuseum** fehlt nicht.

Cuxhaven-Info

Auskunft

Kurverwaltung, Tel. 04721-4040.

Parken Parkmöglichkeiten auf der Pier. Wer sein Auto unter Dach und Fach wissen möchte, rufe ein entsprechendes Service-Center an: Tel. 04721-36001.

Fährverbindungen mit Neuwerk

Auskunft und Fahrplan Das „MS Flipper" der Reederei Cassen Eils (Tel. 04721-32211) unternimmt vom 16.3. bis 24.10. fast täglich Fahrten. **Abfahrtsort** ist die Alte Liebe, die **Fahrtdauer** nach Neuwerk beträgt ca. 1,5 Std. Diese Fahrten lassen sich mit Wattwanderungen bzw. Hin- oder Rücktouren im pferdegezogenen Wattwagen kombinieren. Alle **Abfahrtszeiten** sind natürlich in hohem Maße tidenabhängig.

Preise
- **Einfache Fahrt:** Kinder und Jugendliche bis 17 Jahre zahlen € 9, Erwachsene € 12.
- **Tagesrückfahrkarte:** Kinder und Jugendliche zahlen € 13, Erwachsene € 17.

Fährverbindungen mit Helgoland

- **Abfahrtsort** ist der Fährhafen.
- **Fahrpläne, Preise und Informationen:** siehe unter „Helgoland".

Husum

„Am grauen Strand, am grauen Meer / und seitab liegt die Stadt." So beschrieb *Theodor Storm* Husum, seine Geburtsstätte, an der er sein Leben lang mit unverbrüchlicher Zuneigung hing: „Es ist nur ein schmuckloses Städtchen, meine Vaterstadt; sie liegt in einer baumlosen Küstenebene, und ihre Häuser sind alt und finster. Dennoch habe ich sie immer für einen angenehmen Ort gehalten."

Direkter Abfahrtshafen ist Husum nicht. Doch als Besucher der südlichen Nordfriesischen Inseln und der Halligen kommt man um den zentralen Knotenpunkt Husum kaum herum. Und es lohnt sich auch, in der Stadt einen Aufenthalt einzulegen, denn sie hat einiges an Sehenswertem zu bieten.

Besichtigungstipps

Marktplatz

Beeindruckend ist der Marktplatz mit der Marienkirche (relativ neuzeitlichen Datums), dem Tine-Brunnen und dem alten Rathaus aus dem Jahre 1601. Schöne Giebelhäuser ergänzen das Marktpanorama zu einer gelungenen Gesamtperspektive.

Geburtshaus, Museum Theodor Storm

An der Nordseite des Marktplatzes steht Theodor Storms Geburtshaus, natürlich das Filetstück der Stadt. Ein **Museum** hat man dem Dichter jedoch im Haus Wasserreihe 31 (erbaut 1750) erstellt, wo Storm jahrelang wohnte, Tel. 666270.

- Offen 1.4. bis 31.10. Di–Fr vor- und nachmittags, Sa–Mo nur nachmittags. Restliche Zeit Di, Do, Sa 14–17 Uhr.

Schloss

Husums prächtiges Schloss, ursprünglich aus dem 16. Jh., sollte man sich ebenfalls nicht entgehen lassen. Der umgebende Schlosspark zieht im Frühjahr Scharen von Menschen an, welche die Blüte von Millionen von Krokussen zu bestaunen, deren Herkunft ein Rätsel ist. Der hübsche Schlossgang, stilvoll bebaut, führt von dort wieder zum Marktplatz zurück. Schloss vor Husum, Tel. 67588.

- Offen ab März/April bis Okt. tägl. (außer Mo) 10–12 Uhr.

Nissenhaus

Lohnend ist auch ein Blick ins Nissenhaus, das ein vom Tellerwäscher zum Millionär aufgestiegener Amerika-Auswanderer aus Husum seiner Stadt stiftete. Es ist eines der bestausgestatteten **Heimatmuseen** der Region, das wie kein anderes eine intensive Darstellung der Kultur und Geschichte Nordfrieslands bietet. Herzog-Adolf-Str. 25, Tel. 2545.

- Offen 1.4.–31.10. tägl. 10–17 Uhr, andere Zeit Mo–Fr 10–16 Uhr.

Hafen

Den malerischen alten Hafen, der die Nordsee fast an den Marktplatz stoßen lässt, sollte man

027Nor Foto: rh

ebenfalls besuchen. Er stammt z. T. noch aus dem 16. Jh., als Husum eine betriebsame Hafenstadt war.

Husum-Info

Auskunft

Verkehrsverein Husum, Rathaus, 25813 Husum, Tel. 04841-89870. Öffnungszeiten zu den normalen Bürostunden.

Nordfriesland-Auskunft

Weitere Informationen über Nordfriesland und die Westküste vom **Nordsee-Tourismus-Service,** Zingel 5, Tel. 89750.

An- und Weiterreise

Bus

Husum ist sehr gut ins Schienennetz der DB eingebunden. Vom Bahnhof/ZOB aus kann man per Bus (z. T. auch Fahrradbus) nach **Strucklahnungshörn** auf Nordstrand (Fährterminal für Pellworm) oder **Niebüll** (Terminal Föhr/Amrum/Halligen) weiterreisen.

● **Info** über Service-Telefon 0130-845300.

Schiff Schiffe nach **Helgoland:** siehe dort.

Touren Zu den Halligen und Seehundbänken: Tel. 04841-2014/16

Strucklahnungshörn

Strucklahnungshörn auf Nordstrand ist der Abfahrtshafen nach **Pellworm.**

Strucklahnungshörn-Info

Parken, Automitnahme Das **Auto** kann nach Pellworm mitgenommen werden; ansonsten kann man es auf dem großen **Parkplatz** am Hafen stehen lassen, unentgeltlich, allerdings auch unbewacht.

Weitere Infos Siehe unter „Nordstrand".

Fährverbindungen mit Pellworm

Auskunft **Neue Pellwormer Dampfschifffahrts-GmbH (NPDG),** Tel. 04844-753 und 755, www.faehre-pellworm.de

Fahrplan Der Hafen von Strucklahnungshörn ist von den Tiden abhängig, jedenfalls bis auf weiteres, und der Fahrplan somit **unregelmäßig.** Durchweg gibt es von dort fünf, manchmal sechs Abfahrten pro Tag, so dass man eigentlich immer von der Stelle kommt. Dasselbe gilt für die Rückfahrt ab Pellworm, die in den meisten Fällen an einen passenden **Bus nach Husum** angebunden ist.

Fahrtdauer Die **Überfahrt** dauert etwa 35 Minuten. Nicht motorisierte Fahrgäste werden durch einen **Zubringerbus** von der Pier auf Pellworm nach **Tammensiel** befördert (1 km, gratis).

Fahrpreise **Einfache Fahrt** € 6, **Rückfahrkarte** € 9. **Kinder** (4–11) € 3 bzw. € 4,50. **PKW** (Rückfahrkarte): Zwischen € 45 und € 90, je nach Leergewicht.

- **Fahrkarten** jeweils am Anleger.

Schlüttsiel

Der **Hafen Schlüttsiel** – einen Ort dieses Namens gibt es nicht – liegt am Deich des Hauke-Haien-Kooges ein Stückchen südlich von Dagebüll. Rechts und links ist Wasser.

Schlüttsiel ist der Hafen der **Liniendienste** nach den **Halligen** und für die alternative Route nach **Amrum** – die andere geht ab Dagebüll – und für zahlreiche **Tagestouren.**

Schlüttsiel-Info

Parken, Automitnahme In Schlüttsiel gibt es auch reichlich Platz, um das Auto (bewacht) abzustellen. Wer es unbedingt mitnehmen muss, sollte der Reederei rechtzeitig Nachricht geben (Tel. 04681-80116 oder 01805-080140).

Bahnanreise Nächster Bahnhof ist **Husum,** von dort verkehren Busse mit Schlüttsiel. **Fahrplan:** siehe Abfahrtszeiten der Fähren.

Fährverbindungen mit den Halligen und Amrum

Auskunft **Wyker Dampfschiffs-Reederei (WDR),** Postfach 1540, 25933 Wyk, Tel. 04681-800. Fahrzeuganmeldung: siehe oben.

Fahrplan Vom 1.5. bis 31.10. finden auf der Route Schlüttsiel – Hooge – Langeneß – Wittdün täglich zwei Abfahrten statt, ab Schlüttsiel um 10 und 17.15 Uhr, die Busverbindung in Husum startet um 9 bzw. 16.25 Uhr. Zurück geht es ab Amrum um 6.30 und 14 Uhr. In Husum ist man dann um 10.40 Uhr bzw. 18.10 Uhr. Im restlichen Jahr wird durchweg einmal täglich zu unterschiedlichen Zeiten gefahren.

Fahrtdauer Schlüttsiel – Hallig Hooge ca. 1 1/2 Std.; Hallig Hooge – Hallig Langeneß ca. 1,5 Std.; Hallig Langeneß – Wittdün/Amrum ca. 45 min.

Fahrpreise

	Schlüttsiel– Amrum €	Schlüttsiel – Halligen €	Halligen – Amrum €
Einfache Fahrt	8,00	6,10	7,00
Tagesrückfahrkarte	14,60	11,00	9,50
Fahrrad, Rückfahrt	4,30	4,70	4,50
Kraftrad, Rückfahrt	16,30	15,40	–

● **Kinder** von 4 bis 11 Jahren zahlen ungefähr den halben Fahrpreis; Kinder unter 4 Jahren werden frei befördert.
● Einen **PKW** auf die Halligen mitzunehmen kostet zwischen € 47,40 und € 102,90, nach Amrum € 52,70 bis 130 (incl. Rückfahrt und Fahrer).

Touren

Ausflüge per Schiff Vom 1.5.–31.10. jeden Jahres unternimmt die WDR mit dem „MS Hilligenlei" tägliche Abfahrten nach **Hooge/Langeneß/Amrum.** Abfahrt jeweils 10 Uhr, ca. 7 Std., € 11,50, Kinder (4–11 Jahre) 5,80. In der übrigen Zeit findet diese Tour nur Do statt.
● Von März bis Oktober unternehmen die **Seeadler-Schiffe** Tagesfahrten nach verschiedenen Zielen:

	Dauer ca. Std.	Erw. €	Kinder 4–11
Hooge	6	12,00	6,00
Gröde	5	10,00	6,00
Seetierfangfahrt	1½	12,00	6,00
Seehundbänke	3½	12,00	6,00
Langeneß	6	12,00	6,00
Föhr	6	17,00	9,00

Auskunft: Halligreederei Holdt (Tel. 04674-1535).

● Zweimal täglich vom März bis Oktober macht die „Hauke Haien" die Leinen los für eine Exkursion nach **Hooge:** erste Fahrt 9.30–16 Uhr, zweite 13-18.30 Uhr mit je 3,5 Std. Aufenthalt auf Hooge. Fahrpreis € 12, Kinder € 6. Auskunft: Reederei Diedrichsen, Tel. 04841-81481.
● Das **„MS Rungholt"** läuft in der Saison (Ende Juli bis Ende Oktober) ab Schlüttsiel ebenfalls verschiedene Stationen im Halligmeer an:

	Dauer ca. Std.	Erw €	Kinder (4–11)
Seetierfang	2	9,50	6,00
Seehundbänke	3	9,50	6,00
Oland/Rundfahrt	3	9,50	6,00
Gröde/Rundfahrt	2½	9,50	6,00
Oland und Gröde	4½	12,00	6,00
Langeneß oder Hooge	6	12,00	6,00

Auskunft: Tel. 04667-367.

Wattwanderungen

Um 10 Uhr nach **Langeneß,** dann via Oland und Dagebüll teilweise übers Watt zurück. Ca. 10 Std., € 15. Nur im Sommer; Einzelheiten auf Anfrage, bei der WDR oder Boysen (Tel. 04668-92000).

Dagebüll

Dagebüll ist **Föhrs** Abfahrtshafen auf dem Festland und gleichzeitig auch für die Hauptroute (z. T. via Wyk) nach **Amrum.** Die WDR befördert pro Jahr rund 240.000 Fahrzeuge und 1,9 Millionen Fahrgäste. Man kann sich vorstellen, dass am Hafen von Dagebüll dann oft der Bär los ist.

Dagebüll hat Seebadstatus, aber keinen nennenswerten Strand. Wenn auf den Inseln alles voll ist, bieten sich hier jedoch Ausweichquartiere in der „zweiten Reihe" an.

Dagebüll-Info

Auskunft

Fremdenverkehrsbüro, Tel. 04667-280.

Bahnverbindungen

Für Bahnfahrer ist in Niebüll Endstation. Ab dort fährt ein **Zubringerzug** der Reederei WDR, die so genannte Friesenbahn, passend zu den jeweiligen Fähren bis an den Kai; der Fährpreis schließt diese Route mit ein.

Parken

Wer die Kosten für den Autotransport sparen und einen Beitrag zur Inselökologie leisten möchte, kann sein Mobil auf bewachten Parkplätzen abstellen (ab € 4/Tag).
- **Auskunft:** Inselparkplatz Dagebüll, Tel. 04667-255.

Fährverbindungen mit Amrum und Föhr

Auskunft

Wyker Dampfschiffs-Reederei (WDR), Postfach 1540, 25933 Wyk, Tel. 04681-800, www.wdr-wyk.de

Fahrplan

Während der HS (1.5.–31.10.) gibt es täglich rund ein Dutzend Abfahrten der WDR-Autofähren. Bei großem Andrang werden mitunter Sonderfahrten angesetzt, sogar nachts.

Fahrtdauer

Dagebüll-Föhr ca. 45 Min., Föhr-Amrum ca. 1 Std., Dagebüll-Amrum ca. 1,5 Std.

	Wyk/Föhr €	Wittdün/Amrum €
Einfache Fahrt	5,20	7,90
Tagesrückfahrkarte	9,70	14,40
Fahrrad, Rückfahrt	3,90	4,20
Kleinkraftrad, Rückfahrt	8,20	8,20
Kraftrad, Rückfahrt	15,40	15,60

- **Kinder** von 4 bis 11 Jahren zahlen den halben Fahrpreis, Kinder unter 4 Jahren werden frei befördert. Außerdem gibt es 50% **JH-Rabatt.**
- Für den **PKW** zahlt man, je nach Gewicht, nach Wyk zwischen € 47,60 und € 112,90, nach Wittdün zwischen € 53 und € 133,80 (incl. Rückfahrt). Für die Überfahrt müssen Autos unbedingt vorgebucht werden: WDR (Tel. 04681-80140, Fax 80116).

048nf Foto: rh

608dn Foto: rh

Kurtaxe (Nordfriesische Inseln)

	Hochsaison (HS)	Zwischensaison (ZS)	Winter-/Neb saison (V
Amrum (Nebel)	01.03.–31.10.		
Amrum (Norddorf)	01.03.–31.10.		
Amrum (Wittdün)	01.03.–31.10.	01.01.–28.02. 01.11.–31.12.	
Föhr (Nieblum)	15.06.–15.09.	01.03.–14.06. 16.09.–31.10.	01.11.–31
Föhr (Utersum)	15.06.–15.09.	01.03.–14.06. 16.09.–31.10.	01.11–31
Föhr (Landgemeinden)	15.06.–15.09.	01.03.–31.05. 16.09.–31.10.	01.11.–31
Föhr (Wyk)	01.05.–30.09.	01.03.–30.04. 01.10.–31.10.	01.11.–29.
Hooge	01.05.–30.09.		
Langeness/Oland	01.06.–30.09.		01.01.–15 15.03.–31. 01.10.–31. 15.12.–31
Nordstrand	01.06.–30.09.		15.03.–31. 01.10.–31 15.12.–15.
Pellworm	01.06.–15.09.	15.01.–15.03. 01.11.–15.12.	16.03.–31. 16.09.–31. 16.12.–14.
Sylt (Hörnum)	01.04.–31.10.		01.01.–31. 01.11.–31.
Sylt (Kampen)	15.05.–30.09.		01.10.–14.
Sylt (List)	16.05.–30.09.		01.04.–15. 01.10.–31.
Sylt (Ost)	15.05.–30.09.		01.10.–14.
Sylt (Rantum)	15.05.–30.09.	15.04.–14.05. 01.10.–31.10.	01.11.–14.
Sylt (Wennigstedt)	01.05.–30.09.		01.10.–30.
Sylt (Westerland)	01.05.–31.10.		01.11.–30.
Helgoland	01.04.–31.10.		

Die **Preise** sind in der Reihenfolge **Hauptsaison – Zwischensaison – Neben-/Wintersaison** angegeben. Wo es nur eine Unterscheidung von

Kinder ab 6 J./ Jugendliche	Erwachsene	Sonstiges
bis 18 Jahre frei	2,30	
bis 18 Jahre frei	2,30	
bis 18 Jahre frei	2,50/1,25	
	2,00/1,40/0,50	Ermäßigungen f. Behinderte
	1,80/1,30/0,50	Ermäßigungen f. Behinderte
	1,50/1,00/0,50	Ermäßigungen f. Behinderte
leinreisende bis 16 J: 0,70/0,50/0,30	2,50/1,90/1,20	Ermäßigungen f. Behinderte
bis 18 J. Kurtaxe ır bei Gruppenreisen	1–2 Pers.: 1,00 jede weitere Pers.: 0,75	
Jugendliche ab 12 J.: 0,56/0,30	0,86/0,46	
bis 18 J. frei	1,60/1,00	Schwerbehinderte 50 % Ermäßigung
bis 18 J. frei	1,80/1,00/0,50	Für behinderte Gäste und ggf. deren Begleitpers. Ermäßigung
Haushalt gehörende Kinder zw. 18 u. 27 J. in der NS: 0,50	2,20/1,00	Von der Abgabe befreit sind jede 3. u. weitere Pers. d. Fam.
bis 18 J. Elternbegleitung frei	2,80/1,60	
bis 18 J. frei	2,00/1,50	3. Familienmitglied und Pers. 18–27 J. in elterl. Hausstand: 1,00/0,80
bis 18 J. frei	2,15/1,30	
3. Familienmitglied: Azubis bis max. 27 J.) 0,90/0,50/ –	2,50/1,50/0,80	Schwerbeh. (ab 80%): 20% Ermäßigung; pro Fam. zahlen max. 3 Personen Jahreskurk.: 70/25,20
bis 18 J. frei	2,50/1,00	
	2,90/1,45	Rollstuhlfahrer und 100% Schwerbeh. frei
bis 18 J. frei	2,50	

zwei Saisonzeiten gibt, findet man folglich auch nur zwei Preise.

Kurtaxe (Ostfriesische Inseln)

	Hochsaison (HS)	Zwischensaison (ZS)	Wintersais (W
Borkum	15.05.-30.09.	01.10.-14.05	
Juist*	15.05.-30.09.	01.01.-06.01. 20.03.-14.05. 01.10.-01.11. 22.12.-31.12.	07.01.-19. 02.11.-21.
Norderney*	15.05.-30.09.	01.04.-14.05. 01.10.-31.10. 20.12.-05.01.	01.11.-19. 06.01.-31.
Baltrum	01.06.-15.09.	15.03.-31.05. 16.09.-31.10. 27.12.-03.01.	04.01-14. 01.11.-26.
Langeoog*	01.06.-15.09.	01.03.-31.05. 16.09.-31.10. 24.12.-06.01.	01.11.-23. 07.01.-28.
Spiekeroog	01.06.-15.09.	01.03.-31.05. 16.09.-31.10.	
Wangerooge*	15.05.-30.09.	01.01.-06.01. 15.03.-14.05. 01.10.-31.10. 26.12.-31.12.	07.01.-14. 01.11.-25.

*Einzug über Chipkarte

Sommerferienregelung 2004/2005

Bundesland	**2004**	**2005**
Baden-Württemberg	29.07.-11.09.	21.07.-03.09.
Bayern	02.08.-13.09.	25.07.-05.09.
Berlin	24.06.-07.08.	23.06.-06.08.
Brandenburg	24.06.-07.08.	23.06.-06.08.
Bremen	08.07.-18.08.	07.07.-17.08.
Hamburg	24.06.-04.08.	30.06.-10.08.
Hessen	19.07.-27.08.	18.07.-26.08.
Mecklenburg-Vorpommern	26.06.-06.08.	02.07.-12.08.
Niedersachsen	08.07.-18.08.	07.07.-17.08.
Nordrhein-Westfalen	22.07.-04.09.	28.07.-10.09.
Rheinland-Pfalz	19.07.-27.08.	18.07.-26.08.
Saarland	19.07.-28.08.	18.07.-27.08.
Sachsen	10.07.-20.08.	09.07.-19.08.
Sachsen-Anhalt	08.07.-18.08.	07.07.-17.08.
Schleswig-Holstein	28.06.-07.08.	04.07.-13.08.
Thüringen	08.07.-18.08.	07.07.-17.08.

Kinder/Jugendliche	Erwachsene	Sonstiges
6–18 Jahre 0,70/0,30	2,60/1,40	ab 2. Kind; Schüler, Zivis, Studenten 0,70/0,30; Tageskarte 1,30
6–18 Jahre 0,75/0,55/0,25	2,50/1,65/0,85	Tageskarte 1,30/0,65/0,65
12–17 Jahre 1,30/0,90/0,40	2,70/1,80/0,80	Schwerbehinderte 50 % Rabatt
6–18 Jahre 0,80/0,60/ –	2,80/1,50/ –	Tageskarte Wattwanderer 1,00 Kinder 0,50
6–17 Jahre 1,20/0,90/0,30	2,60/1,80/0,60	ab 3. Kind über 18 frei
5–17 Jahre 0,90/0,80/ –	2,30/1,50/ –	ab 5. Familienmitglied frei
6–18 Jahre n Ort: 0,90/0,70/0,30 rhalb: 0,70/0,50/0,20	2,50/1,60/0,80 1,40/1,00/0,40	Schwerbehinderte 25% Rabatt

HILFE!

Dieses Urlaubshandbuch ist gespickt mit unzähligen Adressen, Preisen, Tipps und Infos. Nur vor Ort kann überprüft werden, was noch stimmt, was sich verändert hat, ob Preise gestiegen oder gefallen sind, ob ein Hotel, ein Restaurant immer noch empfehlenswert ist oder nicht mehr, ob ein Ziel noch oder jetzt erreichbar ist, ob es eine lohnende Alternative gibt usw.

Unsere Autoren sind zwar stetig unterwegs und versuchen, alle zwei Jahre eine komplette Aktualisierung zu erstellen, aber auf die Mithilfe von Reisenden können sie nicht verzichten.

Darum: Schreiben Sie uns, was sich geändert hat, was besser sein könnte, was gestrichen bzw. ergänzt werden soll. Nur so bleibt dieses Buch immer aktuell und zuverlässig. Wenn sich die Infos direkt auf das Buch beziehen, würde die Seitenangabe uns die Arbeit sehr erleichtern. Gut verwertbare Informationen belohnt der Verlag mit einem Sprechführer Ihrer Wahl aus der über 160 Bände umfassenden Reihe „Kauderwelsch".

Bitte schreiben Sie an: Reise Know-How Verlag Peter Rump GmbH, Osnabrücker Str. 79, D-33649 Bielefeld, oder per e-mail an: info@reise-know-how.de ***Danke!***

Literaturhinweise

Sachbücher

- **Das Greenpeace-Buch der Nordsee,** *Mac Cavin, Malcolm,* Franckh-Kosmos, 1991
- **Das Nordsee-Kinderheft,** *Janssen, Susan und Kruse, Jan,* BUND Schleswig-Holstein 1992
- **Das Watt,** *Maywald, Armin,* Maier, Ravensburg 1991
- **Die Deutsche Gesellschaft zur Rettung Schiffbrüchiger,** *Ostersehlte, Christian,* Kabel, Hamburg 1990
- **Die Nordsee, Inseln, Küsten, Land und Leute,** *Maier, Dieter,* Reich-Verlag, Luzern 1986
- **Häfen Werften Schiffe – Chronik der Schiffahrt an der Westküste Schleswig-Holsteins,** *Detlefsen, Gerd Uwe,* Lühr & Dircks, St. Peter-Ording 1989
- **Historischer Küstenschutz,** *Kramer, Johannes und Rohde, Hans,* Wittwer, Stuttgart 1992
- **Kein Deich, kein Land, kein Leben,** *Kramer, Johannes,* Rautenberg, Leer 1989
- **Kleiner Vogelführer für die Ostfriesischen Inseln,** *Temme, Manfred,* Anker, 1982
- **Kleines plattdeutsches Wörterbuch,** *Sass, Johannes,* Wachholtz, Neumünster 1997
- **Küstenfibel,** *Wieland, Peter,* Boyens, Heide 1990
- **Lebensraum Nordseeküste und Wattenmeer,** *Dolder, Willi und Ursula,* Greil, Grünwald 1989
- **Naturwunder Küste,** *Rohde, Jürgen,* Bucher, 1985
- **Nationalpark Schleswig-Holsteinisches Wattenmeer,** *Fiedler, Walter,* Boyens, Heide 1992
- **Nordsee in Not,** *Greenpeace Report,* Rowohlt, Reinbek 1988
- **Nordseeküste – Führer für Sportschiffer,** *Werner, Jan,* Delius Klasing, Bielefeld 1989
- **Pflanzen am Meer,** *Jantzen, Friedrich,* LB-Naturbücherei, 1987
- **Schleswig-Holstein sehen und erleben,** *Große, Sven* und *Leier, Anne,* Süddeutscher Verlag, München 1989
- **Störtebeker & Co.,** *Zimmerling, Dieter,* Ullstein, Berlin 1994
- **Sturmflut 1717,** *Jakubowski, Manfred,* Oldenbourg, München 1996
- **Vögel am Meer,** *Pott, Eckart,* LB-Naturbücherei, 1987
- **Vögel der Nordsee,** *Quedens, Georg,* Breklumer Verlag, Breklum 1989
- **Was finde ich am Strande,** *Streble, Heinz,* Franckh-Kosmos, 1990
- **Was weißt du von der Waterkant?,** *Prager, Hans G.,* Koehlers VG, Minden 1980
- **Wenn Sylt versinkt,** *Brandt-Odenthal, Marian,* Fischer, Frankfurt 1990

- **Plattdüütsch – das echte Norddeutsch** von *H. und H.-J. Fründt,* Reise Know-How Verlag, Reihe Kauderwelsch, Bd. 120 (begleitendes Tonmaterial erhältlich).

Belletristik

- **Die Nordsee-Inseln. Ein Heimatbuch,** *Lobsien, Wilhelm,* Leipzig 1982
- **Geschichten unt Bollerup,** *Lenz, Siegfried,* Quickborn, Hamburg 1989
- **Helgoländer Lieder,** *Hoffmann v. Fallersleben, Heinrich,* Wolfsburg 1953
- **Nordsee-Geschichten,** *Fock, Gorch,* Orion-Heimreiter, 1989
- **Reisebilder – Späte Lyrik,** *Heine, Heinrich,* Goldmann, München 1959
- **Werke in einem Band,** *Storm, Theodor,* Hauser, München/Wien 1988
- **Auserwählte Novellen, ill. v. W. Busch,** *Storm, Theodor,* Parkland, Stuttgart 1989

Alle Reiseführer auf einen Blick

Reisehandbücher
Urlaubshandbücher
Reisesachbücher
Rad & Bike

Afrika, Bike-Abenteuer
Afrika, Durch, 2 Bde.
Agadir, Marrakesch und Südmarokko
Ägypten individuell
Alaska ⇗ Canada
Algarve
Algerische Sahara
Amrum
Amsterdam
Andalusien
Äqua-Tour
Argentinien, Urug., Parag.
Athen
Äthiopien
Auf nach Asien!

Bahrain
Bali und Lombok
Bali, die Trauminsel
Bali: Ein Paradies ...
Bangkok
Barbados
Barcelona
Berlin
Borkum
Botswana
Bretagne
Budapest
Bulgarien
Burgund

Cabo Verde
Canada West, Alaska
Canadas Ost, USA NO
Chile, Osterinseln
China Manual
Chinas Norden
Chinas Osten
Cornwall
Costa Blanca
Costa Brava
Costa de la Luz
Costa del Sol
Costa Dorada
Costa Rica
Cuba

Dalmatien
Dänemarks Nordseeküste
Dominikanische Republik
Dubai, Emirat

Ecuador, Galapagos
El Hierro
Elsass, Vogesen
England – Süden
Erste Hilfe unterwegs
Europa BikeBuch

Fahrrad-Weltführer
Fehmarn
Florida
Föhr
Fuerteventura

Gardasee
Golf v. Neapel, Kampanien
Gomera
Gran Canaria
Großbritannien
Guatemala

Hamburg
Hawaii
Hollands Nordseeinseln
Honduras
Hongkong, Macau, Kant.

Ibiza, Formentera
Indien – Norden
Indien – Süden
Iran
Irland
Island
Israel, palästinensische Gebiete, Ostsinai
Istrien, Velebit

Jemen
Jordanien
Juist

Kairo, Luxor, Assuan
Kalabrien, Basilikata
Kalifornien, USA SW
Kambodscha
Kamerun
Kanada ⇗ Canada
Kap-Provinz (Südafr.)
Kapverdische Inseln
Kenia
Kerala
Korfu, Ionische Inseln
Krakau, Warschau
Kreta
Kreuzfahrtführer

Ladakh, Zanskar
Langeoog
Lanzarote
La Palma
Laos
Lateinamerika BikeBuch
Libyen
Ligurien
Litauen
Loire, Das Tal der
London

Madagaskar
Madeira
Madrid
Malaysia, Singapur, Brunei
Mallorca
Mallorca, Leben/Arbeiten
Mallorca, Wandern auf

Reise Know-How

Malta
Marokko
Mecklenb./Brandenb.:
Wasserwandern
Mecklenburg-Vorpomm.
Binnenland
Mexiko
Mongolei
Motorradreisen
München
Myanmar

Namibia
Nepal
Neuseeland BikeBuch
New Orleans
New York City
Norderney
Nordfriesische Inseln
Nordseeküste Niedersach.
Nordseeküste Schl.-Holst.
Nordseeinseln, Deutsche
Nordspanien
Normandie

Oman
Ostfriesische Inseln
Ostseeküste MVP
Ostseeküste SLH
Outdoor-Praxis

Panama
Panamericana,
Rad-Abenteuer
Paris
Peru, Bolivien
Phuket
Polens Norden
Prag
Provence
Pyrenäen

Qatar

Rajasthan
Rhodos
Rom
Rügen, Hiddensee

Sächsische Schweiz
Salzburg
San Francisco
Sansibar
Sardinien
Schottland
Schwarzwald – Nord
Schwarzwald – Süd
Schweiz, Liechtenstein
Senegal, Gambia
Singapur
Sizilien
Skandinavien – Norden
Slowenien, Triest
Spaniens
Mittelmeerküste
Spiekeroog
Sporaden, Nördliche
Sri Lanka
St. Lucia, St. Vincent,
Grenada
Südafrika
Südnorwegen, Lofoten
Sydney
Sylt
Syrien

Taiwan
Tansania, Sansibar
Teneriffa
Thailand
Thailand – Tauch-
und Strandführer
Thailands Süden
Thüringer Wald
Tokyo
Toscana
Transsib
Trinidad und Tobago
Tschechien
Tunesien
Tunesiens Küste

Uganda, Ruanda
Umbrien
USA/Canada
USA, Gastschüler
USA, Nordosten
USA – der Westen
USA – der Süden
USA – Südwesten,
Natur u. Wandern
USA SW, Kalifornien,
Baja California
Usedom

Venedig
Venezuela
Vereinigte Arab. Emirate
Vietnam

Westafrika – Sahel
Westafrika – Küste
Wien
Wo es keinen Arzt gibt

Edition RKH

Abenteuer Anden
Burma/Myanmar – im
Land der Pagoden
Durchgedreht
Finca auf Mallorca
Geschichten aus dem
anderen Mallorca
Goldene Insel
Mallorca f. Leib u. Seele
Mallorquinische Reise
Please wait to be seated!
Salzkarawane, Die
Schönen Urlaub
Südwärts durch
Lateinamerika
Traumstraße
Panamerikana
Unlimited Mileage

Praxis, KulturSchock

Praxis

Aktiv Algarve
Aktiv franz. Atlantikküste
Aktiv Gran Canaria
Aktiv Marokko
Aktiv Polen
All Inclusive?
Als Frau allein unterwegs
Bordbuch Südeuropa
Canyoning
Clever buchen/fliegen
Clever kuren
Daoismus erleben
Drogen in Reiseländern
Dschungelwandern
Essbare Früchte Asiens
Fernreisen a. eigene Faust
Fernreisen, eig. Fahrzeug
Fliegen ohne Angst
Fun u. Sport im Schnee
Geolog. Erscheinungen
GPS f. Auto, Motorrad
GPS Outdoor
Heilige Stätten Indiens
Hinduismus erleben
Höhlen erkunden
Inline-Skaten Bodensee
Inline Skating
Internet für die Reise
Islam erleben
Kanu-Handbuch
Kommunikation/unterwegs
Konfuzianismus erleben
Kreuzfahrt-Handbuch
Küstensegeln
Maya-Kultur erleben
Mountain Biking
Mushing/Hundeschlitten
Orientier. Kompass/GPS
Paragliding-Handbuch
Pferdetrekking
Reisefotografie
Reisefotografie digital
Reisen und Schreiben
Respektvoll reisen
Richtig Kartenlesen
Safari-Handbuch Afrika
Schutz v. Gewalt/Kriminal.
Schwanger reisen
Selbstdiagnose u. Behandlung unterwegs
Sicherheit/Bärengeb.
Sicherheit/Meer
Sonne/Wind/Reisewetter
Sprachen lernen/Ausland
Survival-Handbuch Naturkatastrophen
Tauchen kalte Gewässer
Tauchen warme Gewässer
Transsib Moskau-Peking
Trekking-Handbuch
Trekking/Amerika
Trekking/Asien, Afrika
Tropenreisen
Unterkunft/Mietwagen
Verreisen mit Hund
Vulkane besteigen
Wandern im Watt
Wann wohin reisen?
Was kriecht u. krabbelt in den Tropen
Wein-Reiseführer Dtschl.
Wein-Reiseführer Italien
Wildnis-Ausrüstung
Wildnis-Backpacking
Wildnis-Küche
Winterwandern
Wohnmobil-Ausrüstung
Wohnmobil/Indien
Wohnmobil-Reisen
Wracktauchen weltweit

KulturSchock

Afghanistan
Ägypten
Brasilien
China VR/Taiwan
Golf-Emirate, Oman
Indien
Iran
Islam
Japan
Jemen
Leben in fremden Kulturen
Marokko
Mexiko
Pakistan
Russland
Spanien
Thailand
Türkei
Vietnam

Wo man unsere Reiseliteratur bekommt:

Jede Buchhandlung in der BRD, der Schweiz, Österreichs und in den Benelux-Staaten kann unsere Bücher beziehen. Wer sie dort nicht findet, kann alle Bücher über unsere Internet-Shops unter **www.reise-know-how.de** oder **www.reisebuch.de** bestellen.

Register

Anhang

Kartenverzeichnis

Der Autor

Wer könnte besser einen Reiseführer über die deutschen Nordseeinseln schreiben als jemand, der an der Nordsee (Cuxhaven, 1942) geboren wurde, mit Salzwasser im Blut viele Jahre lang zur See fuhr und fließend „Platt" spricht?

Der vorliegende Nordseeführer ist Roland Hanewalds fünfzehntes Buch, seit er sich zu Beginn der achtziger Jahre nach und nach von der Seefahrt verabschiedete, um als Schriftsteller, Journalist und Fotograf in eigener Regie weiterzumachen. Zu seinen Büchern gesellen sich weit über siebenhundert Bildreportagen in über dreißig Ländern.

Weitere Titel des Autors im REISE KNOW-HOW-Verlag: Dänemarks Nordseeküste, Hollands Nordseeinseln, Nordseeküste Niedersachsens, Insel Föhr, Insel Amrum, Insel Juist, Insel Langeoog, Insel Norderney, Insel Borkum, Insel Spiekeroog. Weitere Bände sind in Bearbeitung.

615dn Foto: rh